Die New York Story

DANKWART GRUBE · THOMAS HÖPKER

WIE AUS MANNA-HATIN EINE WELTSTADT WURDE

GEO

Herausgeber: Rolf Winter
Gestaltung: Erwin Ehret
Lektorat: Ortwin Fink
Bildredaktion: Dieter Steiner
Dokumentation: Dr. Kurt Dittmar

Produktion: Druckzentrale G+J
Lithographie und Druck:
Brillant Offset GmbH & Co. Hamburg

1. Auflage 1983
ISBN: 3-570-02056-8

Die wunderbare Katastrophe

Den einen ist sie steingewordene Faszination, den anderen „eine Kloake der Ignoranz und der Korruption." Den einen gilt sie als „Bagdad am Hudson", den anderen als Sodom und Gomorrha. Die einen wie die anderen aber einigen sich in dem Urteil, daß New York City eine unvergleichliche Stadt ist, bewohnt von einem Homo novus, der sich seine Welt nach seinem Bilde baute: in Teilen vulgär und abschreckend, in Teilen schön und kühn. Vom hochgelegenen Fenster eines Wolkenkratzers aus kann man diese Welt inspizieren und verstehen lernen, was das Wesen New Yorks ausmacht: Die Stadt zerstört sich unausgesetzt selber, um sich unter Schmerzen neu – und profitabler – zu errichten. Sie braucht das Chaos zu ihrer Normalität

Die Queensboro Bridge über den East River, auch „59th Street Bridge" genannt, führt neben fünf anderen großen Brücken aus Manhattan hinaus. Parallel zu ihr verläuft eine Schwebebahn, die Manhattan mit Roosevelt Island verbindet

Wenn im Central Park die Philharmoniker der Stadt ihre kostenlosen Konzerte geben, breiten Zehntausende auf der Great Lawn ihre Picknickdecken aus und genießen Klassik bei Wein, Bier und kalter Küche

Verkommene Docks auf der einen, Milliardenwerte in Beton und Glas auf der anderen Seite des Hudson River: Lower Manhattan von Jersey City aus gesehen

Am Washington Square,
wo die Fifth Avenue beginnt,
versammelt sich, wer
sehen und wer gesehen werden
möchte. Wie der Central Park
ist der Platz, der früher Richt-
stätte und Armenfriedhof
war, eine von Toleranz regierte
Bühne für Selbstdarsteller

An einem Novembertag fällt früher Schnee auf die Second Avenue. Bei anhaltenden Schneefällen entsteht schon nach kurzer Zeit ein Chaos: Die riesenhafte Stadt wird mit den Unbilden der Natur nicht fertig

Nach der St. Patrick's Day Parade, dem großen Ereignis der Iren in New York, gehen Teilnehmer über die Madison Avenue heim, umgeben von Dampf, der aus der defekten Fernheizung unter dem Asphalt strömt

DONT

Hinter den Feuerleitern in SoHos Greene Street verbergen sich teure Wohnungen in Gebäuden, die früher Textilfabriken waren. In der South Bronx hat man Sehnsucht nach der Natur auf Stein gemalt

Einmal im Jahr veranstaltet die Russische Adels-Vereinigung von Amerika im Ballsaal des Waldorf-Astoria Hotel ein großes Fest, auf dem sich echter Schmuck und Phantasie-Uniformen anstandslos mischen. Manche der alten Teilnehmer geben die Hoffnung auf eine Rückkehr in die Heimat nicht auf

La Rue
FOOD

Sonntagnachmittag in Spanish Harlem nördlich der 110. Straße an Manhattans Ostseite. Anwohner genießen, umgeben von Trümmern, die Wärme und ein beiläufiges Gespräch mit Nachbarn

Nahe der Wall Street, vor dem Hauptquartier der Chase Manhattan Bank, wartet ein Banker an einer Skulptur von Jean Dubuffet auf seinen Lunch-Partner

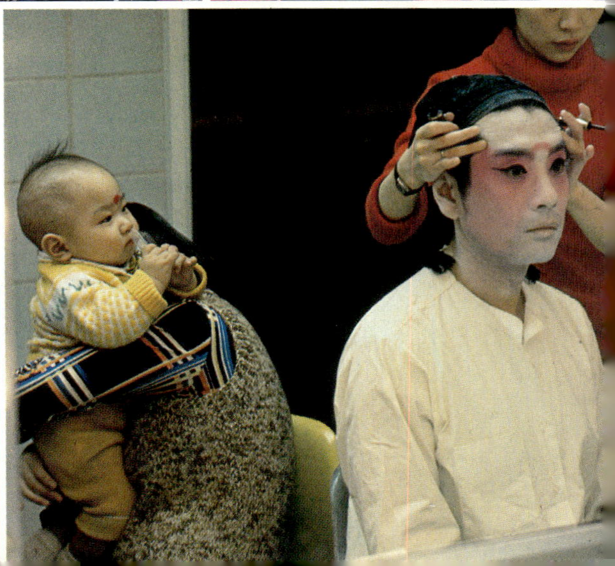

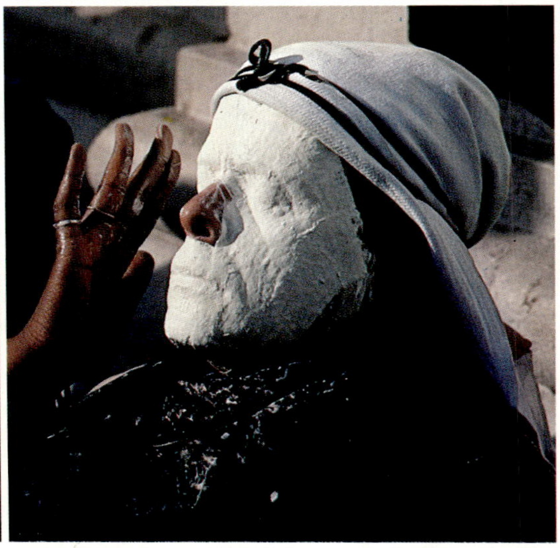

Nirgendwo laufen mehr Sonderlinge durch die Straßen und Parks als in New York City, und nirgendwo anders nimmt man ihre Bemühungen, sich auf aparte Weise zu verwirklichen, so gelassen zur Kenntnis: Alles geht in New York, wo offenkundig das Leben in der Masse ein besonders intensives Bedürfnis nach Individualität auslöst

Hinter den modernen Fassaden, die sich zwischen der Sixth und Seventh Avenue erheben, wirkt die St. Patrick's Cathedral wie ein Bauwerk aus einer fremden Welt. Das Gotteshaus an der Fifth Avenue steht dem Rockefeller Center gegenüber

Earl und Joyce Griffin mit ihren sechs Kindern in ihrer heruntergekommenen Wohnung in der Hancock Street in Bedford-Stuyvesant. Earl Griffin hat gerade eine Strafe wegen eines Raubüberfalls verbüßt und ist arbeitslos. Im Gefängnis schrieb er Gedichte

Beatrix Ost und Ludwig Kuttner, beide Deutsche, leben seit zehn Jahren in New York. Sie malt surrealistisch, er ist Textilfabrikant. Sie wohnen in einem Penthouse in Manhattan und auf einem Landsitz in Virginia. Beatrix Ost sammelt und trägt antike Kleider. Ein New Yorker Magazin zählte das Paar zu den zehn bestangezogenen Menschen der Stadt

Vor ihren chinesischen Fayencen im Eßzimmer posiert Nan Kempner, Frau des Vorstandsvorsitzenden einer Investment Bank. Die Kempners wohnen an der Park Avenue und im Sommer im feinen Southampton auf Long Island. Wie viele Reiche, engagiert sich Nan Kempner sozial: Sie unterstützt die Krebshilfe

Das alte Credo, daß jedermann in New York eine Chance hat, freilich auch die, zu versagen, gilt ungebrochen. Die Stadt hat immer „achievers" angezogen, ehrgeizige Karrieristen, die auch heute noch ihr Glück probieren. Bei einigen gerät die Bemühung, anders als die anderen zu sein, rasch ins Skurrile. Aber Skurrilität ist in New York City dem Erfolg nicht unbedingt im Wege

Angel Stern und Partner, Berufs-Sadisten

Nob und Non Utsumi, japanische Desig

Leo Castelli, bedeutendster Kunsthändler der Stadt, in seiner Galerie in SoHo

Malcolm S. Forbes, Verleger mit Rubens im Büro

r Textilien und Inneneinrichtungen

H.A. Schult/Elke Koska, Aktionskünstler aus Köln

H. und P. Wallace, großbürgerlich in Harlem

Die blonde Chefin Francine Hunter im Coiffeurstudio „Jungle Red" mit begehrtem Interieur aus den Fünfziger Jahren

203807 NY
1-2-83

In der South Bronx, dem schlimmsten und gefährlichsten Slum der Stadt, holt sich die Natur zurück, was einmal bebaut war: Ein Wäldchen entsteht zwischen Ruinen

Am Eastern Parkway im Stadtteil Brooklyn steht die Synagoge einer Sekte der Chassidim, der sogenannten „Lubawitscher" Juden, bei denen sich die strenge Orthodoxie noch fugenlos von Generation zu Generation vererbt

Im Hochsommer, wenn die Temperaturen bei nahezu hundert Prozent Luftfeuchtigkeit bis auf 40 Grad Celsius steigen, öffnen Kinder in Harlem die Hydranten, obschon das verboten ist, und verschaffen sich sprühende Erfrischung

Lichtspiele über der Skyline: Feuerwerk an der Brooklyn Bridge, Gewitter über dem Citicorp Building, Sonnenuntergang hinter dem Friedhof in Queens, Regenabend in „midtown" – Sondervorstellungen einer Stadt, die das Tageslicht auch normalerweise durch eine verwirrende Lichterfülle ersetzt

Eine Tänzerin der Rockettes ruht in der Radio City Music Hall an einem Flügel aus den Vierziger Jahren von der Anstrengung der Probe aus. In der Harkness School of Ballet konzentriert sich eine Elevin. Tanz - jede Art Tanz - erlebt in New York eine stürmische Renaissance

District Council 37

An der unteren Westseite Manhattans, wo der Battery Park entstehen soll, breitet sich vorübergehend ein künstlich vergrößertes Gelände, das die New Yorker „Sahara on the Hudson" nennen. Hier hören Menschen einem experimentellen Musiker zu, der im Rahmen eines Programms „Art On The Beach" auftritt

STOP
U.S. WAR
IN CENTRAL
AMERICA & THE
CARIBBEAN!
$ TO FIGHT AIDS
WASH., D.C., JULY 2
LESBIAN & GAY
CONTINGENT
741-0633

An der Fifth Avenue, während die Parade zu Ehren des irischen Schutzpatrons St. Patrick vorüberzieht, geht ein Paar seinen eigenen Interessen nach. Die Christopher Street im „Village" ist einer der Treffpunkte der vielen New Yorker Homosexuellen

Der Patriotismus und die Liebe zu „Old Glory", dem Sternenbanner, ist wie überall in den Vereinigten Staaten auch in New York ungebrochen. Am Memorial Day, dem Ehrentag für die Gefallenen der Kriege, marschieren Veteranen zu einem Kriegerdenkmal am Riverside Drive auf der Westseite Manhattans

Im feudalen Rutherford Mansion gibt der underground-Fotograf Miron Zownir eine „Party mit Happening". Ein paar Avenuen und Straßen weiter trägt eine „Bag Lady", eine Obdachlose, ihren Besitz ins Nirgendwo

Schwere Regenfälle haben die Ninth Avenue mit ihren Seitenstraßen überschwemmt und die Kanalisation verstopft. Dennoch geht die Arbeit im Garment District, dem traditionellen Bezirk der Bekleidungsindustrie, weiter, wo Hilfskräfte die neue Garderobe von einem Straßenblock zum anderen karren

W 35 ST
DONT WALK
6402772

Es war unter blaßblauem Himmel ein klarer Tag in New York City, und man konnte, ganz wie es im Schlager heißt, „forever" sehen, und was man sah, hatte auf der Welt nicht seinesgleichen.

Aus dem Penthouse blickte man über Manhattan nach Süden, wo sich um Wall Street herum gebauter Gigantismus arrogant zum Himmel reckt und den Eindruck eines kolossalen, ganz unirdischen Forts erweckte: Grau, aggressiv, die Spitzen wehrhaft gegen das wunderschöne Blaßblau des Himmels gerichtet, als könne von dort eines Tages der Feind kommen.

Irgendwo am Fuße dieses menschengemachten Gebirges war das alte Bowling Green zu vermuten, wo 1626 die Niederländer die Insel Manhattan von den Indianern eher erschwindelten als kauften: Dort also begann die Tragik der von den Niederländern so genannten „Wilden" und der Triumph der Weißen. Zogen die Indianer mit den Waren im Wert von 60 Gulden, die man ihnen als Kaufpreis angedreht hatte, in ihre Siedlungen zurück über jenen Pfad, der inzwischen zum Broadway geworden war?

Man versuchte, sich Manhattan im Urzustand vorzustellen, aber das gelang nicht. Bewaldet war Manhattan, ehe die Europäer kamen, felsig, frühe Zeugen schwärmten vom süßen Duft, der über der Insel gelegen habe, aber nun sah man kaum noch Grün, wenn man über Manhattan nach Süden blickte. Beton und Glas und Stahl sah man stattdessen, lauter Zeugen einer der radikalsten Landschaftsveränderungen, die je auf dieser Erde stattgefunden hatten, lauter riesige Grabsteine, unter denen irgendwo noch Spuren indianischer Kultur lagen.

Ganz rechts vor dem Penthousefenster ragten die Wolkenkratzer der Midtown und erinnerten ein bißchen an die Vegetationsgesetze des Urwaldes: Es sah aus, als strebten die Monstren aus Stahl, Beton und Glas zum Licht, als brauchten sie zum Überleben noch ein bißchen mehr Wachstum als ihre Nachbarn, während sie doch in Wirklichkeit zum Profit strebten, der hier, auf einem Areal phantastischer Grundstückspreise, nur durch schiere Bauhöhe zu erzielen war.

Das alles weit überragende World Trade Center am Hudson River sah man, ein ebenso trostloses wie kolossales Zeugnis zeitgenössischer Architektur, das werktäglich so viele Menschen zur Arbeit versammelt – 133 000 –, wie es in Regensburg Einwohner gibt, und das trotz seiner beiden 411 Meter hohen Türme, die im klaren Licht der Sonne glänzten, nie recht profitabel geworden war. Man sah dahinter im spiegelnden Wasser Governors Island, wo 1624 das weltbewegende Abenteuer der Entstehung einer Weltstadt begann, als die ersten Händler und Siedler, von der niederländischen West-Indischen Compagnie mit großen Hoffnungen ausgesandt, auf der kleinen Insel und nicht auf Manhattan ihre ersten primitiven Hütten bauten – nach „Mannahatin", der „Insel der Hügel" in der

An der Fifth Avenue setzt der Trump Tower neue Maßstäbe für teures Shopping. An der First Avenue reckt sich vor dem Chrysler Building, das 1929 vorübergehend das höchste Gebäude der Welt war, das UN Plaza Hotel zum Himmel

Sprache der Indianer, getrauten sie sich nicht: „Manna-hatin", wo die „Wilden" lebten und wo es Bären gab und Wölfe und Klapperschlangen, war groß und sah zu gefährlich aus.

Die Battery ahnte man am südlichen Ende Manhattans, die von den arroganten Türmen der Wall Street verdeckt war. Hier, an der Battery, im Castle Garden, waren jahrzehntelang die Einwanderer aus aller Herren Länder angekommen und aufgenommen worden, ehe dann Ellis Island zum Umschlagplatz einer wahren Völkerwanderung aus der Alten in die Neue Welt wurde.

Ja, auch Ellis Island war vom Penthouse aus zu sehen, die Insel, auf der einst Einwanderer-Tragödien begannen, „Heartbreak Island", wo im Angesicht des fremden Kontinents Millionen Tränen des Heimwehs geweint wurden, aber wo natürlich auch strahlende Einwanderer-Märchen ihren Anfang nahmen.

Man sah Liberty Island mit der Freiheitsstatue, die nur noch sehr ausnahmsweise legalen neuen Einwanderern ihr ewiges Licht leuchten ließ, obwohl es immer noch Millionen Menschen überall in der Welt gab, die sich nach Amerika sehnten. Hinter Liberty Island sah man Staten Island, das sich die Indianer, als es mit dem späteren New York begann, gleich sechsmal hintereinander abkaufen ließen, und auch dann konnten die landgierigen Käufer immer noch nicht sicher sein, ob die Verkäufer eigentlich begriffen, was es mit diesen Verkäufen auf sich hatte. Für ein paar Äxte gaben die Indianer die Insel her, für ein paar Messer und Muschelketten, das war die Valuta der Weißen, damit begann, was später die Welthauptstadt des Handels werden würde.

Auch New Jersey war zu sehen, der New York benachbarte Bundesstaat auf der Westseite des Hudson River, der sich tapfer „Garden State" nennt, obschon er mindestens in der Nähe der großen Stadt bedenklich heruntergekommen aussah.

Links vor dem Penthouse, hinter dem ebenso schönen wie ganz und gar unpraktischen Gebäude der Vereinten Nationen, vor dem im leichten Wind die Fahnen der Länder eine Harmonie vortäuschten, die es nicht gab, breitete sich östlich vom East River eine riesige Stadt, deren Terrain 1670 für Muschelketten im Wert von

An sonnigen Tagen werden überall in New York Dächer zu Bräunungsstudios, denn es gilt als schick und sportlich, gebräunt zu sein. An Wintertagen findet selbst auf der Fifth Avenue die Eleganz nur mehr hinter den Schaufensterscheiben statt

100 holländischen Gulden, eine halbe Tonne Starkbier, zwei halbe Tonnen „gutes Bier", zwei langläufige Gewehre und Munition von den Canarsee-Indianern „Peter", „El-Mohar", „Job", von den Mahaquiquos und Shamese „gekauft" worden war: Brooklyn. 2 230 936 Einwohner lebten in Brooklyn, das dennoch nur ein Stadtteil war, ein „borough", eines von fünf, aus denen New York City besteht, und hinter Brooklyn spiegelte die Jamaica Bay das unwirklich klare Sonnenlicht: der Atlantische Ozean, über den jene kamen, die diese einmalige Stadt prägten und dabei jene vertrieben und betrogen und verkommen ließen, die hier seit dem frühen Menschheitsmorgen gesiedelt und gejagt und gefischt und dabei viel zu arglos gewähnt hatten, dies Stück Erde sei ihnen von ihrem großen Manitou auf ewig und immer zugedacht.

Man sah aus dem Penthouse nach Norden, und wieder wurde der Blick nicht müde, die großartige Szenerie immer noch einmal abzuwandern. Queens dehnte sich im Nordosten, der Stadtteil braver Bürgerlichkeit. Man sah Jets, die in beängstigend dichter Folge auf dem LaGuardia Airport landeten und starteten. Wiederum gelang es nicht, sich das weithin grüne Queens County vorzustellen, das es am Anfang dieses Jahrhunderts noch gegeben hatte; idyllisch soll es gewesen sein mit Farmen, deren Erträge reich waren, denn der Boden war gut, ehe ihn der Mensch unter einem Gebirge von Steinen begrub.

Über Manhattan zog sich das Netz des „gridiron", der schnurgeraden Avenuen und der sie gerade kreuzenden Straßen, das nur die 840 acre*) des Central Park ausspart, an dessen östlicher Seite sich „Millionaire's Row" erstreckt, der Wohnsitz der großen Namen, 1040 Fifth Avenue: Mrs. Onassis zum Beispiel. Im Norden des Parks sah man Harlem, das schlechte Gewissen der Stadt. Den Hudson River sah man, der unter den hohen Ufern der Palisades silbern zum Meer

*) 340 Hektar

Nirgendwo können Künstler strahlendere Karriere machen als in New York. Francesco Clemente hat es geschafft: Er ist ein Star der italienischen „arte chiffra", die in New York geboren wurde. Er lebt mit seiner Familie in umgebauten Fabrikräumen am unteren Broadway

strömte. Seine Piers in Manhattan waren nahezu leer, und man sah, daß die Hallen am Fluß verkamen, in denen einmal die Passagiere der „Queen Mary" und der „Europa", der „Queen Elizabeth", der „France" und der „Bremen" bei ihrer splendiden Einreise abgefertigt worden waren. 374 Kilometer Ufer sah man, denn alles gab es in dieser Stadt im Übermaß.

Was für ein Blick an diesem klaren Tag. Nicht, daß schön gewesen wäre, was man sah, aber es war imposant. Eine muskulöse Stadt sah man, eine vor Vitalität vibrierende Stadt. Es fiel ein bißchen schwer, „traumhaft" zu nennen, was man sah, aber zum mindesten unwirklich war es.

Auf dem East River zogen Schlepper breite Lastkähne, deren mähliche Art der Fortbewegung nicht recht ins Bild passen wollte. Vollbesetzte Touristenschiffe umfuhren Manhattan, und man ahnte, daß auf ihnen in allen möglichen Sprachen über die Unvergleichlichkeit der Kulisse gestaunt wurde. Darüber tummelten sich spielerisch und ganz so, als spotteten sie allen Gesetzen der Schwerkraft, ein paar Hubschrauber und landeten und starteten mit glitzernden Rotoren auf den „heliports" am Fluß, die auf importierter Erde lagen: Während des Zweiten Weltkrieges brachten Schiffe aus England als Ballast massenhaft Trümmerschutt nach New York, der Manhattan wachsen ließ.

Man sah wieder nach Süden; man hatte immer noch nicht genug. Man sah auf die wunderschöne Verrazano-Narrows Bridge, die ihren Namen jenem Italiener verdankt, der hier am 17. April 1524 wohl als erster Europäer Anker warf, die Küste erkundete und das folgenreiche Gerücht hinterließ, es gebe ein Gewässer, das vielleicht nach Ostasien führe. Große Jets sah man über der Verrazano Bridge, aber man sah sie überall am Himmel, denn hier, dies war schließlich New York, gab es nicht nur den LaGuardia-Airport, sondern gleich drei riesenhafte Flughäfen gab es, und man redete in der Stadt mit guten Gründen

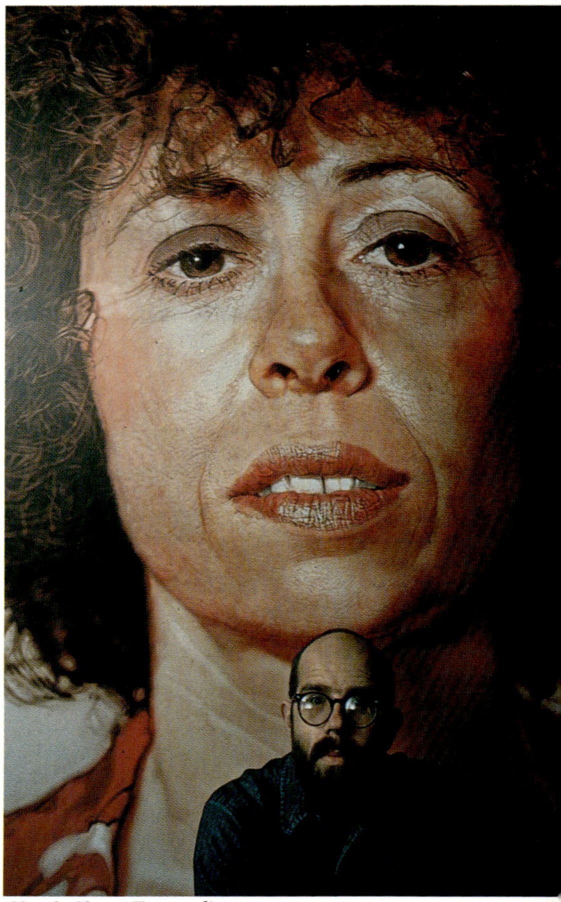

Chuck Close, Fotorealist

Robert Morris, Zeichner und Plastiker

Willem de Kooning, abstrakter Expressionist

Frank Stella, Maler und Objektmacher

Dominique Philbert, Grafitti-Künstler

David Salle, Moderner Expressionist

Bernar Venet, geometrischer Konstruktivist

Tom Wesselmann, Pop-Künstler

oy Liechtenstein, Pop-Künstler

Sandro Chia, Neuer Wilder

Christo, „Verpackungs"-Künstler

Künstler, die zu ihrer Entfaltung das urbane Chaos brauchen: Seit dem Zweiten Weltkrieg hat New York als Kunstmetropole einen stürmischen Aufschwung genommen. Zuvor war die Stadt vorwiegend auf die Kunst der Alten Welt fixiert, seither aber regieren die Modernen und setzen weltweit Maßstäbe – auch, und nicht zuletzt, was die Beträge angeht, die sie für ihre Werke verlangen und erhalten

über die Notwendigkeit, auch noch einen vierten zu errichten.

Die lärmenden Jets flogen tief, aber man hörte sie nicht, auch nicht bei geöffneten Fenstern; ihre Geräusche waren Teil eines unbestimmbaren, auf keine präzise Quelle zurückführbaren Lärmpegels, der den ganzen Tag über anhielt und sich dramatisch nur dann veränderte, wenn Polizeifahrzeuge, Feuerwehren oder Ambulanzen ihn mit hysterisch kreischenden Sirenen übertönten, um die sich übrigens kaum jemand kümmerte.

Die Avenuen und Straßen, so sah man aus dem hohen Fenster, waren zu dieser morgendlichen Rush-hour voll. Man sah ganz augenfällig das entschiedene Dementi der Logik des Autofahrens in Manhattan. Kreuzungen waren verstopft, Staus erstreckten sich über Kilometer und füllten sich an ihren Enden immer weiter auf, Hupen klangen klagend wie Rufe verwundeter Tiere. Zur abendlichen Rush-hour würde das wieder so sein, auch morgen wieder, immer, denn, Logik oder nicht, die Stadt verstopfte sich jeden Tag wieder ihre Venen, als brauchte sie das Chaos zu ihrer ganz besonderen Normalität.

Man atmete tief durch: Was für eine Stadt!

Eine Stadt?

Man sah an diesem gloriosen Morgen vom Penthouse auf eine „metropolitan area", in der 14 Millionen Menschen lebten, und man sah auf Häuser und Viertel, in denen die ganze Welt vertreten war.

Irgendwo da unten in Brooklyn an der Atlantic Avenue mußte das Quartier der Araber liegen, und weiter östlich, in Crown Heights, das der Haitianer. Das russische New York, ein kleines Odessa, war zu vermuten, wo am südöstlichen Ende Brooklyns der Atlantische Ozean im Sonnenlicht schimmerte, das skandinavische New York ziemlich genau in der Mitte des riesigen gebrauten Breis, der Brooklyn heißt.

In Manhattan lag „Little India" und daneben das New York der Ukrainer,

Vor dem Kinder-Museum in Brooklyn haben die Kleinen während eines Festes die Straße zu einer großen Pflastermalerei genutzt. Die älteren Jugendlichen bemalen dagegen Häuserwände und am liebsten die Waggons der Untergrundbahn: New Yorks Grafitti sind inzwischen längst eine eigenständige Kunstform geworden

und, natürlich, „Little Italy" war da, geschäftig und lärmig, und „Chinatown" war da, geheimnisvoll von Banden umkämpft und ständig von Touristen besucht, die von den Bandenkämpfen nichts bemerkten, denn ein Chinese verlor im Angesicht eines Weißen nie sein Gesicht, sondern servierte lächelnd Ente à la Peking.

Die Reste der jüdischen Lower East Side gab es auf Manhattan und sehr viel weiter nördlich doch wenigstens noch Relikte des ungarischen Yorkville, des tschechischen und slowakischen Yorkville und jenes deutschen Yorkville, das sich einmal auf der Ostseite Manhattans rund um die 86. Straße breitete, die man deshalb auch die „Kraut Avenue" genannt hatte.

Es gab das griechische New York in Astoria im Bezirk Queens, das New York der Koreaner an der Main Street in Flushing, das New York der Südamerikaner in Jackson Heights, es gab „El Barrio", das dramatisch gewachsene New York der Puertorikaner im Osten Harlems, wo früher einmal nichts als sumpfiges Land gewesen war, und, natürlich, es gab das New York jener New Yorker, deren Ahnen, anders als alle anderen, nicht aus freiem Willen in diese Stadt und in dieses Land gekommen waren: Es gab Harlem, das New York der Schwarzen, das noch um die Jahrhundertwende das Quartier begüterter weißer Bürgerlichkeit gewesen war, und es gab Bedford-Stuyvesant, jenes Viertel der Schwarzen in Brooklyn, in dem man nicht wirklich lebte, sondern immer nur gedemütigt war. Nur die kleine Insel der Kambodschaner gab es nicht mehr: Die Flüchtlinge aus Asien waren erneut, diesmal ins ländliche Pennsylvania, geflüchtet, weil sie die Kriminalität nicht ertrugen, die ihre Nachbarschaft terrorisierte.

Man blickte, während die Faszination keine Sekunde nachließ, vom Penthouse auf eine Stadt, in der statistisch 802 729 Menschen italienischer Herkunft waren, 317 601 irischer Abstammung, 215 687 russischen Blutes. Es gab 195 538 amerikanisierte Polen

Ansehnlicher Reichtum und deprimierende Armut leben in New York in friedlicher Ko-Existenz, seit es diese Stadt gibt. Obschon es, besonders seit den Zeiten des Bürgermeisters Lindsay, an Bemühungen um sozialen Ausgleich nicht fehlte, lautet für arm und reich die Parole: You are on your own

in dieser unvergleichlichen Stadt, 181 687 amerikanisierte Deutsche, 137 977 amerikanisierte Engländer. Hier lebten 124 764 Chinesen, 82 313 Griechen, 60 930 Kubaner, 40 945 Inder, 31 624 Franzosen, amerikanische Staatsbürger allesamt, denn das Land der Herkunft ihrer Familie war für sie nur noch „the old country". 23 810 Menschen lebten hier, deren Familien von den Philippinen stammten, 23 257, die aus Korea gekommen, 22 577, deren Sippen aus Mexiko hervorgegangen waren. 14 980 Bürger der Stadt waren norwegischer Herkunft, 13 730 japanischer, 13 670 schottischer, 10 435 portugiesischer, 9615 schwedischer Abstammung. Und 7643 New Yorker stammten aus den Niederlanden, die ursprünglich dieses Stück Erde für Europa in Besitz genommen und damit große Absichten verbunden hatten.

3283 Menschen lebten hier, die aus Vietnam kamen, 984 aus Hawaii, 192 Menschen waren aus der Idylle der Südsee von den Samoa-Inseln in dieses lärmende Stadtmonstrum gekommen, 163 waren Eskimos. Fast jeder vierte Bewohner der Stadt war irgendwo im Ausland geboren – aber nirgendwo stand an einer Hausmauer: „Türken raus".

Kein Menschenschlag, auf den an diesem Tag in New York City nicht die Sonne schien, keine Religion, die hier nicht ausgeübt wurde, kein Weltbild, das es hier nicht gab. Da unten auf den Straßen bewegten sich deshalb auch nicht nur Menschen, sondern die Menschheit bewegte sich dort und begegnete einander unausgesetzt: Nur hier war das möglich, nur in New York – was für eine Stadt!

Auch 11 500 amerikanische Ureinwohner lebten an diesem Tag in New York City, von Weißen so genannte Indianer, die „Wilden" von einst. Träumten sie in der geschäftigen Metropole manchmal noch von jenem Manna-hatin, das ihre Ahnen kannten? War wirklich nichts mehr in den Genen, das nach Wald verlangte, nach Jagd, nach Harmonie mit der

Natur? Gingen sie manchmal zu den Narrows und blickten auf das Meer, über das an einem folgenreichen Apriltag des Jahres 1524 Giovanni da Verrazano mit seiner „Dauphine" gekommen war und damit begann, ihr Leben zu revolutionieren?

Nun war mit den wenigen Ureinwohnern die ganze Welt in der Stadt, und durchaus nicht nur in den Gebäuden der Vereinten Nationen. Es gab, zum ersten Mal in der Geschichte New Yorks, eine Mehrheit ethnischer Minderheiten in der Stadt, in der ein Rundfunksender seine Nachrichten in 45 Sprachen verbreitete.

Hierher, nach „Bagdad am Hudson", waren Menschen aus allen Teilen der Welt schon seit Jahrhunderten und auch jüngst noch gekommen, obwohl die Vereinigten Staaten längst nicht mehr Einwanderer generell willkommen hießen, ganz gewiß kamen auch an diesem Tag welche illegal nach New York und krochen irgendwo bei Freunden oder Verwandten unter: Mehr als 750 000 Menschen, so vermutete man mit guten Gründen in der City Hall, im Rathaus von New York, lebten ohne amtliche Genehmigung in der Stadt, von keiner Behörde erfaßt, und niemand wußte, wie sie ihren Lebensunterhalt bestritten – 750 000 Menschen.

Und nicht nur aus der überseeischen Fremde kamen sie, sondern, wenn auch natürlich legal, aus der Fremde der Vereinigten Staaten. Sie kamen aus dem Mittleren Westen, aus dem „Bible Belt", oder aus dem „Sun Belt", aus dem sonnigen Süden des Landes, das, genau besehen, ein ganzer Kontinent ist. Vor allem tatenhungrige, dynamische, ehrgeizige Jugend kam, aber auch menschliches Mittelalter, das seiner Krise davonzulaufen versuchte, denn New York – das war steingewordene Faszination, war die ganz große Herausforderung, die äußerste Lebensprüfung. Kinder kamen nach New York, ganz gewiß auch jetzt, die ihren Eltern irgendwo im langweiligen Amerika entlaufen waren und von einem der Busbahnhöfe Manhattans aufbrachen, um New York zu erobern, das Glück zu zwingen, Karriere zu machen, zu leben, den ganz großen Preis zu gewinnen, denn: Man habe nicht gelebt, hatte einmal jemand formuliert, wenn man nicht in New York gelebt habe.

Kein Wunder, daß so viel dynamischer Lebenswille der Stadt eine Physiognomie sondergleichen verliehen hatte. Die Aggressivität der Skyline war ein Spiegelbild der mentalen Verfassung dieser Stadt, die Talleyrand schon 1794 erkannte: New York, so fand er damals, sei der beste Ort, um schnell Geld zu machen.

Das war es, was zu allen Zeiten die Menschen nach New York zog. Niemand – oder nur ein Tor – ging je nach New York, um ein geruhsames

Auf Ellis Island, einer kleinen Insel vor Manhattan, verfallen die Gebäude, in denen einmal 17 Millionen Einwanderer abgefertigt wurden und vom Glück in Amerika träumten. Wer allerdings in der Ersten Schiffsklasse nach New York kam, brauchte diese Prozedur nicht über sich ergehen zu lassen und konnte unbefragt einwandern

In der Stadt, die voller Reize ist, muß zu ungewöhnlichen Maßnahmen – und Dimensionen – greifen, wer neue Reize erzeugen und auf sich aufmerksam machen will: Das Plakat über dem klassischen Giebel eines Kinos am Broadway ist ebenso wie das Gemälde an einer Brandmauer in SoHo „bigger than life"

Leben zu führen. New York, so wußte eine kluge Sentenz, war immer ein vorzüglicher Ort, um eine Romanze zu vergessen: Hier war Tatkraft gefragt, Ehrgeiz, Durchsetzungsvermögen, Kaltblütigkeit, Muskulatur, hier war kein Platz für Gefühlsduselei.

Andere Städte bewahrten sich bauliche Erinnerungen an ihre Vergangenheit; nicht so New York. Diese Stadt fraß sich seit ihrer Entstehung immer wieder selber auf und errichtete sich neu, denn immer war, wenn man abriß und rasch wieder baute, Geld zu machen. Zwar, die Stadt kannte seit 1965 Verordnungen zum Schutz von „landmarks", Bauten also, mit denen sich ein historischer Wert verband, aber diese Verordnungen waren viel zu spät erlassen worden, sie waren halbherzig, sie entsprachen am Ende auch dem Geist nicht, der die Stadt prägte, und deshalb zerstörte sich die Stadt auch an diesem wunderschönen Tag wieder irgendwo selbst, um neu – und profitabler – zu entstehen und ihrem eigenen Kult zu opfern.

Man sah bei der aufregenden optischen Inventur der Stadt vom Penthouse auf das Lever House an der Park Avenue. Es war gerade 31 Jahre alt. 1952, als man es einweihte, war das Haus als schöne Vision eines neuen Zeitalters im Bauen gefeiert worden. Es war an der Park Avenue der erste Wolkenkratzer mit einer gläsernen Fassade, die an diesem Tag grün in der Sonne schimmerte. Es war ein gleichsam humaner Wolkenkratzer, nicht übermächtig in der Höhe, nur bescheidene 24 Stockwerke, so daß er Sonnenschein in die enge Schlucht der Straße fallen ließ, und er nahm auch nicht das ganze Areal in Anspruch, auf das der Bauherr ein Recht gehabt hätte. 1977, als der freundliche Bau gerade 25 Jahre alt geworden war, feierten ihn seine Paten in einer ganzseitigen Zeitungsanzeige als „das erste stromlinienförmige Bürogebäude mit Platz zum Atmen", und gewiß freuten sich viele New Yorker darüber, daß da ein Architekt nicht nur an optimales Bauvo-

Auch zu ebener Erde finden in der City werblich inspirierte Darstellungen zuweilen unheimlicher Art statt. Der Sandwich-Mann von früher ist längst überholt: Auf der Park Avenue werben gummibekleidete Marsmenschen, die gerade eine Pause machen, für einen neuen Film, und im Busbahnhof an der 42. Straße erwecken die Gipsfiguren von George Segal Verblüffung

lumen und optimalen Profit, sondern auch an die Menschen auf dem Grunde der Canyons gedacht hatte, zu denen die Straßen im Zentrum Manhattans zu verkommen drohten.

Aber nun war die Existenz dieses eben noch hochmodernen Hauses gefährdet. Die grünschimmernde Schönheit war bedroht. Man redete vom Abriß und der Möglichkeit, ein sehr viel höheres Haus zu errichten, viel trächtiger, viel moderner, 40 Stockwerke – würde das Lever House noch stehen, wenn man das nächste Mal nach New York käme?

Die Stadt war, was das anging, nahezu ohne jede Sentimentalität. Irgendwo auf der Westseite Manhattans, an der 79. Straße, stand die Mount Neboh Synagogue. Sie war eine „landmark". Sie war geschützt, aber schützenswert war sie nur im Verständnis rührseliger Betrachter. Mr. Edelman, der Besitzer, klagte, daß er mit seiner „landmark" nicht auf seine Kosten komme. Hatte er nicht das Recht auf ertragreichen Besitz? War ihm zuzumuten, auf den Profit zu verzichten, der potentiell aus der Umwandlung der Synagoge in ein Hochhaus zu ziehen war?

Nein, das war ihm nicht zuzumuten. Man würde die Synagoge abreißen. New York würde sich auch in der 79. Straße selbst zerstören und unter Schmerzen neu errichten, schneller als irgendwo sonst in der Welt.

An vielen Stellen der Stadt, so sah man aus dem hohen Fenster, wurde das Wunder des rapiden Neubaus zelebriert. Lärmend, mit Schweißgeräten funkenstiebend, zogen Bauarbeiter immer neue Wolkenkratzer hoch. Filigran reckten sich Stahlträger in schwindelhafte Höhen, als solle eine Brücke geradenwegs in den Himmel gebaut werden. Menschen bewegten sich so traumwandlerisch sicher auf schmalen Stahlträgern, als befänden sie sich auf ebenem Boden – einige von ihnen waren Mohawk-Indianer, die kein Schwindelgefühl kennen – und man konnte, wenn man nur ein wenig Geduld besaß, zusehen, wie die

In New York ist alles ein bißchen größer als woanders – auch die Friedhöfe. In Queens hat ein riesenhafter Gottesacker eine Müllverbrennungsanlage im Lauf der Zeit eingeschlossen

Giganten Stockwerk um Stockwerk wuchsen, während an anderen Baustellen, wo man noch ausschachtete, der Untergrund der Stadt zu sehen war: Granit, solides Fundament der Natur – darauf war gut wachsen.

Ja, in diesem Bild symbolisierte sich New York: Wachsen! Noch höher! Schnell! Abreißen und, kaum daß die Steine von gestern abgefahren sind, das neue Fundament legen! Nur ein Narr erhält, was nicht optimal profitabel ist! This is New York, man!

Man fragte sich, während man vom hohen Fenster aus gebannt dem augenfälligen und dramatischen Wachstum Manhattans zusah, wann dieser Stadtteil an Überwuchs sterben werde. Man fragte sich, wie Manhattan die unermeßlichen Infrastruktur- und Versorgungsprobleme lösen werde, die mit der Errichtung jedes weiteren Wolkenkratzers, jeder eine Stadt für sich, verbunden waren.

Die vielen Totenlieder fielen einem ein, die schon in nahezu allen Sprachen der Welt dieser Stadt gesungen wurden, unmittelbar vor ihrem Kollaps. Insbesondere deutsche Publizisten fielen einem ein, die mit sonderbarer Schadenfreude das nahe Ende dieser Stadt geradezu feierten und immer neue Indizien dafür fanden, daß es nun aber wirklich und unwiderruflich mit New York aus und vorbei sei. Immerzu diagnostizierten sie mit vermeintlich überzeugenden Argumenten, Fakten und Zahlen einen klaren Fall von krankem Wachstum geradenwegs in den Tod. Sie bewiesen, daß diese Stadt längst aufgehört hatte, für die menschliche Existenz geeignet zu sein. Sie ermittelten die Zahlungsunfähigkeit der Stadt. Sie dokumentierten, daß die Kriminalität die Stadt gefährlicher mache als das Leben in einem bekriegten Land. Sie fanden, daß die Luft nicht zum Atmen tauge, daß der Lärm zum kollektiven Wahnsinn trieb, daß die Stadt voll war von unerträglicher Aggression.

Manche dieser Totenlieder waren schon ein paar Dekaden alt, aber die Totgesagte lebte noch immer. Sie trug Wunden, gewiß, und zwar nicht nur in der Bronx und in Harlem und Bedford-Stuyvesant. Sie zeigte bedenkliche Merkmale kommunaler Unfähigkeit, gewiß: Manche Avenuen und Straßen waren in einem schlimmen Zustand, und die Stadt hatte nicht das Geld, sie zu reparieren. Die Bevölkerungszahl war im Lauf der letzten Dekade um zehn Prozent zurückgegangen. Es gab „urban decay", kommunale Fäulnis, das war offensichtlich selbst vom hohen Penthouse. Aber es gab auch Zeichen ganz ungebrochener Vitalität, von denen man in den Totenliedern nichts hörte.

Die wurden beileibe nicht nur in Europa, keineswegs nur in Deutschland

gesungen, sondern auch im eigenen Land. „Cut it off and send it to Europe", hatte Barry Goldwater einmal verächtlich über das nordöstliche Amerika gesagt und damit gewiß auch und besonders das arrogante und ständig mit den Muskeln spielende New York gemeint, das obendrein der Bundeskasse zur Last fiel, und damit drückte der Senator von Arizona und frühere Präsidentschaftskandidat der konservativen Republikanischen Partei ein Gefühl aus, das in weiten Teilen der Vereinigten Staaten von Amerika herrschte.

Schon 1894 hatte ein Politiker aus dem ländlichen Teil des Bundesstaates New York, von dem New York City nur ein Teil ist, die Stadt verachtungsvoll „eine Kloake der Ignoranz und der Korruption" genannt, und er war dabei nicht in Beweisnot. 1920 hielt man New York City im „Bible Belt", im frommen, küstenfernen Amerika, für das moderne Sodom und Gomorrha, und wiederum fiel es nicht schwer, dafür Argumente zu finden. Das alerte, intellektuell-aufdringliche und durch und durch sinnliche New York war immer Gegenstand einer herzlichen Haßliebe vieler jener Amerikaner, die irgendwo in der Weite des Landes verläßlich Fuß gefaßt und kein Verständnis für den Gigantismus am Hudson River hatten: New York war vulgär, wurzellos,

Pat Oleszko, eine Verkleidungskünstlerin, tritt bei Happenings und bei Kongressen auf, springt bei Parties aus riesenhaften Torten und verfügt über hunderte von selbstgeschneiderten Kostümen, von denen sie eines auf dem Dach ihrer Speicherwohnung in Tribeca vorführt

immer noch so unamerikanisch wie zu jener Zeit, als man der Stadt vorwarf, durch Einflüsse korrumpiert zu sein, die fremd – nämlich überwiegend europäisch – waren.

Viele Menschen in New York erwiderten diese Haßliebe. 1969 ermittelte ein Magazin, daß eine überwältigende Mehrheit der Einwohner dafür eintrat, aus der Stadt einen selbständigen Bundesstaat zu machen, also die Zugehörigkeit zum überwiegend provinziellen Staat New York zu beenden, und 1982 drückte Bürgermeister Ed Koch in einem Interview aus, was gewiß die meisten seiner Mitbürger empfanden: Daß nämlich das Leben außerhalb der Metropole absolut steril sei, „nichts" sei es, „eine Verschwendung des Lebens".

„Das flache Land?", fragte der Bürgermeister, und dann antwortete er selber: „Das ist ein Witz!", und dann verbreitete er sich darüber, weshalb es eine dauernde Herausforderung an die Motorik des menschlichen Lebens sei, in New York City zu leben. Ein Geniestreich sei diese Stadt, sagte er. Er formulierte seine Hymne, denn er war ein Freund derber Sprache, im Slang eines New Yorker Taxifahrers, aber es war gleichwohl erhellend, was er über sich und seine Mitbürger redete – und wahr.

Ja, hier in dieser Stadt hatte sich unter immer tumultuösen Umständen

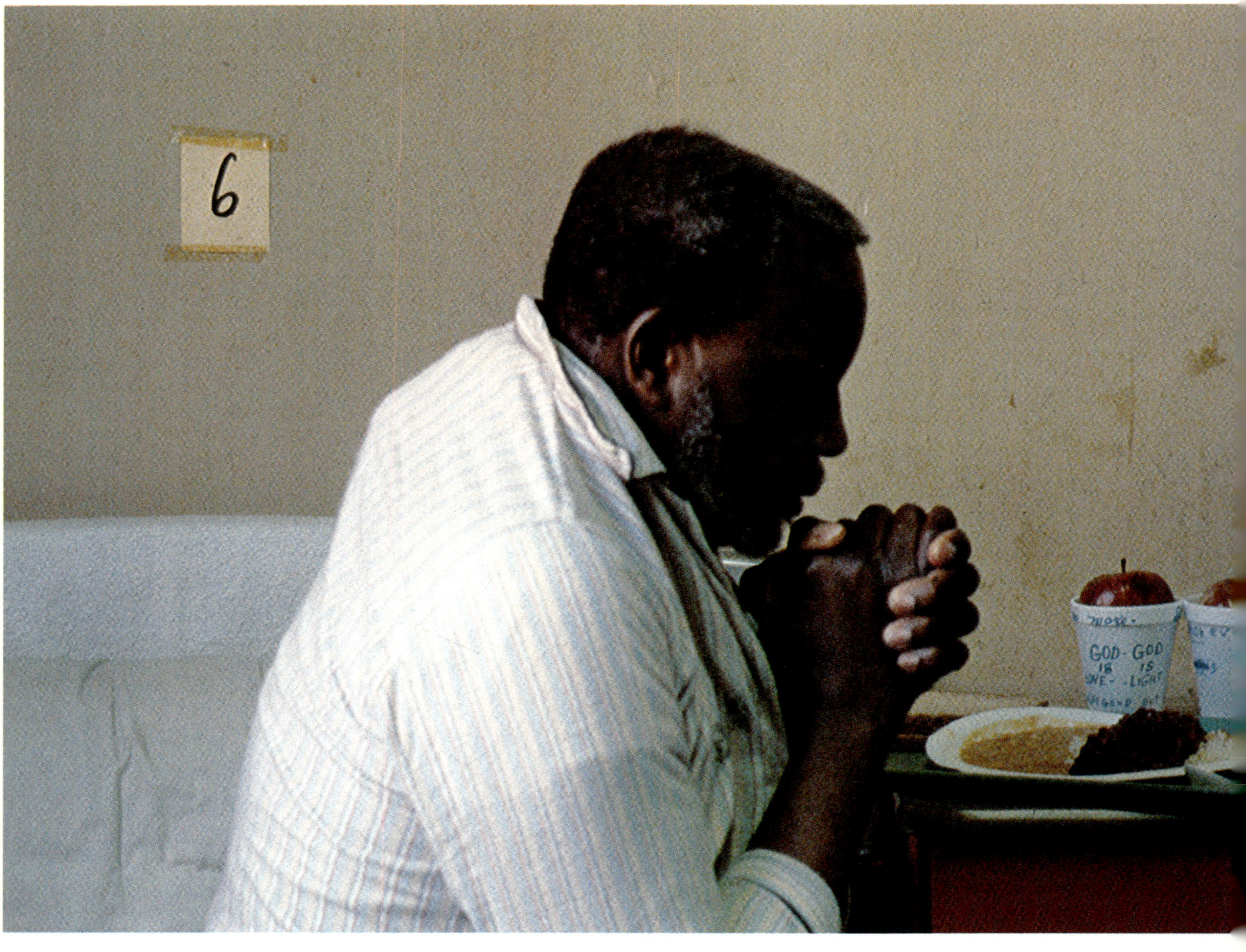

ein *homo novus* entwickelt, ein neuer Mensch, der freilich anders als jener geraten war, den Karl Marx und die Seinen heraufkommen sahen. Er hatte sich seine Welt nach seinem Bilde geformt, einzigartig, unvergleichlich, gewiß in Teilen vulgär und abschreckend, ebenso gewiß in Teilen faszinierend und schön, ebenso gewiß kühn.

Kühnheit war hier immer am Werk. Nur Kühnheit konnte es riskieren, in der ersten Hälfte des 17. Jahrhunderts ein paar Farmen dort zu errichten, wo heute Harlem liegt, denn das war Wildnis, und im Osten breitete sich abweisender Sumpf. Geradezu übermütige Kühnheit, geradezu frivol war es, was früh im 19. Jahrhundert ein paar Männern eingab, die ganze Insel Manhattan, die um diese Zeit weithin noch ganz verschlossene felsige Landschaft war, mit einem Gitterwerk gradliniger Straßen zu überziehen. Rücksichtslose, nach heutigem Verständnis gar kriminelle Kühnheit motivierte Männer wie Cornelius Vanderbilt, den legendären „Commodore", der ein Vermögen mit der Schiffahrt machte und dann die New York Central Railroad schuf. Die Männer, die das kühne Abenteuer der Realisierung der Central Pacific Railroad im fernen Kalifornien bewirkten, kamen aus New York. Edward Harriman, der um 1910 das größte Eisenbahnimperium der Vereinigten Staaten besaß, war New Yorker. George Eastman, George Westinghouse, der IBM-Begründer Thomas B. Watson, der unvergleichliche Stahlbaron Andrew Carnegie, der Kupferkönig Guggenheim, Verleger von Rang wie Adolph Ochs, Joseph Pulitzer und auch der publizierende Banause William Randolph Hearst wurden von der Kühnheit, die man in New York brauchte, um sich durchzusetzen und zu reüssieren, angezogen und setzten sich mit jener brachialen Rücksichtslosigkeit durch, die ein Markenartikel New Yorker Mentalität wurde. Johann Jacob Astor konnte nur werden, was er wurde, weil es New York gab. John Pierpont Morgan war ein Produkt dieser Stadt; kein Zweifel: Diese Stadt besaß etwas, in ihrer Chemie wirkte etwas, das Kühnheit ermutigte. New York war die urbane Entsprechung jener Kühnheit, die im „Wilden Westen" Legenden schuf. Der Westen war nun seit langem friedlich, auch ein bißchen satt war er, der Geist der Pioniere nur mehr sporadisch oder auf den Plakaten von Zigarettenmarken anzutreffen. In New York City lebte er noch.

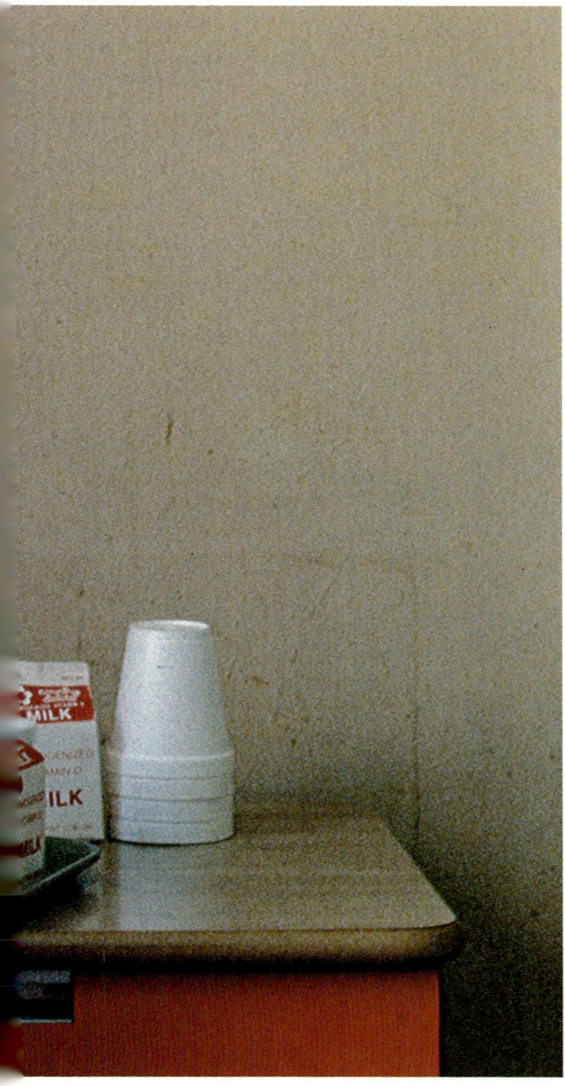

Natürlich gab es die Kehrseite der triumphalen Kühnheit. Es gab in New York immer auch das Scheitern, die Tragödie, das Unvermögen. Neben einem, der triumphierte, gab es im-

Das Main Intake Center für männliche Obdachlose liegt in der 3. Straße auf der Ostseite Manhattans. Besonders im Winter ist der Andrang so groß, daß Bedürftige bis weit nach Upstate New York gebracht werden müssen. Das Durchschnittsalter der wohnungs- und arbeitslosen Männer ist in den letzten fünfzehn Jahren von 55 auf 28 Jahre gesunken. Wer keinen Grund zum Dankgebet in der 3. Straße hat, wärmt sich am offenen Feuer im Freien

mer Unzählige, die sich übernahmen und scheiterten oder einfach nicht rücksichtslos oder smart oder glückhaft genug waren. Es gab immer Not in New York City, verschuldet und unverschuldet, und auch an diesem strahlenden Sommertag wurden irgendwo in den Slums ein paar Kinder von Ratten gebissen – es gab mehr Ratten als Menschen in der „metropolitan area" und noch viel mehr Küchenschaben als Ratten –, und am Abend würden sich Obdachlose in den Asylen der Stadt und auf Bahnhöfen oder einfach in Hauseingängen zur Nacht einrichten, und Diebe und Räuber würden durch die Nacht ziehen, um zu überleben: Es gab 50 000 Verbrechen jede Woche.

Alles geschah stets gleichzeitig in dieser Stadt der Millionen Wahrheiten: Wenn die Stunde der Räuber kommen würde, würde auch die Stunde großer Kultur auf den vielen Bühnen der Stadt beginnen. Während man in Harlem hungern würde, würden feine Restaurants, total ausgebucht, vom Feinsten servieren, in den Galerien der Stadt die erlesensten Kunstwerke ausgestellt sein und auf Bühnen die besten Balletts der Welt tanzen. Während Mittelstand gesetzestreu um seinen Lebensunterhalt kämpfen würde, würde es irgendwo in der Stadtverwaltung Korruption geben. Während rund um den Times Square der Welt unappetitlichste Pornographie um Kundschaft schreien würde, würden gleich nebenan die Rotationsmaschinen anlaufen und der Welt beste Tageszeitung drucken, die „New York Times". Während am Broadway die Vorhänge zu opulenten Shows und Musicals aufgehen würden, würden sich irgendwo in der Stadt namenlose Tragödien ereignen.

Was für eine Stadt!

Im Norden Manhattans, direkt neben Harlem, lag die Columbia University im Schein der Sonne, ein hochrenommiertes Lehrinstitut mit hochrangigen Professoren und ausgesuchten Studenten, aber nicht weit von dieser Hochschule lagen die Schulen,

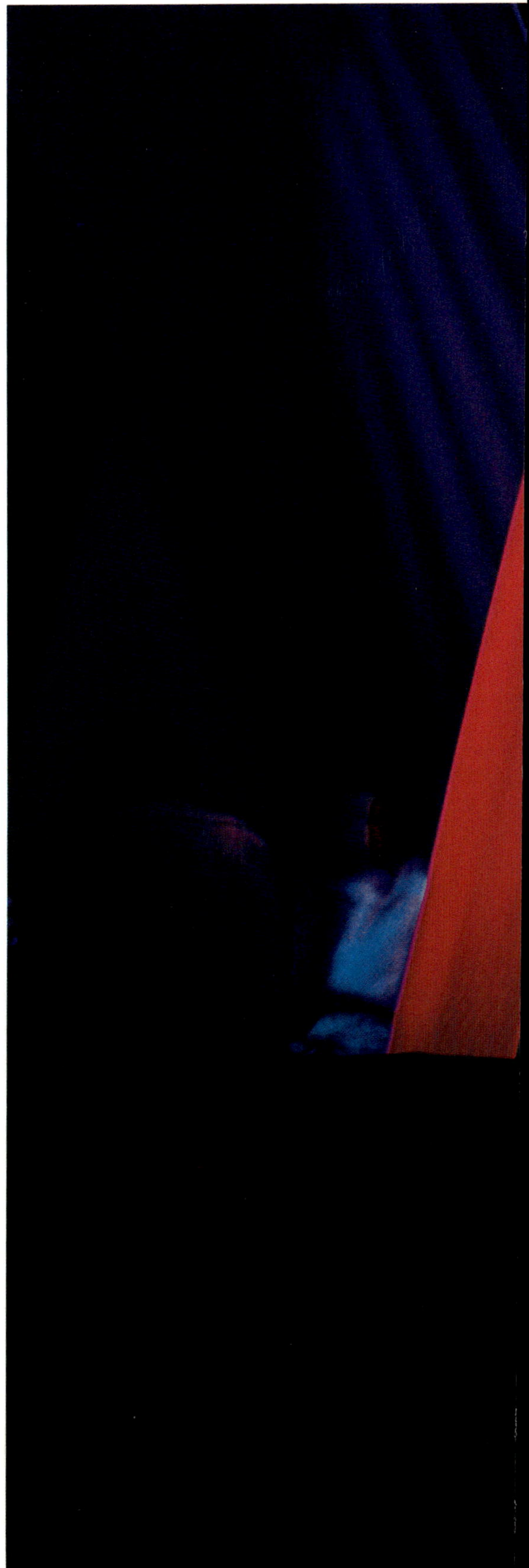

Ein großes und sehr kostspieliges Rennen gibt es in Manhattan um das Ansehen, der „in place" für die spendable Jugend zu sein. 1983 startete der Danceteria Night Club in der 21. Straße auf der Westseite Manhattans in diesen Wettbewerb

Die Party ist eine New Yorker Institution und vielen Menschen Ersatz für intensive menschliche Zuneigung. Psychologen haben ermittelt, daß Freundschaften in New York schwerer als anderswo gedeihen. Die Party, privat oder im Club, im Restaurant oder, im üppigen Stil, im Grand Ballroom eines Hotels, vermittelt wenigstens für Stunden das Gefühl der Zusammengehörigkeit

Dachparty vor dem Hintergrund der hauseigenen Wassertanks

Party mit Andy Warhol im renommierten „Xenon"

Im Ambiente der Fünfziger Jahre ein Treff in der „Danceteria"

Pause der Break-Tänzer im „Underground Club"

Party für Ausgeflippte im Nightclub „Zipper's"

in die sich einige Lehrer nur mehr mit kugelsicheren Westen getrauten: 1415 Lehrer und Lehrerinnen wurden im Laufe eines Schuljahres von bewaffneten, wenn sie Glück hatten, von unbewaffneten Schülern angegriffen und verletzt, eine Lehrerin, 48 Jahre alt, mit vorgehaltener Waffe vergewaltigt. Im Westen Manhattans, wo die Stadt unansehnlich war, ärmlich und gefährlich, stand auch das fabelhafte Lincoln Center, da war die weltberühmte Metropolitan Opera, die „Met", in der Maestro James Levine nur die besten Sänger der Welt auftreten ließ; das, sagte er, war sich New York schuldig.

Wirklich, alles geschah in New York immer gleichzeitig. Auf eine Wahrheit lieferte diese Stadt immer auch gleich ihr Dementi. Wenn je ein Stück Erde „urbanisiert" wurde, rücksichtslos, total und effizient, dann dieses Stück, auf das man vom Penthouse sah, und doch lebten hier 400 Vogelarten, und in der Bronx, im Botanischen Garten, gab es sogar noch ein Stück „virgin forest", ein Relikt jener Zeit, in der noch kein Anzeichen dafür sprach, daß aus Manna-hatin einmal das legendäre New York werden würde. Nur, obwohl das Gerücht es immer anders wußte: Nein, es gab keine Alligatoren in den Abwasserkanälen der Stadt; die letzten wurden in den Dreißigern gesehen und getötet.

Die Sonne stand nun hoch über dem Penthouse, und ein leichter Dunst hatte sich über die Stadt gelegt. Es war zwölf Uhr mittags, und man sah, wie sich aus den berghohen Häusern wahre Ströme von Menschen ergossen und die viel zu schmalen Bürgersteige füllten. Man sah, daß Menschen wie fliehendes Wild über die Straßen und Avenuen rannten und behende den Autos auswichen. Man sah – denn Kühnheit gab es auch im banalen Detail –, daß sich kaum jemand um die Verkehrsampeln für Fußgänger kümmerte. Passanten sah man zornig auf Dächer von Autos schlagen, die auf Kreuzungen standen und nun den Übergang blockierten. Autos fuhren weiter, obschon die Ampeln rotes Licht zeigten, denn es herrschte so etwas wie ein urbanes Gesetz des Dschungels.

Immer mehr Menschen kamen aus den turmhohen Häusern, immer intensiver sprudelte der Quell, er wollte nicht enden, es war beängstigend. In der aggressiven Regellosigkeit des mittäglichen Manhattan war „free for all". Hier war jeder sich selbst der Nächste, und gleich, im „delicatessen" oder im Restaurant, wenn es darum gehen würde, zu einem Lunch zu kommen, würde das wieder so sein. Der gleichsam beiläufigen Rücksichtslosigkeit, mit der da unten jeder seinen Weg nahm, entsprach das Gesamtbild der Stadt, die Le Corbusier einmal mit vielen guten Gründen „die wunderbare Katastrophe" genannt hatte.

Auch am Abend noch hatte der Blick aus dem Penthouse nichts von seiner Faszination verloren. Die untergehende Sonne richtete an den gläsernen Riesen eine blutrote Orgie an. Die Wolkenkratzer glühten und beschämten einen Vorgang, der in den Alpen schon unzählige Menschen beglückt hatte. Ungebrochen vibrierte die Stadt und ersetzte das Tageslicht durch eine tumultuöse Fülle künstlicher Beleuchtung.

Nur am Horizont im Nordwesten war es finster, denn da breitete sich Ländlichkeit, das Hudson Valley, die Catskills, in denen noch immer 400 Schwarzbären in uriger Wildnis lebten, *Ursus americanus,* gerade drei langsame Autostunden von dieser Apotheose lärmiger Urbanität entfernt.

Und, von ein paar schwachen Lichtern abgesehen, im Osten von Brooklyn war es dunkel, wo der Atlantische Ozean nun eher zu ahnen als zu sehen war.

Warum, fragte man sich im hohen Penthouse, entstand diese einzigartige Stadt gerade hier?

Und wie entstand sie?

Gab es Regeln in der Genese?

Welche?

Erwachen aus dem Menschheits-morgen

Rom war schon
mehr als 2000 Jahre alt, als Giovanni da Verrazano 1524 mit seiner „Dauphine" vor Manna-hatin erschien, wo die Völker der Canarsee und der Weckquaesgek von Jagd, Fischfang und ein bißchen Gemüseanbau lebten.
Der ersten Begegnung mit dem landgierigen Weißen folgte die erste, bei der Blut floß: Mit Henry Hudson begann das Drama der von den Weißen so genannten Indianer, aus denen zu Zeiten niederländischer Herrschaft die „Wilden" und unter britischem Recht die „savages" wurden, denen man ihr Land eher abschwindelte als abkaufte. Wo zuvor die Uramerikaner in Harmonie mit der Natur gelebt hatten, machte sich abendländischer Erwerbssinn breit – es begann die Ausbeutung der Natur und kriegerischer Streit um den Besitz von „Nieuw Nederland", aus dem die Engländer 1664 New York machten.
Die Canarsee und Weckquaesgek wurden nicht gefragt

Nicht immer ging es friedlich zu, als Henry Hudson mit der „Halve Maen" und deren Besatzung 1609 den später nach ihm benannten Fluß bis Albany, Hauptstadt des heutigen Bundesstaates New York, erkundete. Es gab freundliche Begegnungen mit den Ureinwohnern, aber es gab auch Scharmützel mit Musketen und Pfeilen

Wo beginnen?
Die Erdgeschichte der Region, die wir heute New York nennen, verlief so verwirrend wie eine Rushhour in Manhattan. Nirgendwo sonst auf der Erde gibt es eine Metropole, die auf Zeugen so vieler geologischer Umwälzungen steht: Vulkanismus hat am erdgeschichtlichen Werden dieser Gegend mitgewirkt, Gebirgsbildung, Erosion, Sedimentation und Plattentektonik. Das Land hat mehrmals unter Wasser gelegen, Eiszeiten hat es erlebt – wo in den anderthalb Milliarden Jahren rekonstruierbarer Erdgeschichte beginnt die New York-Story?

Man entdeckte im heutigen New York mehr Indizien für erdgeschichtliche Revolutionen als in irgend einer anderen urbanen Region der Welt. Mehr als 170 verschiedene Minerale fand man allein auf der Insel Manhattan, und viele Einzelstücke waren in kristalliner Form und Größe perfekter als Funde in anderen Weltgegenden, auf denen Metropolen errichtet wurden. Es ist, als ob die Erdgeschichte vorweggenommen hätte, was sich im späteren, im menschengemachten New York City manifestieren würde: Ein Ereignis überlagert das andere, einer Zäsur folgt schnell die nächste, nichts, so scheint es, kann hier je überdauern.

Wo beginnen?

Beginnt es vor 480 Millionen Jahren, als sich im Zuge der ständigen geologischen Verschiebungen der felsige Untergrund bildete, „the Rock", auf dem heute, 21 Kilometer lang und bis zu vier Kilometer breit, knapp 58 Quadratkilometer groß das moderne Manhattan zum Himmel wächst?

Beginnt es 200 Millionen Jahre später mit *Clepsysaurus manhattanensis*, einem krokodilähnlichen Saurier, dem ältesten uns bekannten Wirbeltier, das dort lebte, wo nachmals New York entstand? Man grub Reste dieses Urtiers unweit der George Washington Bridge aus, die Manhattan mit New Jersey, also dem amerikanischen Festland, verbindet. Genau genommen, ist mithin das Vorkommen dieses Sauriers nur in New Jersey bezeugt, auf der westlichen Seite des Hudson River, aber auch sie gehört heute zur „metropolitan area" der Stadt New York – beginnt es also mit diesem Tier?

Oder, um die Verwirrung bei der Inspektion der unendlich vielen Indizien abzukürzen, beginnt man mit einem späten Nachkommen des *Clepsysaurus manhattanensis*? Beginnt man mit *Plesiosaurus*, einem langhalsigen, räuberischen Reptil, das vor 70 Millionen Jahren in den seichten Gewässern lebte, die sich auf dem Gebiet des heutigen New York breiteten?

Wo beginnen?

Beginnt es mit der – einstweilen letzten – dramatischen Zäsur, der Eiszeit, die vor 30 000 Jahren die Gegend des heutigen Manhattan, der Bronx, Staten Islands, Brooklyns und Queens mit einem weißen Panzer bedeckte? Beginnt es mit dem Land, das dann, vom Eis befreit, in seinen Formen doch wenigstens Ähnlichkeit mit dem heutigen Territorium annahm, wenngleich das tobende Meer nun erst damit begann, jene Inseln aus dem Fest-

land zu schlagen, die wir heute kennen? Diese Inseln entstanden im Lauf der letzten 5000 Jahre, also gleichsam in erdgeschichtlicher Gegenwart – beginnt es hier?

Das Mastodon lebte auf Manhattan, als der Standort von New York seine heutige Gestalt annahm, die nicht währen, sondern von neuen erdgeschichtlichen Revolutionen verändert werden wird.

Und Menschen?

Wo beginnt es mit den Menschen?

Um 40 000 vor Christi Geburt, als der Rand des Ewigen Eises hier für eine Weile Station machte, drangen erstmals Menschen auf einer zeitweisen Landverbindung zwischen Nordost-Sibirien und Alaska auf der Fährte eiszeitlichen Jagdwildes in den amerikanischen Kontinent ein, aber noch eine Ewigkeit verging, bis erste Spuren menschlicher Existenz hinterlassen wurden, wo sich heute New York auftürmt. Erst um etwa 4500 vor der Zeitenwende, so lehren uns Archäologen, haben archaische Fischer, Sammler und Jäger, die den Pfeil noch nicht kannten und das Geweih von Hirschen als Waffe benutzten, im Gebiet des heutigen New York gelebt. In Throgs Neck in der Bronx, in Jamaica in Queens, an der Dyckman Street in Manhattan und an Ward's Point in Richmond, also auf Staten Island, fand man Spuren dieser Menschen, aber sie müssen gleichsam gesichtslos bleiben, denn, so sagen die Forscher, die Funde gestatten es nicht, die physische Erscheinung des Ur-New Yorkers zu beschreiben.

Also beginnt es mit den Menschen der von Archäologen so genannten

Das Gebiet, auf dem später New York entstand, war nahezu menschenleer, als Giovanni da Verrazano 1524 mit seiner „Dauphine" als erster Europäer in die Bucht vor Manna-hatin einlief. Die Ureinwohner, die den Entdecker hilfreich begrüßten, lebten in länglichen Hütten in der Nähe des Wassers. Ein gutes Jahrhundert später standen am Südende von Manhattan die ersten Häuser im niederländischen Stil

„Lamoka-Phase", deren Anfang man um 2500 vor Christi Geburt vermuten muß?

Von ihnen gibt es einigermaßen klare Kunde. Sie sind die ersten, die wir uns vorstellen, von deren Leben wir uns ein Bild machen können: Sie lebten vorzugsweise an Seen und Flüssen und jagten vor allem Hirsche, Truthühner und Tauben. Die Menschen waren von mittlerer Größe, eher schlank und grazil gebaut und hatten keine Karies, wie Untersuchungen zeigten. Es gibt Anzeichen dafür, daß sie den Hund als Begleiter schätzten, wohl auch als Bewacher; sie nannten ihn „mekane", er war nichts anderes als ein gezähmter Wolf. So hohes Ansehen genoß der Hund, daß man ihn gelegentlich bestattete, wie man auch Menschen begrub. Die Menschen, die nun längst das Feuer kannten, aßen von den erlegten Hirschen nicht nur das Fleisch, sondern entnahmen den Knochen auch das Mark, das sie kräftigend fanden, und, natürlich, die Felle wurden als Kleidung verwendet.

Sie lebten in Gruppen, errichteten ihre Hütten auf kleinen Anhöhen und verteidigten sich, wenn andere in ihre Siedlungs- und Jagdräume eindrangen. Gab es Tote dabei, so wurden ihnen einige ihrer Besitztümer mit ins Grab gelegt, denn die frühen Amerikaner glaubten an ein Leben nach dem Tode.

Ein paar Jahrhunderte später in der Geschichte tauchen die ersten Indizien dafür auf, daß die Menschen nicht mehr ausschließlich damit beschäftigt waren, die elementaren Bedürfnisse des Lebens zu befriedigen: Sie begannen, aus Tierknochen Flöten zu basteln. Aber das, was man Fortschritt nennen würde, gedieh nur langsam im Menschheitsmorgen des Stückchens Erde, das heute New York heißt. Wiederum Jahrhunderte brauchte es, bis die ersten Einbäume den Menschen gestatteten, Gewässer zu erkunden und zu Inseln vorzudringen. Und dann – im letzten Jahrtausend vor der Zeitenwende – erfanden die frühen Amerikaner auch das Fischernetz, und sie verbesserten ihre Dolche und Pfeile und Speere, mit denen sie jagten, und mindestens in einigen Teilen des späteren New York hatten verfeinerte Jagdmethoden – auch die Einführung der raffiniert angelegten Treibjagd – Folgen, die an das ausklingende zweite Jahrtausend nach der Zeitenwende, an unsere Gegenwart, erinnern: Long Island, zum Beispiel, war überjagt, der tüchtige Jäger hatte zu oft geschossen und getroffen – vielleicht war er der erste, der begriff, daß Natur nicht einfach nur ein Konsumartikel ist.

Im Wasser gab es damals Austern, die es auf eine Länge von zwanzig Zentimetern brachten – jede Auster war eine Mahlzeit. Es gab Hummer, denen nicht viel an einer Länge von einem Meter fehlte. Im Hudson, der heute weithin tot ist, gab es Störe massenhaft. Es gab Muscheln, Krabben und Fische im Überfluß, und es fehlte den frühen Amerikanern nicht an Geschicklichkeit, sich der Beute des Wassers zu versichern; kurz: Man lebte an den Flüssen, die später Hudson und East River heißen würden, nicht schlecht – der East River, übrigens, ist natürlich gar kein „river", kein Fluß, sondern die südliche Fortsetzung des Long Island Sound –, wenn auch die Beschaffung des Lebensunterhalts immer mit Anstrengungen und – bei der Jagd – auch mit Gefahren verbunden war, und überdies: Der frühe New Yorker lebte nicht lange, seine Lebenserwartung betrug allenfalls drei oder höchstens vier Jahrzehnte, dann begrub man ihn, aber nun gab man ihm nicht mehr nur Gebrauchsgegenstände für das vermutete Nachleben im Jenseits mit ins Grab, sondern auch kosmetische Mittel.

Ja, der frühe New Yorker schmückte sich. Er bemalte sich mit Farben, die er aus Pflanzen herstellte. Er hatte auch – wir sind nun schon nahe der Zeitenwende und mithin in einer Ära, in der Europa und vor allem der Vordere Orient längst Menschheitsgeschichte machten – die Töpferei entwickelt. Er zierte sich mit Halsketten und Armreifen aus Muschelschalen und nähte sich solchen Schmuck auch an seine Kleidung, die immer noch aus den Fellen erlegter Tiere bestand, aber diesen Veränderungen entsprachen immer noch keine auf den Gebieten des Lebensunterhalts: Der frühe New Yorker blieb Sammler und Fischer und Jäger, wenn er auch, mählich und sozusagen nur halbherzig, so etwas wie Landwirtschaft betrieb: Mais wurde angebaut, Bohnen, Kürbis – der Anbau war eine Sache der Frauen –, aber im wesentlichen sammelten die frühen New Yorker, was ihnen die Natur in reicher Fülle bescherte, wilde Früchte, auch Wein und Kräuter.

In der von Archäologen so genannten „Waldland-Phase", die um 1000 vor Christus anfing und gebietsweise tief ins zweite Jahrtausend unserer Zeitrechnung hineinreicht, begannen die Menschen, die zuvor häufig ihre Wohnsitze gewechselt hatten, seßhaft zu werden. Sie trafen Vorkehrungen, um Lebensmittel als Vorrat zu lagern. Sie entwickelten den Handel mit Menschen entfernterer Regionen, und, so glauben die Archäologen, sie waren fünf Jahrhunderte lang friedlich: Kein Anzeichen einer kriegerischen Auseinandersetzung läßt sich finden. Die Dörfer hatten keine Wehreinrichtungen, keine Palisaden, keine Schutzwälle, doch fand der lange Friede dann wohl ein Ende, jedenfalls: Man grub Reste von Menschen aus, die von Pfeilen durchbohrt worden waren: Kriegstote? Exekutierte Kriminelle? Rituelle Opfer?

Die Wissenschaft ist sich, was das angeht, nicht einig, wohl aber darüber, daß sich der New Yorker jener Zeit mehr und mehr an ein geordnetes Leben gewöhnte. Häufig baute er nun in Gemeinschaft ein Langhaus, den Sitz einer Kommune sozusagen, in dem die Frauen auf erhitzten Steinen kochten oder ihre keramischen Gebrauchsgegenstände zu ornamentieren begannen, während die Männer, wie schon immer, zur Jagd oder zum Fischfang gingen. Sie bauten sich ihre wendigen Kanus aus Rinden der Ulme, oder sie höhlten einen Baumstamm aus; dafür brauchte ein Mann nicht länger als etwa zehn Tage. Kenterten sie, so bargen sie ihre Kanus schwimmend, denn schon jedes Kind lernte, sich im tiefen Wasser zu bewegen. Die Buben wurden überdies zum Überlebenstraining in den Wald geführt und für ein paar Tage und Nächte sozusagen ausgesetzt, damit sie lernten, sich mit der Natur zu arrangieren und sie als ihren Lebenspartner zu verstehen.

Das zahlte sich aus: Die ersten New Yorker waren Experten in der Kenntnis der Pflanzen und Meister der Jagd. Ihre Treffsicherheit war verblüffend. Gleichwohl gingen sie, etwa bei der Jagd auf Bären, nur selten ein Risiko ein und erlegten die begehrten Tiere – nicht sehr „waidgerecht" –, wenn die in ihrem winterlichen Halbschlaf lagen, und manchmal brachten die Jäger auch einen Bären lebend ins Dorf und mästeten ihn, ehe er geschlachtet wurde.

Die Menschen jener Zeit glaubten, die Erde sei bevölkert von Kindern einer Mutter, die vom Himmel ins Meer gefallen und von einer gewaltigen Schildkröte gerettet worden war, aus der die Erde entstand. Sie glaubten, daß das Böse existiere und stellten es sich als eine gehörnte Schlange vor, der sie Opfer brachten. Ihre Verehrung galt hauptsächlich der Natur, von der sie glaubten, daß ein Geist sie beherrsche, den sie Kickerou nannten. Das nächste Leben, so glaubten sie, werde sie in die ewigen Jagdgründe führen, die irgendwo im Südwesten lagen und alle Züge eines Paradieses trugen: Die Jagd, auf Erden mühsam, werde im Jenseits das reine Vergnügen sein.

Es lebten mehrere Völkerschaften in der Region, die heute den Staat New York bildet, und selbst das Gebiet der späteren City of New York war Heimat mehrerer Stämme. Es kam vor, daß Gruppen, die im Abstand von zwei Tagesmärschen voneinander leb-

Nicht auf dem Terrain der jetzigen Stadt New York, sondern weiter nördlich im heute noch ländlichen Gebiet des Staates amtierte der „sachem" Hendrick, der Häuptling der Mohawk. Auch sein Volk wurde durch den „Kauf" genannten Landraub der eindringenden Weißen betrogen

ten, so verschiedene Sprachen hatten, daß sie einander nicht verstehen konnten. Auch ihre Vorstellungen darüber, woher sie stammten, waren sonderbar vielfältig: Ein Volk, zum Beispiel, glaubte, die Nachkommenschaft von Menschen zu sein, die etwa um das Jahr 1000 mit Booten von Übersee gekommen waren, zu der Zeit also, zu der Leif Eriksson in „Vinland" landete. Ein anderes Volk führte seine Herkunft auf Afrika zurück und glaubte, über ein nur wenige Meilen breites Gewässer gekommen zu sein, das damals den afrikanischen vom amerikanischen Kontinent getrennt habe, während die auf Manhattan ansässigen Menschen annahmen, aus der nördlichen Region der Großen Seen zu stammen.

Es gab „Älteste", sogenannte „sachem", in den kleinen Siedlungen am Hudson und am East River, die respektiert wurden. Einige von ihnen besaßen das Recht, vier Frauen zu haben. Fühlten die Frauen, daß ihre Zeit gekommen war, tranken sie den Saft einer Pflanze und gingen allein an einen Fluß, wo sie ihr Kind zur Welt brachten, und wenn es ein Junge war, wurde er, damit er sich an Härte gewöhne, in kaltes Wasser getaucht. Mädchen heirateten schon mit 15 Jahren, Jungen nur wenig später, was nichts daran änderte, daß nach der Hochzeit die Frau der Boss war: Anzeichen sprechen dafür, daß der Frau das Haus gehörte, in dem man wohnte, und das Matriarchat herrschte, das man von vielen gleichartigen Kulturen kennt.

Die Amerikaner, die unmittelbar vor der Ankunft der ersten Weißen hier lebten, verbrachten die Winter im Wald und zogen, wenn es wieder wärmer wurde, ins nahe „Sommerdorf" ans Wasser. In jenen Wäldern und auf Landflächen, die sie nutzten, brannten sie einmal im Jahr das Unterholz ab. Das, so fanden sie, machte die Jagd einfacher, deren Bedürfnisse alles andere bestimmte; die hohen grünen Bäume litten bei der Brandrodung keinen Schaden. Der Gartenbau, immer noch ausschließlich eine Sache der Frauen, hatte inzwischen zugenommen, wenn er auch nie den Rang der Jagd erreichte: Nicht die Ernte war wichtig, sondern über dem heimischen Feuer ein Biberschwanz, eine Spezialität.

Die Menschen, die nicht wußten, daß sie sich im frühen 16. Jahrhundert vor einer dramatischen Wende ihrer Existenz befanden, kannten die Lüge nicht. Sie kannten keine sozialen Klassen; selbst der „sachem" war nur Erster unter Gleichen. Im Sommer gingen sie barfuß und beschmierten sich ihre unbekleideten Oberkörper mit Fetten, die gegen Insektenstiche schützen sollten, im Winter umhüllten sie sich mit den Fellen erlegter Hirsche, Bären und anderer Tiere. Alle Anzeichen sprechen dafür, daß sie innerhalb ihrer kleinen Gemeinschaften in Harmonie lebten, aber dennoch gab es die Indianer-Idylle nie, die sehr viel später von den Weißen erfunden wurde. Nicht nur war es hart, der Natur den Lebensunterhalt abzutrotzen, es gab auch, schon vor der Ankunft der Weißen, Unfriede von außen: Die weiter im Norden siedelnden Irokesen bedrohten die rund um Manhattan lebenden Völkchen und erschienen von Zeit zu Zeit, um mit dem Recht der Stärkeren ihre Beute abzuholen.

Was die Völker gemein hatten, die in der späteren „metropolitan area" lebten, war ihre äußere Erscheinung: Sie waren von großem Wuchs, gut gebaut, und sie hatten schwarzes Haar. Die Männer brannten sich mit heißen Steinen die Kopfhaare ab und ließen nur die Skalplocke stehen, die sie rot färbten, und rote – manchmal schwarze – Farbe malten sie sich auch auf die Gesichter. Sie schmückten sich mit Federn, und so durchstreiften sie Menachawik, „das eingezäunte Land", das heutige Brooklyn, Rechquaakie, „den sandigen Platz", das jetzige Queens, Wanaqua, „den Ort am Ende", der später nach einem holländischen Siedler Bronx heißen sollte, und Manna-hatin, „die Insel der Hügel", wo es 94 kleine Siedlungen gab.

Das untere Manhattan war vom Volk der Canarsee besiedelt, das obere von den Weckquaesgek, deren „sachem” Rechewac seine Hütte etwa dort gebaut hatte, wo heute die 94. Straße auf die Park Avenue stößt.

Die Canarsee und die Weckquaesgek gingen nie ohne eine Waffe, also ist die Annahme gestattet, daß sie auch an jenem 17. April des Jahres 1524 bewaffnet waren, als sich ihnen ein ganz und gar unerklärlicher, wohl auch unheimlicher und bedrohlicher Anblick bot: Vom Meer näherte sich ein gewaltiges Fahrzeug, ein Schiff von 100 Tonnen – die „Dauphine” mit 50 Mann Besatzung unter dem Kommando des Italieners Giovanni da Verrazano, der im Dienst des Königs von Frankreich die amerikanische Küste erkundete.

Das war 32 Jahre nach der „Entdekkung” Amerikas durch Christoph Kolumbus, der bis zu seinem Lebensende annahm, in Indien gelandet zu sein und mithin den in Amerika lebenden Menschen fälschlicherweise den Namen Indianer gab. Der weiße Mensch kam erstmals ins spätere New York, als Jerusalem schon mehr als 3000 Jahre alt war, Athen mindestens 2500 Jahre, Rom mehr als 2200 Jahre, Paris etwa 1550 Jahre und die kleine Stadt Berlin immerhin auch schon 217 Jahre. In Lübeck, das 1143 angelegt wurde, stand schon das Rathaus, als die „Dauphine” vor Manna-hatin erschien, auch die Marienkirche stand schon, auch das Holstentor. Die kreuzförmige Basilika des Regensburger Doms war, als Verrazano in die Bucht vor dem heutigen New York einlief, nahezu fertig. Überall in der Alten Welt gab es bedeutende Bauten, der Handel reüssierte, die Kunst, auch die Kriegskunst, aber mit der Entdeckung der nördlichen Hälfte der Neuen hatte sich die Alte Welt erstaunlich viel Zeit gelassen, wenn auch Juan Ponce de León schon 1513 Florida für Spanien in Besitz genommen hatte.

Machten die Uramerikaner, als sie die „Dauphine” an der Stelle sahen, an der sich heute die Verrazano-Brücke über die Narrows streckt, von ihren Waffen Gebrauch? Ahnten sie Bedrohung? Flüchteten sie erschrokken in die Wälder Manna-hatins und Menachawiks?

Nichts von alledem. Als sie sahen, daß es sich bei der „Dauphine” nicht, wie sie zunächst befürchteten, um ein Meeresungeheuer handelte, sondern gewissermaßen um ein riesiges Kanu mit sonderbar weißen Menschen, rannten sie zu ihren Einbäumen und paddelten dem schwimmenden Giganten freundlich entgegen.

Verrazano setzte nie einen Fuß auf den Boden des späteren New York. Zwar sah er die Mündung des später so genannten Hudson River, und er mag wohl erwogen haben, den Fluß aufwärts zu erkunden, der vielleicht jene Passage zum gewürzreichen Asien sein konnte, nach der so intensiv gesucht wurde, aber da die „Dauphine” ohne Begleitschiff war, riskierte der Kapitän nichts: Er blieb in der Bucht vor Manna-hatin und notierte nur, was er sah und später dem französischen König berichten würde: „. . . wir fanden das Land sehr bevölkert. Die Menschen, geschmückt mit Vogelfedern in verschiedenen Farben, kamen uns freudig entgegen, äußerten laut ihre Bewunderung und zeigten uns, wo das Schiff sicher liegen könne.” Das Land, schrieb er, sei „nicht ohne Reichtümer”, denn „alle Hügel tragen Anzeichen von Mineralien”, und dann, denn der Seefahrer fürchtete eine Strandung bei Sturm, lief er wieder aus, nachdem er kartografische Notizen über das Gewässer und das Land angelegt hatte.

Drei Jahre später, als Verrazano wieder unterwegs war, diesmal, um die brasilianische Küste zu erkunden, fand er die Ureinwohner dort sehr viel weniger freundlich: Er wurde getötet und von den Kariben vermutlich verspeist.

Derlei hatten die Sendboten Europas an der Küste des späteren New York nicht zu befürchten. Gewiß verbreitete sich die Nachricht von der

Giovanni da Verrazano war Kapitän des Segelschiffes, das zuerst die Mündung des später so genannten Hudson River erreichte. Drei Jahre später, während seiner nächsten Erkundungsreise, wurde er von Kariben getötet und wahrscheinlich verspeist

Anwesenheit der Karavelle „Dauphine" unter den Ureinwohnern, und gewiß gab es bei den Gesprächen in den Siedlungen auch beunruhigende Interpretationen über diese merkwürdigen Ankömmlinge, denn mindestens war nun gewiß, daß es auch noch Menschen ganz anderer Art und mit ganz anderen, nämlich gewaltigen Schiffen und offenbar ungeheuren Fähigkeiten gab. Aber es kam zunächst, nachdem die „Dauphine" längst wieder hinter dem Horizont verschwunden war, zu keinerlei dramatischen Veränderungen bei den Ureinwohnern, die ihre Jagd und den Fischfang fortsetzten, arglos und ganz in Übereinstimmung mit Kickerou, dem guten Geist der Natur, und mit ihrer vom Himmel gefallenen Mutter.

Estéban Gomez, ein dunkelhäutiger Portugiese unter Order des Königs von Spanien, war der Nächste, der den Landstrich anlief, wo heute New York steht, das war im Januar 1526, aber er sah keinen Menschen und drehte rasch wieder um, als ihm Eisschollen aus der Mündung des Flusses entgegenkamen, der noch nicht nach Henry Hudson benannt war. Jehan Alphonse de Saintonge und Jehan Cossin, beide im Auftrag der Niederlande, lenkten ihre Erkundungsschiffe noch im 16. Jahrhundert in die Bucht, die Manna-hatin vorgelagert ist – sehr viel weiter nördlich hatte inzwischen Jacques Cartier den St. Lawrence River bis zum späteren Montreal erkundet –, doch die Heimat der Canarsee und Weckquaesgek, die zur größeren Völkerschaft der Delaware gehörten, blieb unverändert, obwohl nur wenig weiter südlich der Engländer John Smith 1607 mit der Besiedlung Virginias begonnen hatte.

Dann kam der 2. September 1609. Am Morgen lag Nebel über dem Land und über der Bucht, aber die immer noch kräftige Sonne hob ihn rasch. Aus dem Dunst, der blieb, näherte sich ein Zweimaster der Insel Mannahatin: Die „Halve Maen" unter Kapitän Henry Hudson mit einer Besatzung von zwanzig Mann, Engländer und Niederländer, eine rauhe, disziplinlose Crew, die häufig miteinander stritt.

Am 4. April war die „Halve Maen" im niederländischen Texel und unter niederländischer Order ausgelaufen, um zu erkunden, ob es eine Nordostpassage vom Atlantik zum Pazifik nach Indien gebe. Hudson steuerte also in Richtung Nowaja Semlja, wo es bitter kalt und unwirtlich war. Die Crew murrte, und Hudson mag wohl auch eingesehen haben, daß es, wenn überhaupt, hier nur eine lebensgefährliche Passage geben könne, also drehte er um, segelte nach Neufundland hinüber, landete im Juli in der heutigen Penobscot Bay, wo er einen Mast ersetzte – und seine Mannschaft, ein böses Omen, Streit mit den Bewohnern begann –, setzte wieder Segel, fuhr südwärts an der Küste entlang und erreichte schließlich das von Verrazano grob kartierte Gewässer vor Manna-hatin, wo Besatzungsmitglied Robert Juet in sein Tagebuch schrieb: „Dies ist ein sehr angenehmes Land."

Hudson schickte einen Teil seiner Crew zur Erkundung an Land. Das war den Seeleuten recht, die einander ohnehin in den engen Logis der nur 80 Tonnen großen „Halve Maen" auf die Nerven gingen. Den „süßen Duft" genossen sie, der über dem Land lag. Sie bestaunten die üppige Vegetation der Küste, die Adler bewunderten sie, die über Manna-hatin kreisten, aber dann – die Ursache liegt im Dunkel, wenn man auch geneigt sein muß, sie eher bei den rauhbeinigen Seeleuten zu suchen – verflog die Harmonie, das erste Blut floß bei einem Streit zwischen den Eindringlingen und den Ureinwohnern; jedenfalls: John Colman, einer der Bootsleute, wurde von einem Pfeil getroffen, genau in die Kehle, da war nichts mehr zu retten, Colman fiel tot um. Man begrub ihn an der Stelle, die später Sandy Hook hieß.

So ungut waren die Vorzeichen, als Kapitän Hudson die Frage erwog, ob nicht vielleicht doch der Fluß, der später seinen Namen tragen würde, die seit langem so intensiv gesuchte Nordwestpassage nach Indien sein könne, und dann wagte er es: Er fuhr den Fluß hinauf, an den türmenden Ufern der Palisades entlang, die an den Rhein erinnerten. Immer wieder ließ Hudson die Tiefe loten, denn nichts weniger wünschte er sich, als mit dem Schiff festzusitzen und womöglich feindseligen Einheimischen als unbewegliches Ziel zu dienen. Bis ins heutige Albany führte Hudson die „Halve Maen", und, obwohl schon halb entmutigt, schickte er Boote noch weitere 40 Kilometer stromauf, aber dann, als die Späher zurückkamen, war klar: Nein, es gab hier keinen Wasserweg zu den Gewürzen Indiens, Hudsons Expedition erwies sich im Sinne seines Auftrags als Mißerfolg. Der Kapitän war deprimiert.

Ein paar Tage ankerte er dort, wo heute Albany liegt und wo friedlich-neugierige Ureinwohner an Bord kamen, Felle und Tabak mitbrachten, mit den Seeleuten handelten und böse übervorteilt wurden. Ein paar Häuptlinge lud Hudson an Bord, wo er sie mit Alkohol traktierte; die Weißen amüsierten sich köstlich über das Verhalten der betrunkenen Ureinwohner. Später kam es wieder zu blutigen Szenen: Ein Indianer wurde vom Ersten Maat erschossen, weil er angeblich ein Kopfkissen und zwei Hemden hatte stehlen wollen, und ein anderer ertrank, nachdem er angeblich versucht hatte, ein Beiboot der „Halve Maen" umzustürzen: Der Koch hackte ihm kurzerhand die Finger ab, mit denen er sich an den Bootsrand klammerte.

Am 2. Oktober war die „Halve Maen" wieder in der Mündung des Stromes und ankerte vor Spuyten Duyvil, und wieder floß Blut. „Wir schossen sechs Musketen", notierte Juet, „und töteten von denen zwei oder drei." Nun kamen die Ureinwohner in Massen, um Rache zu nehmen, aber wiederum richteten die Weißen ihre Musketen auf sie. „Ich tötete zwei", schrieb Juet in sein Tagebuch, und: „Drei oder vier weitere wurden getötet", dann flohen die Ureinwohner. Der weiße Mann hatte vor Manna-hatin seine Visitenkarte abgegeben.

Blut war geflossen, böses Blut blieb zurück, mehr, viel mehr Blut würde fließen, nun, nachdem die „Halve Maen" wieder das offene Meer vor sich hatte. Die Weißen, zu Verrazanos Zeiten von den Ureinwohnern noch mit argloser Neugier und Freude begrüßt, hatten sich zumindest bei einem Teil jener, die hier lebten, den Ruf zugezogen, gierig, brutal und verschlagen zu sein. „Als die ‚Halve Maen' wieder auslief", schrieb später eine der ersten Siedlerinnen aus den Niederlanden, „hatten die Roten Männer die ersten drei Schritte zur Zivilisation hinter sich: Sie hatten erlebt, was Feuerwaffen anrichten können, sie hatten sich betrunken, und sie hatten Begehrlichkeit auf die Gebrauchsgegenstände der Europäer entwickelt."

Zwei Tage nach der letzten dieser Schießereien, am 4. Oktober 1609, ließ Hudson die Segel setzen. Am 7. November erreichte er Dartmouth, wo ihn die britische Obrigkeit festhielt, denn sie litt es nicht, daß einer ihrer Untertanen für andere die Welt erkundete. Erst mit Verzögerung wurden seine niederländischen Auftraggeber über den Ausgang der Expedition informiert. Den Berichten entnahmen die Auftraggeber, daß es dort, wo Colman begraben lag, einen aussichtsreichen Handel mit Fellen geben könnte.

Später, übrigens, ging Henry Hudson, wieder in britische Dienste übernommen, noch einmal auf Erkundung, auf seine letzte: Er führte sein Schiff, die „Discovery", in die Gewässer, die heute nach ihm Hudson Strait und Hudson Bay heißen. Aber wieder, wie schon auf der „Halve Maen", hatte er es mit einer meuternden Crew zu tun: Sie setzte ihn aus. In einem kleinen Boot überließen sie ihn und seinen Sohn samt sieben getreuen Matrosen der bitteren Kälte der See.

Cornelis Doetz und Adriaen Block fertigten um 1613 die erste Land- und Seekarte an, auf der das spätere New York den Namen „Nieuw Nederland" trug. Links unten ist das britisch besiedelte Virginia, rechts oben die französische Besitzung ausgewiesen

Seither blieb Henry Hudson verschollen.

Gescheitert war Hudsons Expedition, was seinen Auftrag anging, einen Weg nach Indien zu suchen, aber zumindest, was den Rauchwarenhandel betraf, erwies sie sich als Teilerfolg. Denn Felle und Pelze, im kalten Nordeuropa begehrte Artikel, mußten bis dahin aus Rußland teuer eingeführt werden. Nun gab es, dank Hudson, eine Chance, das russische Monopol zu durchbrechen. Die niederländischen Kaufleute, die „Pfeffersäcke", gewiefte Rechner, ahnten ein Geschäft, das vielleicht so glänzend wie das der Oost-Indischen Compagnie werden konnte, deren Aktionäre bis zu 425 Prozent Gewinn machten.

Also begann 1612 der Handel zwischen den Niederländern und jenen, die zuvor nur Felle für den eigenen Bedarf gebraucht hatten, die nun kräftig unter den Pelztieren aufräumten und die wärmende Beute stapelten und auf die Weißen warteten, von denen im Tausch ein paar Äxte zu erwarten waren, Messer oder „wampum", Muschelgeld.

1612 lief Kapitän Christiaensen in die Hudson-Mündung ein und nahm nicht nur Felle, sondern auch zwei Ureinwohner mit nach Europa, die er Valentine und Orson nannte, und dann, im Juni 1621, gründeten niederländische Kaufleute, was das Pendant zur erfolgreichen Oost-Indischen Compagnie werden sollte: Die West-Indische Compagnie, deren Auftrag vorsah, in Afrika, Amerika und auf den ihnen vorgelagerten Inseln Handelsposten zu errichten. Nicht von Kolonisierung war da die Rede, sondern von Handel, und nicht die niederländische Krone organisierte die neue Compagnie, sondern privates Geld, aber dennoch: Politische Komplikationen waren programmiert, als sich Niederländer dazu entschlossen, in Amerika seßhaft zu werden. Denn nicht nur hatten die Briten in Virginia kontinentale Ansprüche geltend gemacht, sondern seit 1620, als die „Mayflower" in „New England" landete, siedelten auch nördlich des Interessengebietes der Niederländer die ersten Briten, aber das focht die Niederländer nicht an. Sie witterten, was um diese Zeit die Welt bewegte und fortwährend die Landkarten veränderte: Profit, und sie waren entschlossen, ihn sich zu holen.

Kapitän Adriaen Block kam mit seiner „Tijger", um den von Hudson befahrenen Fluß näher zu inspizieren, aber der Kapitän hatte Pech: Seine „Tijger" verbrannte. An Ort und Stelle, und übrigens mit der Assistenz hilfsbereiter Ureinwohner, baute er die „Onrust“, das erste am Ort des heutigen New York gezimmerte seegehende Schiff, mit dem Block, als er wieder in der Heimat ankam, gewaltigen Eindruck machte. Reste der „Tijger“ fand man 1916 etwa sechs Meter unter der Erdoberfläche an der Stelle, an der später das World Trade Center entstand, aber man grub das ganze Wrack nicht aus, denn neuer Geist hatte Einzug gehalten, und er befand, daß es nicht lohnte, Relikte der Vergangenheit zu bergen.

Und dann kam das erste Schiff mit Siedlern und Händlern. Die „Nieuw Nederland“ – so sollte auch das Gebiet des heutigen New York heißen – erreichte ihren Bestimmungsort im Frühling 1624. 30 Familien, gut 100 Menschen, waren an Bord, von denen Kapitän Cornelis Mey nur acht Männer im Gebiet der späteren Stadt absetzte, nämlich auf der von den Ureinwohnern so genannten Insel Pagganack, die von den Niederländern mit der hegemonialen Arroganz weißer Landräuber alsbald in „Nooten Eyland“ benannt wurde, weil dort prächtige Nußbäume wuchsen. Auch dieser Name blieb der geschichtsträchtigen kleinen Insel nicht: Später wurde „Governors Island“ daraus.

Während die übrigen, die mit der „Nieuw Nederland“ gekommen waren – überwiegend protestantische Wallonen, weil Menschen in den niederländischen Kernlanden keine rechte Lust hatten, ihre wohlhabende Heimat zu verlassen –, von Kapitän Mey weiter ins Landesinnere geschickt wurden, denn er wollte, indem er Menschen auf möglichst großem Raum ansiedelte, gleichsam den Anspruch der neuen Handelsgesellschaft abstecken, richteten sich die acht Pioniere auf der „Nuß-Insel“, ein paar hundert Meter von Manna-hatin entfernt, auf den Winter ein, wobei ihnen wiederum die freundlichen Ureinwohner halfen.

Die Handelsgesellschaft schickte Nachschub und Instruktionen. Sie ordnete für den Umgang mit den „Wilden“ an, „daß bei allen Verträgen, Vereinbarungen und im Umgang mit ihnen absolute Ehrlichkeit und Anstand“ zu wahren und „freundliche Beziehungen zu ihnen“ zu unterhalten seien. Sie schickte auch zwei „kranken-besoeckers“, die sich um gebrechliche Wallonen kümmern sollten, und neue Siedler und Händler schickte sie, auch Vieh wurde gebracht, Rinder, Pferde, Schweine und Schafe, und erst, als es auf der „Nuß-Insel“ die ersten Schwierigkeiten mit dem Trinkwasser gab, zog man hinüber nach Manhattan, wo die Weißen unter den staunenden Blicken der Indianer ausgerechnet an der jetzigen Battery ihre ersten Häuser zimmerten, wo es freilich überhaupt kein Wasser gab, es mußte herantransportiert werden, nichts als Felsen gab es dort und kaum eine Möglichkeit, das Land zu verteidigen.

Die Canarsee, denen das Land gehörte, hatten an dieser Stelle, die sie Kapsee nannten, nie gebaut, aber sie hatten inzwischen eingesehen, daß die merkwürdigen Weißen manches anders werteten als sie. Nun sputeten sich die Canarsee, um am Fellhandel zu partizieren.

Am 8. Januar 1609 unterzeichnete Henry Hudson in Amsterdam im Gebäude der Oost-Indischen Compagnie einen Vertrag, der seine Entdeckungsreise zum Inhalt hatte. 1610 wurden er, sein Sohn und einige getreue Matrosen in der später nach ihm genannten Bucht von einer meuternden Crew ausgesetzt. Sie blieben verschollen

4000 Biberfelle und die Felle von 700 Ottern wurden im ersten Jahr in die Niederlande verschifft; wenigstens ein Anfang war gemacht, aber der bedurfte des kräftigen Ausbaus. Auch der Sicherung gegen mögliche Feinde bedurfte er, also befahl die Handelsgesellschaft die Errichtung eines Forts, aber diesen Befehl aus der Ferne nahmen die Siedler, ohnehin mit vielerlei Startschwierigkeiten beschäftigt, nie recht ernst: Das Fort war, solange die Niederländer am Hudson siedelten und handelten, ein hauptsächlich von weidenden Schweinen besetzter Kral.

Nachdem mit Willem Verhulst, dem zweiten Vorsteher der kleinen Siedlung, der erste Fall von Korruption an den Tag gekommen war – er wurde nach Europa zurückbeordert –, erschien ein Peter Minnewit in Nieuw Nederland, ein Deutscher in niederländischen Diensten, der aus dem rheinischen Wesel stammte. Er war von der Gesellschaft mit dem Titel eines Generaldirektors ausgestattet, und das ließ er die Siedler auch barsch wissen, als er am 4. Mai 1626 ankam.

Hat Minnewit, wie Geschichtsschreiber vermuten, Manna-hatin von den Indianern gekauft? Mindestens ist diese Frage strittig. Einiges spricht dafür, daß bereits sein Vorgänger Verhulst den „Kauf" genannten Landraub einleitete, aber ob nun der eine oder der andere: Um der Tätigkeit der Niederländer in Amerika wenigstens den Schein der Rechtmäßigkeit zu geben, wurden die Häuptlinge der Indianer, unter anderen der „sachem" der Canarsee, Seyseys, auf das Bowling Green von Manhattan bestellt, wo ein paar Seetruhen geöffnet und ihnen ein paar Tuche angedreht wurden, Äxte, Perlenketten und allerlei Schnickschnack. Alsdann drückten die „sachem" ihr Zeichen auf eine Urkunde: Die Insel Manna-hatin, bewohnt inzwischen von 32 weißen Familien, galt als gekauft.

60 Gulden, damals der Kaufpreis für einen abgemagerten Ochsen, soll wert gewesen sein, was man den Häuptlingen für die Insel gab, aber ob nun 60, 600 oder 6000 Gulden: Schwerlich begriffen die Häuptlinge, was die barschen Weißen da mit ihnen veranstalteten. Ihnen hatte das Land immer, wie schon ihren Vätern, als etwas Heiliges gegolten, das sich jedem persönlichen Besitzanspruch entzog. Nie wäre ihnen in den Sinn gekommen, daß man Land, das allen gleicherma-

Der im rheinischen Wesel geborene Peter Minnewit vollzog auf dem Bowling Green, heute eine kleine grüne Oase an der Südspitze Manhattans, den „Kauf" der Insel für die Niederländer. Die von den Weißen so genannten Indianer wurden mit Mitbringseln aus der europäischen Zivilisation abgespeist

ßen gehörte, von einer Minute zur anderen kaufen oder verkaufen könnte. Verwirrt – aber doch möglicherweise auch beglückt über den Firlefanz aus Europa, der so unversehens auf sie gekommen war – zogen die Häuptlinge wieder ab in die Siedlungen in den Wäldern und an den Flüssen, während Minnewit nun rasch und auftragsgemäß Tatsachen vollendete: Er nannte die kleine Siedlung mit 30 Häusern am südlichen Ende von Manhattan ein bißchen pathetisch „Nieuw Amsterdam".

Ein Geistlicher kam aus den Niederlanden, Jonas Michaelius, um das wahre Wort zu predigen. Ein Lehrer, Adam Roelandsen, wurde geschickt, um die Kinder auf den rechten Weg zu führen. Ein Gefängnis wurde errichtet, und der erste Häftling war, natürlich, ein Indianer.

Niederländische Lebensweise zog ein. Bald stand die erste Windmühle, die von den Ureinwohnern für etwas unerklärlich Schreckliches gehalten wurde; bald zog sich, ganz wie in der alten Heimat, eine Gracht durch Nieuw Amsterdam – und zwar dort, wo heute in Manhattan die danach genannte Canal Street verläuft –, und abends standen die Händler und Siedler zu einem Plausch vor ihren Häusern und rauchten bedächtig eine Pfeife, wie sie es auch in Europa getan hatten; kurz, es ließ sich nicht schlecht an in Nieuw Amsterdam.

Nur die Geschäfte verliefen nicht nach Wunsch. Man war in der Zentrale sehr unzufrieden. Es gab kein Anzeichen dafür, daß Nieuw Nederland das glänzende Geschäft werden würde, auf das man gehofft hatte. Gewiß, die Indianer töteten auftragsgemäß viele Biber und Otter, aber was sie heranschafften, war nicht genug. Man mußte, so fand man im alten Amsterdam, das Land sehr viel systematischer erschließen, man mußte es sehr viel intensiver besiedeln, also vergab die Gesellschaft nun sogenannte Patronate, die von der niederländischen Regierung am 7. Juni 1629 gutgeheißen wurden.

„Patroon" konnte in Nieuw Nederland jeder werden, der innerhalb von vier Jahren auf eigene Kosten mindestens fünfzig erwachsene Kolonisten ansiedelte. Zum Lohn dafür erhielt er Land, das an schiffbaren Flüssen oder am Meer lag. Die Patrone sollten, denn die Gesellschaft war formal immer noch für Anstand im Umgang mit den „Wilden", den Ureinwohnern für das Land rechtmäßig zahlen.

Zweifel daran sind erlaubt, ob die Gesellschaft der durchtriebenen Pfeffersäcke so weltfremd war, wie sie mit jenem Ukas tat, denn die Einrichtung dieser Patronate war ganz offenkundig eine Einladung zu weit schlimmerem Landraub, als er zuvor beim „Kauf" von Manna-hatin stattgefunden hatte. Direktoren der Gesellschaft griffen prompt zu. Sie sahen eine fabelhafte Chance, „für ewig und in Erbschaft" zu Land auf einem Kontinent zu kommen, der ganz offensichtlich große Möglichkeiten bot, wenn nicht sofort, dann doch zumindest später.

Kiliaen van Rensselaer, Diamanten- und Perlenhändler in Amsterdam und langgedienter Direktor der West-Indischen Compagnie, ließ durch Agenten ein Gebiet zusammenkaufen, das sich 24 Meilen lang und 48 Meilen breit weit nördlich von Nieuw Amsterdam am Hudson River erstreckte. 700 000 acres*) räuberte sich der Pfeffersack zusammen, der übrigens seinen Besitz nie sah, sondern ihn verwalten ließ.

Und was zahlte er?

Ein paar lumpige Messer zahlte er, Äxte, rauhes Tuch und, natürlich, „wampum", Muschelgeld.

Jacques Cortelyou kaufte sich eine Latifundie für den Preis von sechs Mänteln, sechs Äxten, sechs Meißeln, sechs Kesseln, sechs Gläsern, zwölf Messern und zwölf Kämmen. Coney Island wechselte für ein Nichts den Besitzer. Michel Pauw erwarb Staten Island und ein tüchtiges Stück des heutigen Bundesstaates New Jersey, und auch er verdarb die Preise nicht.

*) 2830 Quadratkilometer

1630 wurde das erste Wappen von Nieuw Amsterdam, dem späteren New York, entworfen. Es zeigt in der Mitte einen Biber, dessen Fell einer der wesentlichsten Exportartikel der niederländischen Besitzung war

Mit den von den Holländern so genannten „Wilden” durfte, ja, mußte man solche Geschäfte machen, da galten keine Skrupel. Diese und die folgende Zeit unter niederländischer Herrschaft, vollends aber die anschließende Zeit britischen Regiments war voll von Landveräußerungen, die in Wahrheit kaum kaschierten Betrug darstellten. Später würde sich ein auf europäisch Hendrick genannter „sachem” des Skohere-Volkes darüber beklagen, daß Weiße zunächst sechs Skohere-Männer mit Rum betrunken machten und ihnen dann ein großes Stück Land „abkauften”, für das die lallenden Indianer „Rum im Wert von 30 Biberfellen” verlangten. Zwei Männer vom Volk der Mohawk bereuten, ihr Zeichen unter eine Urkunde gesetzt zu haben, mit der sie sich nach dem Recht der Weißen von ihrem Land getrennt hatten, das sich je 50 Meilen beiderseits des Mohawk River im späteren Upstate New York erstreckte. Nie, beteuerten die Betrogenen, hätten sie im Sinn gehabt, ihr Land zu verkaufen; vielmehr habe ihr weißer Partner nur geraten, ihr Land unter weißen Schutz zu stellen. Der weiße Partner lächelte nur, vielleicht lächelte er sogar gütig, denn er war Pastor der Niederländisch-Reformierten Kirche.

Es gibt kein Anzeichen dafür, daß Verhulst oder Minnewit, die den skrupellosen Landraub auftragsgemäß eröffnet hatten, oder einer derjenigen, die „patroon” wurden, ein schlechtes Gewissen bekamen: Dies, schließlich, war das 17. Jahrhundert, Sentimentalitäten schienen ganz unangebracht zu einer Zeit, in der weite Teile der Welt nur auf eine Hand warteten, die zugriff.

Und überdies: Niemand garantierte den Erfolg der Patronate. Man war nicht schon dadurch ein gemachter Mann, daß man irgendwo an Mohawk, Hudson oder East River seinen Claim absteckte. Man mußte investieren. Man mußte etwas riskieren. Tatsächlich gingen einige der grandios zusammengestohlenen Patronate später in die Brüche, weil sie nicht zu erschließen und zu bewirtschaften oder weil die Verwalter so korrupt wie ihre „patroons” waren.

Der offenkundige Betrug an den Indianern wurde schließlich selbst der niederländischen Regierung zuviel, die eine Untersuchung verlangte und den Generaldirektor Peter Minnewit abberief, der das freilich kaum verstehen konnte. Hatte nicht die Compagnie die Order gegeben, Moral bei der Landnahme außer acht zu lassen, noch ehe sie heimisch werden konnte?

Neue Generaldirektoren kamen und gingen; die meisten machten sich reich. 1633 erschienen die ersten Soldaten aus den Niederlanden in Nieuw Amsterdam, 104 Mann, nun hatte das verlotterte Fort am Fluß eine wehrhafte Besatzung, aber sie mußte sich das Quartier mit den Schweinen teilen, die immer noch dort weideten, wo Nieuw Amsterdam vielleicht einmal verteidigt werden müßte.

Tabak wuchs in Manna-hatin, prächtiger Tabak, auch dort, wo heute die Gebäude der Vereinten Nationen am East River stehen. Der Fellhandel florierte; übrigens, obschon das verboten war, florierte er auch und insbesondere auf privater Ebene, denn das Monopol der Handelsgesellschaft wurde täglich durchbrochen. Jeder versuchte, zu Reichtum zu kommen, legal, wenn sich das machen ließ, jenseits der Legalität, wenn es anders nicht ging.

So handelte auch Wouter van Twiller, ein neuer Generaldirektor, der den Indianern ganze Inseln abschwatzte und kräftig auch in die eigene Tasche wirtschaftete; im fernen Amsterdam ahnte man bald Böses. Zwar, die Nachrichten aus Nieuw Amsterdam lauteten nicht schlecht: „Hochmögende Herren”, hieß es beispielsweise in einem Bericht an die Direktoren der Handelsgesellschaft im fernen Amsterdam, „wir haben Nachricht, daß unsere Leute in Nieuw Amsterdam guten Mutes sind und friedlich leben. Ihre Frauen haben Kinder geboren. Sie haben die Insel Manhattan von den Wilden gekauft. Sie haben ihre Saat im Mai ausgebracht und im August geerntet. In der Fracht des Schiffes ‚Wapen van Amsterdam' aus Nieuw Amsterdam sind abgegangen: 7146 Biberfelle, 178 halbe Otterfelle, 675 ganze Otterfelle, 48 Nerzfelle, 36 Wildkatzenfelle, 34 Rattenfelle. Außerdem gutes Holz."

Das war schön, aber das war der Gesellschaft nicht genug. Sie sah, daß korrupte Generaldirektoren den Respekt der Siedler zu verspielen drohten. Sie erfuhr, daß die Straßen in Nieuw Amsterdam vom Kot der Schweine bedeckt waren. Wieder sandte sie einen neuen Generaldirektor. Er sollte endlich Ordnung und Profit schaffen. Sie sandte Willem Kieft.

Dem gefiel nicht, was er in Nieuw Amsterdam antraf: „Das Fort", berichtete er der Zentrale, „ist mit Ausnahme der steinernen Mauern gänzlich offen. Die Kanonen sind abgebaut. Die Wohnhäuser und öffentlichen Gebäude sind kaum noch zu reparieren. Das Warenlager ist verschwunden. Jedes Schiff im Hafen droht auseinanderzubrechen. Nur eine Windmühle funktioniert. Die Farmen unserer Gesellschaft sind menschenleer."

Willem Kieft machte sich daran, die eklatanten Mißstände zu beseitigen. Zunächst, beschloß er, müßten die „Wilden" Steuern zahlen, denn ihre Anwesenheit sei eine Bedrohung der Siedler, die deshalb gezwungen seien, von öffentlichen Geldern ein Fort zu unterhalten. Im übrigen fuhr auch er fort, den „Wilden" immer mehr Land abzukaufen.

Sah dieser Mann nicht, was sich in den Augen der „Wilden" spiegelte, denen er für große Ländereien ein paar Äxte und Messer und „wampum" aufschwatzte? Spürte er nicht, daß erstmals nach kleinen Scharmützeln, die es gelegentlich zwischen weißen Eindringlingen und den „Wilden" gegeben hatte, wirklich bedrohliche Spannung herrschte? Hatte er keine Informationen darüber, daß die Indianer damit begonnen hatten, sich für weiße Arroganz und weißen Betrug zu rächen, indem sie hier eine Kuh totschlugen, dort eine Scheune in Brand setzten und anderswo einen Siedler mit dem Tod bedrohten?

Nein, Kieft ahnte wohl nicht, was bevorstand: Krieg – die „Wilden" kamen mit einer Entschlossenheit, die Schauder des Entsetzens über die Rücken der Weißen trieben.

Dabei hatte es Kieft in der Hand, das Morden zu vermeiden. Es war zu einem jener regelmäßigen Beutezüge der Irokesen gekommen, unter denen die südlich von ihnen lebenden Blutsbrüder seit langem litten, und nun kamen die Bedrängten nach Nieuw Amsterdam und baten bei den Weißen, den vermeintlichen Freunden, um Schutz.

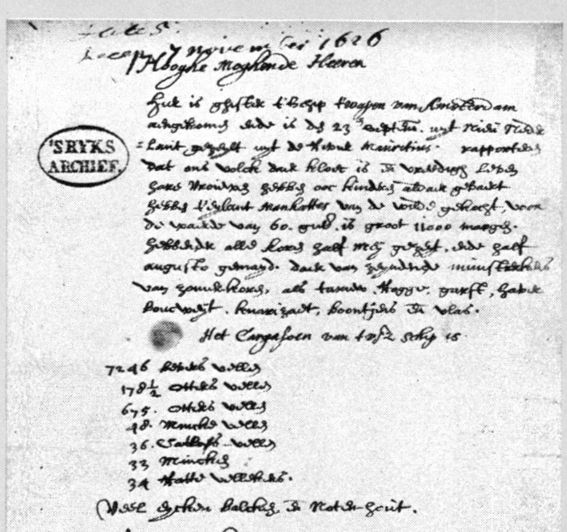

1626

Hooghe Moghende Heeren

'SRYKS ARCHIEF

Het Cargasoen van t'selve schip is

7246
178½
675
48
36
33
34

In Amsterdam den 5en novem a° 1626.

Mission und Handel gingen bei der Landnahme durch die Weißen Hand in Hand. Der Missionar Elliot gehörte zu den ersten, die von den Ureinwohnern die Annahme christlichen Glaubens forderten. Den Handel um die begehrten Felle führten die Niederländer mit Tuchen, Äxten und Spiegeln. In Briefen nach Amsterdam wurden Fortschritte aus der Neuen Welt gemeldet: „Unsere Leute haben die Insel von den Wilden gekauft"

Kieft wies sie ab, und nicht nur das: Er sandte Soldaten an den East River, wo sich etwa tausend schutzlose „Wilde" aufhielten – und ließ schießen. Vierzig Indianer starben, aber Kieft ließ nicht ab. Jenseits des Hudson River, so hatte er gehört, befänden sich ebenfalls „Wilde", auch dort ließ der Generaldirektor schießen, aber die Truppen schossen nicht nur, sondern sie meuchelten mit dem Bajonett, sie töteten Frauen und Kinder und schleppten abgeschlagene Köpfe im Triumph nach Nieuw Amsterdam, wo der sieghaft strahlende Kieft ihnen gratulierte: So, so und nicht anders war nach dem Willen des Generaldirektors mit den „Wilden" umzuspringen.

Aber die kamen wieder. Nun mordeten sie die Weißen, brannten und skalpierten; der Teufel war los in Nieuw Nederland. Siedler barmten in Briefen nach Übersee um Hilfe, doch die alte Heimat war weit. Elf eingeborene Völker, besessen vom Willen, endlich Rache zu nehmen, hatten sich zusammengeschlossen, und die Siedler auf Manhattan, im benachbarten Breukkelen, dem späteren Brooklyn, und überall konnten nachts am Himmel den Widerschein jener Brände sehen, die von den entfesselten „Wilden" gelegt worden waren. Farmer wurden ruiniert, hart erarbeitete Existenzen vernichtet, ihre Frauen wurden mit eben jener Grausamkeit zerstückelt, mit der zuvor Weiße die Kinder der „Wilden" von den Brüsten ihrer Mütter gerissen und dann umgebracht hatten. Niemand schlief mehr ruhig in Nieuw Amsterdam.

Eilig wurde um die Siedlung ein Wall errichtet, mit dem aber kaum jemand die Hoffnung auf Sicherheit verband. Immer wieder kamen Nachrichten von blutigen Überfällen, immer wieder auch gab es Phasen trügerischer Ruhe, bis es dann, viel weiter nördlich, nämlich in Connecticut, wohin sich die Indianer zurückgezogen hatten, zur entscheidenden Schlacht kam, in der die „Wilden" fürchterliche Verluste hatten. Sie resignierten. Nun baten sie um Frieden. Sie hatten wohl verstanden, daß sie am Ende gegen die weißen Eindringlinge nichts würden ausrichten können.

Kieft konnte sich des Sieges nicht lange erfreuen, denn nun empörten sich die Siedler über die Brutalitäten der eigenen Soldaten, und auch in Amsterdam schien es den Direktoren der Compagnie, als hätte es Kieft im Umgang mit den „Wilden" ein bißchen übertrieben. Sie riefen ihn zurück. Er schiffte sich – auch er in Nieuw Amsterdam reich geworden – nach Europa ein. Vor der britischen Küste sank das Schiff am 27. September 1647. Kieft ertrank.

Nun kam Petrus Stuyvesant, bärbeißig, hochfahrend, autoritär. Für demokratischen Schnokus – die Bürger in Nieuw Amsterdam verlangten Mitbestimmung in der Gemeindeverwaltung – hatte er nichts übrig. Ordnung wollte er schaffen, auch er, endlich Ordnung, aber nach seiner Art. Das Fort, das sich immer noch in einem jämmerlichen Zustand befand, wollte er endlich zu einer richtigen Festung machen. Die unheilige Sauferei wollte er beenden in der kleinen Stadt, die sich im südlichen Manhattan nur etwa 500 Meter bis zur jetzigen Wall Street erstreckte, aus den schlammigen Wegen wollte er wirkliche Straßen machen, viele Pläne hatte der neue Generaldirektor, als er 1647 sein Amt antrat, gute Pläne.

Der Mann, der zuvor Gouverneur von Curaçao gewesen war und bei einer kriegerischen Aktion in der Karibik das rechte Bein verloren hatte, dessen Prothese er nun mit silbernen Beschlägen zierte, hatte seine liebe Mühe mit den aufmüpfig selbstbewußten Bürgern. „Keine Steuern ohne Mitbestimmung", verlangten sie, so daß Stuyvesant grollend der Errichtung eines Rates zustimmen mußte, der aus neun Mann bestand, die freilich nur konsultiert wurden, wenn ihm selber der Sinn danach stand.

Seine Ordnung kam in kleinen Schritten: Zu schnelles Fahren mit Pferdegespannen, eine verbreitete

1664, als die Engländer von See her die Belagerung von Nieuw Amsterdam einleiteten, beschworen die Bürger ihren Generaldirektor Petrus Stuyvesant, die nahezu wehrlose Stadt kampflos zu übergeben. Der alte Krieger stampfte auf seiner silberbeschlagenen Beinprothese empört herum. Sofort hätte er seinem Heimatland auch noch das zweite Bein geopfert

Unsitte, wurde unter Strafe gestellt. 1653 wurde das erste Armenhaus errichtet. Aus der Stadt-Taverne, in der auswärtige Besucher logierten, wurde das erste Rathaus. Mählich nahm die Einwohnerzahl zu, doch längst nicht jeder Neubürger war Stuyvesant willkommen: Der Mann, der demokratische Regungen zutiefst verabscheute, der abenteuernde, tumbe Kommißkopf, der Namenspate einer Zigarettenmarke, der, niemand weiß, warum, späteren Generationen den „Duft der großen weiten Welt" symbolisieren sollte, war Antisemit und litt nicht, daß Juden in Nieuw Amsterdam leben wollten.

Aber sie kamen. Nach monatelanger, entbehrungsreicher Seefahrt erreichten die ersten an einem Septembertag des Jahres 1654 mit ihrer schrecklich heruntergekommenen „Sint Carl" den Hafen von Nieuw Amsterdam. Es waren 23 Menschen, halb verhungert und aus dem brasilianischen Pernambuco geflüchtet, das nach einem Vierteljahrhundert niederländischer Herrschaft von den Portugiesen zurückerobert worden war. So erbarmungswürdig sahen die Flüchtlinge aus, daß sich selbst Stuyvesant erweichen ließ, wenn auch nicht ohne Einschränkungen. Er werde nicht dulden, donnerte er, darin übrigens vom Ortsgeistlichen Domine Megapolensis unterstützt, daß die Juden blieben. Ins ferne Amsterdam schrieb er, diese Juden, die er vorsorglich eingesperrt hatte, würden die Stadt „verseuchen". Sie verdarben ihm nahezu die Freude daran, daß Nieuw Amsterdam ganz amtlich zur Stadt erklärt worden war, was auf den schlammigen Straßen mit einer Parade gefeiert wurde. Mit sonderbarer Starrheit versuchte Stuyvesant, die Juden aus der Stadt zu ekeln, aber das konnte die Zentrale der Gesellschaft nicht zulassen, denn sie hatte jüdische Aktionäre.

Immerhin, so räumte die Gesellschaft ein, brauchte Stuyvesant den Juden nicht zu erlauben, ihren Glauben zu praktizieren. Er war auch nicht gehalten, ihnen die vollen Bürgerrechte einzuräumen. Das ließ sich der Pate des Zigaretten-Weltduftes nicht zweimal sagen. Genüßlich ließ er verkünden, die Juden seien vom Wachdienst der Stadt ausdrücklich ausgeschlossen, und zwar „des Widerstandes und des Ekels wegen, den die

Masse der Bürger empfinden würde, wäre sie soldatisch den Angehörigen der vorgenannten Nation verbunden".

Der streng arische Wachdienst beschützte eine Stadt von etwa tausend Menschen, und alles, was nördlich der jetzigen Wall Street lag, sah fast noch so aus wie zu der Zeit, als Henry Hudson den nach ihm benannten Fluß befuhr. Ganz vereinzelt nur hatten sich im heutigen Queens, in Breuckelen, aus dem später Brookland und dann Brooklyn wurde, und in der Bronx mutige Farmer etabliert. Auch auf Staten Island festigten Weiße ihre Position, die lange durch immer neue Überfälle der „Wilden" gefährdet gewesen war, und sogar in Harlem hatten sich die ersten Weißen niedergelassen und brauchten, gleich, ob auf dem Land- oder dem Wasserweg, eine kleine Ewigkeit, wenn sie in die endlose zwanzig Kilometer weiter südlich gelegene Stadt an der Battery wollten.

Der weitaus größte Teil Manhattans hingegen war noch immer jungfräuliches Land. Klare Bäche sprudelten aus der felsigen Erde, Wälder rauschten im Seewind, im frühen Sommer lag jener süße Duft über der Insel, den schon die ersten Besucher gerühmt hatten, und wilder Wein rankte an den Bäumen, in deren Schutz die Wölfe, Rothirsche, Elche und Schwarzbären nur ganz selten die Witterung eines Menschen aufnahmen, und über Manna-hatin flog immer noch der Adler, der später, aber da war er schon fast ausgestorben, zum Wappenvogel der Vereinigten Staaten von Amerika werden sollte.

Zehn Jahre lang herrschte unter Petrus Stuyvesant so etwas wie Friede zwischen den neuen weißen Herren des Landes und den „Wilden", wenn es auch immer wieder kleine Scharmützel gab, weil das Rechtsempfinden der Weißen mit dem der Ureinwohner nicht in Einklang zu bringen war. Dann, an einem Septembertag des Jahres 1655, ereignete sich eine folgenreiche Lappalie: Auf seiner „bouwerie", seinem Bauernhof am jetzigen Broadway, der ein alter Pfad der Indianer war, sah Hendrick van Dyck eine Frau, die Pfirsiche von einem seiner Bäume pflückte.

Der eigentumsbewußte Holländer war empört. Konnte er nicht wissen, wirklich nicht, daß man im Verständnis der Indianer natürlich pflücken durfte, was an den Bäumen wuchs? Kamen ihm keine Skrupel, als er rannte, um seine Pistole zu holen?

Man weiß es nicht. Was man weiß, ist: Hendrick van Dyck legte an und schoß und traf – und Nieuw Nederland hatte seinen „Pfirsichkrieg".

Fast zweitausend Indianer kamen nach Nieuw Amsterdam, um Rache zu nehmen. Sie zogen zur Farm des Hendrick van Dyck, der von einem Pfeil getroffen wurde. Sie skalpierten einen Nachbarn, der zur Hilfe kommen wollte. Nun eröffneten die Weißen das Feuer und trieben die Indianer zum Hudson River, wo die „Wilden" in ihre Kanus flüchteten und zur anderen Flußseite übersetzten und in Hoboken und Pavonia, dem heutigen Jersey City, anzündeten, was im weißen Besitz war. Wieder mordeten sie gnadenlos, sie kannten kein Pardon, wenn Rache zu nehmen war: Mehr als hundert Weiße büßten für die blutige Torheit des Hendrick van Dyck mit ihrem Leben, 28 Farmen wurden zerstört, viele Rinder verendeten auf den mühevoll gerodeten Weiden.

Nur drei Tage dauerte der Pfirsichkrieg, dann hatten die Indianer genügend Rache genommen. Petrus Stuyvesant predigte Vernunft, gegen die Stimmen vieler militanter Weißer, die ihrerseits Revanche wollten, und er rügte „hitzköpfige Individuen", mehr noch: Zum Umdenken im Umgang mit den Indianern rief er merkwürdig einsichtsvoll auf, denn er wußte, daß es ohne friedliche Ko-Existenz auf die Dauer mit Nieuw Nederland und auch mit Nieuw Amsterdam nicht gut gehen würde, und er setzte sich durch.

Stuyvesant brauchte den Frieden, denn es stand nicht gut um seine Provinz, und um das kleine Nieuw Amsterdam stand es sogar ausgesprochen schlecht. 1661 war die Kolonie nahezu bankrott. Die schönen Träume der Handelsgesellschaft im fernen Amsterdam hatten sich nicht erfüllt.

Und dann kam es noch schlimmer. In London hatte es König Charles II. von England gefallen, die Niederländer am Hudson River für Usurpatoren zu halten und seinem Bruder, dem Duke of York, alles Land zu dedizieren, das im östlichen Amerika zwischen dem Delaware und dem Connecticut River lag – also auch Nieuw Nederland, also auch Nieuw Amsterdam.

Das war 1664, und das war etwas für den alten Krieger Petrus Stuyvesant. Sofort faßte er den Beschluß, den niederländischen Besitz zu verteidigen; auch sein zweites Bein hätte er noch seinem Land gegeben.

Seine Entschlossenheit war freilich nur eine, die Befindlichkeit des Forts am Südende von Manhattan dagegen eine ganz andere Sache. Zornbebend stapfte der Generaldirektor auf seiner silberbeschlagenen Prothese durch das Fort, in dem immer noch die grunzenden Schweine wühlten. Ungläubig starrte er auf verrostete Kanonen. Entsetzt nahm er die Meldung entgegen, daß es nur einen lächerlich geringen Vorrat an Munition gab. Und dann lag am 28. August eine britische Kriegsflotte unter dem Kommando des Obersten Richard Nicolls in der Bucht, die Kapitulation verlangte.

Stuyvesant lehnte ab. Die Bürger der 1500-Seelen-Stadt bestürmten ihn und flehten um Einsicht in das Unvermeidliche. Sie fürchteten eine Kanonade, den Ruin, das Ende. Hatten sie jahrelang hart gearbeitet und vor den „Wilden" gezittert, Entbehrungen auf sich genommen und alles riskiert, damit ein bornierter Kommißkopf sie um die bescheidenen Früchte ihrer Anstrengungen brachte?

Sie beschworen Petrus Stuyvesant, um Gottes Willen die Kapitulation zu unterschreiben. Stuyvesant dachte nicht daran. Vor den Augen der Flehenden zerriß er den Entwurf, warf ihn voller Verachtung in den Dreck der Schweine und humpelte davon.

Petrus Stuyvesant zerriß die britische Aufforderung zur Kapitulation und warf sie zornig auf den Boden. Der Maler dieses späteren Gemäldes verlegte die Szene in das Innere eines Hauses. Nach anderen Quellen hat sie sich im Freien in der Nähe des Forts abgespielt

Er hätte, wenn er denn wirklich Blut fließen lassen wollte, bleiben sollen. Denn eilig fügten die Bürger nun die Fetzen der Kapitulationsurkunde wieder zusammen, und als sie lasen, daß die Briten niemandem sein Recht und schon gar nicht seinen Besitz nehmen wollten, waren sie entschlossen, den Invasoren nachzugeben.

Da hatte auch Stuyvesant keine Chance mehr. Aus Nieuw Amsterdam wurde New York. Aus New York würde 1673 kurz noch einmal niederländischer Besitz werden und dann Nieuw Oranje heißen, aber das blieb eine Episode.

Die Briten kamen an Land und nahmen die kleine Stadt und dann die ganze Provinz. Die Ureinwohner, die „Wilden", wurden nicht gefragt, natürlich nicht. Ihr Schicksal war längst entschieden. Sie lebten noch, aber ihr Sterben hatte längst begonnen.

Petrus Stuyvesant zog sich verbittert auf seinen Hof in Manhattan zurück, wo ihm nur noch seine prächtigen Pfirsiche Freude machten. Bis zu 50 Sklaven arbeiteten auf seiner Farm, darunter Oud Mingo, der dem Herrenmenschen abends auf der Fiedel aufspielte.

Der Geist der frühen Tage

1626 kamen die ersten Sklaven in das heutige New York und halfen, das Land zu erschließen. Die Briten weiteten den Sklavenhandel kräftig aus und begannen, den Indianern ihr Land en gros „abzukaufen". Riesige Latifundien gingen in den Besitz von Weißen über, die dafür mit ein paar Äxten und Muschelketten zahlten.

Britische Siedler und Gouverneure machten sich reich, und die billige Arbeitskraft der auf dem Sklavenmarkt gekauften Schwarzen machte sie immer noch reicher. Daß das ferne London am Besitzstand der selbstbewußten New Yorker durch Steuern teilzuhaben versuchte, führte zum Krieg: Long Island wurde zum Schlachtfeld, Manhattan von königstreuen Soldaten besetzt. Doch 1783 hatte sich das Blatt gewendet: General George Washington zog als Sieger in eine Stadt ein, in der die kommende Größe schon spürbar war

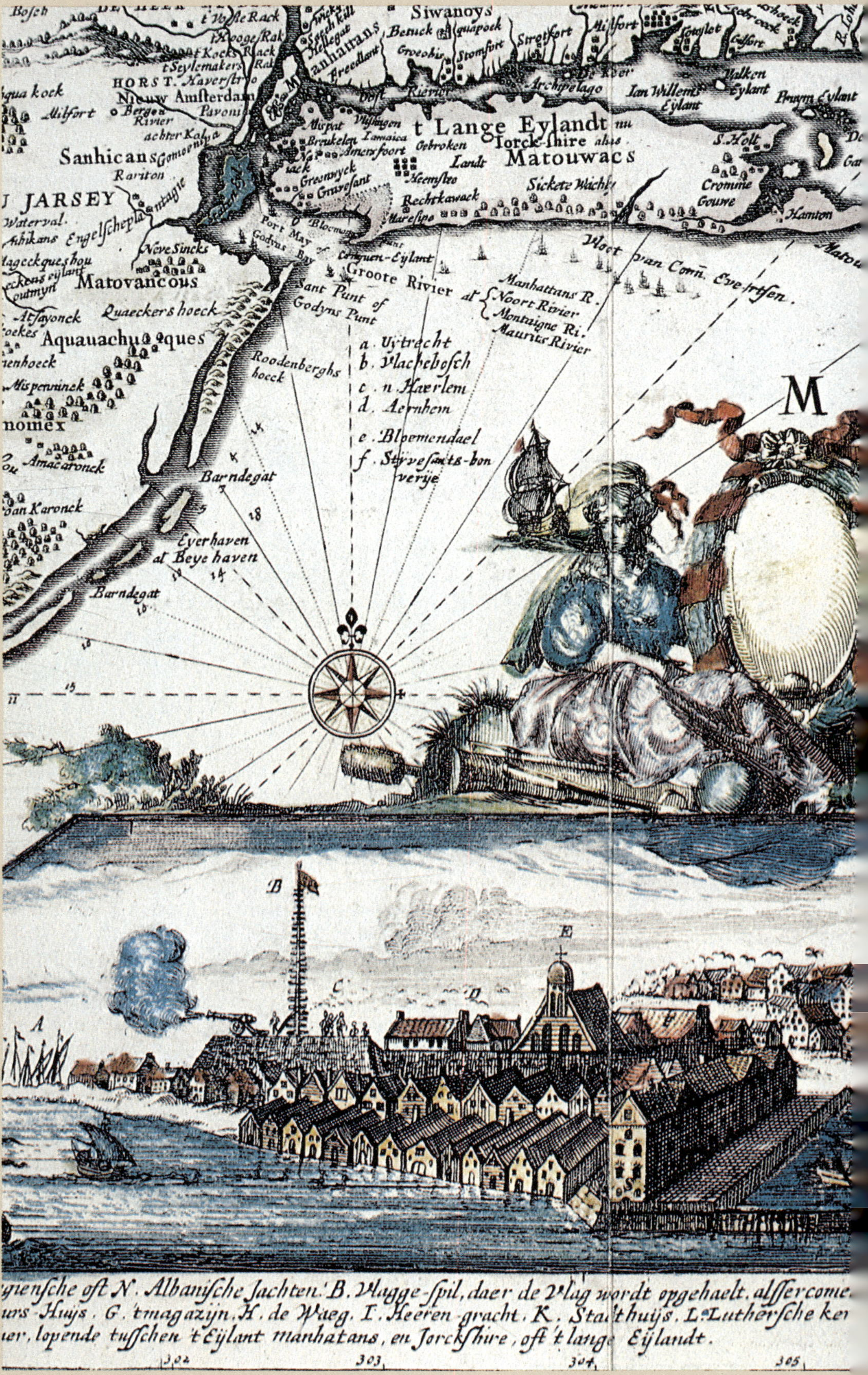

Für die frühen Niederländer lag Nieuw Amsterdam an der „Noordt Zee". Was die ersten Landkarten aus dem späteren New York an kartografischer Genauigkeit vermissen ließen, ersetzten sie durch üppige Allegorien. Aus "t Lange Eylandt" – oben links auf der Karte –, der „Langen Insel", wurde nach der Invasion der Engländer Long Island

Wapanoos
Roode Eylant
Sloop Baye
Inker Baye
Cabbelious Eyl.
NIEUW
Ongeluckige haven
Nausit Iles
Vlacke hoeck
C. Malabarra al
Port Fortune
Koock Eylant
Texel al. Elizabets Eylandt
C. Wack al. Ack
Zuyder Zee.
Quetenis Eylant
Kotget
Vlielant al. Natocke
Adriaen Blocks Eylant
Hendrick Christiaenß Eylant al. Marthaes Vyneard
Petockenock
DEL NORT
oft NOORDT ZEE.
Navis ex arboris trunco igne excavata
RESTITUTIO
Nieuw jorck
hernomen bij de Nederlanders op den 24 Aug 1673.
dese Haven. C. Fort Amsterdam, genaemt Jeams-fort bij de Engelsche. D. gevangen-huijs. E. Gereformeede ker
poort. N. Smidts-valleij. O landtpoort. P. Weg na 't versche Water. Q. Wint-molen. R. Ronduijten. S. Stuijvesants-Huijs
306
307
308
309
310
311

Bei der Erschließung New Yorks – der Stadt und des gleichnamigen späteren Bundesstaates – spielte der Sklavenhandel eine wichtige Rolle. Öffentliche Versteigerungen von Sklaven fanden schon zur Zeit der niederländischen Herrschaft statt. Später intensivierten die Briten den Handel mit den verschleppten Menschen beträchtlich

1643

Die ersten schwarzen Sklaven, die 1626 kamen, hießen Paul d'Angola, Simon Congo, Anthony Portuguese und John Francisco. Das waren natürlich nicht ihre richtigen Namen, sondern Bezeichnungen, die ihnen von ihren Besitzern zur Unterscheidung – wie Hunden – zugelegt wurden. Paul d'Angola übrigens trug mit seinem Namen gleichsam ein Kainsmal, denn daß „Sklaven aus Angola stehlen, faul und wertloser Unrat" seien, war in Nieuw Nederland ebenso verbreitete Vermutung wie jene, daß es sich bei Schwarzen um Menschen ohne Seele handele.

Sklaven waren nach Nieuw Nederland gebracht worden, weil die West-Indische Compagnie sah, daß es zusätzlicher Arbeitskräfte bedurfte, um die aufblühenden Handelsposten und Farmen betreiben zu können. Schon 1629 versprach sie deshalb, sie werde „so viele Schwarze wie nur irgend möglich" in ihr Interessengebiet schicken. Sie bemühte sich, Sklaven aus Westindien zu beschaffen, Arbeitskräfte also, die nicht frisch aus Afrika waren, sondern in weißen Besitzungen gelernt hatten, was man von ihnen erwartete.

1646 lief die „Amandore" als erstes Schiff ein, das ausschließlich Sklaven geladen hatte, während zuvor nur „parcels" in Nieuw Amsterdam angelandet worden waren, einzelne Partien von Sklaven also, die unverzüglich versteigert wurden und fortan das persönliche Eigentum des Weißen waren, der den Zuschlag erhalten hatte.

Petrus Stuyvesant ordnete zwar 1655 an, daß Sklaven „nur zur Förderung der Landwirtschaft" beschäftigt werden dürften, und „nicht zu unanständigen Zwecken", aber was war im Umgang mit Menschen, die man versklavt hatte, unanständig?

War es unanständig, daß ein gewisser Kapitän Willet für etwa sechs Zentner Schweinefleisch und Erbsen mit Sklaven zahlte? Daß „meesters" gestattet wurde, ihre Sklaven „nach eigenem Ermessen zu bestrafen?" Daß man Sklaven damit beschäftigte, an der Oyster Bay ein Fort zu errichten, das auch dazu dienen sollte, die Sklaverei zu konservieren?

Natürlich kamen den Siedlern derlei Gedanken nicht. Sklaverei war nützlich, und jeder, der nur irgend konnte, nahm ihre offenkundigen Vorteile wahr. Freilich, mit dem bescheidenen wirtschaftlichen Aufschwung, der 1640 einsetzte, stieg der Bedarf an Sklaven, also stiegen auch die Preise. Zwischen 1636 und 1646 kletterte der Preis für einen kräftigen Sklaven um ärgerliche 300 Prozent, und er stieg kräftig weiter. Nur die „Unratsklaven" aus Angola waren billiger, aber die wollte kaum jemand.

Die „meesters" betrachteten sich die Ware genau, ehe sie kauften. Sklaven zwischen 16 und 40 Jahren erzielten die höchsten Preise, wenn sie körperlich für in Ordnung befunden wurden, nachdem man ihre Muskeln betastet und ihnen ins Gebiß gesehen hatte, ganz wie auf einem Pferdemarkt. Sklaven zwischen zwölf und sechzehn Jahren erzielten etwa zwei Drittel der Preise für Erwachsene, und Kinder unter zwölf – auch sie waren gelegentlich im Angebot – erbrachten immer noch die Hälfte. Nur für Sklaven, die man auf älter als vierzig Jahre schätzte, gab es kaum einen Markt, also versuchten die Händler, ihre Ware zu verjüngen, sie gaben der Haut der Schwarzen mit Öl frischen Glanz, färbten das Grau aus den Haaren und ermahnten den alternden Verkaufsartikel, nur ja einen alerten Eindruck zu machen.

Die Weißen betrieben diesen Kommerz ohne jeden Skrupel. Im Verständnis der Holländer hatte er auch nichts mit der Theorie von der Überlegenheit der Weißen zu tun. Es gab – zum mindesten zunächst – in der Tat den wechselseitigen Haß in Nieuw Nederland nicht, der woanders zwischen den „meesters" und ihren Sklaven bestand. Während Petrus Stuyvesant erbittert gegen die Aufnahme von Juden in die Miliz kämpfte, wurden Schwarze dort akzeptiert, mehr noch:

Schwarze erhielten, als es 1641 zum Krieg gegen die Indianer kam, sogar Waffen und halfen den Weißen, und, wenn sie sich zu „Halbfreien" gemacht und dafür an die West-Indische Compagnie ein paar Scheffel Mais oder Weizen sowie ein „fettes Schwein" gezahlt hatten, durften sie, während das den Juden noch strikt verboten war, sogar Land besitzen.

Das alles machte das Los jener nicht viel besser, die in Afrika oder Westindien eingefangen oder gekauft und dann in die schrecklichen „slaven scheepen" geschleppt wurden, in jene Schiffe, mit denen sich so mancher Eigner und Kapitän ein Vermögen machte. Die „Gideon" zum Beispiel, die 1664 mit 300 Menschen landete, war so ein „slaven schip".

„Manchmal waren", so beschrieb ein Zeitgenosse die Zustände an Bord, „die Zwischendecks nur etwa vierzig Zentimeter hoch, so daß sich die unglücklichen Menschen kaum umdrehen konnten. Üblicherweise waren sie an Hals und Beinen festgekettet. Unter diesen Umständen überfällt das Elend die Neger so sehr, daß manche von ihnen verrückt werden."

Auf einem gerade eingelaufenen „slaven schip" hörten zufällige Beobachter „einen schrecklichen Tumult. Die Sklaven waren je zu zweit aneinandergekettet. Viele hatten Schaum vor dem Mund, lagen in Agonie, manche waren schon tot. Einige hatten ihre Nachbarn totgeschlagen, um mehr Raum zu haben. Wieder andere hatten auf hoher See eine Gelegenheit

Jacques Cortelyou zeichnete 1660 den „Castello-Plan" zur Besiedlung des südlichen Manhattan. Der Plan ist nach der Villa bei Florenz genannt, in der man ihn später fand. Petrus Stuyvesant schickte ihn zur Billigung in seine alte Heimat. Dort monierte die Obrigkeit, daß sich die Siedler „zu große Grundstücke und Gärten" gesichert hätten

genutzt und waren über Bord gesprungen, um aus einem Leben zu gehen, das sie nicht ertragen konnten."

Gut möglich, daß die Überlebenden bei allem Unglück die Aufnahme durch die stoischen und von moralischen Anfechtungen freien „Pfeffersäcke" aus Europa in Nieuw Amsterdam eher als angenehme Überraschung empfanden. Die „meesters" waren überwiegend gutartig. Es entwickelten sich freundliche, merkwürdigerweise sogar gleichsam familiäre Beziehungen zwischen „meesters" und Sklaven, so wie es freundliche, ja liebevolle Beziehungen zwischen Herren und Hunden gibt. Manche Herrenmenschen bedachten ihre Sklaven testamentarisch, hinterließen Geld zur Erziehung von Sklavenkindern – die möglicherweise vom „meester" gezeugt waren, denn natürlich waren sogar fromme holländische „meesters" hinter den schwarzen Frauen her – und sorgten für die Freisprechung solcher Sklaven, die brav gearbeitet und nicht aufgemuckt hatten. Als sich die West-Indische Compagnie weigerte, etwas für die religiöse Unterweisung der Sklaven zu tun, schickten die Siedler einen Protest nach Amsterdam, weil diese Entscheidung für zutiefst unchristlich gehalten wurde. Andererseits machten die frommen Siedler die Aufnahme gläubiger Sklaven in die eigene Kirche nahezu unmöglich, denn dafür waren genauere Kenntnisse der Heiligen Schrift nötig, aber natürlich konnten die Sklaven nicht lesen.

Die Niederländer, solange sie am Hudson regierten, betrieben die Sklaverei sozusagen auf kleiner Flamme. 1664, als unter dem Obristen Nicolls die Briten die Macht übernahmen, änderte sich das – und nicht nur das.

Britisches Recht wurde in New York eingeführt; die Bürger begrüßten das und legten ohne Bedenken, denn als niederländische Patrioten hatten sie sich nie gefühlt, den Eid auf die britische Krone ab, auch Petrus Stuyvesant. Amtsträger wurden, was Stuyvesant allerdings grimmig stimmte, nun

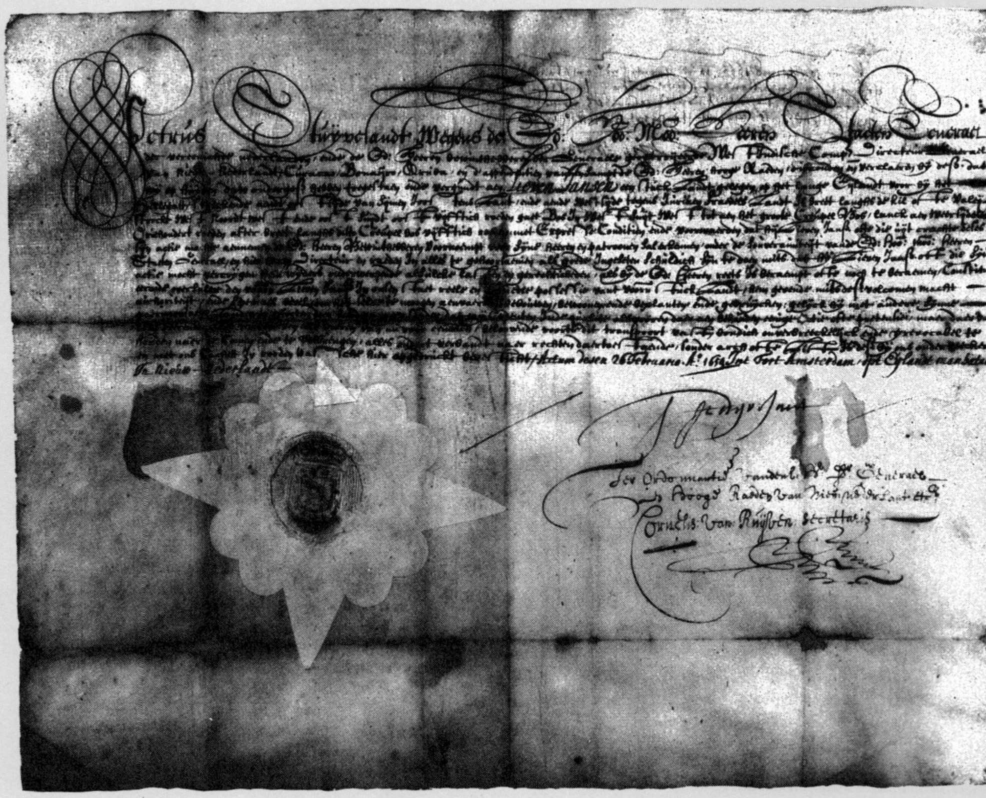

Petrus Stuyvesant, wie ihn sein Geburtsregister namentlich auswies, ließ sich 1658 ein Stadthaus errichten, das später „White Hall" genannt wurde. Siedlern stellte er Urkunden für die Besitzrechte an Grundstücken aus. Dieser Grundstückbrief stammt vom 26. Februar 1654

gewählt, die Freiheit des Glaubens galt ab sofort in New York. In Brooklyn wurde die erste Kirche gebaut, in Harlem die erste öffentliche Fähre in Betrieb genommen. Fortschritt schien sich anzubahnen – wenn auch zum Nachteil der Indianer.

Denn anders als die Niederländer, die gekommen waren, um Handel zu treiben, waren nun die Briten da, um ernsthaft zu kolonisieren. Das hieß auch, die Indianer um ihr Land zu bringen, und zwar en gros.

Vorwände wurden rasch geschaffen. Den Briten galten die Indianer nicht mehr, als die Schwarzen ihnen galten. Sie waren nun nicht mehr die „Wilden", sondern in der Sprache der Briten die „savages", die Ungezähmten, die Rohen, die Bedrohlichen, eigentlich waren auch sie zu versklaven, und tatsächlich gab es Versuche, Indianer zu Leibeigenen zu nehmen. Überdies: Waren nicht die Gottlosen mit ihren sonderbaren Siedlungsgewohnheiten obendrein Nomaden? Konnten aber Nomaden überhaupt Grundbesitzer sein? Und ferner: Waren nun, ganz anders als noch vor einem halben Jahrhundert, als die Weißen von der Hilfe der Indianer abhängig gewesen waren, nicht die Indianer abhängig von den Weißen? Waren sie nicht angewiesen auf die Werkzeuge der Weißen? Auch auf deren Wissen? Und waren sie nicht offenkundig unfähig, aus dem Land Nutzen zu ziehen? Man mußte, kein Zweifel und keine Skrupel, den „savages" ihr Land abkaufen, möglichst viel und möglichst billig.

Da galt es wenig, daß Black Hawk, der Häuptling der Sauk, später erklären würde: „Mein Verstand sagt mir, daß man Land nicht verkaufen kann. Der Große Geist hat es seinen Kindern gegeben, damit sie auf ihm leben und es kultivieren, soweit das nötig ist, damit sie überleben. Solange wir auf diesem Boden leben und ihn bearbeiten, haben wir das Recht auf ihn."

Nonsense, fanden die Briten. Sie setzten neues Recht, das es gestattete – freilich in Gegenwart des Gouverneurs –, Landkäufe zu legalisieren.

Und dann „kauften" sie. Robert Livingston, in Albany verantwortlich für die Verwaltung indianischer Angelegenheiten, ging mit gutem Beispiel voran. Am Ostufer des Hudson Rivers „kaufte" er 2600 acres*) von den Indianern, die immer noch nicht recht begriffen, was diese Käufe eigentlich bedeuteten, und diese 2600 acres waren so vage beschrieben, daß Livingston anschließend sage und schreibe 160 000 acres für sich reklamierte – das war rechtens, der Gouverneur war beim Kauf dabei gewesen.

Stephanus van Cortlandt „kaufte" 86 000 acres, Adolf Philipse gleich 205 000 acres. Ein Konsortium von sieben Gaunern „erwarb" ein Gebiet von mehr als 3000 Quadratmeilen**) – und „zahlte" mit einer Pacht von fünf Biberfellen oder 20 Schillingen pro Eigner.

Gouverneure machten sich reich, indem sie solchen Betrug legalisierten. Gelegentlich wurde einer nach London zurückgerufen, weil er es selbst für britische Verhältnisse zu arg getrieben hatte, aber dann war er wenigstens ein gemachter Mann, und dann wurde ein neuer Gouverneur berufen, der gleichfalls nicht viel mehr im Sinn hatte, als möglichst rasch möglichst reich zu werden.

Edward Hyde, Lord Cornbury, zum Beispiel, den der Historiker Brodhead „einen niederträchtigen Lügner, einen vulgären Verschwender, einen frivolen Prasser und einen hassenswerten Bankrotteur" nannte, und jedes Wort hatte sich der Lord unredlich verdient: 90 000 acres verschleuderte er im heutigen Staat New York an ein Konsortium, das sich „Neun Kleine Partner" nannte. 108 000 acres gingen im Great Minisink weg. Runde 350 000 acres vermakelte er in Wawayanda, und noch einmal annähernd 1 000 000 acres im Albany County. Als der Nobelmann mit gefüllten Koffern nach England zurückreiste, war ein großer Teil des wertvollen Landes vergeben.

*) 1 acre = 4047 Quadratmeter
**) 1 Quadratmeile = 640 acres = 2,59 Quadratkilometer

Robert Livingston gehörte zu jenen Briten, die sich im Handel mit den Ureinwohnern des Landes riesige Latifundien verschafften

Edward Hyde, Lord Cornbury, der spätere Earl of Clarendon, machte sich als Gouverneur reich. Er zeigte sich gern in Frauenkleidern

Vizegouverneur George Clark kam im Namen britischen Rechts in Amerika zu Vermögen, das er den Indianern nahm oder durch Partner nehmen ließ

Gouverneur George Clinton beteiligte sich ebenso wie viele seiner Amtsvorgänger und Nachfolger am Landraub

So ging es unter den Gentlemen weiter. Gouverneur John Montgomery nahm ungeniert Bares, wenn er Land zusprach. Gouverneur William Cosby nahm sich ein Drittel der Ländereien, die er zu vergeben hatte, selber. Vizegouverneur George Clark erfand Partner, wenn er mehr als 2000 acres verteilen wollte, denn auf diese Größe hatte neues Recht die Landvergabe limitiert. Als Clark starb, war er 110 000 englische Pfund schwer, nach heutigem Geld ein Multimillionär. Gouverneur George Clinton brachte es in New York immerhin auf 84 000 Pfund Sterling – mit einem Wort: Schamlose Korruption ging um. Selten zuvor in der Kolonialgeschichte waren perfidere Mittel angewandt worden, um ein rechtlos gehaltenes Volk um seine Existenz zu bringen. Zwar, die neuen Herren von New York führten keinen Krieg um das Land der Indianer, ihre Hände blieben unblutig, aber es war am Tage, daß sie in dieser Zeit die Indianer in jenes Unglück stürzten, von dem diese sich nie mehr erholen würden.

In der kleinen Stadt New York war von alledem direkt kaum etwas zu spüren. Gewiß, in den vielen Tavernen redete man über die Spekulanten, die sich gierig um Land rissen, und man amüsierte sich über den Holländer Jan Arcer, den man Koop-all nannte, weil er Land kaufte, als werde es schon morgen keines mehr geben, aber die kleine Stadt hatte andere Sorgen.

Ein Erdbeben hatte es gegeben, 1663 war das, es war nur eine geringfügige Erschütterung, deren Zentrum in Kanada lag, aber auch 300 Jahre später hörten New Yorks Architekten nur ungern von diesem Vorkommnis. Und Epidemien gab es zu jener Zeit in der Stadt, Gelbfieber trat auf, es war mit einem Schiff aus den Tropen gekommen, und die immer noch schlimmen hygienischen Zustände in New York halfen der Verbreitung der Krankheit noch, denn die Bürger konnten sich nicht daran gewöhnen, ihren Unrat in Mülltonnen zu werfen – was übrigens die „Wilden" schon getan hatten, ehe noch die weißen Landräuber gekommen waren.

Doch nicht alles in New York bereitete Sorgen. In Harlem wurde das erste Gotteshaus gebaut, und kurz darauf wurde „New Harlem" auch offiziell als Siedlungsort anerkannt. Sechzehn Familien wagten sich in die Wildnis von Fordham, das heute zum Bezirk Bronx gehört. Quäker waren zugewandert und bildeten eine Gemeinde, und die Lutheraner richteten eine Stätte der Andacht und Begegnung im Hause eines Bürgers ein.

Und dann, gerade war eine regelmäßige, monatliche Verbindung mit Boston etabliert worden, 1673 nämlich, geschah eine geschichtliche Arabeske: Jäh war New York wieder in niederländischem Besitz und hieß nun Nieuw Oranje. Ein gutes Jahr später – in New York oder Nieuw Amsterdam oder Nieuw Oranje spiegelte sich nur immer die in Europa herrschende Machtkonstellation – war es mit dem niederländischen Intermezzo vorbei, die Briten waren wieder da, und mit ihnen auch, was sie von Beginn an betrieben hatten: die Intensivierung des Sklavenhandels.

Der Besitzer des Landes, der Duke of York, bediente sich dabei der Royal African Company und seiner Befehlsgewalt der Obrigkeit in New York gegenüber, die angewiesen wurde, den Sklavenimport auf jede nur mögliche Weise zu fördern. „Wir sind willens", hieß es in einer „Crown instruction" an Gouverneur Cornbury, „zu empfehlen, daß die Provinz einen ständigen und ausreichenden Vorrat an käuflichen Negern zu angemessenen Preisen erhält, wenn die prompte Bezahlung sichergestellt ist."

Das ließen sich die Behörden in der „Provinz" nicht zweimal sagen. Von 1701 bis 1726 wurden 1570 Sklaven aus Westindien importiert, und noch einmal 802 aus afrikanischen Ländern, aber das waren nur die offiziellen Einfuhren. Daneben setzte sich mehr und mehr der illegale Handel durch, denn Menschenschmuggler

So sah vom East River Manhattan aus, als der Ort vorübergehend wieder niederländisch und zu „Nieuw Oranje“ wurde. Darunter das erste Bild, das vom Westufer Manhattans bekannt ist. Zweifellos hat der Künstler die Ansicht idealisiert: Die Insel war 1679 noch keineswegs so weitgehend landwirtschaftlich geordnet wie auf diesem Bild

und Freibeuter hatten rasch begriffen, daß mit billig beschafften Menschen ein glänzendes Geschäft zu machen war, ein besseres jedenfalls, als mit Biber- oder Otterfellen. Es gab Zeiten in dieser Epoche, in denen der Anteil der Sklaven an der gesamten Zuwanderung nach New York bei mehr als 35 Prozent lag, aber wiederum: Das war „cargo“, „Fracht“, die amtlich durch den Hafen von New York ging, und das schloß nicht ein, was Schmuggler an Land brachten und mit horrenden Profiten an Farmer und Gewerbetreibende, aber auch an Haushalte verkauften, die billige Arbeitskräfte brauchten.

In New York spottete man über die Vorschrift der Royal African Company, ganze Schiffsladungen von Sklaven müßten zu festen Preisen gekauft werden. Das mochte, sagten die New Yorker, in den südlichen Kolonien Amerikas angehen, wo man Sklaven nur für die Feldarbeit auf den Farmen brauchte. Hier aber, in New York, kam es auf die Fähigkeiten, auf die Anstelligkeit der Sklaven an, also setzte man sich über die Order der Company hinweg und kaufte, wie man das immer getan hatte, die Sklaven einzeln, und wenn dabei Familien auseinandergerissen wurden, so war das einfach „too bad“.

Tausende von Sklaven wurden im New Yorker Hafen umgeschlagen wie ganz normale Schiffsfracht. Auch Kaufleute von hohem sozialen Rang beteiligten sich an dem Handel, als sie sahen, daß mit den schwarzen Menschen ein Geschäft zu machen war, das nur ein Tor ausschlug. Der Profit im Verkauf en detail belief sich oft auf 100 Prozent, manchmal lag er aber auch weit darüber, und noch immer kam kaum jemandem der Gedanke, der Handel mit den Unglückseligen sei etwas, dessen sich ein ordentlicher Mensch schämen müsse.

Namhafte Importeure wie Gabriel Ludlow, Philip Livingston und Nicholas De Ronde beteiligten sich ebenso am Sklavengeschäft wie kleinere Kaufleute, die einen Gewinn witterten, der in ihren Branchen nie zu machen gewesen wäre. Überdies hingen die Versicherungen mit in diesem Geschäft, auch Rechtsanwälte, auch viele Angestellte, die über die Sklaven Buch führten wie sonst über Schiffsfrachten von Holz; mit einem Wort: Ein kleines Gewerbe bildete sich in New York und lebte glänzend, und die Bewohner der Stadt gingen spaßeshal-

Philip Livingston gehörte zur Elite der New Yorker Kaufmannschaft. Der spätere Politiker und Philantrop profitierte vom Handel mit Sklaven

ber, aber natürlich auch mit ernsthaften Kaufabsichten, zum „Kaufmännischen Kaffeehaus" oder zum „Flohmarkt", zu „Proctors Auktionshaus" oder zum „Lebensmittelmarkt", wo mindestens einmal wöchentlich, gelegentlich aber auch täglich, frisch angekommene Sklaven im Angebot waren, von denen die Afrikaner furchtsam in die feindselige Neue Welt blickten, während die aus Westindien importierten Sklaven, die einem solchen Menschenhandel schon einmal unterworfen gewesen waren, eher ergeben aussahen.

Wie das mit Waren aller Art so geht: Die Preise variierten, und, wie das mit solchen variablen Warenpreisen so geht – es wurde spekuliert. Man nahm, sozusagen, Sklaven auf Lager, wenn man Grund zu der Annahme hatte, die Preise würden in absehbarer Zeit steigen, wobei man freilich penibel darauf zu achten hatte, daß die Ware nicht zu aufwendig gelagert wurde. Man lernte auch, Vorzüge und Nachteile von Sklaven einzuschätzen und in Preise umzusetzen, auf die man anfangs gar nicht gekommen war. Hatte, zum Beispiel, ein Sklave die Pocken gehabt, war also für den Rest seines Lebens mit hoher Wahrscheinlichkeit gegen diese Krankheit immun, so ergab sich daraus ein Aufpreis. Erfuhr ein „master", daß seine Sklavin schwanger war, wurde sie sofort, notfalls auch ein bißchen unter Wert, verkauft, auch dann, wenn der „master" ahnte, daß er selber das Kind gezeugt hatte. War andererseits eine Sklavin seit Jahren mit einem Sklaven – oder mit dem „master" – zusammen und hatte immer noch kein Kind, so annoncierte der „master" sie in den kleinen New Yorker Gazetten unter ausdrücklichem Hinweis darauf, daß sie höchstwahrscheinlich kinderlos bleiben, mithin also ohne lästige Schwangerschaftszeiten ständig arbeitsfähig sein werde.

Sklaven konnten sich freikaufen. Deshalb arbeiteten viele von ihnen zur Freude ihrer „master" zuverlässig und härter als die meisten Weißen. Viele von ihnen verhielten sich diszipliniert und gehorchten brav den Orders der Behörden: Sie durften jenen Schnaps nicht trinken, dem sich viele Weiße ergeben hatten. Sie durften nach Einbruch der Dunkelheit nur mit einer brennenden Laterne auf der Straße sein. Sie hatten sich Weißen gegenüber höflich und zuvorkommend zu verhalten. Sie hatten – das wiederum traf keineswegs für alle abhängig arbeitenden Weißen zu – einen Tag in der Woche frei, und das war der Tag, an dem manche von ihnen ihr mühsam erarbeitetes Geld unter die Kaufmannschaft brachten, die sich auf Wünsche der Sklaven wendig einstellte, denn es hatte sich herumgesprochen, daß Sklaven einen merkwürdigen Drang hatten, sich besonders auffällig zu kleiden.

Nicht mehr als vier Sklaven durften in ihrer Freizeit zusammen sein; wer dagegen verstieß, wurde ausgepeitscht, und zwar von einem amtlich bestellten „Negro whipper", einem „Negerpeitscher", den es in jeder Gemeinde gab. Nicht mehr als zwölf Sklaven durften an der Beerdigung eines der ihren teilnehmen, und wiederum: Wer, von Trauer übermannt, gegen diese Vorschrift verstieß, wurde zum Whipper geschleppt, der seinen Job verstand und blutige Striemen auf den Körpern der Bestraften hinterließ.

Nichts vergaßen die „masters", um die Sklaven unter Kontrolle zu halten, und natürlich wurde öffentlich gestraft, wenn ein Sklave gegen Bestimmungen verstoßen hatte. Mörder wurden gehenkt und zerhackt. Gelegentlich ließ man sie ein paar Tage am Strick hängen – Abschreckung war wichtig; es war wichtig, erst gar keine dummen Gedanken unter den Sklaven aufkommen zu lassen.

Die kamen doch auf. Weil den Sklaven der Schnaps, der „kill-devil", Rum aus Westindien, verboten war, erschien er ihnen besonders begehrenswert, und natürlich fanden sich Taverneninhaber, die ihnen – arg überteuert – Alkohol verkauften. Es kam, unerhört, zu Lärmszenen betrunkener Sklaven in New York. Gleichermaßen verängstigte und erbitterte „masters" meldeten den Behörden das spurlose Verschwinden von Sklaven – waren sie entlaufen? Oder waren sie, auch das kam vor, gestohlen und inzwischen schon wieder irgendwo verkauft worden? Mußte man denn wirklich künftig sein Eigentum mit Brandzeichen kenntlich machen? Waren die Verschwundenen, davon hörte man immer häufiger, in die Wälder gegangen und planten Rache an den „masters"? Oder hatten sie, sozusagen, bei Indianern um „Asyl" gebeten? War nicht zur großen Beunruhigung der „masters" immer häufiger die Rede davon, daß Sklaven zu den Seneca und Onondaga und anderen Indianervölkern gegangen und dort in der Tat aufgenommen worden waren?

War nun, mit einem Wort, die gemeinsame Rache der betrogenen Indianer und der gedemütigten Sklaven zu befürchten?

Auf Long Island, so hörte man im kleinen New York, war es zu Raubzügen entlaufener Sklaven gekommen; Gouverneur Cornbury gab prompt Befehl, „auf sie zu schießen, sie zu töten und zu vernichten, wenn sie nicht festgenommen werden können".

Angst begann in der Stadt der etwa 5000 Seelen am südlichen Ende Manhattans und in den kleinen Gemeinden umzugehen, die sich auf Long Island gebildet hatten, und je schlechter das Gewissen der „masters" war, desto größer war ihre Angst. Furcht hatten plötzlich auch die „Negro whippers", auch die Kneipwirte, die den Schwarzen den überteuerten Schnaps verkauft hatten, nahezu jeder hatte Angst, der irgend etwas mit Sklaven zu tun gehabt und insbesondere jeder, der an ihnen verdient hatte.

Die Angst war begründet. Am 7. April 1712 rotteten sich am nördlichen Ende der Stadt etliche Sklaven zusammen. Sie holten Waffen aus Verstekken, setzten ein Haus in Brand, zogen sich zurück und warteten darauf, daß die Weißen kommen würden, um ihrerseits Rache zu nehmen.

Sie kamen und wurden von einem Kugelhagel empfangen. Neun Weiße wurden getötet, mehrere verwundet – entsetzt rannten die Angreifer davon und alarmierten die Stadt.

Militär rückte aus. Jeder wehrfähige weiße Mann wurde bewaffnet. Milizen überall in der Provinz wurden in Alarm versetzt. Nachbarprovinzen wurden aufgefordert, keine schwarzen Flüchtlinge aufzunehmen.

Die Aufrührer verbargen sich unterdessen in den Wäldern des nördlichen Manhattan – und hungerten. Sie begriffen, daß ihr verzweiflungsvoller Coup mißlungen war, ehe er noch irgendetwas bewirkt hatte. Sie ahnten, daß sie keine Chance mehr hatten und ihr miserables Leben so oder so rasch zu Ende sein würde. Einige der Anführer, zu stolz zur Kapitulation, obschon doch ihre „masters" zuvor so viel getan hatten, um Stolz gar nicht erst aufkommen zu lassen, brachten sich um. Die anderen ergaben sich.

New York atmete auf. Der erste Aufstand von Schwarzen in der Stadt war niedergeschlagen. Nun wollte das weiße New York Rache.

Es kam auf seine Kosten. Etwa 70 Schwarze wurden eingesperrt, 27 schließlich vor Gericht gebracht, 21 von ihnen zum Tode verurteilt, aber nicht einfach aufgehängt, sondern man verbrannte sie lebendigen Leibes oder räderte sie, damit ihnen alle Knochen brachen, bevor sie elendiglich starben, oder sie wurden mit Ketten erdrosselt, das war rechtens im New York der Weißen, denn das Gesetz sah ausdrücklich gestaffelte Exekutionsarten vor.

Die Ruhe war trügerisch, die sich im Anschluß an den ersten Aufstand von Schwarzen über New York legte. Es sollte in der Geschichte New Yorks noch viele Rebellionen schwarzen Unglücks geben. Das böse Unrecht, das vom jungen New York an den Schwarzen begangen wurde, sollte noch vielfache Frucht tragen. Für den Moment aber hatte New York seinen

Frieden, und die Weißen in der Stadt nutzten ihn.

Die Stadt wuchs, wenn es auch noch kein Anzeichen dafür gab, daß aus ihr einmal ein urbaner Riese werden würde. Immerhin, im Hafen gab es inzwischen ein Dock, es gab wirtschaftsfördernden Reichtum in der Stadt und smarte Kaufleute, die ihren Ehrgeiz mit dem Wachstum der Stadt verbanden. Es gab die ersten Straßen, die gepflastert waren, Laternen brannten vor jedem siebenten Haus und wurden mit dem Öl jener Wale gespeist, die man vor Long Island, gelegentlich aber auch im New Yorker Hafen harpunierte. Der Großteil der kleinen Stadt ähnelte freilich immer noch eher einem Dorf mit grundlosen Wegen, in deren Schlamm sich die Nachkommen jener Schweine tummelten, die schon Petrus Stuyvesant geärgert hatten.

Politischen Aufruhr gab es, schon wieder: Die „Leisler Rebellion", so nach Jacob Leisler genannt, der, 1640 in Frankfurt am Main geboren, 1660 ohne einen Pfennig Geld im damaligen Nieuw Amsterdam angekommen und Söldner im Dienst der West-Indischen Compagnie geworden war. Der schneidige Hesse wurde zum Kaufmann, heiratete Geld in der Gestalt der Elsje Tymens, die einen reichen Kaufmann überlebt hatte, wurde Kapitän in der Miliz – denn seine Loyalität den Niederländern gegenüber hatte er rasch den nun herrschenden Briten übertragen –, wurde Friedensrichter, und vor allem wurde er Sprachrohr einer in der Stadt und in der Provinz weit verbreiteten Forderung nach mehr Selbstbestimmung. Die Bürger wünschten gewählte Repräsentanten. „No taxation without representation", verlangten sie, wie schon zu Petrus Stuyvesants Zeiten, und niemand in der Kolonie, von der ihr gekrönter Besitzer in London gern als von „meinem Garten" sprach, konnte das demokratische Verlangen so schön wie Leisler formulieren.

In Abwesenheit des Gouverneurs wurde Leisler zum Boß der Provinz und bemühte sich um mehr Volksrepräsentanz. Er verglich sich mit Cromwell und sah überall katholische Subversion, denn er hatte einen krankhaften Haß auf Katholiken. Zwei Jahre lang regierte er New York, schneidig, hitzig, vermeintlich demokratisch, gelegentlich aber auch so tyrannisch, daß aufgebrachte Bürger mit Steinen nach ihm warfen.

Dann kam aus London ein neuer königlich bestallter Gouverneur, der den ungestümen Karrieremann kalt wissen ließ, er habe sich gegen die Krone vergangen. Leisler bestritt das. Immer, versicherte er, habe er im Sinne der britischen Krone und jedenfalls in der Annahme gehandelt, mit den Allerhöchsten Majestäten in London dienend in Harmonie zu sein – es half nichts. Eine bewegende Rede durfte er noch halten, dann wurde der Hesse dort, wo in Manhattan heute die Brooklyn Bridge steht, am 16. Mai 1691, einem regnerischen Tag, aufgehängt, später freilich rehabilitiert.

Ein paar Jahre danach begann in London ein anderes deutsches Schicksal, das für New York noch eine Rolle spielen sollte. Angeführt von ihrem Pastor Josua von Kocherthal, war eine Gemeinde Pfälzer Protestanten, die 1689 ihre Heimat vor den Truppen Louis XIV. verlassen hatten, in die Metropole an der Themse gekommen und hatte Königin Anne gebeten, sie in eine britische Kolonie gehen zu lassen. Die Petition wurde gnädigst erwogen. Zunächst wollte man die Flüchtlinge nach Jamaika schicken, wo man dringend tüchtige Weiße brauchte, aber dann besannen sich die Lords anders, die im Auftrag der Königin das Ansinnen der Pfälzer prüften, und schrieben der Majestät: „Wir empfehlen untertänigst, sie am Hudson in der Provinz New York anzusiedeln, wo sie dem Königreich . . . zur Abgrenzung gegen die Franzosen und gegen die Indianer nützlich sein können."

So geschah es. 52 Pfälzer wurden – und zwar auf Kosten der Königin – nach New York geschickt, aber nicht nur das: Die Königin versprach den frommen Flüchtlingen, im ersten Jahr in New York ihre Lebenshaltungskosten zu übernehmen, und außerdem, dem Pastor Kocherthal ein Stück Pfarrland zu schenken. Sie siedelten, natürlich auf Land, das Indianern eher gestohlen als abgekauft war, in der Nähe des heutigen Newburgh am Hudson, wo es, nicht weit von West Point, der späteren großen Militärakademie, auch heute noch ein New Paltz gibt und ein Rhinebeck. Den ersten Pfälzern folgten Tausende. Zwar waren sie nicht die ersten deutschen Auswanderer in Amerika – schon 1683 hatten Deutsche den Ort Germantown in Pennsylvania gegründet, und noch viel früher hatte ein holländischer Händler stolz nach Europa geschrieben, für den Anbau der vorzüglichen New Yorker Weine habe man sich einen Winzer vom Rhein geholt –, aber die Pfälzer waren die ersten Deutschen, die in größerer Zahl über New York in jene Provinz kamen, die heute State of New York heißt.

Am Südende der Stadt stand inzwischen eine ansehnliche „battery", armiert mit 92 Kanonen. An der Wall Street wurde ein neues Rathaus gebaut. Weil nun auch Schotten in der Stadt waren, etablierte sich eine Presbyterianische Kirche, der bald ein Gotteshaus für die Baptisten folgte und ihm wiederum die erste Synagoge, die, lebte er zu dieser Zeit noch, Petrus Stuyvesant gewiß gern verhindert hätte. Bald gab es sogar in einem Gebäude, das Rip van Dam gehörte, das erste Theater, und an anderer Stelle ein Heim für pflegebedürftige Alte. Es mehrten sich mithin die Anzeichen dafür, daß New York auf dem Wege war, eine richtige Stadt zu werden, aber vor allem war dies die Zeit der Freibeuter, der Schmuggler, der maritimen Gangster; es war die Zeit, in der jedermann seine fern in London lebende Majestät mit Vergnügen betrog, und es war – immer noch – die Zeit, in der Gouverneure die Korruption für einen ganz normalen „way of life" hielten.

Der Schmuggel gedieh, weil es den New Yorkern verboten war, direkte Handelsbeziehungen mit fremden Ländern zu unterhalten, und die Freibeuterei grassierte, weil die Briten im Krieg gegen Frankreich lagen, mithin also die in New York lebenden britischen Untertanen das Recht hatten, französische Schiffe aufzubringen und sie ihrer Fracht zu berauben.

Das war wie mit dem Betrug an den Indianern und mit dem Sklavenhan-

Jacob Leisler, in Frankfurt geborener Söldner im Dienste der Niederländer, brachte es zu Vermögen und einer schönen Residenz am „Strand", der späteren Whitehall Street. Er sammelte für seine Deklarationen, mit denen er mehr Selbstbestimmung forderte, Unterschriften von den Bürgern. Der „Rebell" wurde am 16. Mai 1691 aufgehängt, später aber rehabilitiert

del: Der New Yorker erkannte immer sofort ein Geschäft, wenn es guten Profit versprach, und selten hatte er Skrupel. Unausgesetzt liefen im New Yorker Hafen die Segelschiffe ein, die irgendwo auf hoher See jäh die schwarze Flagge gehißt und ein französisches, aber durchaus auch ein Schiff unter neutraler Flagge, ausgeraubt hatten, denn da war man nicht penibel. Häufig wurden im Hafen von New York geräuberte Waren ausgeladen, und Kapitäne versicherten mit Unschuldsmienen, alles stamme von französischen Schiffen. Verständnisvolle Zöllner stellten nie Fragen, was ihnen die dankbaren Kapitäne lohnten.

Mit einem Wort: Wiederum, ganz wie bei dem Landerwerb von den Indianern und dem Handel mit den Sklaven, profitierten nicht nur wenige New Yorker, sondern ein Großteil der Stadt hatte Nutzen vom Unrecht. Die kühnen Kapitäne verdienten, ihre Crews auch, und nicht schlecht, die Hafenarbeiter verdienten, unter denen es inzwischen auch freie Schwarze gab, die Zwischenhändler verdienten, auch die Kleinhändler, die schließlich das Raubgut an den Mann brachten, und selbst die Kunden profitierten noch, denn die Einzelhändler räumten die Ware gern rasch, weil es sicher bald Nachschub geben würde, also ließen die Händler mit sich über die Preise reden. So kam es, daß schon um diese Zeit in manchen Häusern New Yorks feine Teppiche aus dem Orient lagen und sich allerlei anderes Gut aus fernen Ländern häufte. New York wurde kultiviert.

Die meisten Gebäude waren immer noch aus Holz, aber auch steinerne Bauten gab es, feine Wohnhäuser, schwere Griffe aus Messing an den Haustüren, teure Gardinen vor den Fenstern, auf dem Eßtisch feines Porzellan und schweres Silber. Es gab, andererseits, Beschwerden von Arbeitern beim Gouverneur, weil nach ihrer Ansicht die Löhne nicht ausreichten, so daß sie ihre Familien kaum mit Anstand ernähren konnten. Daß die Löhne niedrig waren, ließ sich auf die billige Arbeitskraft der Sklaven zurückführen, so daß sich in New York früh und bösartig verhärtete, was von nun an immer in der Stadt am Hudson heimisch bleiben würde: neid- und angstvoller Haß insbesondere der sozial schwachen Weißen auf die Schwarzen, in denen sie hergelaufenes, lohndrückendes Gesindel sahen, das es ihnen erschwerte, ein ordentliches Leben zu führen.

Nur wenn die Stadt wieder einmal von einer Epidemie heimgesucht wurde, was häufig geschah, waren alle gleich, wenn auch die Begüterten etwas gleicher waren, denn schon bei den ersten Anzeichen einer Massenerkrankung ließen sie den Wagen spannen und machten sich auf nach Greenwich, ins heutige Village, das ein entlegenes und idyllisches kleines Dorf war. Unterdessen starben, das war 1731, etwa 800 Menschen in der Stadt an den Pocken, und wer überlebte, mußte hungern, denn die Farmer mieden die geschlagene Stadt, so daß Läden und Märkte leer blieben.

In der Stadt, die mit schlimmer Regelmäßigkeit von Gelbfieber-, Cholera- oder Pockenepidemien heimgesucht wurde, lebten 1731 nur etwa 9000 Menschen. Gerade hundert Jahre also war die Stadt alt, die, als die ersten Siedler die ersten Häuser bauten, reich an gutem Trinkwasser gewesen war, das selbst in Manhattan aus blitzsauberen Quellen sprudelte. Nun aber bestand Grund zu der Annahme, daß unreines Wasser zu Krankheiten geführt hatte, also beschloß die Verwaltung, neue und saubere Brunnen zu bohren.

Die schlechten Verhältnisse wurden auch durch eine kritische Presse angeprangert. Besonders tat sich mit Kritik ein junger Mann hervor, der mit den Pfälzern ins Land gekommen war, nun John Peter Zenger hieß, als Redakteur beim „New Yorker Weekly Journal" arbeitete und den Gouverneur Cosby so lange unter publizistisches Feuer nahm, bis dem die Geduld ausging. Er ließ die von Zenger in

Druck gegebenen Zeitungen verbrennen und Zenger anklagen.

Der Gerichtssaal war voll, als der Prozeß begann. Längst nicht jeder, der die Verhandlung gern verfolgt hätte, fand Eintritt. Zenger war der Held der Stadt. Sie bewunderte seinen Mut, sie teilte seine Abneigung gegen die in Cosby personifizierte Obrigkeit, aber auch ganz allgemein gegen jene Obrigkeit in London, die New York immer noch wie einen Privatbesitz behandelte. Dämme obrigkeitlicher Ordnung drohten nun zu brechen. Ungute Freiheiten drohten, an die Stelle königlicher Dekrete zu treten.

Der Staat hatte also jedes Interesse, an der Person Zengers ein Exempel zu statuieren. Zenger war zu verurteilen, die aufmüpfige Presse einzuschüchtern.

Andrew Hamilton verteidigte den Angeklagten. Er war gebürtiger Schotte, lebte in Philadelphia und war dort auch zu politischen Ehren gekommen. Nun las er dem Staat die Leviten: „Die Frage", sagte er, „die das Gericht und Sie, Gentlemen der Jury, beantworten müssen, ist nicht privater Art. Es geht nicht um einen armen Drucker, auch nicht um New York allein. In seiner Konsequenz könnte, was Sie hier entscheiden, jeden freien Menschen betreffen, der in Amerika unter britischer Regierungsgewalt lebt. Es geht um einen großen Fall. Es geht um die Freiheit. Ich zweifle nicht daran, daß Ihr aufrichtiges Verhalten an diesem Tag Ihnen die Liebe und die Hochachtung ihrer Mitbürger eintragen wird. Jeder, der ein Leben in Freiheit einem Leben in Abhängigkeit vorzieht, wird Sie segnen und ehren, wenn Sie der Tyrannei widerstehen und mit einem redlichen Urteil den Grund legen, auf dem zu leben wir ein Recht haben: Die Freiheit, Unrecht aufzudecken und ihm zu widerstehen, indem wir die Wahrheit sagen und schreiben."

Ahnten die Menschen im Gerichtssaal, daß sie Zeugen einer großen Stunde New Yorks waren? Sie sprangen auf. Sie lärmten Beifall. Wütend und ohnmächtig schrie der Richter und verlangte Ruhe. Dann verließ die Jury zur Beratung den Saal. Sie brauchte nicht lange. Sie fand Zenger „nicht schuldig".

1735 besiegelte mithin ein Gericht in New York die Freiheit der Presse. Es befand, ein Publizist könne nicht beleidigen, wenn er die Wahrheit schreibe. Die Krone, vertreten durch die Gouverneure, war nicht mehr unangreifbar. Hohe Herrschaften wur-

Die britische Obrigkeit ließ Zeitungen verbrennen, in denen der deutsche Einwanderer John Peter Zenger sie kritisierte. Als Zenger vor Gericht gestellt wurde, hielt Andrew Hamilton ein bewegendes Plädoyer für die Freiheit der Presse. Die Jury sprach den Redakteur frei

den mit jedermann vor dem Gesetz gemein gemacht. Die Gleichheit des Rechts war erfochten – das blieb von nun an ein Stück New Yorker Mentalität.

Unterdessen war die Stadt geschäftig. Neue Docks wurden an Hunter's Key geschaffen. 1754 etablierte sich die New York Society Library. Auf Bedloe's Island, dem späteren Liberty Island, das heute die Freiheitsstatue trägt, baute man ein Pesthaus, um Menschen in Quarantäne halten zu können, die sonst Krankheiten einschleppen würden.

1763 lebten in New York, das in sieben „wards", in Stadtbezirke, aufgeteilt wurde, 12 000 Menschen. Es gab inzwischen das King's College, aus dem später die Columbia University wurde. London hatte die Genehmigung zur Errichtung der Hochschule gegeben und damit die Hoffnung verbunden, im College würden brave Untertanen der Allerhöchsten Britischen Majestäten herangezogen werden. Aber da irrte London.

Denn die Beziehungen zwischen der Metropole London und der Kolonie jenseits des Atlantischen Ozeans wurden schlechter. Die Kolonie sollte, befand London, für den Unterhalt der in ihr stationierten Garnisonen bezahlen – New York murrte. London erhöhte Zölle für Einfuhren nach New York – wieder gab es böses Blut. Eine „stamp act" wurde in London beschlossen, die eine Besteuerung gewisser Güter in der Kolonie vorsah – das war zuviel. Die Überzeugung „No taxation without representation" war nicht nur den New Yorkern, sie war auch den Menschen in den anderen britischen Kolonien heilig. Vertreter von neun Kolonien trafen sich, verkündeten, ihnen seien genau jene Rechte eigen,

Captain Thomas Howdell von der Königlich-Britischen Artillerie malte dieses Bild 1763 und nannte es: „Ein Blick auf den Südosten der Stadt New York in Nordamerika". Mindestens den Baum im Vordergrund hat er hinzugefügt: Hier wuchsen nie Palmen

die auch in Großbritannien galten, und lehnten die Stamp Act ab.

Dennoch kam am 22. Oktober 1765 die „Edwards" mit den verhaßten Steuermarken an Bord im New Yorker Hafen an. In der Burn's City Arms Tavern trafen sich die aufgebrachten New Yorker Kaufleute und beschlossen, keine Güter mehr aus Großbritannien einzuführen. Am 1. November rottete sich ein Mob zusammen, zog zum Rathaus und verlangte die Vernichtung der Steuermarken. Ungute Spannung lag über der Stadt, die zunehmend militant wurde.

Im Mai des folgenden Jahres milderte sich die Krise, als bekannt wurde, die „stamp act" sei zurückgezogen. Jubelnd zogen die New Yorker durch die Stadt. Wieder hatten sie der Krone gezeigt, daß sie zu artigen Untertanen nicht geboren waren. Ein „Freiheitsmast" wurde errichtet, den britische Soldaten, die zunehmernd verhaßten „Redcoats", indes demontierten; kurz: Der Punkt war erreicht, an dem sich die selbstbewußten Kolonien und vollends das rebellische New York vom fernen Mutterland abzunabeln begannen, das immer nur fordernd auftrat und immer noch so tat, als bestehe die einzige Funktion der Kolonien darin, ordentliche Profite für die Schatulle des Duke of York zu erwirtschaften.

Die „tea tax" provozierte den Bruch. In Boston warfen Aufrührer den Tee, für den sie fortan Steuern bezahlen sollten, am 16. Dezember 1773 über Bord. New York hatte seine „tea party" am 22. April 1774, als aufgebrachte Bürger die „London" enterten und achtzehn Kisten mit Tee über die Reling in den Hafen wuchteten. Der Aufruhr war da; ihm konnte nur der Krieg folgen.

Er kam, und New York litt schwer. General Charles Lee kam in die Stadt, um sie gegen Angriffe der königstreuen „Redcoats" zu rüsten, und im April 1776 erschien General George Washington in New York, um das Kommando zu übernehmen. Im Juli, als ihnen die Unabhängigkeitserklärung verlesen wurde, hatten die New Yorker noch einmal Gelegenheit zum Jubel und zum Protest: Mit bösem Vergnügen demontierten sie das Denkmal des britischen Königs George III., der seinen Truppen befohlen hatte, den „Rebellen" eine Lektion zu erteilen.

New York, das inzwischen knapp 25 000 Einwohner zählte und sich am südlichen Ende Manhattans etwa anderthalb Kilometer weit nordwärts erstreckte, armierte sich. Mehr als 200 Kanonen wurden aufgefahren, 20 000 Männer standen Washington zur Ver-

Empört reagierten die Bürger der Stadt, als die „London" im Hafen mit einer Ladung Tee festmachte, für den Steuer gezahlt werden sollte

In der Nacht zum 9. Juli 1776 holten die „Söhne der Freiheit" das Denkmal vom Sockel, das den britischen König George III. darstellte

Der Unabhängigkeitskrieg gegen Großbritannien begann für die Amerikaner mit einer Niederlage: Die „Schlacht von Long Island" ging verloren. General Washington mußte seine Truppen nach Manhattan zurückverlegen, das später ebenfalls von den verhaßten „Redcoats" besetzt wurde

fügung, und es fehlte ihnen nicht an kriegerischem Enthusiasmus.

Nur, der reichte nicht. Schon die erste „Schlacht auf Long Island" wurde von den verhaßten „Redcoats" gewonnen, die sich von einem schlagkräftigen Kontingent hessischer Legionäre unterstützen ließen. Dann mußte Washington auch Manhattan aufgeben, wo die Briten den jungen Nathan Hale henkten, der für Washington spionieren wollte und mit der schönen Phrase starb, er bedaure, seiner Sache nur ein Leben geben zu können.

Eine britische Militärregierung wurde in Manhattan errichtet, viel schlimmer hätte es für die selbstbewußt Aufmüpfigen in New York kaum kommen können, aber es kam viel schlimmer, denn ein katastrophales Großfeuer suchte die Stadt heim, die Trinity Church, schon fast so etwas wie ein Wahrzeichen der Stadt, brannte nieder und mit ihr eine große Zahl von Wohn- und Geschäftshäusern. Und dann, 1778, gab es schon wieder einen Großbrand, gleich hundert Häuser versanken in Asche, verzweifelt und hilflos sahen die Bürger dem Verlust ihrer Habe zu.

Manche freilich erfuhren erst später von ihrem Unglück, denn wer es nur eben konnte, hatte New York und den Einflußbereich der Briten verlassen. Zu Tausenden waren sie der Stadt entkommen, in der die Briten aufrührerische Bürger gefangen hielten, von denen viele unter erbärmlichen Umständen starben. „Rebels, turn out your deads", kommandierten die Anführer in Diensten der Krone an jedem Morgen, und wirklich gab es an jedem Morgen wieder einen schrecklichen Leichenberg, der von den amtlich eingesetzten Aufsehern mit grimmiger Genugtuung fortgekarrt wurde.

Das war die eine, die blutige Kriegswahrheit der Stadt, aber andererseits gab es im New Yorks der Kriegszeit auch jene Sumpfblüten, die noch in jedem Krieg gediehen. Prostitution machte sich breit. Geradezu hysterisch wurden die schlechten Zeiten in Alkohol ersäuft. Korruption war Alltag, Moral für die Katz, Betrug an der Tagesordnung. Nur halbherzig bemühte sich die Obrigkeit um eine Ordnung, die längst zum Teufel gegangen war; kein Wunder: Ganz anders, als es die ersten Schlachten anzuzeigen schienen, waren die Briten dabei, den Krieg gegen die „Rebellen" zu verlieren. Unter Mithilfe des „Freiherrn" Friedrich Wilhelm von Steuben, der 1777 als Truppeninstrukteur mit preußischer Generalstabserfahrung gekommen war, um die aufständischen Amerikaner Taktik und Strategie zu lehren – und tüchtig auch auf die Hes-

Im steinernen Haus, das Nicholas Vechte um 1699 baute, schlug General Stirling sein Hauptquartier auf. Später erwarb Jacques Cortelyou den Besitz, heute ein geschütztes Baudenkmal

Nach dem Großbrand, der 1776 die Stadt heimsuchte, erschien dieses Bild mit der Unterschrift: „Schröckenvolle Feuersbrunst welche zu New York von denen Americanern in der Nacht vom 10. Herbst Monath angelegt worden"

Mit General George Washington verbinden sich Niedergang und Aufstieg New Yorks. Er mußte die Stadt angesichts der Überlegenheit der britischen Truppen aufgeben, aber am Ende blieb er Sieger. Nach einem tränenreichen Abschied von seinen Offizieren verließ er die Stadt per Schiff, doch er kehrte triumphal zurück: als erster Präsident des jungen Staatenbundes

sen schießen ließ, die für die Briten kämpften – gewann General Washington den Krieg.

Er endete, als hätte es sich um eine kleine Meinungsverschiedenheit unter Gentlemen gehandelt. Am 25. November 1783 zogen sich die Königstreuen aus dem oberen Manhattan geordnet zurück und versammelten sich in der unteren Stadt. Ebenso zivilisiert folgte ihnen die amerikanische Armee, kein Schuß wurde gewechselt. Die Briten bestiegen ihre Schiffe und die Amerikaner besetzten die Stadt, die nun wirklich und ein für allemal die ihre sein würde.

Am 4. Dezember 1783 verabschiedete sich General George Washington, der seines künstlichen Gebisses wegen Schwierigkeiten mit dem Sprechen hatte, in Fraunces' Tavern von seinen Offizieren. Das war in dem Haus an der Ecke Broad und Pearl Street eine rührende Szene. Männer, die jahrelang bedenkenlos Befehle gegeben hatten, mit denen sich oft vielfacher Tod verband, entdeckten jäh ihre Gefühle und weinten, und Washington ließ, gewiß ganz gegen seinen Willen, immer mehr Tränen fließen: „Mit einem Herzen, das voll ist von Liebe und Dankbarkeit", sagte er, „gehe ich nun von Ihnen. Ich wünsche Ihnen inständig, daß Ihre kommenden Tage so reich und glücklich sein werden, wie Ihre vergangenen Tage glorios waren und ehrenvoll."

Dann verließ er per Schiff die Stadt, die vom Krieg schwer gezeichnet war und kaum noch 10 000 Menschen beherbergte. Aber der Geist der Stadt war ungebrochen. Von nun an ging es in New York nur mehr aufwärts. Gewiß, Tragödien würde es geben, Skandale, Katastrophen und Rückschläge, aber an dem Tag, an dem der weinende George Washington die Stadt zwischen Hudson und East River verließ, war die Saat gelegt, aus der die erstaunlichste Stadt der Erde wuchs.

Friedrich Wilhelm von Steuben, dem eine alljährliche Parade der deutschstämmigen New Yorker auf der Fifth Avenue gewidmet ist, hatte wesentlichen Anteil am Sieg über die britischen Truppen

Zum Beispiel John Jacob Astor

Der Schlachtersohn Astor war nichts und besaß wenig, als er 1784 in New York ankam. 1848, als er starb, war er einer der reichsten Amerikaner. Seither steht der Name Astor für einen Menschenschlag, der es mit Mut, Vitalität und Rücksichtslosigkeit zu Karrieren brachte, die nur in New York möglich waren. Aber New York – das war nicht nur die märchenhafte Laufbahn Astors. New York – das war auch unsagbares Elend von Einwanderern, die in der zweiten Hälfte des 19. Jahrhunderts in die Stadt der tausend Legenden strömten. New York – das war schließlich auch die Geschichte des William Marcy Tweed, der die in der Stadt heimische Korruption zu neuen Höhen führte und sich mit seinem „Tweed ring" daran machte, die inzwischen zu erstaunlicher Größe gewachsene Metropole am Hudson River auszubluten

1848: Die Spingler Farm an der Fifth Avenue

Eissegel-Regatta auf dem Hudson

1809: Ecke Warren und Greenwich Street

Union-Pferderennbahn auf Long Island

1816: Ein Wintertag in Brooklyn

1849: Die High Bridge in Harlem

1800: Die erste Methodistenkirche

319: City Hall am Broadway

38: New York feiert die Ratifizierung der Verfassung

1823: Manhattan von Brooklyn aus gesehen

Noch um die Mitte des vorigen Jahrhunderts trug das Gebiet der heutigen New York City weithin ländliche Züge. Dies war die Zeit, in der jeder sein Glück machte, der auf den Wertzuwachs von Grundstücken spekulierte, denn das Ende der Idylle war nahe: Von nun änderte die stürmisch wachsende Stadt ihr Gesicht zusehends. Hundert Jahre später hatte sich auf Manhattan die dramatischste Wandlung vollzogen, die je eine Stadt erlebte

Am 3. August 1855 wurde der Vergnügungspalast Castle Garden – links am Bildrand – zur Empfangsstation für Einwanderer, die sich zuvor auf Bedloe's Island befunden hatte. An der Battery warteten die Angehörigen der neuen Bürger. Das chinesische Boot befand sich 1847 im New Yorker Hafen; es war der erste Schiffsbesuch aus dem „Reich der Mitte" am Hudson

PAT MURFY
For AMERIKY

Das New York der Nachkriegszeit, in dem Johann Jacob Astor 1784 ankam, war, um das mindeste zu sagen, in weiten Teilen unansehnlich und schmutzig. Es gab ein paar feine Häuser, gewiß, so daß George Washington, als New York 1785 zur Bundeshauptstadt erklärt wurde und der Kriegsherr zum ersten Präsidenten, wenigstens standesgemäß logieren und amtieren konnte. Aber immer noch glichen viele Straßen eher schlammigen Gräben, Planken waren ausgelegt, über die man die Hauseingänge erreichen konnte. Immer noch warfen die Menschen ihren Müll zum Fenster hinaus, so daß es in warmen Sommermonaten durchdringend roch, und immer noch wühlten grunzende Schweine im Dreck der Straßen.

Eine Stadtreinigung gab es nicht, stattdessen gab es eine so rege Kriminalität, daß einmal gleich sechs Räuber und Banditen hintereinander im Garten des Rathauses hingerichtet werden mußten. Eine gewisse Streitsucht machte sich in New York breit, was schön für die Rechtsanwälte war, die von nun an immer in dieser Stadt wie die Maden im Speck leben würden, und auch die den Hafenstädten eigenen Variationen des Vergnügens blühten auf; mit einem Wort: Den Huren ging es wie den Rechtsanwälten, und den Kneipwirten jedenfalls besser als jenem Violinisten, der, gerade aus der Alten Welt angekommen, in Zeitungsinseraten seine Dienste als Schornsteinfeger anbieten mußte, weil man in New York mehr Sinn für Derbes als für ein Konzert auf der Geige hatte.

Das hing auch damit zusammen, daß der New Yorker Hafen mächtig zulegte. Nicht nur wurde der Küstenverkehr intensiviert, der mählich aus New York den Hafen machte, der die meisten Im- und Exportgüter in der Neuen Welt umschlug; darüber hinaus suchten und fanden die New Yorker Reeder und Kapitäne neue Überseeverbindungen, sogar nach China lenkten sie ihre Schiffe, die mit schönen Seiden und feinem Tee zurückkamen.

So also das New York, das Johann Jacob Astor vorfand, der seinen ersten Vornamen bald in John änderte. Er war am 17. Juli 1763 in Walldorf, einem kleinen badensischen Ort südlich von Heidelberg, zur Welt gekommen, ein Schlachtersohn, der keine gute Kindheit hatte und keine gescheite Schulbildung, so daß er für den langen Rest seines Lebens außerstande war, einen fehlerfreien Brief zu schreiben.

Wie vor ihm zwei seiner Brüder, verließ er das freudlose Walldorf und

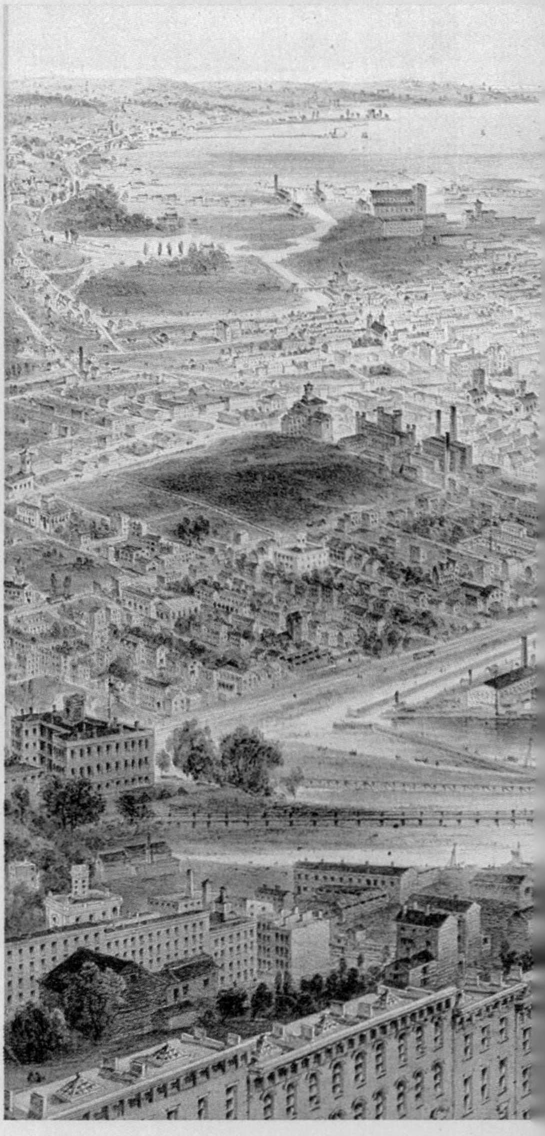

eine lieblose Stiefmutter, ging zunächst zu seinem Bruder George, der in London einen Musikladen eröffnet hatte, und dann nach New York, wo sein Bruder Henry am Fulton Market eine kleine Schlachterei betrieb und seine Gewinne in Grundstücken anlegte.

Nichts an den New Yorker Anfängen des John Jacob Astor deutete darauf hin, daß er eine Legende werden würde. Er betätigte sich, so sagt man, als Straßenhändler; Kuchen soll er verkauft haben. Er entstaubte Felle für zwei Dollar die Woche plus Verpflegung, denn jene Biber- und Otterpelze, mit denen die Eroberung New Yorks durch Europa begonnen hatte, waren immer noch gefragt.

Robert Bowne hieß der Boß, für den John Jacob arbeitete. Bowne stellte die Weichen im Leben des John Jacob. Der junge Einwanderer, ein bißchen übergewichtig und mit einer gewaltigen Nase und sonderbar stechendem Blick, wirklich nicht sehr ansehnlich, dafür aber smart und anstellig, wurde von Bowne in die Wildnis geschickt, in die gottverlassene Gegend nördlich von Albany, um von den Indianern die begehrten Felle anzukaufen.

Das machte John Jacob Spaß. Insbesondere hatte er seine helle Freude

Aus der kleinen Siedlung Breuckelen in der niederländischen Zeit war um 1834 die City of Brooklyn geworden, eine große selbständige Stadt, die erst um die Jahrhundertwende ihre Eigenständigkeit verlor, als aus Brooklyn, Queens, Richmond, der Bronx und Manhattan das heutige New York entstand. 1883, als die Brooklyn Bridge eingeweiht wurde, hatte man noch gehofft, das neue Bauwerk werde aus der eigenständigen Stadt am Ostufer des East River das Zentrum des Großraums New York machen

daran, die immer noch dummen Indianer zu übervorteilen. Stolz breitete er vor Mr. Bowne aus, was er für einen Spottpreis an sich gebracht hatte; Mr. Bowne war diesem ausgezeichneten Einkäufer sehr dankbar.

John Jacob hauste ärmlich im Boarding House der Witwe Todd, einer billigen Pension, wo es ihm die Tochter Sarah antat. Der allzeit Tatkräftige bat artig um Sarahs Hand. Die Witwe Todd gab dem jungen Mann die Tochter samt ihrem Ersparten, nämlich 300 Dollar – das war mehr, als John Jacob je besessen hatte. Mit dem Geld eröffnete er einen kleinen Laden, in dem er mit Flöten und anderen Musikinstrumenten, aber auch kenntnisreich mit Fellen zu handeln begann. Mr. Bowne war nun seinen famosen Einkäufer los.

Es traf sich, daß auch Sarah ein gutes Urteil über die Beschaffenheit von Fellen hatte, also partizipierte sie an dem Geschäft, ließ sich ihre Dienste allerdings bezahlen. Während Sarah den unansehnlichen kleinen Laden versorgte, aus dem einmal eines der ganz großen amerikanischen Vermögen erwachsen sollte, reiste John Jacob unermüdlich in die Wildnis und kaufte ein.

Das war kein feiner Job, und gefährlich war er obendrein. Ein Gentleman hätte nie getan, womit John Jacob seinen Lebensunterhalt verdiente. Das war ihm gleichgültig. Je mehr er sich weit im Norden des Landes herumtrieb und zäh mit den Indianern handelte, desto klarer wurde ihm, daß mit den Fellen der Biber, Otter und Bisamratten ein Vermögen zu machen war. Er war nicht der Mann, sich diese Chance entgehen zu lassen.

Hunderttausende von Fellen gingen durch John Jacobs Laden. Als er kaum dreißig Jahre alt war, hatte er sich in der Wildnis verschlissen und konnte nicht mehr selber reisen, um Nachschub zu beschaffen, aber er hatte nichts von seiner Rücksichtslosigkeit verloren, nichts von seinem Geschäftssinn. Er heuerte Trapper und Agenten an, die er ebenso streng hielt wie seine Kinder – acht gebar ihm Sarah – und schickte seine Leute immer tiefer in die Wälder des Nordens. Er war nun schon reich, 250 000 Dollar schwer war er, das war ein immenses Vermögen, aber er war noch längst nicht satt und würde nie satt werden, und nie würde er aufhören, penibel auf den Cent zu achten.

Um den Pelzhandel mit China zu betreiben, wurde er Reeder. Bald besaß er eine ganze Flotte. Als er sah, daß die Chinesen besonders die Felle von Seeottern schätzten, hielt er seine Agenten und Trapper an, möglichst viele dieser Tiere umzubringen. Nicht viel fehlte, dann hätte er die Art ausgerottet, aber das focht ihn nicht an. Nichts focht ihn an. Was er berührte, wurde zu Dollar. Als seine Schiffe, die Station auf Hawaii machten, von dort auch begehrtes Sandelholz mitbrachten, berührte John Jacob das Holz, und prompt wurden Dollar daraus, viele Dollar, aber für John Jacob nie genug Dollar.

Er gründete eine Pelzhandels-Gesellschaft, die American Fur Company. Eine ganze Kette von Filialen, von „trading posts", schwebte ihm vor, weit im Westen am Missouri und am Columbia River. Eine Hauptstadt sollte sein Imperium haben, am Columbia sollte sie liegen und nach ihm heißen: „Astoria".

Expeditionen wurden ausgeschickt, eine zu Land und eine zu Wasser. Die Schiffsexpedition erreichte die Mündung des Columbia River und errichtete ein Fort. Dann luden Astors Männer die Salish-Indianer zum Handel. Deren Häuptling fand die Kaufangebote der weißen Männer zu niedrig. Das hatte er kaum gesagt, da schlug ihm einer der Weißen ein Fell um die Ohren.

„Wir geben euch unsere Felle", sagte der Häuptling ungerührt, „wenn ihr uns eure Messer gebt." Das war ein feiner Handel, sofort waren die Weißen einverstanden. Doch ein paar Minuten später waren die meisten von ihnen tot, von den Indianern in Stücke gehackt.

John Jacob in New York war auf dem Weg ins Theater, als er vom Desaster in Astoria hörte. Er ließ sich nicht aufhalten. „Soll ich", fragte er kalt, „zu Hause bleiben und weinen, obwohl nichts zu ändern ist?"

Eine qualvolle Ewigkeit, fast ein Jahr, brauchte John Jacobs Landexpedition, um Astoria zu erreichen. Die Männer hatten als Notproviant ihre Pferde schlachten müssen, einige der Trapper waren beim Überqueren ungezähmter Flüsse ertrunken, wieder andere von Indianern getötet worden. John Jacob brachte das nicht aus der Ruhe. Auch er, als er noch selber reiste, hatte sich der Gefahr ausgesetzt. Ohne Fleiß gab es keinen Preis, ohne Risiko keinen Gewinn, ohne Opfer keinen Sieg.

Die „trading posts" waren bald errichtet. Ganz im Nordwesten hatte John Jacob damit seine Einrichtungen, die weiteres Vermögen bringen sollten. Aber plötzlich verlor er – zum ersten und einzigen Mal.

Denn 1812 war erneut Krieg ausgebrochen, und erneut war England der Feind, und England hatte auch dort Interessen, wo John Jacob gerade sein neues Reich errichten wollte. Seine Agenten mußten der britischen North West Company ein Vermögen überlassen; John Jacob schrieb ein paar sehr böse und sehr fehlerhafte Briefe darüber.

Der Zwischenfall warf ihn nicht um. Nach Kriegsende nahm der Mann, der, wie Petrus Stuyvesant, sehr viel später zum Namensgeber einer Zigarettenmarke wurde, seine blutigen Geschäfte wieder auf. Er half, den sagenhaften „Wilden Westen" des Landes zu erschließen, aber indem er das durch seine Trapper und Agenten tun ließ, dezimierte er nicht nur den Tierbestand, sondern, schlimmer noch, korrumpierte die Indianer. Schnaps ließ er ihnen gegen Felle andrehen, viel Schnaps, je mehr Schnaps es gab, desto billiger wurden die Felle. Ganze Indianervölker verschuldeten sich bei John Jacob, die Winnebago, zum Beispiel, auch die Sac, auch die Fox; das registrierte John Jacob kühl – er würde die Schulden eintreiben.

Auch von Präsident Monroe, denn der hatte sich Geld von John Jacob geliehen. Wenn es ihm nicht angenehm sei, schrieb John Jacob nach Washington an den Präsidenten, die Summe zurückzuzahlen, mache das nichts – John Jacob wußte, daß er sich schadlos halten würde. Er brauchte die Gunst der Politiker – und er erhielt sie. Er hatte im Kongreß seine Leute. Das war manchmal mehr wert als Geld auf der Bank.

1834 hörte John Jacob mit dem von ihm monopolisierten Pelzhandel auf. Inzwischen hatte er Land gekauft, auch und vor allem in New York City, zum Beispiel dort, wo sich heute zwischen der 42. und 46. Straße der Broadway erstreckt. Eden Farm hieß das Stück Land, und das war wirklich eine Farm, denn noch längst nicht hatte die von Süden heranwachsende Stadt die Gegend der heutigen 42. Straße erreicht, und die New Yorker lachten über John Jacob, der sich mitten im agrarischen Nichts engagierte, aber sie lachten, natürlich, zu früh. Erstens hatte er, wie üblich, wenig gezahlt, und zweitens war das Billigland fünfzig Jahre nach seinem Tod für

John Jacob Astor sah früh das große Geschäft mit Grundstücken kommen. Als er die Eden Farm kaufte, lag sie noch mitten im Grünen. Später erstreckte sich hier zwischen der 42. und 46. Straße der Broadway. 1842 bildete das Astor House eine der Sehenswürdigkeiten der Stadt

seine Erben zwanzig Millionen Dollar wert.

Ohnehin war dies eine glänzende Zeit für Grundstücksgeschäfte, denn New York wuchs mit beängstigender Geschwindigkeit. 33 000 Menschen hatten 1790 in der Stadt gewohnt, 1810 waren es schon 96 000 geworden und 1820 gar 124 000 und wiederum zehn Jahre später gab es 202 589 New Yorker – die Stadt war die größte im Lande. Kaum jemand in New York rechnete damit, daß es ähnlich weitergehen würde, aber John Jacob ahnte das künftige Wachstum. Zwei Millionen Dollar investierte er in Grundstücke; das war damals eine fabelhafte Summe. Sie rentierte sich glänzend. Wenn die Stadtverwaltung bei seinen Geschäften Schwierigkeiten machte, kaufte er die Schwierigkeiten weg. Ihm war gleichgültig, wer gerade regierte, er bestach sie alle. Es war ihm gleichgültig, daß er andere Leute ins Unglück stürzte; ein Herz hatte er nur für seine Familie.

70 Jahre war er alt, als er beschloß, ein Hotel zu errichten, aber nicht irgend eines, sondern das feinste Hotel der Welt. 1836 stand es, und es war ein elegantes Hotel mit vornehmen Gästen, sogar der Prince of Wales logierte hier, nur mit der Umgebung stand es nicht sehr fein: Charles Dickens notierte, vom Hoteleingang aus habe er gesehen, wie auf der Straße die Schweine im Müll wühlten.

Das Jahr 1837, als eine schreckliche Depression die Stadt ergriff und Geschäftsleute reihenweise Konkurs machten, segnete John Jacob mit weiterem Reichtum. Ihm fielen neue Grundstücke gleichsam in den Schoß. Vom Unglück gezeichnete Menschen zeigten sich sogar dankbar, wenn John Jacob ihnen Grundstücke für wenig Geld abnahm.

War John Jacob nun, da er vor der Rüste seines Lebens stand und zugleich ein Hungeraufstand die Begüterten beunruhigte, der reichste Mann im Lande? Die „New York Sun" nannte ihn so, aber ihm schmeichelte das nicht. „Einem Mann", sagte er einmal, „der eine Million hat, geht es so gut, als wäre er reich."

Der Mann, der es mit der Orthographie in keiner Sprache hatte, gab Geld für eine öffentliche Bibliothek, aus der die berühmte New York Public Library wurde. Er gab nicht spontan, sondern widerstrebend, erst, nachdem Joseph Green Cogswell, ein Kaufmann, ihn dazu überredete. Cogswell hatte John Jacob, dessen Augen nicht mehr gut waren, an einsamen Abenden vorgelesen und mit dem Reichen über die Unsterblichkeit gesprochen und darüber, daß auch er, John Jacob, etwas tun solle, um doch wenigstens durch eine Stiftung zu überleben. John Jacob leuchtete das nicht gleich ein. Wer, zur Hölle, hatte ihm in seinem Leben etwas geschenkt?

Cogswell drohte, den Alten an den einsamen Abenden nicht mehr zu besuchen; nun gab John Jacob nach. 400 000 Dollar spendete er für die Bibliothek.

Er wohnte am East River und war krank. Er konnte sich nicht mehr bewegen, so daß er, damit sein Kreislauf in Bewegung blieb, in einer Wolldecke geschüttelt wurde.

So traf ihn einer seiner Männer an, die für ihn die Mieten kassierten.

Was mit jener alten Frau sei, fragte John Jacob, die im Mietrückstand sei.

Sie könne nicht zahlen, sagte der Mieteneintreiber.

„Sie muß!", schrie John Jacob, und noch einmal: „Sie muß."

Der Mann ging ratlos zu John Jacobs Sohn, der den Rückstand zahlte und dem Angestellten auftrug, John Jacob zu berichten, die alte Frau habe ihre Schulden beglichen.

„Ich wußte, ich würde an mein Geld kommen", sagte John Jacob, und noch einmal: „Ich wußte es."

Ja, das wußte er immer. Am 29. März 1848 starb er, 85 Jahre alt. Eine New Yorker Karriere war am Ende.

New York war solchen Karrieren günstig wie keine andere Stadt. Es gedieh hier, so schien es, ein besonderer Menschenschlag, besonders vital, be-

Der deutschstämmige William F. Havemeyer war zweimal Bürgermeister von New York. Als er abtrat, sagte ihm niemand Korruption im Amt nach – keine Selbstverständlichkeit für einen Hausherrn in City Hall

herzt, auch rücksichtslos, auch brutal, und die Stadt lernte, solche Menschen zu akzeptieren, mehr noch, sie lernte, die Erfolgstypen zu bewundern. In Europa wären sie Gegenstand des Neides gewesen, des Hasses, politischer Widerstände – nicht in New York. Daß jeder seines Glückes Schmied ist und mithin in erster Linie selbst verantwortlich für sein Schicksal, war im frühen New York immer unumstritten. Wer keine Muskeln hatte oder nicht smart war, der hatte Pech. Es war OK, wie Astor unvorstellbares Vermögen zu machen, es war aber auch OK, zu scheitern und arm zu bleiben, solange nur die Chancen gleich waren. Niemand konnte, als man John Jacob zu Grabe trug, von ihm sagen, irgendein gleichsam unfairer Umstand habe ihm seine Chance erleichtert. Daß er im Geschäft niederträchtig gewesen war, konnte man von ihm sagen, und man konnte ihm nachsagen, im Umgang mit Mensch und Tier gleichermaßen gefühllos gewesen zu sein, aber auch das war alles OK. Viele verhielten sich so. Viele würden noch nach New York kommen – oder waren schon da –, die ähnlich rücksichtslos wie John Jacob ihre Vermögen schufen. Alle waren sie geachtete Bürger, von denen einige die Achtung honorierten, indem sie der Stadt, die sie gewähren ließ, bedeutende Stiftungen vermachten.

Die Zeit, die John Jacob in New York verlebt hatte, umspannt jene Phase, in der sich die künftige Größe der Stadt abzuzeichnen begann. Als Astor starb, bereitete sich ein deutschstämmiger Landsmann, William F. Havemeyer, der mit dem Zukkerhandel reich geworden war, auf seine zweite Amtszeit als Bürgermeister einer Stadt vor, deren Wachstum jedermann staunen machte – welch eine Entwicklung seit der Zeit, zu der vor einer Ewigkeit, nämlich 1789, in der Federal Hall der Kleinstadt der schon wieder zu Tränen gerührte George Washington als erster Präsident der Vereinigten Staaten vereidigt worden war.

Gelbfieber-Epidemien hatte John Jacob miterlebt, die immer wieder grausam umgingen, und er hatte erlebt, daß am East River das erste Dampfschiff vom Stapel lief, die „Fulton the First". Er war Augenzeuge, als 1811 das neue Rathaus gebaut wurde, und John Jacob studierte gewiß mit wachem Sinn einen Plan für die künftige Entwicklung der Stadt, der gerade entworfen worden war, allenthalben verlacht wurde und doch, wie John Jacob fühlte, voller Realität steckte: Ganz Manhattan sollte von einem aus 2028 Straßenblocks bestehenden „gridiron" überzogen werden, einem Netz von Avenuen, die von Süden nach Norden verlaufen und von Straßen, die sich rechtwinklig zu den Avenuen von Ost nach West erstrekken sollten. Jedes Grundstück, so sah der Plan vor, sollte acht Meter breit und 33 Meter tief sein.

Ganz Manhattan dicht bebaut? Aber war nicht noch der größte Teil der Insel nur Farmland und gar Brache? In der Tat, selbst mit dem neumodischen Velociped, dessen Benutzung auf Bürgersteigen und öffentlichen Plätzen gerade streng verboten worden war, hätte man ganze Stunden auf Manhattan verbringen können, ohne das Gefühl zu haben, sich in der Nähe einer Stadt zu befinden.

Dennoch fand John Jacob lauter Indizien dafür, daß er recht daran tat, Grundstücke zu kaufen, und die Entwicklung lieferte ihm schon wieder ein neues Indiz, denn 1825 wurde ein Projekt vollendet, daß New York vollends zur Weltstadt machte.

Das war der Erie Canal, damals der längste Kanal der Welt. Er wurde in verblüffend kurzer Zeit gebaut und verband New York mit den Großen Seen. Bis dahin waren die Güter aus dem reichen Norden den St. Lawrence River hinunter nach Montreal, auf dem Delaware nach Philadelphia oder den Mississippi hinunter nach New Orleans verschifft worden. Nun wurde New York mit dem Erie Canal das wirtschaftliche Zentrum des Landes.

Am 29. Oktober 1814 feierten New Yorker die „Fulton the First", die erste Dampffregatte der Stadt. Sie war kein kommerzieller Erfolg, so daß die legendären Clipper, die schnellen Segelschiffe, auch weiterhin das Bild des Hafens bestimmten

Der Erie Canal erschloß für New Yorks Handel das Binnenland zu Wasser. Bürgermeister De Witt Clinton verfolgte das schwierige Projekt mit eiserner Energie. Es erforderte in kaum erschlossenem Gelände harte Arbeit, die insbesondere von irischen Einwanderern geleistet wurde. Im Oktober 1825 wurde die Vollendung des Kanals im Hafen von New York gefeiert

Der Kanal war ein Kraftakt sondergleichen und ein Beweis für die kommunale Vitalität. Durch die Wildnis des Mohawk Valley mußte der Kanal gebaut werden und durch die Niederungen der Montezuma Marshes. Es gab Zeiten, in denen sich alle Welt über die Beharrlichkeit amüsierte, mit der De Witt Clinton, Bürgermeister New Yorks, seinen „Graben", „Clinton's Ditch", betrieb. Aber er wußte genau, was er wollte.

Am 4. Juli 1817, De Witt Clinton war gerade vom Bürgermeister der Stadt New York zum Gouverneur des Staates New York avanciert, tat er den ersten Spatenstich. 83 Schleusen brauchte der Kanal zwischen Buffalo und der Endstation bei Albany, wo der Kanal in den Hudson führen würde. Schwerstarbeit war nötig, wahre Strapazen waren zu überstehen, Opfer waren zu bringen, denn Malaria ging um, auch Typhus, aber der „Graben" wurde gebaut.

Es traf sich gut, daß gerade die ersten Einwanderer aus Irland nach New York gekommen waren. Iren, vor allem sie, erschufteten den Kanal, dankbar, gleich einen Job gefunden zu haben. Im Oktober 1825 war der Kanal fertig. De Witt Clinton bestieg am Lake Erie die „Seneca Chief" und fuhr die 350 Meilen von Buffalo nach Albany, und dann fuhr er den Hudson hinunter, an Manhattan vorbei, nach Sandy Hook, wo der erste durch Indianer getötete Weiße begraben und längst verfallen war, und dort goß er, denn New York liebte immer auch die schöne Geste, Wasser aus dem Lake Erie in den Atlantik und hielt eine fromme Rede.

Gut möglich, daß sich John Jacob Astor einen Bleistift nahm und rechnete, denn Rechnen konnte der Mann, der das Schreiben nie ganz beherrschte: Drei Wochen hatte es bisher gedauert, Fracht von New York nach Buffalo zu befördern, und 120 Dollar pro Tonne hatte das gekostet. Nun, mit dem Kanal, brauchte man dafür nur mehr acht Tage und sechs Dollar. Kein Zweifel: Das addierte sich zu einem Ergebnis, mit dem John Jacob sehr zufrieden war.

Die erste Große Oper in New York erlebte John Jacob, und mit eher beiläufigem Interesse nahm er davon Kenntnis, daß der Washington Square, das Gebiet also, das bis 1819 als Hinrichtungsstätte und Armenfriedhof gedient hatte, neu angelegt und mit einem schönen Portal versehen worden war. Die ersten Häuser aus Marmor gab es in New York, Reichtum begann zu protzen. Fanny Kemble gastierte in der Stadt, eine Zelebrität aus Londoner Musikhallen, und 1832 erlebte John Jacob, daß Manhattan gleichsam zusammenrückte, denn die New York and Harlem Railroad wurde eingeweiht, eine Pferdebahn.

1837, in dem Jahr, in dem ein gewisser Samuel F.B. Morse, Professor an einer New Yorker Universität, der

Öffentlichkeit seinen Telegraphen-Code vorstellte, war etwa ein Sechstel der Insel Manhattan, was man mit einigem guten Willen „urbanisiert" nennen konnte. Während wirtschaftliche Panik die Stadt erschütterte – nur, natürlich, wie wir gelernt haben, John Jacob nicht –, stürmten Hungernde einige Warenhäuser. Auf eine schlechte Nachricht, denn so war das immer in New York, und das würde immer so bleiben, kam aber auch eine gute: Die „Sirius" lief, aus Europa kommend, im New Yorker Hafen ein, das erste dampfgetriebene Schiff, dem New York am 22. April 1838 einen begeisterten Empfang bereitete, und am nächsten Tag folgte ihm die „Great Western", ebenfalls dampfgetrieben. Eine neue Ära der Seefahrt begann und besiegte das Ende der segelnden Clipper, die bisher aus dem New Yorker Hafen nicht nur ein Bild der Geschäftigkeit, sondern auch eines der Schönheit gemacht hatten.

Fanny Elssler trat im Mai 1840 im Park Theater auf, die Tänzerin begeisterte ihr Publikum, das inzwischen – genau wie heute – einen großen und ständigen Hunger nach europäischer Kunst entwickelt hatte. Ein paar Jahre später, nämlich 1845, brannte es nach einer lodernden Katastrophe, die 1835 Angst und Schrecken verbreitete, schon wieder in der Stadt, der, solange sie existierte, eine leidvoll begründete Hysterie vor Feuer eigen war. Schwer wurde das Zentrum betroffen, nahezu hilflos stand die Feuerwehr vor hell lodernden Häusern; der Schaden war immens, aber wie die New Yorker die Cholera- und Gelbfieber- und Pocken-Epidemien abgewettert hatten, die mit schlimmer Regelmäßigkeit über sie gekommen waren, so überstanden sie auch die verheerenden Brände: Hier war kein weinerlicher Menschenschlag zuhause, nie. Desaster schockierten, aber sie ermutigten die New Yorker immer auch, die Schäden umgehend zu verkraften und mit ungebrochener Vitalität einen neuen, besseren Anfang zu machen.

Im Januar 1849, als die von John Jacob so zögerlich geförderte Astor Library, zehn Monate nach seinem Tode, öffnete, erreichten die Sorgen der Stadt erstmals kritische Ausmaße.

Aus Irland und aus Deutschland, aber auch aus anderen Ländern, kamen Einwanderer in Massen. 515 394 Menschen lebten 1850 in New York – und weitere 150 000 in den Vororten –, aber 1860 drängten sich schon 813 669 allein in der Stadt. Das ging, kein Wunder, nicht ohne Dramen.

Für das „tenement" New Yorks aus der zweiten Hälfte des vorigen Jahrhunderts gibt es keine deutsche Entsprechung, denn mit „Pachtgut, (Pacht-)Grundstück, Besitz, Miet-, Wohnhaus, Mietwohnung, Wohnung", wie es das Englisch-Deutsche Wörterbuch vorschlägt, ist das New Yorker „tenement" jener Zeit nicht

Die berühmte Tänzerin Fanny Elssler trat im Mai 1840 im Park Theater auf und begeisterte das New Yorker Publikum

Vor dem Astor Place Opera House kam es im Mai 1849 zu Unruhen und Schlägereien, weil sich viele New Yorker nicht mit dem Auftritt ausländischer Darsteller abfinden wollten

Die „schwedische Nachtigall" Jenny Lind feierte 1850 im Castle Garden ihr amerikanisches Debut. Der Auftritt der Sopranistin war ein überwältigender Erfolg

Großbrände gehören zur Stadtgeschichte wie Epidemien und Korruption. Auch 1835 wieder wurde New York von einem verheerenden Feuer heimgesucht, das immense Schäden verursachte

übersetzt. „Tenement" – das war New Yorker Hölle; an die „tenements" hatte Goethe gewiß nicht gedacht, als er, 1831, schwärmte: „Amerika, du hast es besser."

Ausgerechnet in der einst feinen Gegend der Lower East Side von Manhattan hatte sich die Hölle gebildet, von den Begüterten verlassen, als der Bevölkerungsdruck auf die Stadt zunahm und jedermann umzog, der es sich leisten konnte. Grundstücksmakler, wahre Halsabschneider, die das in New York auch immer blieben, bemächtigten sich der großen Häuser, machten aus den feinen Domizilen nun Quartiere, in denen für sehr viele Familien Unterkunft war, selbst dunkle Kammern wurden zu „Wohnzimmern", und wo dazu im Garten oder Hinterhof eine Gelegenheit bestand, wurden hölzerne Anbauten errichtet, die, streng genommen, selbst als Viehstall unzumutbar waren. Wo zuvor, in der guten alten Zeit, eine einzige Familie gewohnt hatte, hausten nun zehn, und ihnen wurden horrende Mieten abgepreßt, aber sie zahlten, natürlich zahlten sie – was anderes hätten sie tun sollen in einer Stadt, in der jeder froh sein mußte, ein Dach über dem Kopf zu haben?

Die Gesellschaft gegen die Sklaverei publizierte Traktate, die das Gewissen der Weißen wecken sollten. Hier wird ein Sklave dargestellt, der, aus der Unfreiheit des amerikanischen Südens entlassen, im Norden nur neue Ketten findet

Städtische Kommissionen ermittelten Häuser mit „tenements", in denen es für jeden Bewohner weniger als zwei square yards*) Wohnraum gab. Sie klagten, auf der East Side von Manhattan habe sich ein Gebiet entwickelt, auf dem pro Quadratmeile mehr Menschen als irgendwo sonst auf der Welt lebten, nämlich 290 000. Von Kindern war die Rede, die in fensterlosen Gelassen erstickten. Von einem Keller wurde berichtet, in dem Schweine in „acht bis zehn Ladungen" Mist gehalten wurden. In Zimmern, die diese Bezeichnung nicht verdienten, lebten bis zu fünf Familien mit bis zu zwanzig Personen. Sie zahlten ihrem Hausbesitzer so viel Miete, daß der nach den Gesetzen, die in New York herrschten, eigentlich nichts Besseres tun konnte, als sich möglichst rasch möglichst viele „tenements"-Gebäude zu kaufen: „Tenements" waren eine Goldgrube voll Elend.

Iren hausten in dieser Hölle, Deutsche, osteuropäische Juden, Russen, Skandinavier, Italiener. Morgens, wenn die Menschen aus den nahezu luftlosen, schlimmen Gelassen kamen, wurden auf den Straßen alle möglichen Sprachen gesprochen. Wer einen Job hatte, schlecht bezahlt und unter menschenunwürdigen Umständen, mußte froh sein; viele in New York hatten keinen Job, und wenn sie die Wuchermiete für ihr „tenement" nicht mehr zahlen konnten, wurden sie auf die Straße gesetzt, denn die Vermieter, die Grundstücksmakler und ganz besonders die Mittelsmänner, die vom Hausbesitzer zur Eintreibung der Mieten ausgeschickt wurden, waren alle kleine John Jacobs.

Tausende lebten irgendwo im Freien oder krochen nachts in Hauseingänge. „Street Arabs", nämlich Kinder, die den unerträglichen Zuständen bei ihren Eltern entlaufen waren, machten die Straßen unsicher. Erwachsene, verzweifelt auf der Suche nach irgendeiner Möglichkeit, einen Dollar zu machen, verfielen auf Betrügereien,

*) 1 square yard = 0,836 Quadratmeter

gruben an der Battery ein bißchen Sand aus und verkauften ihn als segenbringende Erde aus dem Heiligen Land, und wenn die Verzweiflung schon übergroß war, dann versoffen sie den Ertrag der „Heiligen Erde" in Kaschemmen, in denen sich abends das schiere menschliche Elend versammelte und glücklich war, wenn es sich wenigstens betrinken konnte, und zwar so betrinken, daß es alles vergaß.

Eine „Blind Man's Alley" gab es, in der blinde Bettler hausten. Jacob A. Riis, ein Journalist, dem Auskünfte über die innere Befindlichkeit der „tenements" zu verdanken sind und der zum Sozialapostel wurde, erfuhr von Daniel Murphy, dem die Häuser gehörten, in welchen die Blinden lebten, daß er 400 000 Dollar an Mieten eingenommen habe. Im hohen Alter konnte Murphy freilich sein infam verdientes Vermögen nicht genießen – er wurde blind.

Es gab Cholera-Epidemien in diesen Vierteln, die schrecklich wüteten. Es gab, natürlich, mehr Kriminalität in diesen Quartieren als irgendwo sonst in der Stadt, wenngleich es auch in den besseren Gegenden mehr und mehr zu Verstößen gegen die Gesetze kam. Täglich gab es menschliche Tragödien in den „tenements", von denen niemand je Kenntnis erhalten hätte, wäre nicht Jacob A. Riis unermüdlich unterwegs gewesen, um die dunklen Wahrheiten per Foto an den Tag zu bringen und über seine Ermittlungen das Buch „How the Other Half Lives" zu schreiben.

Eine der menschlichen Tragödien handelt von einer aus Deutschland eingewanderten Familie; sie bestand aus neun Menschen, dem Mann, der Frau, einer Großmutter und sechs Kindern. Sie lebten in zwei Räumen und bemühten sich um Ordnung. Es war sauber in der Wohnung. Der Mann arbeitete hart, aber er verdiente weniger, als die Miete ausmachte. Da stürzte sich die Frau aus dem Fenster. Sie war tot. Hatte sie noch kürzlich, irgendwo in Deutschland, vom großen Glück in Amerika geträumt?

Und dies war eine der menschlichen Tragödien, die zum Alltag in den „tenements" gehörten: Man fand Antonia Candia, ein kleines Mädchen, tot. Sie war nicht an einer der vielen Krankheiten gestorben, die hier immer umgingen, sondern an Schlägen. „Sie war von Narben bedeckt", hieß es in einem Bericht über die kleine Leiche, „und ihr Haar war verklebt von Blut."

Und dies, schließlich, war eine der menschlichen Tragödien in der Stadt, die im übrigen längst so etwas wie ein Weltwunder war und täglich Besucher aus aller Herren Länder sah, die sich über das stürmisch wachsende New York gar nicht genug wundern konnten: Edward Mulhearn war seinen Eltern aus New Jersey davongelaufen. Er war vierzehn und hoffte, wie so viele, auf Glück in New York, von dem er gehört hatte, daß in ihm Wunder geschahen. Er fiel David Smith in die Hände, der ihn lehrte, Frauen die Handtaschen zu stehlen. Dann verbrannte Smith die Arme des Jungen mit einem Eisen, tat Säure in die Wunden, schickte den Jungen zum Betteln und drohte ihm mit neuen Verbrennungen, wenn er nicht genügend Geld abliefere.

Die Bewohner der „tenements" schufteten in „sweat shops", und diese Bezeichnung verdienten sich die Kleinbetriebe, denn der Schweiß, vollends in den feuchtheißen Sommermonaten, rann den Menschen vom Körper, die viel härter zu arbeiten hatten, als man das im frühen New York je einem Sklaven abverlangt hatte. Zwar, Kinderarbeit war verboten, aber natürlich gab es Kinderarbeit, es gab sie massenhaft, und wenn irgendwo ein Polizist oder ein Inspektor der Behörden einen solchen Arbeitgeber erwischte, wechselten ein paar Dollar den Besitzer, und die Sache war erledigt.

„Mein Gott", so hieß es im „Lied des Hemdes", das man in den „tenements" sang, „mein Gott, wie kommt es, daß Brot so teuer ist und Fleisch und Blut so billig?" Vor allem für die

Eine der ersten Freilichtaufnahmen machte der Franzose Victor Prevost etwa 1853 in New York. Das Haus zeigt, daß aggressive Reklame schon immer Heimrecht am Hudson hatte. In solchen Fabriken galten rauhe Arbeitsgesetze. Kinderarbeit – nicht nur bei der Zwirnherstellung – war verbreitet

Frauen in den Elendsquartieren war dieses Lied geschrieben, vor allem für die jungen Frauen, die sich bei allem Elend nicht zur Prostitution hergaben.

Von einer jungen Frau berichtete Jacob A. Riis, die allein lebte und wochenlang in New York nach einem Job suchte, aber sie fand keinen, nur Hure hätte sie werden können. Sie brachte sich um. Ihr letzter Tag war regnerisch. „Ich hätte", schrieb sie, „jede anständige Arbeit angenommen". Ein paar Tage darauf ging eine andere Frau aus dem Leben. Sie hinterließ die Bitte: „Singt an meinem Sarg: ‚Wo findet die Seele Heimat und Ruhe?'."

Hunderttausende sind durch die Hölle der „tenements" gegangen. Gewiß sind manche in ihnen zerbrochen, aber die meisten fanden den Ausgang. Zu den Wundern New Yorks gehört, daß sie, die in der Qual der „tenements" litten, nicht versanken, sondern genau nach dem Prinzip lebten, das New York – und die Vereinigten Staaten – groß machte: Daß man nämlich nicht aufgeben darf. Daß man nicht aufhören darf, nach einer Chance zu suchen. Vor allem: Daß man nicht auf fremde Hilfe hoffen darf.

„You are on your own" – das hatten die Menschen in den „tenements" früh begriffen. Die weitaus meisten von ihnen verließen eines Tages die Elendsquartiere und gründeten, wenn schon nicht strahlende, so doch zumindest gute amerikanische Karrieren, und die waren stets mehr, als der Rest der Welt zu bieten hatte.

William Marcy Tweed kannte die „tenements". Er war am 3. April 1823 am Cherry Hill, etwa in der Mitte zwischen East River und dem Rathaus, geboren worden. Sein Vater war ein braver Handwerker, Stühle stellte er her und besaß einen Anteil an einer Bürstenmanufaktur. Sein Sohn William, den ein paar Jahrzehnte später jedermann in New York „Boss" nennen würde, wurde, als er herangewachsen war, Mitglied der Feuerwehr, wurde gar Führer einer Feuerwehr-Einheit, die „Americus Engine Company 6" hieß und sich stolz „Big Six" nannte, fand Gefallen an der Führung von Menschen, ließ sich bei einer Ratsherrenwahl aufstellen und gewann, ließ sich hier bestechen und fällte da eine Entscheidung so, daß ihm dankbare Bürger ein paar Scheine zusteckten, und dann wurde er sogar nach Washington in den Kongreß gewählt, aber das gefiel dem Boss nicht, Washington war zu langweilig.

Er kam zurück nach New York und ging zur Tammany Hall. Das war eine alte, schon 1767 gegründete, nach

Tammenand, einem Delaware-Indianer, benannte demokratische Organisation, deren Anliegen es damals gewesen war, den Einfluß der Aristokratie aufzuwiegen. „Das Lächeln der helfenden Güte" stand auf dem Programm der Tammany Hall, „die Kette der Freundschaft und die Flamme der Freiheit". Seither aber war Tammany Hall zu einer etwas anrüchigen Organisation der Demokraten verkommen, welche die politische Korruption zwar nicht erfunden, aber doch zu neuen Höhen geführt hatte. Mit Hilfe der Tammany Hall ließ sich Tweed erneut in die Stadtverwaltung wählen, viermal wurde er Präsident der Finanzaufsichtsbehörde – und da war er richtig.

Boss Tweed machte die politische Korruption zum Lebensinhalt, und niemand war dabei erfolgreicher als er. Wer etwas von den Finanzaufsehern wollte, hatte von vornherein 15 Prozent jener Summe zu zahlen, um die es ging, das läpperte sich. Als die Harlem Hall in eine Kirche verwandelt werden sollte, kaufte der Boss 300 der dort stehenden Bänke für je fünf Dollar, veräußerte siebzehn zum Selbstkostenpreis an einen Freund, denn der Boss konnte ein sehr guter Freund sein, und dann verkaufte er die übrigen Bänke zum Stückpreis von 600 Dollar an die Stadt zurück. Einen Tag hatte das Geschäft gedauert, und als Boss Tweed abends schlafen ging, war er immerhin um 169 800 Dollar reicher.

Er wurde Drucker, und seine Druckerei besorgte alle einschlägigen Arbeiten für die Stadt, und wer mit der Stadt Geschäfte zu machen hatte, tat gut daran, ebenfalls bei Boss Tweed drucken zu lassen. Er beteiligte sich an einer Marmorfabrik, die dann zu horrenden Preisen das Gestein für das Gerichtsgebäude lieferte, das in Manhattan zu bauen war. Er wurde Mitglied des städtischen Straßenaufsichtsamtes, das tausende von Jobs zu vergeben hatte. Er vergab sie, erkaufte sich dadurch dankbare Unterstützung und schuf sich eine politische

William Marcy Tweed, den jeder in der Stadt als den „Boss" kannte, führte die Korruption auf selbst für New York City ungeahnte Höhen. Er begann seine ungewöhnliche Karriere als Chef einer Feuerwehreinheit

Armee, die, wie sich zeigen würde, lange Zeit unschlagbar war.

Boss Tweed hätte Bürgermeister von New York werden können, aber daran lag ihm nicht. Er hatte „seinen" Bürgermeister längst unter Kontrolle. Der hieß Abraham Oakey Hall, wurde „The Elegant Oakey" genannt, trug in seinem Wappen den Spruch „Das Glück begünstigt den Mutigen", und gehörte den feinsten Clubs an, aber auch der Organisation, die in Wirklichkeit die Stadt regierte: dem „Tweed Ring", einer nie formell etablierten Gruppe von politischen Gangstern, die sich daran machten, New York auszubeuten.

Boss Tweed wurde zum drittgrößten Grundbesitzer in New York, aber nicht ein Dollar, den er investierte, war sauber. Längst war die Stadt voll von Geschichten über Tweeds unerträgliche Umtriebe, aber wann immer ihn jemand empört zur Rede stellte,

Abraham Oakey Hall war Bürgermeister der Stadt, als sie in Wirklichkeit von Boss Tweed und seinem „ring" regiert wurde

sagte der Boss gelassen: „Well, what are you going to do about it?"

„Mit wenigen Ausnahmen sind die Stadtverwaltungen in den Vereinigten Staaten die miserabelsten in der ganzen Christenheit", hatte schon Andrew D. White, der Gründungspräsident der renommierten Cornell University, gesagt, und: „Sie sind die teuersten, die unfähigsten, die korruptesten", und das galt gewiß auch für manche der Verwaltungen, die New York schon überstanden hatte und noch würde überstehen müssen, Boss Tweed aber übertraf sie alle.

Seine Armee waren die europäischen Einwanderer. Sobald sie in der Stadt ankamen, war jemand von Tweeds Tammany Hall mit einer warmen Suppe, mit einem guten Wort mit dem „Lächeln der helfenden Güte" und mit der Einladung da, gute Freunde in Tammany Hall zu besuchen – das tat den Menschen gut, die in der fremden großen Stadt jäh ihre Wurzellosigkeit und ihre Hilfsbedürftigkeit empfanden. Sie fühlten sich wohl in Tweeds Tammany Hall, wo viele Fahnen ihnen das Gefühl gaben, vom neuen Vaterland aufgenommen zu werden. Es kostete den Boss kaum etwas, sich der Solidarität jener zu versichern, die er künftig als Stimmvieh brauchen würde; das waren Geschäftsausgaben, die nicht ins Gewicht fielen.

Jene großen Geschäfte fielen ins Gewicht, deren Publizität Boss Tweed verhinderte, indem er regelmäßig die Reporter der New Yorker Tageszeitungen mit Schweigegeldern versorgte. „Tammany Hall", wetterte Mark Twain in seiner New Yorker Zeit, „hat immer gelogen, betrogen, gestohlen und geraubt. Nie war ein Versprechen, eine Zusage, ein Kontrakt, der vom Boss kam, das Papier wert, auf dem er stand – oder den stinkenden Atem, mit dem die Zusage gegeben wurde."

Aber das stimmte nicht, so redlich die Kritik auch gemeint war. Boss Tweed stand zu seinem Wort. Er war von nie erlebter korrupter Aufrichtigkeit. Wenn er jemandem einen Job in der Stadtverwaltung versprach, dann erhielt der Mann den Job. Wenn er 15 Prozent Schmiergeld verlangte, dann meinte er 15 Prozent – und nicht mehr. Wenn er Geschäftsleuten sagte, er könne etwas für sie tun, dann überließ er es nicht deren Takt, etwas für ihn zu tun, sondern er sagte unverhohlen, was er erwartete, und wenn ein dummer Geschäftsmann die Ehre ins Spiel brachte und dem Boss drohte, dann sagte er sein: „Well, what are you going to do about it?"

Die Justiz hatte Boss Tweed ebenso unter Kontrolle wie die Polizei; sein System war wasserdicht. Daß die Bordelle den Polizisten 600 Dollar pro Woche Schweigegeld zahlten, fand der Boss in Ordnung: „Let the boys have a piece of the action."

Er war ein Lump mit Herz. Als New York einen bitter kalten Winter erlebte, kaufte Boss Tweed für 50 000 Dollar Lebensmittel und ließ sie in der Stadt verteilen. Er setzte sich dafür ein, daß die „Gesellschaft zur Unterstützung armer Witwen" zu vernünftigen Bedingungen an ein Grundstück kam. Er hatte eine väterliche Hand bei der Bemühung, ein Waisenhaus zu gründen. Als man in Buffalo ein Asyl für geistig Behinderte brauchte, half Boss Tweed, und auch das Mount Sinai Hospital in Manhattan konnte sich auf seine Hilfe verlassen.

Je sicherer Boss Tweed war, je unanfechtbarer, je dichter das System des „Tweed Ring", desto unverschämter wurde er. Als ihm ein Geschäftsmann, der elektrische Feuermelder für die Stadt liefern wollte, sagte, die Anlagen würden 60 000 Dollar kosten, fragte der Boss ungeniert: „Wenn wir Ihnen einen Kontrakt für 450 000 Dollar besorgen, geben Sie uns dann 225 000?" Natürlich gab der Geschäftsmann die 225 000 – wer ließ sich eine solche Chance entgehen, ausgerechnet in New York, wo es Ungezählte gab, die sich eine solche Chance sehnlich wünschten?

Gelegentlich reichte es nicht, nur die Reporter zu bestechen, die von den

Zuständen um den Boss wußten; dann wurden ganze Verlage bestochen. Ihnen wurden Anzeigen zugeschanzt, das wirkte: Kaum eine andere Stadtverwaltung wurde in den Zeitungen so wenig kritisiert wie die von Boss Tweed kontrollierte.

Wo immer die Stadt New York tätig wurde, verdienten Boss Tweed und sein Ring. Wo Straßenlaternen aufgestellt, Straßen gebaut, Kanalisationen installiert, öffentliche Gebäude errichtet wurden – Boss Tweed war mit 15 Prozent dabei. Ein eher unscheinbares Gerichtsgebäude, das zu seiner Zeit entstand, kostete das Vierfache dessen, was man in London für das großartige Parlamentsgebäude ausgegeben hatte und beinahe doppelt so viel wie das riesige Alaska: „Besen: 41 190,95 Dollar" würde später auf einer der Rechnungen für das Haus ste-

Um den Central Park anlegen zu können, mußte die Stadt viele Menschen umsiedeln, die sich auf dem Gelände primitive Hütten gebaut hatten und Schafe, Ziegen und Hühner hielten. Zunächst drohten die „squatter" mit Widerstand, aber dann ließen sie die Räumung doch zu

hen, in dem Recht gesprochen werden sollte. Für elf Thermometer waren 7500 Dollar bezahlt worden. Für einen einzigen Arbeitsplatz, den der Heizungsaufsicht, hatte der Ring 32 Männer angestellt, und so viele Teppiche waren für das Gerichtsgebäude bezahlt worden, daß man damit einen Weg von New York nach New Haven in Connecticut hätte belegen können.

Der Skandal war offenkundig, aber: „Well, what are you going to do about it?" Abzuwählen war Boss Tweed nicht, denn nie hatte er es versäumt, seine Wahlarmee immer weiter zu verstärken. Auch der Wahlaufsichtsbeamten hatte er sich versichert, sie also bestochen, so daß einer von ihnen, als er auf sein Amt vereidigt wurde, vorsichtshalber statt auf die Bibel auf ein Buch schwor, das „Eine neue Methode, in Wort und Schrift Französisch zu lernen" hieß und von einem gewissen Ollendorf stammte.

Der Teufel war los an Wahltagen. Ganze Horden heruntergekommener Gestalten zogen durch die Straßen und wählten immer noch einmal den Boss und die Männer seines Vertrauens; wer fleißig war, konnte es auf zwanzig Stimmabgaben bringen. Wo Wahlaufseher einzuschreiten versuchten, erschienen Totschläger. Um ganz sicher zu sein, veranlaßte Boss Tweed, daß vor dem Wahltag Tausende neuer Einwanderer zu amerikanischen Staatsbürgern gemacht wurden. Die Richter McCunn und Barnard unterwarfen sich dem, und so wurden aus Ausländern wahlberechtigte Amerikaner, „und zwar", wie ein Zeitgenosse hinterließ, „etwa mit der Feierlichkeit, mit der in einem Schlachthof Koteletts aus einem Schwein werden".

An einem einzigen Tag schwor Richter McCunn 2109 neue Stimmbürger für den Boss ein, und alles wurde penibel auf Formularen notiert, die aus Tweeds Druckereien kamen. Nach der Wahl teilte Bürgermeister Oakey Hall feierlich mit, daß es zu keinerlei Unregelmäßigkeiten gekommen sei. Tatsächlich waren acht Prozent mehr Stimmen abgegeben worden, als New York Einwohner hatte.

Auch in Albany, dem Regierungssitz des Staates New York, war Boss Tweed präsent. Als die Finanzgiganten Vanderbilt, Jay Gould und Daniel Drew um die Erie Railroad kämpften, ließ sich der Boss in drei Monaten mit einer sechsstelligen Dollarsumme schmieren, dann ging er in den Americus Club – Präsident: Boss Tweed – und ruhte sich ein wenig aus.

Der Americus Club war einer der vornehmsten „country clubs" im Lande. Er lag in Indian Harbor in Connecticut auf einem Kliff, von dem aus man einen wunderschönen Blick auf den Long Island Sound hatte. Alles im Club war vom Feinsten, auch die Mitgliedschaft, die auf 100 Personen begrenzt war. Im Wasser dümpelte „The Wm. M. Tweed", der Stolz des reichen Clubs, eine Dampfyacht, ein schwimmender Palast mit edelsten Orientteppichen, einer Bibliothek, schwerem Tafelsilber, einer Crew von zwölf Mann und, wenn es eine Party gab, einem Orchester.

Aber nein, Boss Tweed war, wenn er sich behaglich auf der Dampfyacht räkelte und seine Situation bedachte, so unverwundbar nicht, wie es den Anschein hatte. Die Presse bedrohte ihn, ausgerechnet die Presse, die zu schmieren und friedlich zu halten er sich so einsichtig und geduldig bemüht hatte. Die „New York Times" veröffentlichte Beweise für Tweeds korrupte Husarenstreiche, und, was viel schlimmer war, in „Harper's Weekly" zeichnete ein gewisser Thomas Nast böse Karikaturen, die Boss Tweed als politischen Gangster entlarvten. „Ich pfeife auf die Zeitungsartikel", sagte der Boss, „denn meine Wählerschaft kann sowieso nicht lesen, aber die widerlichen Zeichnungen können sie verstehen."

So war es. Ein Karikaturist war der Anfang vom Ende des Ringes, der sich so sicher wähnte. Einen letzten Versuch machte der Boss noch: 500 000 Dollar wurden dem deutschstämmigen Thomas Nast geboten, wenn er New York verlassen und in Europa ein bißchen die Künste studieren würde, aber Nast lehnte ab und strichelte weiter in „Harper's Weekly", und auch die „New York Times" ließ sich nicht bestechen.

Der Boss stürzte schrecklich lange und schrecklich tief. Zu zwölf Jahren Gefängnis wurde er verurteilt und zu einer grotesken Geldstrafe von 12 750 Dollar. Er floh aus der Haft, begab sich ins benachbarte New Jersey, nach Florida und Kuba und schließlich, getarnt als Seemann, nach Spanien, wo man ihn fing und nach New York zurückschickte und ihn ordnungsgemäß nach seinem Beruf befragte, als man ihn wieder einsperren wollte: „Staatsmann", sagte der Boss.

Er starb an Lungenentzündung. Seine Familie, die er über alles geliebt hatte, bettete ihn in einen Sarg, der mit weißem Lammfell ausgeschlagen war, dem Symbol der Unschuld.

Als Boss Tweed längst unter der Erde lag, hatte New York endlich wenigstens annähernd eine Vorstellung von der Geldmenge, um die Boss Tweed und sein Ring die Stadt betrogen hatten: 220 Millionen Dollar, zehnmal mehr, als John Jacob Astor an seinem Todestag wert war.

John Jacob Astor und die Qualen in den „tenements", Boss Tweed und der Triumph des Cornelius Vanderbilt, der zwölf Eisenbahnen zur mächtigen „Grand Central" vereinigte, stille Dramen neu eingewanderter Bürger und die erste transkontinentale Zugverbindung von New York nach San Francisco, die 1876 entstand und 83 Stunden und 43 Minuten brauchte – alles war im New York des 19. Jahrhunderts möglich, und zwar alles gleichzeitig. Nie gab es in dieser Stadt nur eine Wahrheit, es gab in ihr immer alle Wahrheiten. Es gab hochkultivierte Soirées an der Fifth Avenue und ein paar Kilometer weiter, wo einmal der Central Park entstehen würde, gab es Squatter, die in zusammengebastelten Holzbuden lebten und ein paar Ziegen oder Schweine weideten. Es gab das Latting Observatory, ein himmelwärts gebautes Monstrum, und es gab Amerikas erste Weltausstellung im Kristallpalast von New York. Es gab, das war 1857, schon wieder eine jener schweren wirtschaftlichen Depressionen, an die sich die New Yorker ebenso gewöhnt hatten wie an Epidemien, und im Süden der Stadt, wo einmal alles begonnen hatte und 250 Jahre zuvor die ersten primitiven Häuser der holländischen Siedler und Fellhändler entstanden waren, wurde aus dem Ausflugsziel Castle Garden ein Durchgangslager für Einwanderer, denn immer noch strömten aus aller Herren Länder die Menschen in diese Stadt, deren Name längst und trotz allem eine Legende war und immer bleiben würde.

Und dann, 1861, gab es Krieg – Bürgerkrieg.

Der Crystal Palace war Schauplatz der ersten Weltausstellung in New York, die ein finanzielles Desaster wurde: Die erwartete Zahl der Besucher wurde bei weitem nicht erreicht. Links neben dem Palace steht das Latting Observatory, das später in Flammen aufging

13. Oktober 1857 um 2.30 Uhr nachmittags an der Wall Street: Eine Panik ist unter Spekulanten ausgebrochen. Sie war nicht die erste und nicht die letzte im Börsenviertel der Stadt, die sich anschickte, die Weltmetropole des Handels zu werden

Das Neue ist verurteilt wie das Alte

Die Schwarzen in New York City gewannen nicht viel, als 1827 die Sklaverei offiziell beendet wurde. Sie waren nun „frei", aber kaum jemand beschäftigte sie, denn es gab genügend weiße Arbeitskraft, und kaum jemand wollte Nachbar eines Schwarzen sein.

Als es über die Sklavenfrage zum amerikanischen Bürgerkrieg kam, erlebte New York dramatische Tage: Vor allem eingewanderte Iren empörten sich darüber, ausgerechnet für die Befreiung der verhaßten „niggers" in den Krieg geschickt zu werden; sie entfachten einen blutigen Aufstand, in dem annähernd tausend Menschen starben. New York war schockiert, aber nicht gebrochen. Der Aufstieg der Stadt zog sich trotz aller Rückschläge durch das Jahrhundert, in dem sich New York City endgültig als Weltstadt etablierte

An der oberen Fifth Avenue war 1893, als dieses Foto entstand, noch nichts davon zu spüren, daß sie einmal als das Glanzstück der Stadt gelten würde. Nur etwa zwanzig Straßenblocks trennen diesen Teil der Avenue von jenem, in dem heute das reiche New York wohnt

Den Slum an der Mulberry Bend nannte man gegen Ende des 19. Jahrhunderts nur „Bandits' Roost", den „Platz der Banditen". Kriminalität und Verfall waren kaum irgendwo weiter verbreitet als hier, Mord und Totschlag galten als nahezu alltägliche Vorgänge

Der Broadway hatte streckenweise schon 1875 großstädtischen Charakter. Ursprünglich war er ein Pfad der auf Manhattan lebenden Indianer, der weit nach Norden ins Land führte. Das Bild macht deutlich, daß es auf dem Broadway auch mit einer Pferdestärke schon jenes Gedränge gab, das heute die PS-starken Autos verursachen

Jacob A. Riis, der wie kein anderer die Zustände in den Elendsquartieren, den „tenements", untersuchte und anprangerte, interviewte und fotografierte diesen Einwanderer, der ihm gestand, seit vier Jahren in diesem Keller zu hausen. Jeden Morgen wieder suchte der Mann in der Stadt seine Chance

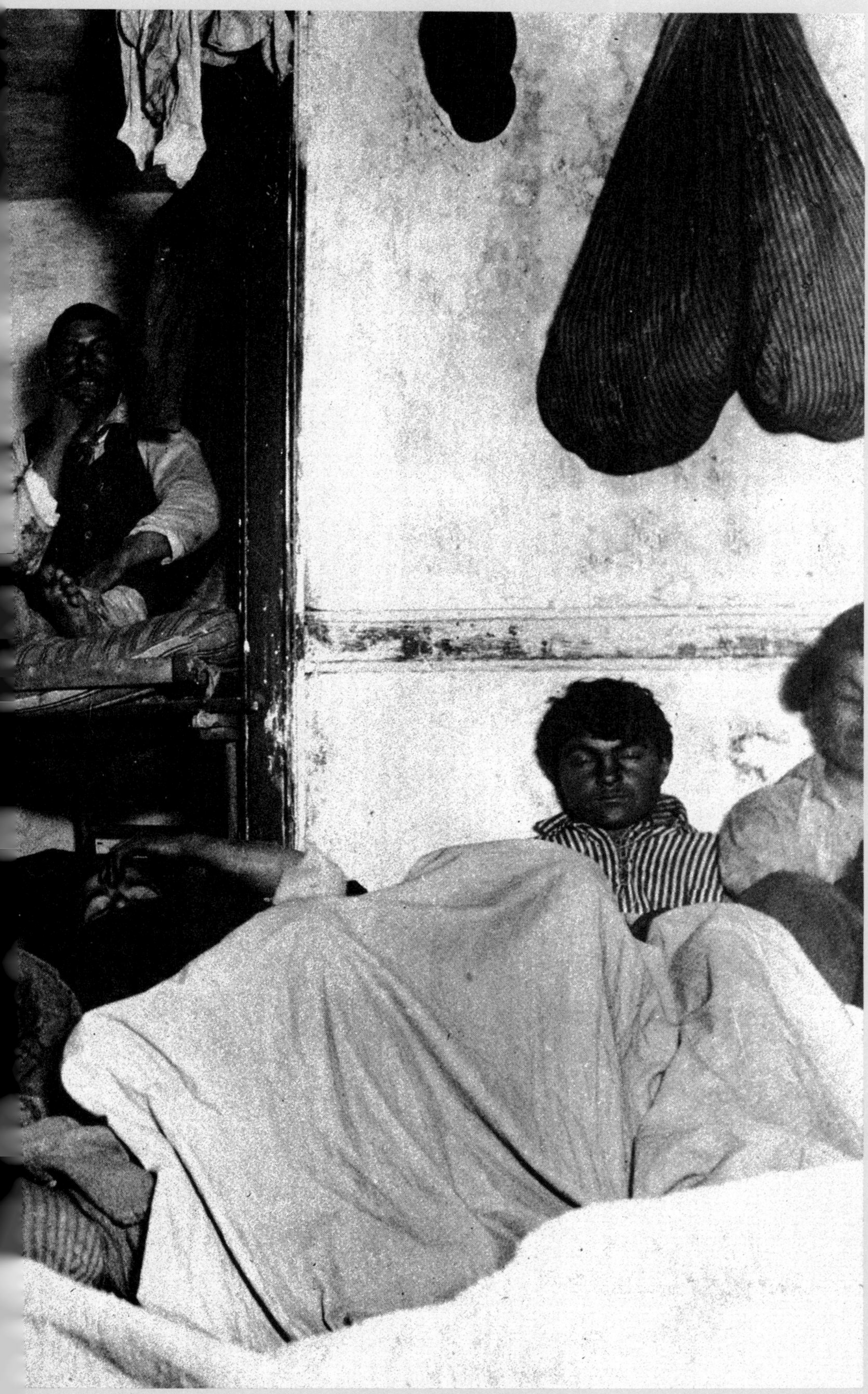

In den Quartieren glückloserer Einwanderer herrschte bedrückende Enge. Große Familien hausten in winzigen Räumen, und wer allein war, kroch als „lodger" unter. Diese Schlafgäste, die ihr Glück in New York suchten, zahlten pro Nacht fünf Cent für die Liegestatt

Wer es nur eben konnte, verließ an heißen Sommertagen die stickigen Häuser und suchte Kühle auf den Straßen. In der Hester Street, wie in vielen anderen, waren nahezu alle Sprachen Europas zu hören. Die überfüllten Wohnungen waren immer auch Krankheitsherde. Auf den Dächern standen luftige Zelte, in denen man der Tuberkulose zu entgehen hoffte, die viele Opfer forderte

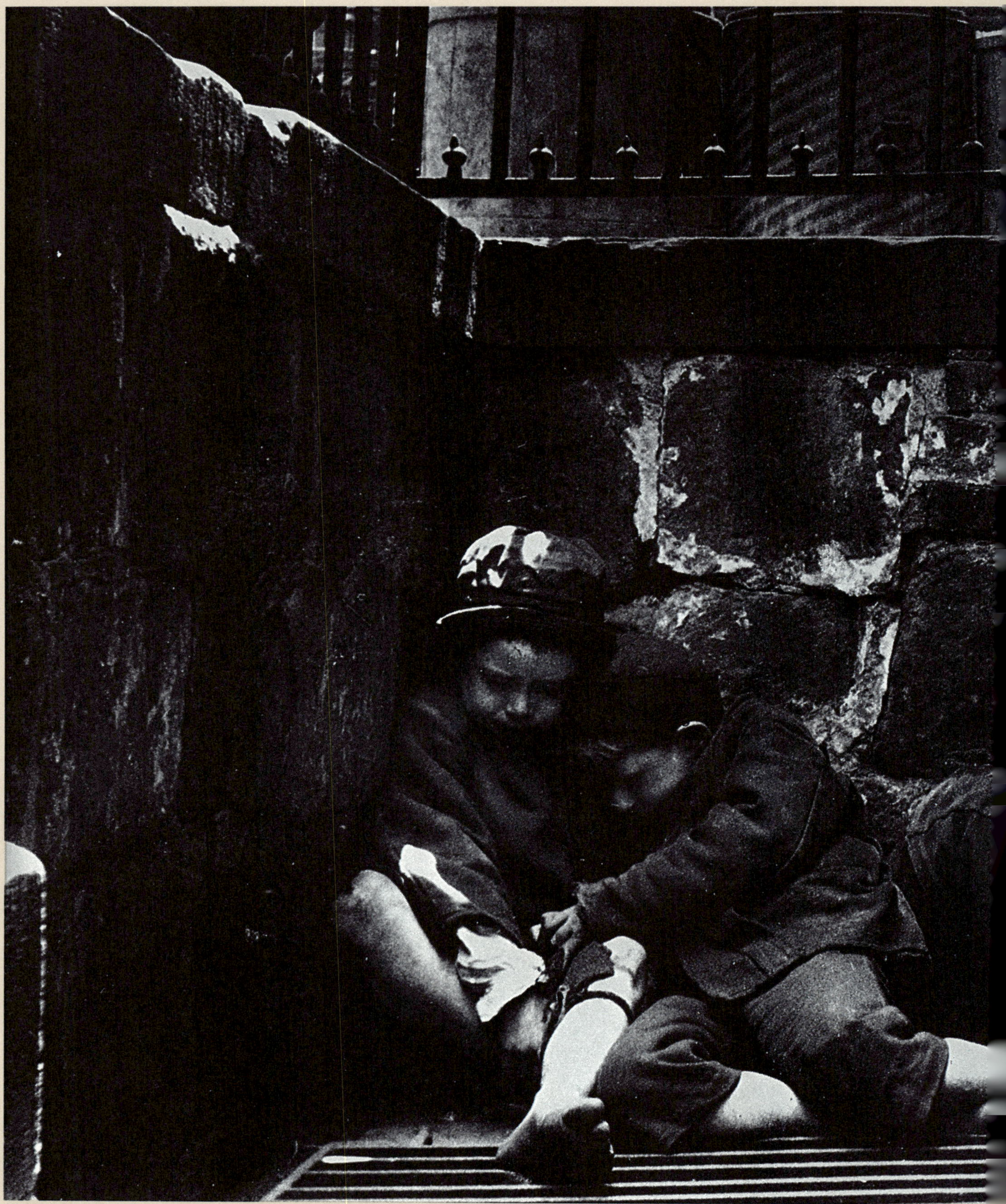

Niemand zählte im ausgehenden 19. Jahrhundert die eltern- und obdachlosen Kinder der Stadt, die man die „street Arabs" nannte. Manche von ihnen verdienten sich ihren Lebensunterhalt als Zeitungsverkäufer, andere stahlen, was sie zum Überleben brauchten. Menschliche Wärme fanden sie nur, wenn sie sich in Hinterhöfen oder Kellernischen gemeinsam schlafen legten

Zuerst war Bedloe's Island die Empfangsstation der Einwanderer, dann wurde es Castle Garden am Südende Manhattans und schließlich Ellis Island. Dort, in der Speisehalle, aßen viele Einwanderer zum ersten Mal nach langer Zeit wieder eine richtige Mahlzeit, ehe sie die Insel verließen und das Abenteuer Amerika für sie begann

Auf dem Dach eines der Häuser von Ellis Island hatten die Behörden einen Kinderspielplatz eingerichtet. Man stellte den Kleinen Spielzeug zur Verfügung, erteilte aber auch schon spielerisch patriotischen Unterricht: Das Sternenbanner sollte sich den neuen Amerikanern früh einprägen

Erstaunlich viele Menschen fanden den Weg aus der vermeintlichen Aussichtslosigkeit der Slums und gründeten eigene Existenzen. In der Hudson Street stellten sich 1865 Inhaber und Angestellte der Handwerksbetriebe zu diesem Foto auf. Lärmende Reklame gehörte auch damals schon zu den Kennzeichen der Stadt

RTS, DRAWERS, OVER-ALLS &c.
RSE, CART & TRUCK COVERS.
UTCALT,
PENTER.
5
5
LEONARD RING.
Established 1818.
PAIN
CARPENTERS SHOP
HOUSE & SIGN PAINTI
SIGN PAINTING
HOUSE PAINTING
SIGNS.
5
HOUSE PAINTING
PEAKE.
Commission DRUGGIS
SAMPLE ROOM
MBING.

1865 malte John Bachman diesen „Wintertag im Central Park". Als der Park angelegt wurde, war die Stadt noch kaum bis an seinen südlichen Rand herangewachsen. Als er fertig war, so ein Zeitgenosse, „war aus einem unansehnlichen, ja häßlichen Stück Land ein wunderschöner Park geworden, der den Charme eines göttlichen Geschenks hat"

BRANDIES
39

In der Greenwich Street führte der Erfinder Charles T. Harvey 1867 auf einer Versuchsstrecke eine revolutionäre Neuerung vor: die „elevated", eine Hochbahn, die bald ganze Avenuen überspannte, ehe sie der Untergrundbahn weichen mußte

Seit 1808 war die Einfuhr von Sklaven offiziell verboten. Gewiß spielten dabei auch moralische Gründe eine Rolle, aber Tatsache war, daß es, zumindest im Norden der Vereinigten Staaten, also auch in New York, keinen rechten Bedarf mehr an Sklaven gab. Es standen ausreichend weiße Arbeitskräfte zur Verfügung, und täglich kamen neue, die, kaum in der Stadt, die Schwarzen für drittklassig hielten und ihnen ihre Daseinsberechtigung in Amerika absprachen. Im Wettbewerb der Unterprivilegierten um Arbeitsplätze vertiefte sich der früh angelegte erbitterte, haßerfüllte Kampf zwischen Weißen und Schwarzen, der immer wieder zu Schlägereien und bösartigen Überfällen ausartete; in der Regel waren die Schwarzen die Verlierer.

Sie hatten auch, genau besehen, durch die Aufhebung der Sklaverei, die in New York am 4. Juli 1827 Gesetzeskraft erhielt, nicht viel gewonnen. Als Sklaven hatten sie Handwerke gelernt, die sie, nun „frei", nicht ausüben konnten, weil kaum jemand sie einstellte. Sie durften die Gegenden verlassen, in denen sie als Sklaven gehaust hatten, aber die meisten Viertel der Stadt blieben ihnen verschlossen. Nach den schönen Worten eines Gouverneurs sollten „alle Menschen, die in unserem Staat leben, nach Gottes Willen frei und gleich sein", aber das war politischer Qualm: Die Schwarzen wurden allenfalls formal frei, gleich waren sie nur, wenn sie unter sich waren, und dafür wurde gesorgt, indem man sie auf bestimmte Wohngegenden beschränkte, auf Slums, auf Gettos.

Das Sentiment der unteren weißen Klassen in New York war eindeutig rassistisch, und die oberen Klassen verhielten sich nicht wesentlich anders. Sie hatten ein großes Interesse am Fortbestand und am Ausbau der Baumwollplantagen in den Südstaaten, die nur durch Sklavenarbeit existieren und prosperieren konnten. Mit mehr als 200 Millionen Dollar waren New Yorker Geschäftsleute engagiert, um das mit der Sklavenarbeit unauflöslich verbundene Baumwollgeschäft im Süden zu stützen – mit diesen Geschäftsleuten war über Moral oder Unmoral der Sklaverei nicht zu reden. New York, sagten sie, müßte im Streit um die Sklaverei mindestens neutral bleiben, besser aber die Sklavenhalter im Süden unterstützen, denn sonst bestünde die Gefahr, daß New York seine ergiebige Geldquelle als Umschlaghafen verlieren könne. Ein Boykott des Hafens durch die Südstaaten, sagten sie, und damit ein veritables Desaster, wäre zu befürchten, wenn New York im Streit um die Sklavenfrage gegen den Süden Partei ergreifen würde.

Dennoch spitzte sich der Streit zwischen dem Norden und dem Süden zu.

Abraham Lincoln, ein großer Verfechter der Sklavenbefreiung, wurde am 6. November 1860 zum neuen US-Präsidenten gewählt. Im Dezember erklärte der Staat South Carolina, eine der Hochburgen der Sklaverei, „die Union, die zwischen South Carolina und den anderen Staaten unter der Bezeichnung ‚Die Vereinigten Staaten von Amerika' besteht, ist hiermit aufgelöst" – die Sezession war da.

Aufregung ging um in New York. Banker fürchteten um ihre südstaatlichen Interessen, Liberale gingen dagegen für die Union auf Barrikaden. Gewissenlose Händler frachteten gegen Vorauskasse jede Menge Waffen und Munition in die Südstaaten, Patrioten forderten Krieg gegen den Süden. Auch New Yorks Bürgermeister Fernando Wood empfahl dem Stadtrat, man solle sich von der Union trennen und eine Freie Stadt nach dem Beispiel der europäischen Hanse werden, die, ob nun Krieg oder nicht, mit jedermann Handel treiben könne. „Tri-Insula" sollte der aus Profitgier geborene Wechselbalg heißen, schlug der Bürgermeister vor, und New York, so fand er, müsse, Patriotismus hin und Patriotismus her, vor allem an sich denken.

Aber daraus wurde nichts. Als am 12. April 1861 in Fort Sumter in South Carolina die ersten Schüsse fielen, war auch New York im Bürgerkrieg der Nord- gegen die Südstaaten.

Schwarze meldeten sich im Norden freiwillig zu den Waffen, aber man wies sie zurück; erst sehr viel später gab es die ersten schwarzen Einhei-

So sah John Bachman 1866 die Stadt vom Westufer des Hudson River. Diesseits, auf den Elysian Fields in Hoboken, wird Baseball gespielt. Zum Baseball hat New York eine besonders innige Beziehung: Die heute gültige Spielart entstand hier um die Mitte des 19. Jahrhunderts

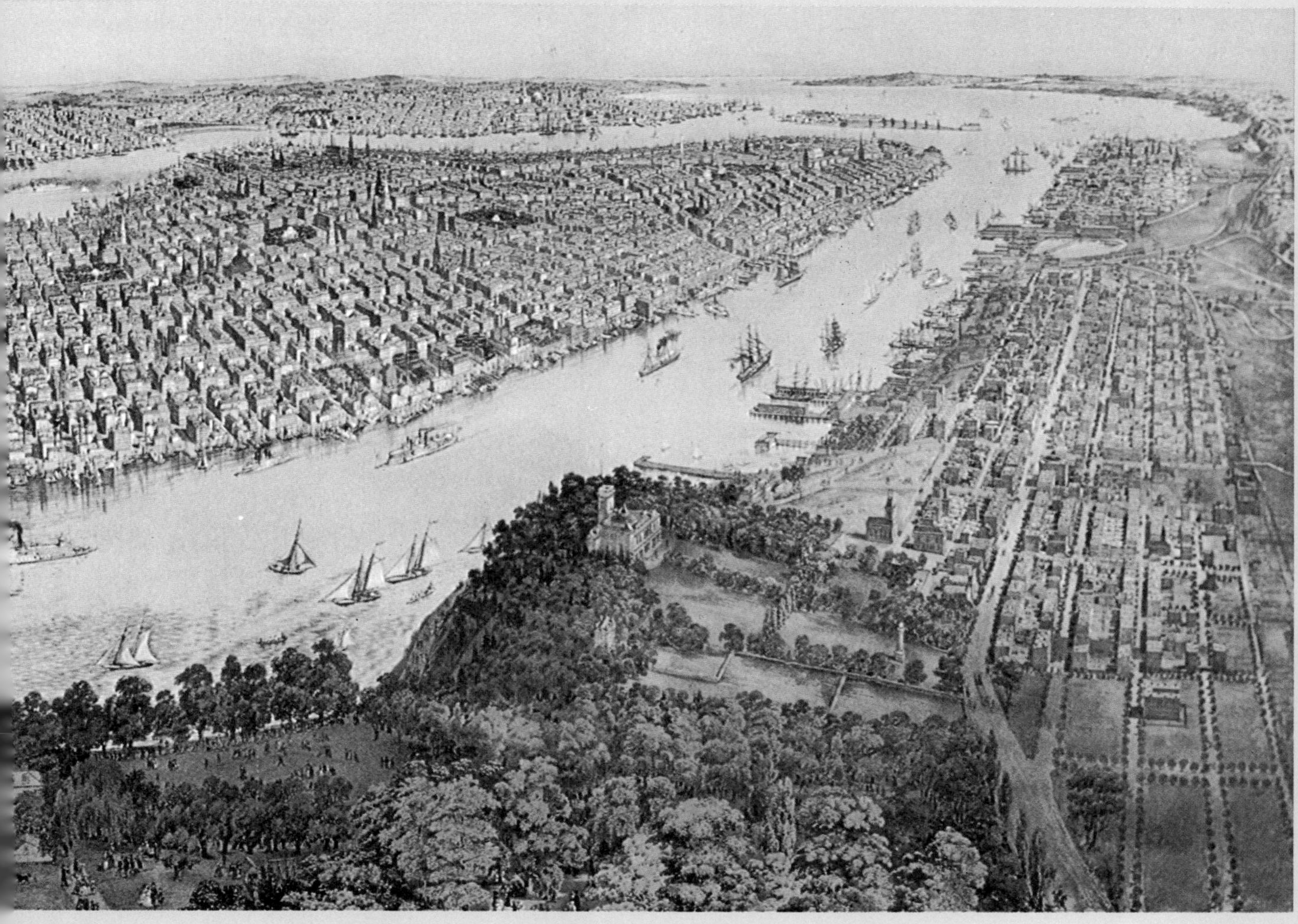

ten, denen man erlaubte, für ihre versklavten Rassegenossen im Süden zu kämpfen. Deutsche und Schotten und New Yorker anderer Herkunft meldeten sich ebenfalls freiwillig und bildeten eigene Regimenter. So etwas wie Kriegsbegeisterung ging durch New York, wenn sie auch, wie sich dramatisch zeigen würde, keineswegs überall in der Stadt geteilt wurde, mit deren Moral es ohnehin nicht gut stand: Jeder zehnte Einwohner war 1862 irgendeines Deliktes wegen verhaftet worden. Mindestens 70 000 hartgesottene Kriminelle trieben sich in New York herum. Korruption war überall, beileibe nicht nur bei Boss Tweed und seinem Ring. Die Reichen praßten, und die kleinen Leute arbeiteten für erbärmliche Löhne. Als weiße Arbeiter zur Verbesserung ihrer Lebensbedingungen einen Streik probierten, wurde er mit Hilfe arbeitswilliger Schwarzer gebrochen.

Ungut schwere Spannung lag über New York, als am 11. Juli 1863, einem Samstag, mit der Einberufung zur Armee per Losentscheid begonnen werden sollte. Eingezogen wurde, wen das Los traf – es sei denn, er konnte sich mit 300 Dollar, zahlbar an die Bundesregierung, vom Kriegsdienst freikaufen.

Aber wer hatte in dieser Zeit, in der man froh war, einen Hungerlohn zu verdienen, 300 Dollar? Das war ein Vermögen. Sah man es nicht deutlich: Die Armen sollten bluten, während die Reichen andere bluten ließen, und das Blut würde ausgerechnet für irgendwelche Nigger fließen, die irgendwo im Süden auf irgendwelchen Farmen die verdammte Baumwolle pflückten!

Nein, das ließen vor allem die Iren in der Stadt nicht mit sich machen. Iren hatten seit langem einen großen Teil der Einwanderer gestellt, und von allen Weißen war es ihnen in New York immer am schlechtesten gegangen. Sie galten als Proleten, als Schläger, mehr noch: Sie waren Katholiken. „Irish need not apply", hatten viele

Neben Befürwortern der Sklaverei gab es in New York City auch Streiter für die Befreiung der Schwarzen. Während der „draft riots" wurden Schwarze wahllos erschlagen oder – wie hier in der Clarkson Street – aufgeknüpft. Colonel Hanks brachte Schwarze aus Louisiana in die Freiheit nach New York, und eine Zeitung stellte mit Zeichnungen eine optimistische Prognose für die Schwarzen dar: Vom baumwollpflückenden Sklaven über den Methodisten-Bischof und den Kadetten von West Point zum Kandidaten für die Vizepräsidentschaft

Blutige Unruhen brachen aus, als Soldaten per Losentscheid für den Sezessionskrieg eingezogen werden sollten. Vor allem eingewanderte Iren machten aus den „draft riots" ein „nigger slaughter". Das Bild oben stellt eine Attacke der Polizei auf die Meuterer dar, das mittlere die Ermordung eines Obristen, das untere einen Angriff der Miliz

von ihnen seit Jahren gelesen, wenn sie sich um einen Job bewerben wollten; nun war ihr Maß voll. Sie rüsteten zu einem „nigger slaughter" ohnegleichen.

Ein Aufruhr wurde entfesselt, wie ihn die Stadt noch nicht erlebt hatte und nie mehr erleben würde. Mindestens 50 000 zu allem entschlossene Wehrunwillige stürmten durch die Straßen. Sie legten Brände. Sie zerschlugen jene Lokale, in denen Soldaten gemustert wurden. Der Häuserblock der Second Avenue zwischen der 46. und 47. Straße ging in Flammen auf, der Mob grölte vor Begeisterung und zog weiter.

Ein Polizeichef namens Kennedy trat ihm entgegen und wollte Ruhe schaffen: Der Pöbel schlug ihn krankenhausreif, 72 Blutergüsse zählte der Arzt. Eine Abteilung von Kriegs-Invaliden trat dem Mob entgegen, denn reguläre Truppen waren nicht verfügbar: Die Veteranen wurden verprügelt, einer starb, viele wurden verletzt.

Vier Tage lang herrschte in New York Chaos. Von Sinnen vor Wut, stürmte der Pöbel das Waisenhaus für farbige Kinder westlich der Fifth Avenue zwischen der 43. und 44. Straße. Das Heim ging in Flammen auf. Gerade noch konnten die Pflegerinnen die Kinder durch Hinterausgänge leiten, nur ein Kind retteten sie nicht: Die Iren schlugen das kleine schwarze Mädchen tot.

An der Ecke Washington und Leroy Street griff sich der Mob einen Schwarzen, schlug ihn nieder und ließ so lange einen schweren Stein auf seinen Kopf fallen, bis auf dem Bürgersteig nur mehr ein Blutfleck war.

Entsetzt kam der Gouverneur des Staates New York in die Stadt und rief zu einer Kundgebung. Boss Tweed stand neben ihm auf der Tribüne, als der Gouverneur versprach, dafür zu sorgen, daß die Militärpflicht abgeschafft werde. Aber der Zorn der Iren war noch nicht verraucht. Hysterische Weiber stürzten sich auf schwarze Männer und stachen auf sie ein, 5000 weiße Männer brüllten frenetisch Beifall. Die Feuerwehr konnte die Brände überall in der Stadt kaum noch registrieren und schon gar nicht löschen – was war aus New York geworden, das eben noch von der ganzen Welt bewundert worden war?

Dreizehn Miliz-Regimenter mußten in die Stadt kommen, ehe am 19. August die Einberufung zum Militär wieder aufgenommen werden konnte.

Mehr als tausend Tote, so gestand Gouverneur Seymour, hätten die „draft riots" gekostet, aber jeder wußte, daß er untertrieb.

„Gang riots" hatte New York erlebt, Unruhen jener kriminellen Banden, die sich schon im frühen New York gebildet und die Jahrzehnte in wechselnden Formen überstanden hatten, „black riots" hatte es gegeben, auch ein „doctors' riot", weil nämlich die Ärzte im Verdacht standen, allerhand unziemliche Sachen mit Leichen zu veranstalten. „Riots" gehörten zu New York wie die Epidemien, die wirtschaftlichen Krisen und das staunenswerte Wachstum, aber noch kein „riot" hatte das Ausmaß der Tragödie erreicht, die in den Sommertagen des Jahres 1863 aus den Straßen und Avenuen der Stadt einen veritablen Kriegsschauplatz gemacht hatten. Eine Tragödie war der Aufstand nicht nur der vielen Toten wegen, sondern auch, weil sichtbar wurde, wie wenig es gelungen war, aus der heterogenen Bevölkerung eine Gemeinschaft zu machen. Jeder wußte, daß die Iren die Schwarzen haßten, aber niemand ahnte, daß irischer Haß zu so bestialischen Taten fähig war. Jeder wußte, daß es Anti-Kriegsstimmung in New York gab; als Lincoln, den die Kriegsgegner für einen Kriegstreiber hielten, Präsident wurde, ließ New Yorks Bürgermeister demonstrativ die US-Fahne im Schrank liegen und nicht vom Rathaus wehen – aber niemand hatte vorausgesehen, daß sich der Haß auf den eigenen kriegführenden Staat so erbarmungslos austoben würde.

Die New Yorker waren, während sie die Trümmer der verbrannten Häuser aufräumten und ihre Toten begruben, tief betroffen. Nur gut, daß es, wie immer, neben den schlimmen Neuigkeiten auch gute Nachrichten gab.

Der Central Park wurde gestaltet, das war eine gute Nachricht. Ursprünglich hatten die kühnen Männer, als sie aus ganz Manhattan ihr „gridiron" zu machen beschlossen, überhaupt keinen großen Park vorgese-

Die gewaltigen Einwanderungswellen spülten immer auch Kriminelle und Asoziale in die Stadt, und mancher wurde aus Not zum Gesetzesbrecher. Hier führen Detektive unter den Augen des Kriminalinspektors einen Tatverdächtigen dem Fotografen zu. Im Polizeiregister befanden sich reihenweise Fotos auch solcher gesuchter Personen, die sich auf besondere Delikte spezialisiert hatten: Einer stahl nur bei Begräbnissen

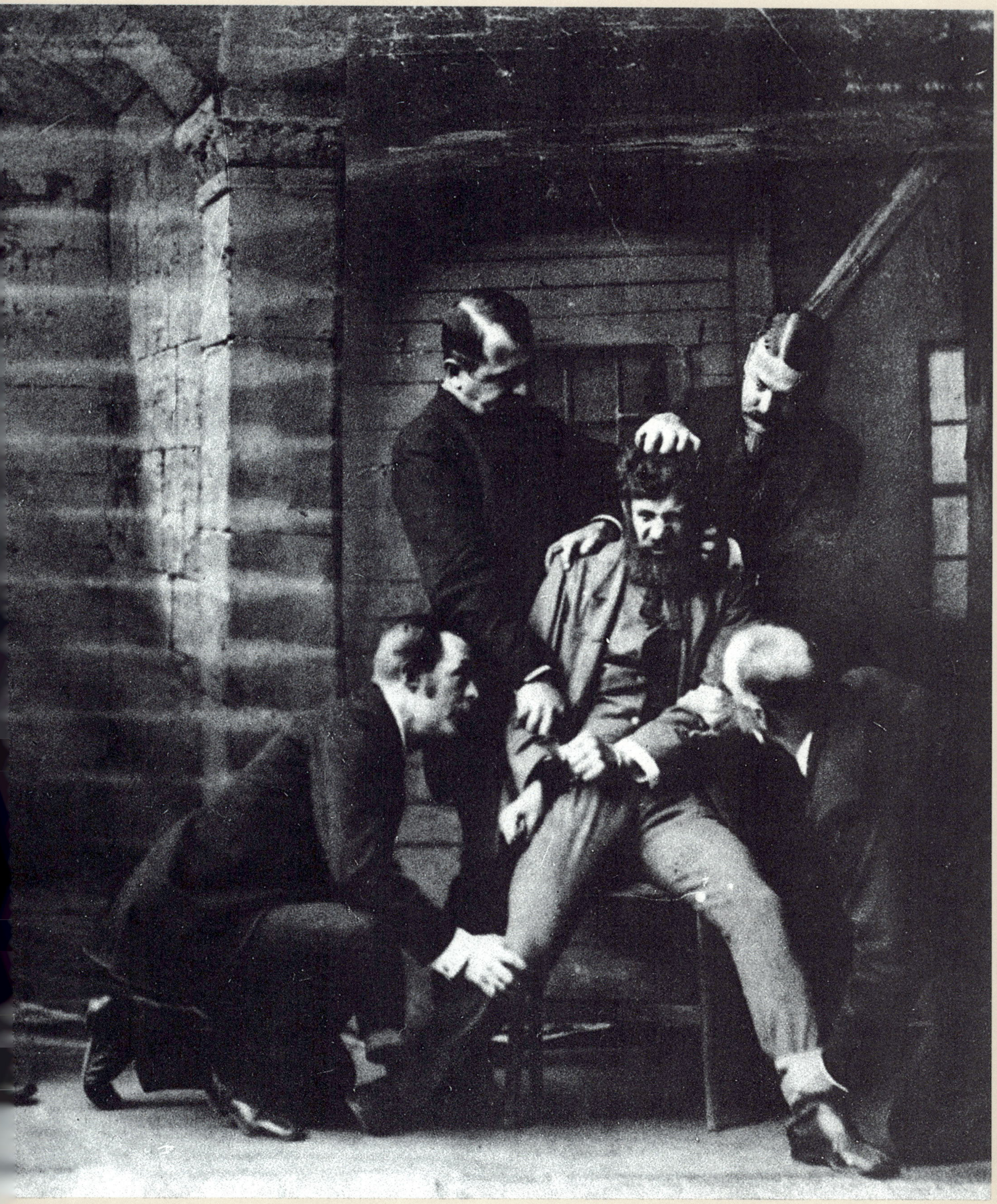

hen, sondern von Flußufer zu Flußufer nichts als bebaute Straßen, 2028 Straßenblocks akkurat geplante Riesenstadt. Begründet hatten die frühen Stadtplaner die Luftlosigkeit und die Enge der Bauten ganz im Geist der Stadt mit wirtschaftlichen Argumenten: „Stünde New York", so hatten sie in ihrem Bericht an die Stadtverwaltung geschrieben, „an einem kleinen Fluß, etwa an der Seine oder der Themse, so wäre eine Reihe von offenen Plätzen nützlich." Da aber New York ausreichend Strand habe, sei die Notwendigkeit nicht gegeben, teuren Baugrund für Parks zu reservieren. Ausdrücklich hoben die Stadtplaner das Gewicht „wirtschaftlicher" Erwägungen hervor, die, wie sie meinten, Vorrang haben müßten.

Als dann einsichtige Männer den Central Park aus dem „gridiron" herausnahmen, war die Stadt zwar schon ein urbaner Riese, aber noch keineswegs nördlich bis zum Park gewachsen. Vielmehr lebten dort nur – auch deutsche – Squatter in primitiv selbstgezimmerten Hütten im hügeligen Gelände, und sie schworen, sie würden sich der Evakuierung mit Gewalt widersetzen, doch dann, als es so weit war, zogen sie friedlich ab.

Frederick Law Olmsted und Calvert Vaux schufen den Park, über den in der City böse Witze gerissen wurden, denn in der Tat wurde der Park sozusagen mitten in der Natur angelegt. Keineswegs erhielten Olmsted und Vaux die vorhandene Natur – das taten sie nur am nördlichen Ende des Central Park, wo er heute nach Harlem hineinragt –, sondern sie gestalteten die Natur nach ihrem Bilde, planierten hier und errichteten dort einen Hügel, holzten hier tüchtig ab und ließen da eine Baumgruppe stehen, schufen, wo einmal klare Quellen sprudelten, künstliche Gewässer – auch Wasser-Reservoirs fanden im Central Park ihre Plätze –, ließen Pfade zuwachsen, die es seit Ewigkeiten gegeben hatte und legten dafür neue Wege an. Bis zu 6000 Männer gleichzeitig arbeiteten im Park, das

war einerseits schön, denn die Stadt erlebte wieder einmal Zeiten wirtschaftlicher Depression, und jeder Job war eine Wohltat, aber andererseits wußte man, daß der Großteil der im Park beschäftigten Leute zur korrupten Armee von Boss Tweed gehörte.

Weiter downtown wurde die St. Patrick's Cathedral errichtet. An der 42. Straße war zuvor das kühne Latting Observatory gebaut worden, erstaunliche 350 feet* hoch, „mit der Ausnahme des Turms von Babel der Welt erster Wolkenkratzer", wie jemand fand, und viele New Yorker staunten auf der Aussichtsplattform dieses Bauwerkes, als sie das Insulare ihrer Heimat begriffen, das manchen, die

*) 107 Meter

Das Bild links aus dem Jahr 1864 zeigt den Central Park mit der Fifth Avenue in Höhe der 58. Straße, wo heute die „Meile der Millionäre" beginnt. Das Foto aus dem Jahr 1890 entstand an der Westseite des Parks, wo bereits das „Dakota" errichtet war, ein auch heute noch elegantes Wohngebäude. Der Park wurde von dem Landschaftsarchitekten Frederick Law Olmsted und seinem Partner Calvert Vaux geschaffen

im Drange der täglichen Geschäfte nie die Zeit fanden, ihre Wohn- und Arbeitsquartiere zu verlassen, gar nicht bewußt geworden war.

Der Latting Tower, der schon wenig später in Flammen aufging, war eine der Attraktionen der New Yorker Weltausstellung, die mit einer bösen Pleite endete, denn die Organisatoren hatten die Anziehungskraft der World Fair überschätzt.

Neben dem Tower gab es eine andere Attraktion, von der nur wenige begriffen, daß sie in der Lage war, das Antlitz der Stadt dramatisch zu verändern. Denn unter jenen, die aus der World Fair so etwas wie ein „Galápagos neuer Technologien" machten – so Rem Koolhaas in seinem Buch „Delirious New York" –, war auch ein gewisser Elisha Otis, der ein merkwürdiges Spektakel aufführte: Er stand auf einer Plattform, die seitlich mit zwei Trägern verbunden war. Auf geheimnisvolle Weise stieg die Plattform mit Otis in die Höhe – die Zuschauer staunten. An der höchsten Stelle angekommen, ließ sich Otis, der Zauberer, von einem Assistenten auf einem samtenen Kissen einen Dolch reichen. Otis zerschnitt, während die Zuschauer das Schlimmste befürchteten, das Seil, an dem die Plattform mit ihm nach oben gekommen war – aber nichts passierte. Otis lächelte, während das Publikum ratlos, aber beeindruckt applaudierte.

Der automatische Sicherheitsaufzug, der Lift, war erfunden, der künftig in Manhattan in Höhen von weit über hundert Etagen rasen würde. Das Instrument war erfunden, das dem Bauwesen eine neue Dimension erschloß. Zwar gab es in Manhattan, auch in Brooklyn, auch in Queens schon mehrgeschossige Häuser, nun jedoch hatte Elisha Otis mit seiner Erfindung aus ihnen gleichsam Zwerge gemacht. „Yankee ingenuity" hatte, wieder einmal, die Welt verändert.

Nach dem Ende des Bürgerkrieges, von dem New York verschont blieb, denn die blutigen Bataillen zwischen den Landsleuten fanden weiter im Sü-

Ob in Manhattan, Queens, Brooklyn, der Bronx oder auf Staten Island: Schon früh bemühten sich die Behörden – wenn auch vergeblich –, die immensen Probleme zu lösen, die der Massenverkehr stellte. Ein Plan, die ebenerdige Eisenbahn mit einer Straße zu überbauen, wurde nie realisiert. Die Hochbahn veränderte ebenso das Gesicht der Stadt wie später die Stadtautobahnen: Gelöst wurde das Problem nie. Noch heute verstopft sich New York mindestens zweimal täglich seine Arterien

Im April 1878 fuhr die erste Hochbahn auf der Sixth Avenue von der Battery zum Central Park und passierte in Greenwich Village das Polizeigericht am Jefferson Market. Die Menschen kamen massenhaft, um mitzufahren oder wenigstens über die neue Errungenschaft zu staunen

den des großen Landes statt, begannen, das war 1866, die Arbeiten an der „el", der „elevated", der Hochbahn, nach der die ganze Bevölkerung schrie, denn schon damals war der Straßenverkehr zum Chaos geworden. Als lebten sie im Jahre 1983, klagten die New Yorker darüber, ganz und gar unzumutbare Zeiten damit verbringen zu müssen, am Morgen den Arbeitsplatz zu erreichen und am Abend wieder in die Wohnung zu kommen, und in der Tat: Kutschen, Droschken, Handwagen, mehrspännige Fuhrwerke mit schweren Frachten, Schottische Karren, Omnibusse und verwegene Menschen auf Velocipeden, die inzwischen erlaubt waren, machten die Straßen zu bisweilen undurchdringlichen Hindernissen. Gescholten und gepöbelt wurde, gelegentlich auch gerauft, vergeblich kam uniformierte Obrigkeit und bemühte sich um Ordnung, aber wenn ein Stau endlich aufgelöst worden war, bildete sich schon der nächste – ganz wie heute.

Gut verständlich, daß die New Yorker, sofern sie am Wochenende nicht arbeiten mußten, ins Freie wollten, ans Wasser. Ablenkung wollten sie haben von der „treadmill", die New York damals schon für jeden war, der etwas aus seinem Leben machen wollte. Für das Vergnügen, wie schön, gab es Coney Island.

Wahre Weltwunder warteten in Coney Island, am südlichen Ende Brooklyns, auf die Massen aus Manhattan, die seit 1875 mit der Eisenbahn zu der Insel fahren konnten, auf der eine der einträglichsten gastronomischen Inventionen der amerikanischen Geschichte lanciert wurde: Der Hot dog.

Coney Island wurde zum Traumland der New Yorker. Ein 100 Meter hoher Turm, der das Prachtstück der Jahrhundertfeier von Philadelphia gewesen war, wurde in Coney Island wieder aufgebaut und gestattete den Besuchern weite Blicke über ihr Land. Verwegene Karussells wurden konstruiert: Der „loop-the-loop", in dem man kopfüber fuhr. Die Achterbahn, die mit atemberaubender Geschwindigkeit zu Tal und dann in engen Kurven wieder nach oben schoß. Ein „shoot-the-chutes" kam hinzu, in dem man nach dem Prinzip der Achterbahn mit vermeintlich gefährlicher Geschwindigkeit geradewegs ins Wasser zu fahren schien. Um 1890, als es das Wunder des elektrischen Lichts gab, schufen die Manager von Coney Island das „Elektrische Seebad". Ein gewaltiger „steeplechase park" wurde eröffnet, eine Art Pferderennbahn mit Hindernissen. Der Luna Park wurde eröffnet, ein Vergnügungskoloß sondergleichen, sage und schreibe 1 300 000 elektrische Lichter verzauberten ihn in der Dunkelheit und machten ihn zu einem Anblick, den niemand mehr vergaß. „Deutsche Dörfer" wurden auf Coney Island zur Besichtigung aufgebaut. Der „Great Train Robbery" aus dem Wilden Westen wurde vorgeführt, der nachgestellte Raubüberfall auf die Eisenbahn in der Prärie. Die Hängenden Gärten von Babylon wurden einem staunenden Publikum gezeigt. Lilliputia war zu besichtigen, 300 kleinwüchsige Menschen lebten ständig in dieser Schaubude und gewöhnten sich daran, wie Affen im Käfig beglotzt zu werden.

Alles ging auf Coney Island, und besonders gut ging, was den Menschen Schrecken vorführte: Das Erdbeben von San Francisco wurde vor ständig ausverkauftem Haus gegeben, der Brand von Rom auch, auch der von Moskau. Den schrecklichen Ausbruch des Vesuv konnte man erleben. Man konnte im „incubator building" Babies bestaunen, die zu früh auf die Welt gekommen waren; auf dem Dach dieser sonderbaren Schaubude warb ein riesiges Nest, in dem ein Storch aus Holz eine Reihe von rosigen Kleinkindern bewachte.

„Fighting the flames" war eine beliebte Attraktion, die regelmäßig New Yorks ewigen Alptraum, das verheerende Großfeuer, vorführte. Und „Dreamland" war ungeheuer populär; kurz: Coney Island war genau, was die New Yorker wollten. Um die Jahrhundertwende war in den Vereinigten Staaten nichts strahlender als Coney Island, wo jedermann jedes Vergnügen und jeden Nervenkitzel finden konnte, wenn er die nötigen Pennies, Nickels und Dimes hatte.

Mit der Bahnverbindung nach Coney Island begann die große Zeit der Vergnügungen auf der Insel. Nicht nur gab es „Fun on the Beach" – so nannte der Fotograf das 1898 entstandene Bild der badenden Frauen –, sondern auch mit gewaltigem Aufwand errichtete Attraktionen wie den Luna Park, der später in Flammen aufging

Nur Maxim Gorki, der revolutionäre Russe, als er Coney Island besuchte, fand lauter Haare in der Suppe. „Langeweile" empfand er im wahren Himmel des New Yorker Volkes, eine „freak culture" sah er, und dann schrieb er ein galliges Feuilleton über Coney Island und über New York, das ihn nicht sehr fair behandelte, weil seine Frau, die ihn begleitete, gar nicht seine Ehefrau war.

Der Russe konnte nicht wissen, daß Coney Island seine beste Zeit schon hinter sich hatte. „Dreamland" war in Flammen aufgegangen, ein ganz und gar gespenstisches Feuer. Affen, gewohnt, auf die Orders ihrer Dresseure zu parieren, verbrannten, obwohl sie hätten fliehen können. Löwen dagegen rannten davon und machten die Straßen unsicher: „Sultan", berichtete ein Augenzeuge, „rannte die Surf Avenue entlang, seine Augen waren blutunterlaufen, seine Schenkel blutig, seine Mähne brannte." Noch jahrelang wollen Menschen auf Coney Island und in Brooklyn die Tiere gesehen haben, die zur Menagerie von „Dreamland" gehört hatten. Sie beherrschten, so versicherten Augenzeugen, noch immer ihre Zirkustricks.

Auch der Luna Park, der unvergleichlich illuminierte, verbrannte; in New York trauerte man, als habe man die Nachricht vom Ableben eines guten Freundes erhalten.

Coney Island erholte sich nie mehr zu seiner vollen Größe von damals. Gewiß, es blieb der Strand, und es blieben ein paar eher ärmliche Attraktionen. Die Züge kamen noch immer und entließen Tausende in den Seewind und an den Strand, aber der sonderbare und ganz einmalige Charme der Insel war dahin, auf der die Menschen von New York mit all den Katastrophen kokettieren konnten, die sie insgeheim fürchteten.

Dabei gab es, wie üblich in dieser Stadt ohnegleichen, die zwischen 1870 und 1880 eine Millionenstadt wurde, genügend Gründe, ein bißchen Eskapismus zu treiben und die Sorgen zu vergessen: Den „Schwarzen Freitag" hatte es gegeben, das war der 24. September 1869, als Jay Gould, James Fisk und noch ein paar andere spekulierende Halunken den Goldmarkt unter ihre Kontrolle zu bringen versuchten und Panik an der Börse ausbrach. Und einen neuen Korruptionsskandal gab es, als Dr. Charles Parkhurst, Pastor der Madison Square Presbyterian Church, zu einem Kreuzzug gegen die New Yorker Polizei aufbrach und nachwies, daß die Beamten nahezu samt und sonders mit der Halb- und Unterwelt unter einer Decke steckten. Es gab ein großes Reinemachen in der Polizei, und eine Reform wurde verkündet, und Reden wurden gehalten, in denen Politiker entschlossene Kämpfe gegen die Korruption versprachen, aber, sonderbar, Korruption blieb in New York heimisch, es hatte sie in den frühen Tagen der niederländischen Siedler und

Vor den Banken und Maklerbüros versammelten sich betroffene Menschen, als es im September 1869 den „Black Friday" gab, den Zusammenbruch der Börse. Viel früher als in Europa war die Spekulation an der Börse in New York auch eine Sache der Kleinbürger

„Generaldirektoren" gegeben und später unter den britischen Gouverneuren, es hatte sie gegeben, nachdem die britische Herrschaft vorüber war, und sie hatte sich über die Zeitläufte als eine der wenigen Konstanten in der im übrigen so wandelbaren Stadt erhalten. Also nahmen die New Yorker die Reden der Korruptionskämpfer mit Rabatt, und sie taten recht daran, denn schon wenig später mußte wieder eine Untersuchungskommission aus der Staatshauptstadt Albany nach New York City kommen und Mißwirtschaft im Rathaus untersuchen, und daß es sie gab, verwunderte niemanden, denn Bürgermeister war nun Robert A. Van Wyck, auch er ein Mann der infamen Tammany Hall-Organisation, aus der schon Boss Tweed, der herzhafte Schuft, hervorgegangen war.

Gleichsam im Schatten der Skandale und der Superlative verschiedener Art, an denen in New York City nie ein Mangel war, wuchs die Stadt. Verbissen fleißige Stadtbewohner, die nie Schlagzeilen machten und am Ende doch das immer noch stürmische Wachstum New Yorks erst ermöglichten, ließen sich weder durch Korruption und Börsenkräche noch durch Brände oder anderes Ungemach anfechten. Sie wußten, daß sie mit ihrer Stadt „a good thing going" hatten. Sie wußten, daß es für New York keinen anderen Weg gab, als den immer weiter nach oben. Ein neues, verläßliches Anzeichen dafür war am Ufer des East River zu besichtigen: die Brooklyn Bridge.

Brooklyn, immer ein bißchen im Schatten des allgewaltigen Manhattan, war längst aus dem eher ländlichen Kings County der Kolonialzeit selber zu einem urbanen Riesen geworden. Der Fährverkehr zwischen Manhattan und Brooklyn über den East River, so einträglich er für die Unternehmer war, gestaltete sich zunehmend zu einer Zumutung für die Passagiere. Der Ruf nach einer Brücke wurde laut, aber auch Gegenrufe waren zu hören, denn immer war

Tammany Hall, hier im Jahr 1830, war lange ein Synonym für politische Korruption. Aus der Organisation ging auch Boss Tweed hervor, der mit seinem „ring" die Stadt um viele Millionen Dollar betrog. Gestürzt wurde er durch die enthüllenden Karikaturen des deutschstämmigen Thomas Nast, den Tweed vergeblich mit immensen Summen zu bestechen versuchte

in Brooklyn auch ein Geist daheim, der mit dem lauten und krankhaft wachsenden Manhattan nichts im Sinn hatte; freilich: Die Zeit für die Brücke war reif, und es gab auch den Mann, der sie bauen würde – John Augustus Roebling, 1806 in Thüringen geboren, Student des Königlich Polytechnischen Instituts von Berlin, seit 1837 amerikanischer Staatsbürger.

Am 2. Januar 1870 wurde mit dem Bau begonnen, der dreizehn Jahre und fünf Monate dauerte. In der Zeit, die mit dem Bau verstrich, brannte Chicago ab und wurde neu erbaut. Jeder Stein wurde mit Pferdewagen an die Baustelle gekarrt. Währenddessen werkelten bis zu 600 Arbeiter gleichzeitig an der Brücke, die Roebling entworfen hatte, deren Bau er beaufsichtigte, und die durch Unfälle 19 Menschenleben kostete. Das zwanzigste Opfer war John Augustus Roebling. Auch er verunglückte auf der Baustelle tödlich.

Sein Sohn, Washington A. Roebling, setzte das große Werk seines Vaters fort, aus dem eine Brücke werden sollte, die auch mehr als hundert Jahre später noch als eines der schönsten Bauwerke der Erde galt. Aber nicht nur schön sollte die Brücke werden, sondern auch ein Superlativ – die längste Brücke der Welt sollte hier zwischen Manhattan und Brooklyn entstehen, ein gewaltig-schönes Monstrum, wie es sich für New York gehörte.

Sonderbar, auch Roebling jun. vollendete den Bau nicht. Jäh wurde er schwer krank. Was zu einem Triumph der Roeblings hätte werden sollen, wurde zu ihrer Tragik, aber noch war Emily Warren Roebling da, die Frau des jüngeren Roebling, und sie vollendete, was den Männern nicht gelungen war: Am 24. Mai 1883 wurde die Brooklyn Bridge feierlich eingeweiht. New York „had a ball", ganz New

John Augustus Roebling, in Deutschland geboren, und sein Sohn Washington A. Roebling waren für die Errichtung der Brooklyn Bridge verantwortlich, deren Pfeiler zu jener Zeit die höchsten Bauwerke der Stadt darstellten. Aus der Einweihung machte New York ein spektakuläres Fest

York – und Brooklyn – schien sich auf der Brücke und auf den Rampen zu versammeln, nachdem die Zelebritäten ihre Reden gehalten hatten: Wieder war in der Geschichte der Stadt eine Station zu weiterer Größe zurückgelegt, wenn sich auch Träume in Brooklyn nicht verwirklichten, wo man ernsthaft angenommen hatte, mit der Hilfe der Brücke würde Brooklyn, nicht Manhattan, zum Kern New Yorks werden.

Es gab andere Stationen: Die „elevated", die man nur die „el" nannte, war nun auch auf der Sixth und auf der Third Avenue eröffnet, was, übrigens, den Straßenverkehr kaum entlastete, der immer noch ein einziges Chaos war. Die Bell Telephone Company eröffnete ihre erste Fernsprechzentrale in der Stadt, aber man konnte die Kunden noch an den Händen zweier Menschen abzählen. 1880 debutierte Henriette-Rosine Bernard, die unter ihrem Künstlernamen Sarah Bernhardt weltberühmt war, in Booth's Theater, sie war „the talk of the town", ganz New York lag der großen französischen Schauspielerin zu Füßen, denn durchaus gab es nun im rauhen und geschäftssüchtigen New York ein kunstsachverständiges und nach großer Kunst verlangendes Publikum, wie es natürlich auch ein Publikum gab, das von den Künsten zwar nichts verstand, dennoch aber in den Theatern die feinsten Logen mietete, weil man präsent sein mußte, wenn Theater große Abende hatten.

Ein solcher Abend war der des 22. Oktober 1883, als das Metropolitan Opera House erstmals eröffnete, die Met, an der einmal auftreten zu dürfen von nun an der Traum aller Opernsänger der Welt wurde. Pompös ging es zu, als die Musiker ihre Instrumente für „Faust" von Gounod stimmten, mindestens zehntausend Menschen standen vor dem Portal des Theaters und bestaunten die Goulds und die Morgans und die Astors, den Geldadel bestaunten sie, der ihnen Ersatz für jenen blaublütigen Adel des alten Europa war, den es in ihrem

Zeitweilig verdunkelte sich der Himmel über New York, weil Telefondrähte wahllos über die Straßen gespannt wurden – besonders augenfällig am nördlichen Broadway. Erst 1886 mußten die Kabel unter der Erde verlegt werden

Lande nicht gab, und vollends bestaunten sie die Vanderbilts, die, natürlich, allen Geldkonkurrenten die Show stahlen, indem sie nicht nur gleich fünf Logen besetzten, sondern auch einen veritablen Lord Chief Justice aus London mitbrachten; die Morgans, Astors und Goulds beherrschten ihren Ärger nur mühsam.

Das war feiner Leute Ärger; der kleine Mann in der Stadt und vollends die Stadtverwaltung hatten einen anderen: In dem Maße nämlich, in dem sich das Telefon, der Telegraf und die Elektrizität durchsetzten – und diese fabelhaften Errungenschaften setzten sich in New York, das immer für Neues empfänglich war, stürmisch durch –, verdunkelte sich gleichsam der Himmel über der Stadt. Drähte, Kabel und Leitungen, Millionen von ihnen, spannten sich über Straßen und Avenuen – der Anblick war unerträglich. Unbekümmert hatten die Handwerker immer neue Masten aufgestellt und immer neue Leitungen verlegt, über den Straßen sah es just so chaotisch aus wie auf ihnen, aber irgendwann hatte die Stadtverwaltung genug: Sie verbot die überirdische Verlegung der Leitungen – der Himmel über New York wurde wieder lichter.

1881 wurde im Central Park der Obelisk aufgestellt, den die ägyptische Regierung den Vereinigten Staaten geschenkt hatte. „Cleopatra's Needle" wurde sie von den New Yorkern getauft, die fünf Jahre später schon wieder ein Geschenk aus dem Ausland in

Der Auftritt Sarah Bernhardts in Booth's Theater war 1880 eine künstlerische Sensation für die Stadt, in der es um diese Zeit längst eine Gesellschaftsschicht gab, die nach großer Kunst verlangte

Empfang nahmen, eine Gabe aus Frankreich, die Statue of Liberty, die Freiheitsstatue, die Einwanderern den Weg ins gelobte Land zeigen sollte und fast ihren Platz auf dem vormaligen Bedloe's Island, dem jetzigen Liberty Island, nicht gefunden hätte, denn geschenkt war nur die Statue, nicht aber der Sockel, und den wollte niemand in Washington und New York zahlen. Das war ein bißchen peinlich, aber dann sammelte eine Zeitung das nötige Sockelgeld unter ihren Lesern, rührende Briefe von ehemaligen Einwanderern kamen mit kleinen Beträgen, und dann, endlich, am 28. Oktober 1886, konnte das Monument eingeweiht werden. Auch Ferdinand Marie de Lesseps, inzwischen achtzig Jahre alt, war als französischer Gast zugegen, der den Suez-Kanal geplant hatte und über die stürmisch wachsende Stadt auf der westlichen Seite des Atlantischen Ozeans gebührend staunte.

Sie wuchs immer weiter, aber mit ihrer schieren Größe wurde sie auch, paradox genug, immer verwundbarer. Genau wie heute, brauchte es auch damals schon nur einen einzigen schweren Gewitterschauer – und Sommergewitter in New York können furchterregende Formen annehmen und enorme Wassermengen auf die Stadt gießen –, um die gewaltige Stadt doch mindestens für Stunden nahezu zu paralysieren. Am 11. März 1888 aber kam nicht Regen vom Himmel, sondern Schnee. Er kam ganz plötzlich; kaum jemand hatte im milden Frühjahr noch mit einem solchen winterlichen Rückfall gerechnet. In einer jener meteorologischen Eskapaden, für die New York jederzeit gut war, schneite es ungewöhnlich intensiv, und dann wurde ein veritabler Blizzard daraus, ein Schneesturm, und aus dem Blizzard wurde „The Great Blizzard", ein monströses, weißes, lebensgefährliches Unglück, das tagelang währte und New York unter 22 inches*) Schnee begrub. Die Stadt, sonst lärmig und geschäftig, wurde gleichsam unter Schnee erstickt. Vögel flüchteten in Hotelhallen, manche Menschen fanden dagegen keinen Raum mehr, der sie hätte schützen können: 400 starben im Schnee. Was Menschen vom Lande, mit der Natur und ihren Widrigkeiten vertraut, vergleichsweise leicht überwunden hätten, geriet im großen New York zur Katastrophe. Das „Galápagos der technischen Neuheiten" kapitulierte vor dem Schnee: Nichts ging mehr in New York, die Stadt war scheintot, und sie mußte noch froh sein, daß der ersten Katastrophe nicht eine zweite, potentiell noch viel gefährlichere folgte – nicht auszudenken, was geschehen wäre, hätte es in diesen bedrückenden Tagen irgendwo in dicht bebauten Vierteln der Stadt einen großen Brand gegeben.

Solche Zwischenfälle, deren sich die New Yorker später mit trockener Heiterkeit erinnerten, veranlaßten auch damals schon Pessimisten, von der Unausbleiblichkeit der endgültigen Katastrophe zu reden. Der Stadtmoloch, prophezeiten sie, genau wie Propheten knapp hundert Jahre später, werde eines nicht fernen Tages an seiner maßlos erstrebten Größe elendiglich verrecken. Der geldgierige Handel, sagten sie, habe zur Größe New Yorks geführt, er werde die Stadt auch erdrosseln. „Doomsday" sahen

*) 56 Zentimeter

Immer kamen Einwanderer in Massen nach New York, um in der Stadt und dem riesigen Land, das sich westlich von ihr breitet, das Glück zu finden, das sie im „old country" nicht gefunden hatten. Die Freiheitsstatue, ein Geschenk Frankreichs, begrüßte die neuen Amerikaner seit ihrer Einweihung im Jahr 1886

56 Zentimeter Schnee fiel im März 1888, als niemand mehr mit einem winterlichen Rückfall rechnete. Schon damals machte die schiere Größe der Stadt auch ihre Verwundbarkeit aus: New York City war im Schnee paralysiert. 400 Menschen starben

sie voraus, den Jüngsten Tag, denn unmöglich könne es mit dem kranken Wachstum der Stadt ein gutes Ende nehmen. Jeden Stromausfall, der in der Tat eine mittlere Katastrophe bedeutete, nahmen sie zum Anlaß, um das nahende Ende der Stadt zu beschwören, und jede Schwierigkeit mit der Wasserversorgung – und derlei Schwierigkeiten gab es seit langem, und sie waren durchaus ernsthafter Natur – hielten sie für ein weiteres Menetekel.

Die weitaus meisten New Yorker freilich hatten nicht genug Zeit, so unerfreulichen Prognosen auch nur zuzuhören. In den schrecklichen „tenements" war man viel zu beschäftigt, das Elend hinter sich zu lassen und richtiger Bürger zu werden. Wer schon ein bißchen Erfolg gehabt hatte, war viel zu angestrengt dabei, noch ein bißchen mehr Erfolg zu erarbeiten. New York war viel zu unbekümmert und ehrgeizig, als daß es auf die Sauertöpfe hätte hören können, denen alles in New York viel zu schnell, viel zu laut, viel zu groß geriet.

Um diese Zeit, nämlich 1892, wurde Castle Garden, die Aufnahmestation für Einwanderer im Süden Manhattans, geschlossen und stattdessen Ellis Island zur ersten Station jener, die immer noch in Massen aus der Alten Welt kamen. 7 700 000 Einwanderer waren seit 1855 in New York angekommen – so gewaltig war die Anziehungskraft des jungen Landes auf Menschen in Europa. New Yorks Bevölkerungszahl war weiterhin, auf über anderthalb Millionen, angewachsen – so attraktiv war die Stadt, über die man sich in Europa wahre Wunderdinge erzählte. Und noch immer ebbte der Zustrom nicht ab.

5000 Menschen konnten pro Tag auf Ellis Island abgefertigt werden, und es gab Tage, an denen diese Grenze der Kapazität weit überschritten wurde, denn bis zu 15 000 Ankünfte wurden registriert. Zusammenbrüche in der Abwicklung der Abfertigung wären sicher gewesen, hätte sich das Perso-

Ob in Castle Garden, ganz links, oder auf Ellis Island: Immer mischte sich bei den Neuankömmlingen die Wehmut über die aufgegebene Heimat mit der gespannten Erwartung auf das neue Land. In der Empfangshalle von Ellis Island, in der die Einwanderer sitzend auf die Abfertigung warten mußten, holte sich die Insel den Beinamen „Island of Tears". Die Tränen indes versiegten, wenn die Menschen alle Formalitäten hinter sich hatten und in einer Schlange auf die Fähre nach New York City warteten

nal nicht auf präzise Abläufe verständigt, die dazu führten, daß ein Einwanderer in der Regel schon nach wenigen Stunden die Insel verlassen und, endlich, endlich, „nach Amerika" gehen konnte.

Die Prozedur auf der „Isle of Tears" oder „Heartbreak Island", wie die Örtlichkeit auch genannt wurde, war so effizient wie raffiniert: Noch draußen auf dem Meer hatten die Einwanderer ihre Strohmatratzen über Bord zu werfen, die im Verdacht standen, Ungeziefer zu bergen. Auf Ellis Island wurde den Einwanderern ein „identity tag" auf die Kleidung gepappt, ehe sie eine steile Treppe steigen mußten, an deren oberem Ende medizinisches Personal registrierte, wie die Menschen die Strapaze des hohen Anstiegs hinter sich brachten. Zeigte jemand Schwächen, wurde er herausgewunken und näher untersucht. Ein großes „L" an der rechten Schulter markierte jene, die lahm waren, ein großes „K" einen Leistenbruch bei denen, die ihr weniges Gepäck offensichtlich nicht so recht tragen konnten, ein großes „X" war besonders bedenklich, denn es bedeutete, daß jemand als geistesgestört eingestuft worden war.

Alle Köpfe wurden nach Läusen untersucht, alle Einwanderer auf ihre Fähigkeit geprüft, lesen zu können. „Kratzen Sie sich am rechten Ohr", lasen die Einwanderer in ihrer Muttersprache, und die mehr als 5000 Menschen am Tag waren gehorsam, sie hätten auch noch ganz andere Anordnungen befolgt, um nur endlich an das Ziel zu kommen, von dem sie sich die große, glückhafte Wende ihres Lebens erhofften. Iren, die nach landwirtschaftlichen Katastrophen dem schieren Hunger in ihrer Heimat entkommen waren, bewiesen ihre Fähigkeit, lesen zu können und kratzten sich ebenso am rechten Ohr wie Deutsche, die nach der gescheiterten Revolution von 1848 flüchteten und Freiheit und Demokratie suchten. Kampfgenossen jenes Karl Marx, der in London vegetierte, schreibend die Welt zu

Eine Kinder-Gang der Mulberry Street

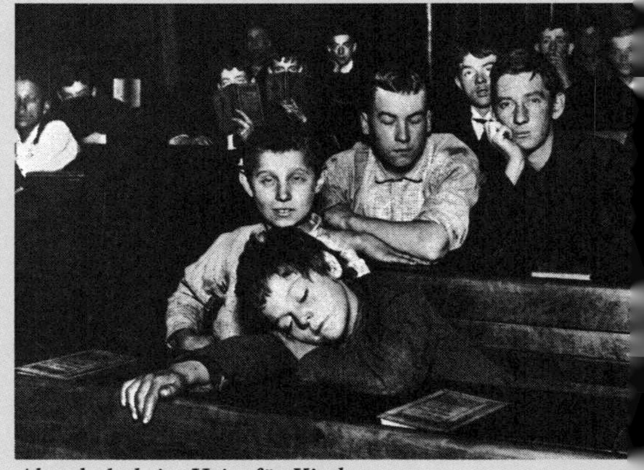

Abendschule im Heim für Kinder

Pietro lernt, die neue Sprache zu schreiben

Polizeigewahrsam für verlorengegangene Kinder

Obdachlose warten auf die Öffnung eines Polizeiasyls

Spelunke in der Thompson Street

Bad in einer städtischen Unterkunft

Zigarrenmacher bei der Arbeit

Unterkunft für Frauen auf einem Polizeirevier

Aus Italien eingewanderte Mutter mit Baby

Leben mit dem Abfall an der Rivington Street

Das Ende von Einwanderern auf dem Potters Field

Mit Bitterkeit registrierten viele Einwanderer, daß „Amerika ruft, aber die Amerikaner wollen dich nicht". Den Hoffnungen, die Auswanderungswilligen in Europa gemacht worden waren, entsprachen oft nicht ihre Erfahrungen nach der Ankunft in der großen Stadt. Hunderttausende begannen in New York City auf dem untersten sozialen Niveau. Erstaunlich viele von ihnen schafften nicht nur den Ausbruch aus dem vermeintlich aussichtslosen Elend, sondern sogar, wenn auch oft erst in nachfolgenden Generationen, den Aufstieg in höhere soziale Schichten des Establishment

revolutionieren hoffte und gegen seine Schulden kämpfte, indem er auch als Korrespondent für eine New Yorker Zeitung arbeitete, kratzten sich am rechten Ohr, ehe sie an Land gingen und prompt damit begannen, kommunistische Zellen zu errichten. Russische Juden gehorchten, bettelarme Sizilianer auch, die gleichsam als weiße Sklaven in New York ankamen, denn sie hatten sich für die Passage ins Gelobte Land schwer verschuldet. Niemand unter den Einwanderern machte auf Ellis Island Schwierigkeiten, jeder bemühte sich, der neuen Obrigkeit nur ja nicht unangenehm aufzufallen.

Eine Mahlzeit gab es auf Ellis Island; für viele Einwanderer war sie das erste anständige Essen seit Jahren. Manchmal gab es eine Banane als Dessert; viele besahen sich ratlos die unbekannte Frucht und aßen sie mitsamt der Schale.

Ja, es gab auch auf Ellis Island eine Menge Korruption. Wer zu den etwa zwanzig Prozent der Einwanderer gehörte, die nicht sofort ins Land entlassen, sondern aus irgendwelchen Gründen auf Ellis Island festgehalten wurde, hatte nur dann gute Aussichten, wenn er bestechen konnte. Es gab auch Individuen, die sich die Furcht und die Naivität der Einwanderer zunutze machten und schlicht betrogen. Beamte gab es, die ganz offenkundig fremdenfeindlich waren – und wie auch nicht, da es doch überall im Lande Menschen gab, die, nachdem sie sich selber hatten einbürgern lassen, energisch forderten, nun müsse aber Schluß sein mit der Einwanderei? Im allgemeinen aber herrschte auf Ellis Island ein sachlicher Ton und bewundernswerte Effizienz.

1,4 Millionen Deutsche wurden allein zwischen 1860 und 1880 in New York abgefertigt, darunter waren noch viele mit Segelschiffen gekommen, die für die Überfahrt etwa sechs Wochen brauchten. Schlimme Seelenverkäufer legten gelegentlich in New York an, auf denen die Einwanderer die Hölle durchlebt hatten. Es gab Schiffe mit tausend Passagieren, aber nur 20 Toiletten. Es gab Reedereien, die mit den Einwanderern die schiere Menschenverachtung trieben – und sich dafür teuer bezahlen ließen. Manche Menschen kamen mehr tot als lebendig in New York an, krank von erbärmlicher Kost und den Umständen an Bord. Aber wohl jeder hatte, als er vom Schiff aus New York sah, die Hoffnung, nun werde sich alles wenden.

Achtzig Prozent der auf Ellis Island ankommenden Einwanderer waren nach wenigen Stunden frei, Verwandte oder Freunde in die Arme zu schließen und ihr amerikanisches Abenteuer zu beginnen. Nach „Little Italy" gingen sie dann, nach „Deutschlandle" auf der East Side von Manhattan oder in die Viertel der Juden, denn New York war damals so wenig wie heute ein „melting pot", ein Schmelztiegel der Nationen. Man hielt sich separiert.

Es gab karitative Bemühungen, den gerade angekommenen Einwanderern solche Verhaltensweisen abzugewöhnen, die in New York unangebracht schienen. Insbesondere reiche New Yorker Juden deutscher Herkunft, Schiff hießen sie, Lewisohn und die aus der Schweiz stammenden Guggenheim, förderten Bemühungen, jüdische Neu-Einwanderer durch die Hebrew Immigrant Aid Society möglichst rasch zu amerikanisieren.

Das war vielen der in New York lebenden Juden längst gelungen. Aus der Stadt, die der Rassist Stuyvesant judenfrei halten wollte, war eine weithin jüdische Urbanität geworden und blieb es, wenn sie auch andererseits – denn in New York gab es stets und in allen Fällen auch ein „andererseits" – die Heimat verbreiteter antisemitischer Gefühle war, bis heute.

Und eine Stadt war und blieb sie, in der sich der Streik als Mittel zur Verbesserung der sozialen Lage mehr und mehr einbürgerte. Gilden, Innungen, Vorläufer von Gewerkschaften, hatten sich schon im niederländischen Nieuw Amsterdam bilden dürfen, aber die Durchsetzung von Gewerkschaften brauchte lange Zeit. Zwischen 1800 und 1810 war 24 solcher Organisationen das Recht gewährt worden, ständische Interessen zu vertreten – den ersten Streik in der Stadt gab es bereits 1741 –, aber sie fanden es in New York eher schwerer als anderswo, im Rechtssystem der Stadt ihren Platz zu finden. 1809, als die Schuhmacher einen Streik ausriefen, wurden sie wegen „Verschwörung" angeklagt und jeder Teilnehmer zu einem Dollar Strafe sowie zur Erstattung der Gerichtskosten verurteilt.

Zu dieser Zeit verstand es sich, daß der Werktag von Sonnenaufgang bis Sonnenuntergang dauerte, wenn im Anstellungsvertrag nicht ausdrücklich erklärt worden war, daß die tägliche Arbeitszeit vierzehn Stunden betrug. Das war, insbesondere in den bisweilen unerträglich heißen und feuchten Sommermonaten, mehr, als die Arbeiter und Angestellten zu leisten vermochten, aber es half ihnen zunächst wenig, daß sie eine Reduzierung auf den Zehn-Stunden-Tag forderten. Als in New York die Schneider streikten, verurteilte ein Richter sie zu je 50 Dollar Geldstrafe und meinte in der Begründung seines Urteils, die Vorstellung, Angestellte müßten geschützt werden, sei ganz und gar unamerikanisch, sei „ausländischer Herkunft, nicht mit unseren Institutionen in Einklang zu bringen, auch nicht mit unserem nationalen Charakter" und sei „in der Hauptsache von Ausländern unterstützt".

Der Mann hatte so unrecht nicht. Tatsächlich war New York immer eine Stadt rüder Bosse gewesen, im günstigsten Fall eine Stadt gutmütig-barscher Patriarchen, die bestimmten, wie lange gearbeitet und was dafür gezahlt wurde. Da Arbeitswillige mehr als genug vorhanden waren, bestand für Unternehmer keine Notwendigkeit – wenn sie denn schon ein soziales Gewissen nicht hatten, und viele hatten es nicht –, die Löhne zu heben oder soziale Leistungen einzuführen. Jeder Job in New York, auch der schmutzigste, anstrengendste und am schlechtesten bezahlte, fand mehr als einen Bewerber, also „ordnete" sich New York nach jenen Prinzipien, die in den infamen „sweat shops" auf die Spitze getrieben wurden, wo Menschen eher Sklaven als freie Arbeiter waren.

Es hatte seinen guten Grund, daß der Zehn-Stunden-Tag nicht zuerst in der freien Wirtschaft eingeführt, sondern 1840 von Präsident Martin Van Buren für alle Arbeiter auf staatlichen Werften und in Rüstungsfabriken angeordnet wurde, wofür viele New Yorker Unternehmer keinerlei Verständnis hatten, denn sie ahnten, daß nun der Deich zur Reduzierung der Arbeitszeit gebrochen war. 1869 beschloß der Kongreß in Washington gar den Acht-Stunden-Tag für alle Arbeitnehmer, die bei Bundesbehörden beschäftigt waren. Diesen Beschluß bekräftigte das Parlament des Staates New York, nahm dabei aber Landarbeiter und Hausdiener aus.

Mithin wäre nun auch in New York City der Acht-Stunden-Tag einzuführen gewesen, aber die meisten Arbeitgeber dachten gar nicht daran. Das Staatsgesetz sah keinerlei Möglichkeit vor, die neue Regelung zu erzwingen, also wurde zwischen Hudson und East River weiter zehn, zwölf, durchaus

Jeder lebte gefährlich, der sich, der Not gehorchend, als Streikbrecher beschäftigen ließ. Es gab nicht nur hitzige Streitereien mit den Streikenden, sondern oft auch Schlägereien und Verfolgung. Den ersten Ausstand hatte es in der Stadt bereits 1741 gegeben

aber auch noch vierzehn Stunden am Tag gearbeitet.

Da kam es, im Frühjahr 1872, zum ersten Massenstreik in New York. Nicht, daß sich daran alle Arbeitnehmer in der Stadt beteiligt hätten – so viel Solidarität war in New York nicht zu erwarten –, aber immerhin mehr als 70 000 Werktätige verließen für beinahe zwei Monate ihre Arbeitsplätze. Sie zogen durch die Straßen und verlangten die Einführung des Acht-Stunden-Tages. Die „New York Times" verstand das gar nicht und fragte, was denn wohl die Arbeiter mit zwei zusätzlichen Freistunden am Tage anfangen würden, wenn man sie ihnen wirklich zubilligen sollte.

„Knights of Labor", „Ritter der Arbeit", nannten sich die Organisatoren der ersten Labor Day-Parade, die am 5. September 1882 auf dem Union Square stattfand. Den 1. Mai als offiziellen Tag der Arbeit kennt New York bis heute nicht

William Steinway, Klavierbauer deutscher Herkunft, der seine auch damals schon berühmten Instrumente auf der Ostseite der Park Avenue in Manhattan zwischen der 52. und der 53. Straße baute, rief seine Arbeiter zusammen und gestand, die nahezu zwanzig Prozent Lohnerhöhung, die mit der Einführung des Acht-Stunden-Tages und dem verlangten Lohnausgleich verbunden seien, nicht zahlen zu können. Andererseits wollte Steinway „nicht gegen die Zeichen und die Gefühle der Zeit" anzugehen versuchen. Er schlug seinen Beschäftigten einen Kompromiß vor. Die Arbeiter willigten ein. Bei Steinway wurde wieder produziert.

Nicht aber in vielen anderen Betrieben. Immer noch zogen – auch offen marxistisch orientierte – Streikende durch New York. Immer deutlicher wurde der Einfluß, den europäischer Sozialismus und Kommunismus auf die Streikbewegung nahm. „Man möchte wissen", mokierte sich die „New York Times" in einem Kommentar, „wie viele jener, die durch die Straßen ziehen, reine Amerikaner sind", denn, so glaubte der Leitartikler: „Ein richtiger Amerikaner ist nicht anfällig für einen Streik."

Es gab keinen Sieger in diesem Ausstand, der viele Millionen Dollar kostete. Die Arbeiter einiger Sparten setzten für sich den Acht-Stunden-Tag durch, andere nicht, aber auch sie waren nun streikmüde und resignierten. Karl Marx in London, der ernsthaft die Heraufkunft einer revolutionären Gesellschaft in den Vereinigten Staaten erwartete – aber schließlich: er sah überall in der Welt sichere Anzeichen für seine Revolution –, war sehr enttäuscht, als ihm aus New York Gesinnungsfreunde vom unbefriedigenden Ausgang des Streiks berichteten.

Das Grand View Hotel wurde von der Brooklyn City Railroad Co. am Ufer der Narrows gebaut, wo zuvor das Fort Hamilton stand. Das Hotel mit dem prächtigen Blick auf das Wasser wurde durch einen Brand zerstört. Das erste Plaza Hotel stand an der Ecke der Fifth Avenue und der 59. Straße, wo auch der gleichnamige Nachfolgebau errichtet wurde

Schon im 19. Jahrhundert zog New York eine Masse von Touristen an. Sogar aus Europa kamen Besucher in die Stadt, von der man sich allenthalben wahre Wunderdinge erzählte. Hotels machten gute Geschäfte, auch das Mills Hotel, das seinen Gästen einen Lesesaal einrichtete

Hat man in den langen Wochen des Streiks in den Häusern des reichen New York gezittert?

Schwerlich. Nie, auch nicht eine Sekunde lang stand das kapitalistische System in Frage, nie das Prinzip, daß der Arbeitgeber der „Herr im Hause" ist. Allenfalls mußten sich die Bosse, die „robber barons" und jene, die gern in den Rang der ganz Großen aufgestiegen wären, daran gewöhnen, daß sie es künftig mit Gewerkschaften zu tun haben würden. Höhnisch fragten sie, als wie redlich sich wohl die Gewerkschaftsführer erweisen würden – da hatten sie freilich recht mit dem Hohn: Später würde in den Vereinigten Staaten keine Organisation so korrumpiert sein wie die der „Teamster"-Gewerkschaft.

New Yorks feine Leute hatten inzwischen die Fifth Avenue zu ihrer Straße gemacht. Der Warenhausbesitzer Alexander T. Stewart ließ sich an der Ecke der 34. Straße einen Palast bauen, seinerzeit das teuerste und luxuriöseste Wohnhaus Amerikas, man kam von weither, um wenigstens die Fassade zu bewundern. „The Marble Row" entstand an der Fifth Avenue, eine Kette von Prachtbauten aus Marmor. Die Astors wohnten an der Fifth Avenue, natürlich, und natürlich auch die Vanderbilts, die gleich eine ganze Reihe von teuren Häusern bewohnten, aber das war ihnen immer noch nicht genug, so daß sich William Kissam Vanderbilt an der 57. Straße ein veritables Château errichten ließ.

Rauschende Feste wurden an der Fifth Avenue gefeiert. „Showmanship" tobte sich unter Menschen aus, von denen man eigentlich annehmen durfte, daß sie es nicht mehr nötig hät-

New York hatte immer einen Hang zum Schmutz — bereits zu der Zeit, als die Stadt noch Nieuw Amsterdam hieß. 1895 stapelte sich der Dreck auf der Fifth Avenue so sehr, daß der Leiter der Stadtreinigung, George Waring, durchzugreifen beschloß. Kurz darauf war die Avenue blitzsauber — für ein paar Tage

ten, zu protzen, denn ohnehin wußte jeder, daß sie unermeßlich reich waren. Feine Clubs etablierten sich an der Fifth Avenue, „Gentlemen only", in denen so manches anrüchige politische Geschäft getätigt wurde, auch mit Boss Tweed.

Da der Ballsaal der Astors nur Raum für 400 Gäste hatte, institutionalisierte sich diese Zahl als Umfangsbezeichnung jener New Yorker, die wirklich „in" waren: Tränen wurden vergossen, wenn man erfuhr, daß die Astors eingeladen hatten und man war nicht dabei. Unvorstellbare Vermögen versammelten sich in Fleisch und Blut, vor allem aber auch in Diamanten und Gold, in Saphiren und Opalen, wenn an der Fifth Avenue ein gesellschaftliches Ereignis stattfand.

Gaffend stand das Volk, wenn die Gäste vorfuhren, aber nie kam es zu Zwischenfällen. So verbreitet das Elend war, das jederzeit in Teilen New Yorks herrschte: Nie hat sich das Elend vor den Haustüren der Reichen in der Gestalt pöbelnden Neides betätigt. Es waren nur wenige hundert Meter von den Domizilen der ganz Reichen, die nicht genau wußten, wie viele Millionen sie besaßen, bis zu den erbarmungswürdigen Behausungen jener ganz Armen, die nicht wußten, was sie morgen essen würden, aber nie kam es zu Konfrontationen: So war New York, auch und besonders insoweit unvergleichlich.

Der 4. Mai 1897 wurde zum letzten großen und geschichtsträchtigen Datum der Stadt im 19. Jahrhundert: Gegen allerlei Widerstände wurde die „Greater New York Charter" durchgesetzt, die endgültige Konsolidierung der fünf „counties" – vergleichbar eigenständigen Kreisen in Deutschland – Manhattan, Queens, Brooklyn, Bronx und Richmond zu einer gemeinsamen Stadt, die amtlich am 1. Januar 1898 zu existieren begann.

Nun gab es 3 100 000 New Yorker. Es gab die ersten Häuser, die weit über das normale Maß hinaus gegen den Himmel gewachsen waren. Es gab die ersten Einwanderungsbeschränkungen – Chinesen und Anarchisten sowie Geisteskranke wurden von nun an auf Ellis Island zurückgeschickt –, und es gab elektrisch betriebene Wagen und Stadtbahnzüge.

Es war staunenswert, wie sich New York in diesem Jahrhundert verwandelt hatte. Mit einer Vitalität sondergleichen war die Stadt nicht nur ins Riesenhafte gewachsen, sondern sie hatte sich auch, wo sie schon bestand, fortwährend ein neues Gesicht gegeben: Das hauptsächliche Geschäft „unserer guten Stadt", so schrieb der „New York Daily Mirror" am 13. Juli 1839 – aber das hätten Zeitungen auch während der nächsten Dekaden schreiben können –, „scheint es zu sein, abzureißen, was zuvor mit harter Arbeit und Bergen von Geld errichtet wurde. Nie war der Sinn für Zerstörung irgendwo so ausgeprägt wie unter den New Yorkern. Kaum ist ein splendides Gebäude fertig und der neue Bewohner eingerichtet, macht sich ein neuer baulicher Trend breit, es wird wieder abgerissen und neu gebaut, aber das Neue ist verurteilt wie das Alte, denn die Wirbelwinde der Spekulationen wehen ewig wie die Winde aus den Höhlen des Äolus".

Ja, so blieb es in New York, dem legendären „Bagdad am Hudson", nur: im neuen Jahrhundert wurde alles noch viel dramatischer.

Das reiche New York gab prächtige Empfänge und Bälle. Alles war vom Feinsten, auch das Interieur in den Häusern jener, die man in der Stadt die „robber barons" nannte. Auch wenn zugleich in New York gehungert wurde: Sozialneid hat es in der Stadt kaum je gegeben

Jeder für sich und gegen alle

New York wuchs in die Breite, aber dramatischer war das Wachstum in die Höhe: Unglaubliche 60 Stockwerke war die „Kathedrale des Handels" hoch, das Woolworth Building, das Präsident Wilson von Washington aus am 13. April 1913 mit einem Druck auf einen Knopf prächtig illuminierte. New York wuchs in den Himmel – und unter die Erde, wo Tunnel die Stadt mit New Jersey verbanden. So legendär war längst der Ruf der Stadt, daß sie immer mehr Einwanderer anzog, denen sie nichts schenkte: Jeder hatte seine Chance, aber dazu gehörte immer die Möglichkeit des Scheiterns. Das galt auch für die Menschen in „Deutschlandle", dem Quartier der Deutschen

Mit der Jahrhundertwende kam das Auto nach New York City. Anfangs empörten sich die Bürger über die Kraftwagen, deren Fahrer verpflichtet waren, zur Warnung Gongs zu schlagen. Dann aber setzte sich das neue Beförderungsmittel durch und verstopfte die Straßen, wie das zuvor die Pferdedroschken getan hatten. Auch in der Fifth Avenue konnte schon 1915 von zügiger Fahrt nicht mehr die Rede sein

PICN
ELECTRICAL
SPLICERS

Noch lange war es in den Mietskasernen der Stadt üblich, die Wäsche zum Trocknen ins Freie zu hängen, auch wenn die Luft längst verschmutzt war. Wenn viele Frauen gleichzeitig einen Waschtag einlegten, war in den Straßen vom Himmel kaum noch etwas zu sehen

Das Woolworth Building, die „Kathedrale des Handels", galt, nachdem Präsident Wilson es zur Einweihung von Washington aus per Fernbedienung illuminiert hatte, als das bauliche Nonplusultra der zum Himmel strebenden Stadt und als Inbegriff architektonischer Kühnheit. New Yorker Kinder wuchsen zu jener Zeit in der Gewißheit auf, in einer Stadt der Superlative zu leben

Vorübergehend beherrschten Schwarze den Kellnerberuf, bis sie auch diese Jobs an Weiße verloren. Hier arbeiten sie in einem Pullman-Speisewagen, von denen einige auch als stationäre Restaurants sehr populär waren und im Landesinneren heute noch sind

Auch am Anfang des 20. Jahrhunderts blieb der Andrang der Einwanderer ungebrochen. Erst der Ausbruch des Ersten Weltkrieges dämmte ihn ein. 1906 erreichte neben vielen anderen Schiffen auch der Dampfer „Patricia" mit Hunderten von Einwanderern die Aufnahmestation von Ellis Island

Manhattan", so hat Rem Koolhaas, der Autor des Buches „Delirious New York", formuliert, „ist eine Zusammenballung möglicher Desaster, die nie geschehen." Gegen Ende des 19. Jahrhunderts wurden potentielle Desaster hinzugefügt: Bauten, die kühner und kühner in den Himmel ragten.

Nirgendwo sonst auf der Welt entstanden so viele „skyscraper" auf so engem Raum wie in Manhattan – es war beängstigend. Bei aller Liebe zum kühnen Fortschritt und allem Stolz darüber, daß es New York der Welt wieder einmal zeigte: die Menschen in der Stadt waren, als sie zum Betrachten von Baustellen die Köpfe immer höher wenden mußten, nicht ohne Sorgen. Würden die monströsen Bauten nicht den Menschen in den Canyons, zu denen die Straßen zu verkümmern drohten, die Luft nehmen, das Licht, die Sonne? Und vor allem: Was, wenn es, wie am 5. Februar 1663 geschehen, ein Erdbeben gäbe? War wirklich ganz und gar ausgeschlossen, daß aus New York einmal ein stürzend brennendes San Francisco würde? Wie solide war, was da zum Himmel wuchs? Und, da doch jedermann in der Stadt wußte, daß Korruption immer Heimatrecht in New York gehabt hatte: Was, wenn sich die Männer der Baubehörden bestechen ließen und die Zustimmung zu diesen womöglich unsicheren neumodischen Bauten gaben, die, Gott behüte, demnächst sogar die Turmspitzen der Kirchen überragen würden?

Der Wandel war in der Tat dramatisch. Sage und schreibe zwölf Stockwerke hoch ließ jemand sein Haus am Broadway wachsen, „Washington Building" hieß es, 1882 war es fertig, und als es Wind und Wetter überstand, atmete man in der Nachbarschaft auf.

Aber das Washington Building war nach der Nomenklatur der Architekten eigentlich noch kein „skyscraper". Richtige Wolkenkratzer nämlich wurden nicht gemauert, sondern hatten einen Stahlrahmen, der das Gebäude trug. Das Washington Building aber hatte man Stein auf Stein gemauert, während das Home Insurance Building in Chicago, das 1884 entstand, in Wahrheit der erste klassische Wol-

Brooklyn, das 1883 durch die nach ihm benannte Brücke mit Manhattan verbunden wurde, hatte gehofft, zum Zentrum des Großraums New York zu werden. Tatsächlich erwies sich dann die Brücke eher als neuer Zugang nach Manhattan, das immer Herz der Stadt blieb

kenkratzer der Vereinigten Staaten war. Zwar war es um zwei Stockwerke niedriger als das steinerne Monstrum am New Yorker Broadway, aber sein Stahlgerüst trug, was es umschloß – das Prinzip einer revolutionären Bauweise hatte sich bewährt. Der Vorzug war offenkundig und leuchtete besonders in New York ein: Während dicke Mauern in den konventionellen Häusern wertvollen Raum verschlangen, versprachen die Bauten der neuen Generation mehr Nutzen, mehr Profit auf gleichem Raum. Raum aber war in New York und insbesondere in Manhattan, wo er insular begrenzt war, eine Kostbarkeit.

Bradford Lee Gilbert war der erste Architekt, der in New York das Wagnis auf sich nahm, nach der neuen Methode zu bauen. Sein Auftraggeber war der Seidenkaufmann John L. Stearns, der am Broadway 50 ein lächerlich kleines Grundstück besaß und darauf ein profitables Bürohaus errichten lassen wollte.

So sehr aber die Architekten anfangs auch gerechnet und immer neue Pläne für das schmale Haus gezeichnet hatten: Es war bei konventioneller Bauweise nicht rentierlich zu machen. Die tragenden Mauern und Wände kosteten so viel Platz, daß für Büros nicht genügend übrig blieb. Bradford Lee Gilbert entschied sich für die Konstruktion aus Stahl. Die Wände, die keinerlei tragende Funktion haben würden, sollten nur etwa 25 Zentimeter dick sein – der langfristige Profit des Hauses war sicher.

Edward Robb Ellis berichtet in seiner kurzweiligen Monographie „The Epic of New York City", die Zeitungen hätten, nachdem sie von den Absichten Gilberts erfahren hatten, sein Vorhaben das „Idiotengebäude" genannt. Die Baubehörden machten Schwierigkeiten, sie hatten die ernstesten Sicherheitsbedenken. Gilbert brauchte eine Ewigkeit und viel Geduld, um die Beamten von der Solidität seines Konzeptes zu überzeugen, in dem er die Weiterentwicklung des Prinzips der selbsttragenden Stahlbrücken sah.

Er erhielt die Baugenehmigung, und das schlanke „Idiotengebäude" wuchs. Und dann, als die zwölf Stockwerke hochgezogen waren – nur das Dach fehlte noch –, gab es, das war

1889 an einem Sonntagmorgen, eine Hurrikanwarnung für New York City.

Menschen sammelten sich in der Nähe des Hauses, um zuzusehen, wie der Hurrikan es umstürzen würde. Wetten wurden abgeschlossen. Aus Nachbarhäusern flohen zornige Menschen, die sicher waren, das „Idiotengebäude" würde mit dem Sturz auch ihre Heime ruinieren.

Auch Architekt Gilbert erschien. Er kletterte, während die Menschenmenge ihm zurief, er solle Gott nicht versuchen, in das Haus, kletterte auf Leitern immer höher, kletterte bis in das oberste Geschoß, während die Böen des Hurrikans an ihm zerrten, und dann stieß er eine Faust gegen den Himmel, der verheerenden Sturm und peitschenden Regen schickte: Sein Haus stand wie ein Felsen. „Nicht das leiseste Zittern des Hauses habe ich gespürt", sagte er, nachdem er wieder auf der Erde war.

Das Tower Building des Bradford Lee Gilbert machte Geschichte, aber, was wichtiger war: Es machte Profit.

Ein Jahr später war am East River das Pulitzer Building fertig, das es auf sechzehn Stockwerke brachte. Unmittelbar nach seiner Eröffnung soll ein Besucher in der höchsten Etage gefragt haben: „Ist Gott hier?".

1902 war das Flatiron Building bezugsbereit, verwegene 22 Etagen hoch, erschlossen durch sechs Elevatoren, eine ganz und gar unglaubliche Kreation: Wie der monumentale Bug eines unwirklichen Schiffes ragte die schmale Kante des baulichen Triangels in die Kreuzung des Broadway mit der Fifth Avenue – so etwas hatte die Welt noch nicht gesehen. Massenhaft kamen New Yorker, um zu betrachten, was für Jahre das berühmteste Gebäude nicht nur New Yorks, sondern der Welt bleiben würde. Aber auch dieses Gebäude wurde natürlich noch übertroffen, denn nun war der Run in die neue Dimension des Bauens überhaupt erst richtig losgegangen.

30 Etagen hoch wurde das World Building an der 40. Straße der West

Das Flatiron Building, das wie ein kolossaler Schiffsbug aussieht, wurde 1902 gebaut und entging dem Schicksal vieler anderer Häuser, die wieder abgerissen wurden, um durch profitablere Bauten ersetzt zu werden. 1905 gab es am Broadway auf der Höhe der 42. Straße noch weit und breit keinen richtigen Wolkenkratzer. Weiter nördlich machte der Broadway mit seinem Grün und seinem gemächlichen Verkehr um 1900 noch einen eher ländlichen Eindruck

Side. 34 Stockwerke ragte das Benenson Building in die Höhe. Nicht lange dauerte es, da war das Equitable Building fertig, 39 Stockwerke hoch, als „eine Stadt in der Stadt" wurde es den Mietern angepriesen, und in der Tat: Es war in diesem Gebäude, das an keiner Stelle mehr Ähnlichkeit mit Häusern der vorangegangenen Generation hatte, Raum für 16 000 Menschen.

Wo 39 Stockwerke möglich waren, da waren auch 100 möglich. Schon berechneten Architekten die Kühnheit von morgen. Die Gegend um Wall Street explodierte geradezu nach oben. Grundstücksmakler und Spekulanten machten Vermögen – oder gingen in Konkurs.

„Wir in New York müssen bauen", sagte der Architekt Starrett, einer aus der ersten Generation der „skyscraper"-Schöpfer, „und wir müssen immer weiter nach oben bauen." Er sah Gebäude voraus, die „das normale Leben explosiv beenden" würden, und er folgerte: „Unsere Zivilisation entwickelt sich wunderbar."

In den Häusern mit den 100 Stockwerken, die Starrett schon 1909 kommen sah, plante er neben der bloßen Wiederholung gleicher Grundrisse auf jeder Etage viel mehr: Alle zwanzig Etagen sollte es eine „plaza" geben: auf dem 20. Stock einen Marktplatz, im 40. Stock eine Reihe von Theatern, im 60. Stock ein Einkaufsviertel, im 80. Stock ein Hotel, und im 100. Stock schließlich einen Vergnügungspark, Dachgarten und Swimmingpool.

„Ein anderer interessanter Aspekt", so sah der in die Höhe verliebte Starrett voraus, „ist das selbstgemachte Klima, das wir in diesen Häusern haben werden. Wenn wir die ideale Konstruktion erreichen, werden wir auch die perfekte Kontrolle über die Atmosphäre besitzen. Niemand wird mehr im Winter nach Florida oder im Sommer nach Kanada zu gehen brauchen, denn wir werden in der Lage sein, jedem, der in einem unserer großen Häuser von Manhattan lebt, das gewünschte Klima zu liefern."

Die „Kathedrale des Handels" wurde fertig, das Woolworth Building, „jenseits aller menschlichen Vorstellungskraft", notierte ein Zeitgenosse: 60 Stockwerke, gebaut von Cass Gilbert. Am 13. April 1913 drückte Präsident Wilson im Weißen Haus in Washington einen Knopf, und 80 000 elektrische Lampen im Woolworth Building erstrahlten. Tausende, die diese Szene beobachteten, schworen, einen grandioseren Anblick nie auch nur für möglich gehal-

Am Times Square baute sich die „New York Times" 1904 ihr Redaktionshaus. Seither ist das Blatt zur besten Tageszeitung der Welt geworden

ten zu haben; „Gefühle", wurden überliefert, „die selbst für Tränen zu tief waren."

Nein, keiner der Giganten aus Stahl, Stein und Glas stürzte ein. Das Leben und die Arbeit in der Höhe wurde den New Yorkern so selbstverständlich wie der Aufenthalt unter der Erde, wenn sie mit der „subway" fuhren, die inzwischen damit begonnen hatte, die „elevated" abzulösen. Auch Tunnel gab es, die den Hudson River unterquerten und Manhattan mit New Jersey und seinen immensen Hafenanlagen verbanden; mit einem Wort: In New York wurden, und zwar millionenfach, Leben gelebt, für die im größten Teil der Welt die menschliche Vorstellungskraft nicht reichte.

Und, natürlich, das Auto gab es inzwischen. Im November 1900 hatte im Madison Square Garden die erste Automobil-Show stattgefunden, aber zuvor schon machten die neuen Vehikel die Straßen noch unsicherer und verstießen, wie zornige Fußgänger den Zeitungen schrieben, nicht nur gegen die Vorschrift, nicht schneller als 13,5 Kilometer pro Stunde zu fahren, sondern sie versäumten auch, warnend auf einen Gong zu schlagen, wozu sie gesetzlich verpflichtet waren. Die ersten Unfälle gab es – sogar den ersten tödlichen Unfall durch ein Automobil reklamierte New York nicht ganz ohne Stolz für sich – und erste Proteste gegen die absehbare Raserei auf den Straßen der Stadt. Aber ganz erkennbar war das Auto ein Stück Fortschritt, also setzte es sich durch – wenn auch die Autos heute zur Rushhour in Manhattan langsamer fahren als Kutschen vor hundert Jahren –, denn nichts wurde erfunden, was New York nicht akzeptiert hätte.

Henry Ford hat zwar das Auto nicht erfunden, aber er hat mit seiner Ford Motor Company wesentlich zur automobilistischen Revolution beigetragen, die in den frühen Jahren des 20. Jahrhunderts die Vereinigten Staaten und damit auch New York erfaßte. Ford war, wie die New Yorker Dollargiganten Carnegie, Vanderbilt, Frick oder Guggenheim, ein Mann, dem nichts geschenkt wurde, und: Er war ganz anders, als man sich in Europa den Kapitalisten vorstellte.

Die Fifth Avenue war schon 1910 die Flanier- und Einkaufsstraße der Stadt, auf der sich Fußgänger wie Autos, vor allem Ford T-Typen, drängten

Als sich Henry Ford zur Gründung seiner Motor Company entschloß, gab es harten Wettbewerb in der Branche und keinerlei Gewähr für Erfolg. Elf Partner hatte er beim Start, und sie heuerten zehn Arbeiter an, die je 1,50 Dollar pro Tag verdienten. Als sich der Erfolg nicht über Nacht einstellte und seine Partner enttäuscht zu murren begannen, kaufte Ford ihre Anteile auf. Er war besessen. Er hatte eine Vision, und sie machte automobilistische Geschichte: Das „Model T" schuf er, das zeitweise nahezu die Hälfte der immensen amerikanischen Autoproduktion ausmachte. Etwas unter 1000 Dollar kostete das „Model T", aber Ford gab die Erträge zunehmender Rationalisierung in der Produktion teilweise an seine Kunden weiter, so daß man für die „Tin Lizzy" später nur mehr 295 Dollar zahlen mußte: Sie war der erste Volkswagen der Welt.

Ford erhöhte den Mindesttagelohn seiner Arbeiter freiwillig auf fünf Dollar – das schockte viele Arbeitgeber auf dem Lande. Ford führte unaufgefordert den Achtstundentag ein – nun verstanden ihn viele Bosse im Lande nicht mehr. Seine eigenen Aktionäre zerrten ihn vor Gericht, denn sie fühlten sich um ihren Profit geprellt durch diesen Mann, der es nach ihrer Ansicht mit seinem Sozialverständnis gar zu arg trieb, und wirklich: Profite, sagte Henry Ford vor Gericht, gehörten nicht ihm und nicht den Aktionären; Profite seien vielmehr neu zu investieren, „damit man mehr Arbeit für mehr Menschen mit höheren Löhnen schaffen kann".

So war Henry Ford, und zumindest in seinem sozialpatriarchalischen Verständnis wurde dieser klassische amerikanische Kapitalist zum Vorbild. Gewiß, es hatte den schrecklichen John Jacob Astor gegeben, und viele seinesgleichen, aber es gab eben auch Henry Ford, und auch er stand nicht allein. Als der New Yorker Andrew Carnegie mit Stahl ein immenses Vermögen gemacht hatte, begann er es mit eben jenem Vergnügen zu verschenken, mit dem er es zuvor angehäuft hatte. 60 Millionen Dollar verschenkte er, damit 2811 öffentliche Bibliotheken erbaut werden konnten. Der Mann, der 1889 einen sonderbaren Essay unter dem Titel „Das Evangelium des Reichtums" geschrieben hatte – ein Plädoyer dafür, daß ein Reicher seinen Überfluß der öffentlichen Wohlfahrt zu geben habe –, war 350 Millionen Dollar schwer, als er seine Interessen an die United States Steel verkaufte. 1919, als er starb, hinterließ er knapp 35 Millionen Dollar – die riesige Differenz hatte er „der öffentlichen Wohlfahrt" vermacht.

Meyer Guggenheim, als er 1847 aus dem eidgenössischen Langnau in Amerika ankam, war ein armer Mann, der mit Schnürsenkeln von Haus zu Haus ging. Ein paar Jahrzehnte später war er mit Hilfe seiner sieben Söhne ein König vieler Erz-, Silber- und Goldminen, und als die Guggenheims auf ihr Vermögen sahen und fanden, daß es reiche, begannen auch sie, Profite der Allgemein-

Die erste Börse New Yorks fand unter einem Baum statt. Auch 1915 noch trafen sich „curb exchange brokers" auf der Broad Street und wickelten ihre spekulativen Geschäfte unter freiem Himmel ab

heit zurückzugeben, die zuvor den Boden bereitet hatte, auf dem sich das Vermögen bilden konnte.

Was den in New York so genannten „robber barons" eignete, den Magnaten, den Großindustriellen, den Monopolisten, war Erbarmungslosigkeit im Aufstieg. Auf die großen Namen der New Yorker Industriellen, vermerkte ein Zeitkritiker, vereinigten sich nach heutigem Rechtsverständnis ein paar hundert Jahre Gefängnis. Sie bestachen und korrumpierten und sabotierten und hatten keine Gnade für Konkurrenten. Auf der Höhe ihrer Triumphe aber taten viele von ihnen mehr für die Gemeinschaft, als es in der Alten Welt den Reichen je in den Sinn gekommen wäre.

Zu der Zeit, in der Henry Ford in Detroit seine ersten Autos montierte, gab es 40 000 Betriebe in New York, die Produkte im Wert von 1,3 Milliarden Dollar pro Jahr herstellten – das war ein Zehntel der Gesamtproduktion der Vereinigten Staaten. In Wall Street wurden immense Werte umgesetzt, die ganze Nation, ja, die ganze Welt hatte sich daran gewöhnen müssen, nach Wall Street zu blicken – doch dann, 1907, sah die Welt ein Desaster in Wall Street. Im Februar hatte es begonnen. Jäh wurde der Geldmarkt eng, Wall Street wurde nervös, aber die Krise wurde noch einmal abgewendet.

Wurde sie wirklich abgewendet? Die Stimmung an der Wall Street blieb hektisch. Irgendetwas lag in der Luft. Diskret zogen Kapitalisten ihre Gelder von den Banken ab – 300 Millionen Dollar. In Washington zürnte Präsident Roosevelt, die Magnaten, in seinen Augen ohnehin samt und sonders Halsabschneider, hätten die Krise absichtlich geschürt, um seine Position zu erschüttern. Wall Street entgegnete indigniert, Roosevelt seinerseits habe die Atmosphäre durch seine fortgesetzte Agitation gegen jene großen Finanzgesellschaften verpestet, die Wall Street – und damit wirtschaftlich auch das ganze Land – beherrschten.

Der Streit machte die Situation nicht besser. Die Knickerbocker Trust Company geriet in Schwierigkeiten. Die Direktoren trafen sich bei Sherry's, einem vornehmen Restaurant, um die kritische Lage zu besprechen. Sie ließen sich in ihrem Krisengespräch nicht stören, wenn die Ober die Suppe reichten, das Steak oder das Dessert – aber auch Ober waren in New York an Wall Street interessiert. Viel früher als in Europa war in New York auch der kleine Mann ein Spekulant an der Börse geworden, hochinteressiert an allem, womit man einen „fast buck", einen „schnellen Dollar" machen konnte; mit einem Wort: Die Ober von Sherry's verbreiteten, was sie soeben gehört hatten – die Panik war da.

Millionen von Dollar wurden bei Knickerbocker abgezogen; das Haus mußte seine Geschäfte einstellen. Andere Unternehmen mit klingenden Namen wankten. Die National Bank of America ging als nächste unter. Aus Washington kam der Finanzminister und bot der Hochfinanz von New York die Hilfe der Bundesregierung an – unter einer Bedingung: Daß sich die „big shots" von Wall Street auf einen Führer einigten.

Es kam die Stunde des Mannes, den man in New York „Pierpontifex Morgan" nannte.

John Pierpont Morgan war der Prototyp des New Yorker Magnaten. Niemand manipulierte so kunstvoll wie er mit dem, was jeder als den „almighty dollar" verehrte. Das Haus Morgan besaß mehr Einfluß als irgendein anderes Geldinstitut im Lande, und obwohl an erstaunlichen Charakteren in den Spitzen der New Yorker Banken kein Mangel war: John Pierpont war von allen der Erstaunlichste.

In seinen jungen Jahren hatte der 1837 in Hartford in Connecticut geborene Mann die Frauen verbraucht wie andere Männer ihre Taschentücher, und wenn er eine ausgebraucht hatte, erhielt sie fabelhafte 100 000 Dollar, einen Klaps auf den Hintern und ein gutgemeintes: „No hard feelings, hon-

Der Bankier John Pierpont Morgan, eine der legendären Figuren der New Yorker Geschäftswelt, rettete das Land 1907 vor einem finanziellen Desaster

ey." Er sammelte schöne Frauen, wie er Kunstgegenstände sammelte. Sein Ruf, „wie ein Löwe zu lieben", war legendär.

Wen der Löwe einmal liebte, hatte ausgesorgt. Wer anschließend einen kleinen Löwen in sich trug, kam in ein Hospital, das John Pierpont weitgehend finanzierte. Nahm dort ein Doktor eine der abgelegten Liebhaberinnen John Pierponts zur Frau, so durfte auch der Mediziner der Fürsorge des Löwen sicher sein.

Der Mann war unersättlich, aber er war auch fromm. Darüber amüsierten sich die Leute – na, und? John Pierpont hörte nicht auf die Leute, auf niemanden, am allerwenigsten auf Politiker, die er allesamt für abartige Schnorrer und korrupte Halunken hielt.

Als König Edward in London gekrönt wurde, erlaubte sich John Pierpont eine kleine Aufmerksamkeit: Er schickte einen Gobelin, der damals 500 000 Dollar wert war – ein immenses Vermögen. Wenn er, was häufig geschah, beschloß, ein bißchen Kunst einzukaufen, ging er nicht nach seinem Geschmack, sondern nach dem Wert der Gegenstände, und damit nur ja nicht komplizierte Verkaufsverhandlungen einsetzten – John Pierpont haßte es, Zeit zu vergeuden –, pflegte er den Kunsthändlern zu sagen: „Reden wir nicht lange. Ich nehme dieses Stück für den Preis, den Sie zahlten, plus fünfzehn Prozent – wieviel haben Sie bezahlt?", und dann griff er nach seinem Scheckbuch und duldete keinen Widerspruch.

John Pierpont haßte die Demokratie, die Juden, sie vor allem, und liebte Vögel und Hunde. Viele Frauen lagen kurzfristig in seinem Bett, aber länger als sie alle leistete ihm Sefton Hero liebevolle Gesellschaft am Bett, ein Collie.

John Pierpont Morgan, wer denn sonst, wurde im Herbst 1907 der Führer in Wall Street, als es darum ging, die Katastrophe abzuwenden. Er, kein anderer, bestimmte, welche Bank zu welchen Konditionen welchen Geldbetrag bekam. Er konnte renommierte Häuser sanieren oder ruinieren. Er war der Kaiser von Amerika. Er ließ die Herren der Konkurrenz zu sich befehlen, als wären sie seine Ladenschwengel. Nicht eine Sekunde ließ John Pierpont, auch physisch ein Koloß, aus den Händen entgleiten, was seines Amtes war. Während draußen auf den Straßen die Zeitungsjungen immer neue Hiobsbotschaften verkündeten und Hysterie zu verbreiten drohten, kanalisierte John Pierpont die Gelder so, daß die Panik unter Kontrolle kam – das Schlimmste war New York, war dem Lande erspart geblieben.

Der Beifall für John Pierpont war einhellig. Selbst Zeitungen, die sich zuvor über den sonderbaren Geldtyrann empört oder belustigt hatten, zollten dem alten Schlachtroß der Finanz Respekt und Applaus. John Pierpont nahm das, knurrend, kaum zur Kenntnis. Er fürchtete nichts mehr, als von nun an noch intensiver als früher zum Gegenstand öffentlicher Neugier zu werden.

Ein paar große Transaktionen managte er noch, ein paar seiner Mitgrößen demütigte er noch, aber dann, als er begriff, daß es mit dem ungezügelten Kapitalismus auch in den Vereinigten Staaten ein Ende haben, daß der Staat mitreden, daß ausgerechnet die abartigen Politiker mitbestimmen würden, welche Organisationsformen der Wirtschaft erlaubt und welche nicht erlaubt wären, resignierte er. Er war nun kein liebender Löwe mehr, sondern alt war er, und mit seiner Gesundheit stand es nicht gut.

Er reiste viel, auch nach Europa, wo ihm ein Kunsthändler einen Vermeer zeigte: „Wer ist Vermeer?", fragte John Pierpont. In Rom stand er vor einem exquisiten Wandteppich. Sein Begleiter, reicher Amerikaner wie er, sagte: „Ich sollte wohl davon Abstand nehmen, das zu kaufen."

„Ja", sagte John Pierpont, „man muß immer etwas haben, wovon man Abstand nimmt – nur von keiner Möglichkeit, Steuern zu sparen."

1913 reiste er nach Kairo, das hatten ihm, des trockenen Klimas wegen, die Ärzte geraten. In der ägyptischen Hauptstadt erkältete er sich schwer. Nach Rom kam er noch, dort war es dann aus mit ihm. Er starb qualvoll und nach langem Delirium. Den ersten Absatz seines Testaments formulierte der Mann, der schonungslos an der Größe seines Hauses gearbeitet und dafür bestochen und zerschlagen, getäuscht und gelogen hatte, so: „Ich lege meine Seele in die Hände meines Retters und vertraue darauf, daß er sie waschen und rein vor den Thron meines Himmlischen Vaters legen wird."

Viele Frauen weinten, als sie von John Pierponts Tod hörten, auch viele jener, die er einst mit einem Klaps auf den Hintern und einer Menge Geld verabschiedet hatte. Wieder war ein Mann verstorben, der so nur in New York gedeihen konnte.

Zur Zeit des Todes des großen Morgan lebten in der Stadt zwei Millionen Menschen, die in einem anderen Land zur Welt gekommen waren: Nirgendwo sonst auf der Erde gab es eine solche Zusammenballung der verschiedensten Kulturen. Deutsche hatten sich vor allem auf der Lower East Side angesiedelt, wo sie Turnhallen errichteten, in Ballsälen immer noch Rheinländer und Polka tanzten, in Chören immer noch den Schwarzwald besangen und Abende mit einem Hoch auf die Allerhöchsten Majestäten in Berlin beendeten, deren Untertanen sie nicht mehr waren und auch nicht mehr hatten sein wollen.

Die Deutschen in New York taten eine Menge für das Kulturleben ihrer neuen Heimat. Die Philharmonische Gesellschaft der Stadt, die 1842 ihr erstes Konzert veranstaltete, stand unter deutschem Einfluß. 1856 produzierte der Deutsche Karl Bergmann die Beethoven-Oper „Fidelio", das war ein gesellschaftliches Ereignis von Rang. 1870 gab es auf Manhattan das deutsche „Stadttheater", von dem Kritiker sagten, daß es den Wettbewerb mit jedem anderen Theater der Welt aufnehmen könne. 1888 wurden die ersten Wagner-Opern in New York einstudiert, und zwar von Leopold Damrosch, der noch heute unter den Liebhabern klassischer Musik in der Stadt Nachruhm genießt. „Das Deutsche Theater" bemühte sich schon um ernsthafte Kunst, als die meisten anderen Bühnen in der Stadt noch Kasse mit theatralischen Albernheiten machten, und der Ruf deutscher Musiker war so gut, daß sie von allen Orchestern des Landes gesucht wurden.

Merkwürdig genug: In Manhattan waren die Deutschen von den anderen Nationen genauso umgeben wie zuvor in der Alten Welt. Westlich von ihnen lebten die Franzosen, nördlich die Skandinavier, östlich die Tschechen, Slowaken und Polen. Wie auch die übrigen Einwanderer, gingen die Deutschen nicht in New York auf, sondern hielten zusammen und wohnten zusammen – und konservierten, wiederum wie auch die anderen Einwanderer, ihre Gefühle, die sie schon in „the old country" ihren Nachbarn entgegengebracht hatten.

Und: Auch der New Yorker Gesetzmäßigkeit folgten sie, wonach kein Stadtviertel auf die Dauer bleibt, was es einmal war. Als ein Viertel an der Lower East Side nach und nach seinen deutschen Charakter verlor und von den Juden übernommen wurde, erhielten sich die Deutschen ihre Kirchen und ihre „Liedertafeln", aber ihre Häuser, zwischen der 13. und der 19. Straße, nach deutscher Art mit kleinen Vorgärten versehen, gingen in den Besitz anderer Einwanderer über, die für derlei deutschen Schnokus keinen Sinn hatten, die Häuser abreißen und dafür Bauten hochziehen ließen, mit denen ein anständiger Profit zu erzielen war.

An der Avenue A und der Avenue B gab es Dutzende von „Weinstuben", in denen alle Dialekte Deutschlands gesprochen wurden. Am Tompkins Square lag die „Heimat", das war ein Keller-Etablissement, das sich jener Deutschen annahm, die ohne Job und ohne Unterkunft waren. Für fünf Cent erhielten sie ein Glas Wein und ein Stück Brot auf blankgeputzten Holztischen. Da saßen sie, die bisher Glücklosen, und Heimweh kam auf, aber die meisten unterdrückten so unamerikanische Regungen rasch und blieben entschlossen, jene Karriere zu machen, von der sie vor der Abreise geträumt hatten, und dann, nachdem die Gespräche immer lauter geworden waren, pünktlich um Mitternacht, erschien ein großer Kerl, drehte das Licht aus, rief: „Schlafen!", und dann dösten die Unglücklichen einem neuen Tag entgegen, von dem sich jeder den Durchbruch erhoffte.

Das „Graf Haus" gab es im alten „Deutschlandle", ein sonderbares Institut, an der 19. Straße lag es und vermietete an New Yorker, die ihre Dinner-Tafel damit schmücken wollten, europäische Barone und Grafen. Es gab Nachfrage, das Geschäft ging gut, wenn auch natürlich nicht jeder, der hier vermittelt wurde und abends in feinem Zwirn zu wildfremden Leuten ging, wirklich von Adel war: Es genügte, wenn er so aussah, wie sich der New Yorker einen deutschen Edelmann vorstellte. Mit dem Monokel mußte er umzugehen wissen, und wie der Handkuß zu applizieren war, er mußte mit seiner Stimme ein bißchen schnarren und sich kantig verbeugen und bei Begrüßungen die Hacken zusammenschlagen.

Lange freilich hielt sich das Etablissement zur Bereicherung von Abendgesellschaften nicht, denn richtige Prinzen und Grafen kamen ins Land, aus Rußland nämlich, und die wurden von reichen New Yorkern nicht nur zu Tisch gebeten, sondern an die Töchter verheiratet, und wenn wieder einmal neues amerikanisches Geld und altes blaues Blut aus Europa kirchlich miteinander verbunden waren, hatte New York ein aktuelles Stadtgespräch.

Abgesehen von wenigen Ausnahmen – Einwanderer, die mit genügend Geld in New York ankamen, so daß sie unverzüglich damit beginnen konnten, sich zu etablieren –, hatten es alle Ankömmlinge in New York schwer. Fast alle kannten den Spruch „Amerika ruft, aber die Amerikaner weisen dich ab", und fast alle fanden den Spruch bestätigt. Tatsächlich machte sich insbesondere nach dem Einsetzen der Masseneinwanderung

Einwanderer, die gute US-Bürger wurden: Das Ehepaar Guttenberg feierte 1902 Goldene Hochzeit. Er war 1848 im Alter von 19 Jahren aus Hamburg, sie ebenfalls 1848 aus Darmstadt nach New York gekommen

in der Mitte des 19. Jahrhunderts zunehmend Fremdenfeindlichkeit breit. Das protestantische New York fürchtete irisch-katholische Überfremdung, es fürchtete auch ungut jüdischen Einfluß; mehr noch: Stimmen erhoben sich, die auf den erbärmlichen körperlichen Zustand vieler Einwanderer hinwiesen. Diese Leute würden nun, so wurde ernsthaft argumentiert, die physische Erscheinung kommender amerikanischer Generationen negativ beeinflussen. Es war, als hätte – freilich ganz vorübergehend und ganz einflußlos – ein Herr Hitler am Hudson Wohnsitz genommen.

Edward Alsworth Ross, ein Professor der Soziologie, vertrat die Überzeugung, daß die meisten Einwanderer minderwertig seien und die amerikanische Rasse ruinieren würden, ließe man sie weiter ins Land. „Ochsenähnliche" Menschen hatte der Professor unter den Einwanderern gefunden, Menschen „mit tiefliegenden Augenbrauen, großen, runden Köpfen, offensichtlich unterentwickelt", und Madison Grant war der Überzeugung, daß man osteuropäischen Juden die Heirat mit Amerikanern verbieten

Auch in der Neuen Welt wollten viele Einwanderer nicht auf Lebensmittel verzichten, die sie aus ihrer Heimat kannten. Spezialitätengeschäfte befriedigten die Nachfrage aller Nationalitäten. Daß in diesen Läden englisch gesprochen wurde, war nicht selbstverständlich

müsse, weil sonst eine rassische Verschlechterung des Volkes unvermeidlich sei.

Franz Boas, als deutscher Jude eingewandert und dann Anthropologe an der Columbia University, bemühte sich um den Nachweis, daß amerikanische Verhaltensweisen und Zustände die „rassischen Charakteristika" von Einwanderern veränderten. Er vermaß die Schädel von Einwandererkindern und kam zu dem Schluß, daß sie bereits deutliche Unterschiede zu ihren Eltern aufwiesen.

Henry Cabot Lodge, ein gleichsam blaublütiger Amerikaner, dessen Vorfahren New England erschlossen hatten, machte kein Hehl aus seiner Abneigung gegen die Einwanderung

Der rapide Anstieg der Bevölkerung ermutigte viele Einwanderer zur Gründung von Einzelhandelsgeschäften. Anders als heute konnten Kunden damals noch sicher sein, aufmerksam und höflich bedient zu werden

von Juden, aber Abneigung gab es auch gegen Italiener, auch gegen Griechen, auch gegen Deutsche.

Dagegen half kein Greinen, dagegen half nur die Akzeptanz der Spielregeln des neuen Landes. Dagegen half nur, daß man sich anpaßte, außerhalb der „Liedertafel", der „Weinstube" und der „Turnhalle" den Deutschen nicht hervorkehrte, hart arbeitete und die amerikanische Gesetzmäßigkeit begriff, die der Historiker und Soziologe Stephan Thernstrom umschrieb. Demnach hatte Amerika eine eigene Ideologie, die „Ideologie der Mobilität", und das hieß, Amerika hatte keine statische Gesellschaft, wie es sie in Europa gab, sondern eine fließende Gesellschaft, deren Charakteristikum der Wettbewerb war. Jeder Bürger, der bereit zum Wettbewerb war, konnte sich einen Status erarbeiten, an dem sich sein gesellschaftlicher Wert bemaß. Die Reichen blieben nur so lange reich, wie sie gut im Wettbewerb waren. Jene, die in ärmliche Verhältnisse geboren wurden, konnten aufsteigen, wenn sie den Wettbewerb konsequent aufnahmen und ihren Wert bewiesen. Wer scheiterte, bewies damit nur seine individuelle Unfähigkeit.

Die Ideologie dieser Mobilität, die den wirtschaftlichen Erfolg zum Maß aller Dinge erhob, wurde das Credo aller Einwanderer, auch der deutschen. Es gab keinen Ersatz für den Erfolg, es gab auch die Sozialstrukturen nicht, die in der Alten Welt den Einzelnen vor dem Absturz ins Bodenlose sicherten. In New York stand jeder für sich – und gegen alle.

Noch jede erste Generation, die nach New York einwanderte, tat sich schwer, diese rauhen Gesetze zu begreifen und zu befolgen. Ihr galt „Turnhalle" und „Liedertafel" als notwendiges Korrektiv gegen die lächelnd-rüde Hemdsärmeligkeit, mit der in New York um Job und Dollar und Einfluß gekämpft wurde. Aber schon die zweite Generation genierte sich eher der Verbundenheit der Eltern mit dem Land der Herkunft und amerikanisierte sich, sprach die Muttersprache nicht mehr und änderte gar den Familiennamen, damit nur ja nicht die Abstammung deutlich wurde, und wer nur eben konnte, zog von der deutschen oder italienischen oder griechischen Insel weg, die sich irgendwo in Queens oder Brooklyn oder Manhattan gebildet hatte: In der zweiten oder der dritten Generation strebten viele neue Amerikaner die Einschmelzung an, von der die erste Generation nur selten etwas hatte wissen wollen.

Nein, es war kein Zuckerschlecken, in New York ein Einwanderer zu sein, und viele sind an der Unfähigkeit zerbrochen, sich anzupassen und das „amerikanische Spiel" mitzuspielen, das Regeln direkten Mitleids nur sehr ausnahmsweise und eine Sozialgesetzgebung, die diesen Namen verdient

Jeder Einwanderer wurde auf Ellis Island auf offenkundige Krankheiten untersucht. Ein Inspektor der Gesundheitsbehörde war damit beschäftigt, die Augen zu kontrollieren. Auch bei großem Andrang funktionierte die Abfertigung gut: Es gab Tage, an denen fünftausend und mehr Einwanderer durchgeschleust wurden

hätte, gar nicht kannte. Dramen ereigneten sich in den Quartieren der Einwanderer, sogar Rückwanderer gab es, die sich für den Rest ihres Lebens schrecklich schämten, weil sie offenkundig „Versager" gewesen waren, während doch unausgesetzt aus Amerika Nachrichten von fabelhaften Karrieren anderer Auswanderer kamen.

Im italienischen Viertel von New York spielten sich Dramen ab, wo Tausende von den Müllhalden lebten, die sie nach etwas durchsuchten, das sich vielleicht doch noch verkaufen ließ. Dramen gab es auch im griechischen Viertel, wo heimwehkranke Männer hausten, die ihre Familien in Griechenland gelassen hatten und regelmäßig Geld für den Lebensunterhalt schickten, so daß keine Dollar dafür übrig blieben, die Familien nachkommen zu lassen. Auch unter den Deutschen ereigneten sich Dramen, aber keines nahm das Ausmaß jenes Unglücks an, von dem die deutschen New Yorker am 16. Juni 1904 betroffen wurden.

Es war ein warmer und etwas schwüler Tag, aber es sollte ein fröhlicher Tag für die 1400 Frauen und Kinder deutscher Herkunft sein, die zur Gemeinde der St. Markus-Kirche gehörten. Einen Ausflug mit dem Schiff wollten sie machen, die Kinder konnten es gar nicht abwarten, an Bord der „General Slocum" zu kommen.

Es war ein großer, schneeweißer Raddampfer, der am East River lag, nicht weit von jenem Viertel entfernt, das man seit langem „Deutschlandle" nannte. „Ein' feste Burg ist unser Gott", spielte ein Blasorchester der Gemeinde, und dann gab Kapitän William H. Van Schaick das Kommando zum Ablegen. Langsam setzte sich die „General Slocum" auf dem East River nach Norden in Bewegung, und die Kinder staunten über das Häusermeer, das sich rechts von ihnen in Brooklyn und links von ihnen in Manhattan erstreckte.

Auf der Höhe der 125. Straße brach in einer Kabine des Hauptdecks ein Feuer aus, kein Grund zur Aufregung zunächst, denn natürlich gab es eine Feuerlöschanlage. Aber dann breitete sich der Brand doch aus.

Weshalb fuhr Kapitän Van Schaick nicht ans Ufer? Weshalb ließ er die „General Slocum" mit Höchstgeschwindigkeit weiter nach Norden fahren? Entsetzt sahen Passanten am Ufer, daß sich da eine Katastrophe anbahnte.

Sie kam. Aus dem schönen Tag, auf den sich die Kinder und Mütter gefreut hatten, wurde ein Drama. Mehr als 1000 von den 1400 Menschen an Bord verbrannten, schreckliche Szenen spielten sich während der nächsten Tage auf dem deutschen Friedhof in Middle Village im Stadtteil Queens ab. Männer brachen zusammen, Frauen standen mit versteinerten Gesichtern und begriffen immer noch

Ein schwerer Schlag traf „Deutschlandle", als im Juni 1904 die „General Slocum" ausbrannte, ein Ausflugsdampfer, der mit deutschen Einwanderern, besonders mit Kindern, voll besetzt war. Polizisten bargen Opfer, die vergeblich in die Rettungsboote gedrängt hatten. Schiffsfahrten – besonders auf dem Hudson, der an das Rheintal erinnert – blieben aber auch nach der Katastrophe populär

Der Riverside Drive an der Westseite Manhattans war, bis auf das „Claremont", noch kaum bebaut, als man 1898 mit den beliebten Velozipeden gefahrlos die Straße befahren konnte. Im Sommer öffnete die Stadt Badeanstalten, die man ohne Eintrittsgelder benutzen konnte

nicht, daß sie ihre Kinder verloren hatten, den Geistlichen fehlten die Worte, um Einsicht in das Walten des gütigen Gottes zu erzeugen.

New York trauerte. Wenigstens für einen Moment vereinigte sich die rauhe, immer stürmisch auf dem Wege zum Fortschritt, zur Rentabilität und zum Profit befindliche Stadt der Millionen Egoisten im Mitgefühl für die deutschen New Yorker. Für einen Moment gab es eine Solidarität des Trauerns, das seine Ohnmacht begriff und deshalb nur noch tiefer wurde. Für ein paar Stunden waren die deutschen New Yorker der Sympathie aller Stadtbewohner sicher, auch ihrer Hilfsbereitschaft, dann verlangte das Gesetz des Alltags wieder sein Recht. Zwei Jahre später, als man Kapitän Van Schaick zu zehn Jahren harter Arbeit in Sing Sing verurteilte – sein Schiff befand sich, so hatte man gefunden, in einem technisch nicht einwandfreien Zustand, als er die 1400 Menschen an Bord nahm –, war das schreckliche Unglück der „General Slocum" gewiß nicht vergessen, aber es war doch verblaßt.

Denn New York ließ sich nur für einen Moment in seinem verbissenen Bestreben stoppen, immer noch größer, immer noch gewaltiger, immer noch vielfältiger und reicher zu werden. Dann mußte das Gesetz des Alltags wieder herrschen und auch das Gesetz, daß schlimme Vorgänge von Erfreulichem abgelöst wurden.

Im Herbst 1909 gedachte die Stadt, die so wenig Respekt vor steingewordenen Zeugen ihrer Geschichte hatte und bedenkenlos abriß, was dem Fortschritt im Wege war, der Fahrt des Henry Hudson, der 300 Jahre zuvor an einem nur spärlich von den „Wilden" besiedelten Manhattan vorbei nach Norden gefahren war und das erste Indianerblut fließen ließ. Große Feiern wurden organisiert, in allen fünf „boroughs" vergaß man die Arbeit und erinnerte sich des unglückseligen Engländers, der mit seinen nautischen Erkundigungen immer nur Pech gehabt hatte, aber auch Spaß gab es, und dann gab es eine veritable Sensation, als Orville Wright mit seinem Flugapparat über dem Hafen erschien und mit unglaublicher Geschwindigkeit ein Stück über den Fluß flog, den 300 Jahre früher der Kapitän Hudson noch im Schrittempo hinaufgesegelt war. Auch über die Stadt flog Wright, so daß besorgte Bürger das Schlimmste befürchteten und ängstlich nach oben blickten, aber alles ging gut, der phantastische Flugapparat verschwand hinter den hohen Häusern – erster Bote einer nicht mehr fernen Zeit, in der es möglich werden würde, den Atlantischen Ozean mit Flugzeugen binnen weniger Stunden zu überwinden.

Im Hafen lag eine große Flotte aus allen möglichen Ländern, um der Weltstadt am Hudson Reverenz zu bezeugen. Kriegsschiffe aus England, Frankreich, Deutschland, Italien, Holland, Argentinien und Mexiko waren gekommen, über die Toppen geflaggt boten sie ein prächtiges Bild, und dann kam der Höhepunkt der Hudson-Feiern: Ein Nachbau der „Halve Maen" führte eine gewaltige Prozession von Schiffen und Booten den Hudson hinauf, und in seinem Kielwasser fuhr eine Rekonstruktion der „Clermont", des ersten wirklich funktionierenden New Yorker Dampfschiffes, das 102 Jahre zuvor zum ersten Mal gefahren war.

3 437 202 Menschen hatten 1900 in New York gelebt. Nun, als man die Wiederkehr des Hudson-Jahres hinter sich hatte und zur Arbeit zurückkehrte, waren es 4 746 883 – gab es kein Ende des irrwitzigen Wachstums? Allein 1907, als John Pierpont Morgan das Land vor einer wirtschaftlichen Katastrophe bewahrte, kamen 1 285 349 neue Bürger ins Land, ein Großteil von ihnen über New York, und von ihnen wiederum blieb ein Teil in der Stadt, die gewiß nicht einladend aussah, aber längst weltweit legendär war.

Einer derjenigen, die 1910 in Ellis Island ankamen, war ein zwanzig Jahre alter Ire aus dem County Mayo, er

1909 flog Orville Wright mit seiner selbstgebauten Flugmaschine an der Freiheitsstatue vorüber. Hunderttausende, die zusammengekommen waren, um Hudsons zu gedenken, der 300 Jahre zuvor erstmals den später nach ihm benannten Fluß befuhr, staunten über das Spektakel

hatte genau 23,35 Dollar in der Tasche und nicht bessere und nicht schlechtere Chancen als die anderen 5000 Einwanderer, die in dieser Zeit des Hochbetriebs täglich durch Ellis Island geschleust wurden. Die Stadt schenkte auch ihm nichts. Er schob einen Frachtkarren durch Manhattan, das war harte Arbeit und wurde schlecht bezahlt. Er schaufelte Kohlen, nachts, auf Schiffen, die den Hudson River befuhren. Auf Baustellen schleppte er Steine und verdiente damit 19,25 Dollar in der Woche.

Nichts sprach dafür, daß es der junge Ire in New York schaffen würde. Er war einer unter Millionen, und er stand auf der Schattenseite des Lebens in dieser Stadt. Überdies trug er das Handicap, ein Ire zu sein, vermutlich also ein Schläger, ein Saufkopf, Katholik. „Irish need not apply", las auch er, wenn er Aussicht auf einen neuen Job zu haben glaubte, auf etwas mehr Geld, auf wenigstens einen Schritt nach oben. Der Mann hieß William O'Dwyer und wurde später Bürgermeister der City of New York, wenn auch einer, der uns aus eher unangenehmem Anlaß noch einmal beschäftigen muß.

Gewalttätigkeit gab es immer in der Stadt, die mit den Einwanderern auch Kriminelle und Asoziale aufnahm. Eines der Opfer war Bürgermeister Gaynor, auf den 1910 ein Anschlag verübt wurde. Er starb drei Jahre danach an den Spätfolgen

Im selben Jahr, in dem der vermeintlich aussichtslose Einwanderer William O'Dwyer ins Land kam, versuchte ein ehemaliger Arbeiter der Stadt, den amtierenden Bürgermeister Gaynor umzubringen. Daran war nur das gemeinte Opfer, nicht aber der Vorgang an sich bemerkenswert. Denn bei allem Glanz und aller Faszination, die New York ausstrahlte: New York war, und zwar mehr und mehr, auch eine gewalttätige Stadt geworden. Die Kriminalität nahm bedrohliche Ausmaße an, und zwar nicht nur in den Vierteln der Armen, wo es sie immer gegeben hatte. Es blieb dabei, daß der Großteil der Opfer zu eben jenen Schichten der Glück- und Erfolglosen gehörte, aus denen auch die Kriminellen hervorgingen, aber nun gab es Gewaltkriminalität auch in den feineren Vierteln der Stadt, niemand schien mehr sicher zu sein vor jenen, die sich mit dem Messer oder der Pistole holen wollten, was ihnen durch Arbeit nicht zugekommen war.

Die Kriminalität blieb der Stadt durch alle Zeiten erhalten. Es hatte sie früh und in beängstigendem Ausmaß gegeben, und sie entwickelte sich mit der Größe der Stadt, so wie es immer die Kriminalität der besseren Herrschaften, die Korruption, gegeben hatte. Nichts verschlug gegen diese Geißeln der Stadt, die Rechtssprechung nicht, die Politik schon gar nicht, auch nicht die Polizei, die man zwar „New York's Finest" nannte, von der aber jeder wußte, daß sie bestechlich war und mit dunklen Elementen unter einer Decke steckte.

New York war so sehr mit sich selber beschäftigt, daß man nicht viel Interesse für Vorgänge in Übersee aufbrachte. Daß am 17. April 1914 ein

Attentat auf Bürgermeister Mitchel verübt worden war – das war „big news", und ein paar Zeitungen, die ihren Auflagenkrieg mit allen Mitteln führten, druckten sie genüßlich und unter fetten Schlagzeilen. Daß aber im fernen Europa der deutsche Kaiser am 1. August 1914 den Krieg gegen Rußland erklärte, veranlaßte in New York nur eine kleine Zeitung, zu den ganz fetten Lettern zu greifen und das Titelblatt mit der sonderbaren Überschrift zu versehen: „Alle deutschen Herzen schlagen heute höher."

Mag sein, daß den Redakteuren des deutsch-amerikanischen „New Yorker Herold" diese Schlagzeile später leid tat. Auch jene Übersee-Patrioten, die nach der Kriegserklärung mit deutschen Fahnen durch New York zogen, mochten ihre Demonstration später bereut haben. Denn mit der Versenkung der „Lusitania" durch ein deutsches Unterseeboot – 114 Amerikaner verloren dabei ihr Leben – begann sich mehr und mehr antideutsches Sentiment durchzusetzen.

Und dann explodierte auf „Black Tom", einer kleinen Halbinsel gleich hinter der Freiheitsstatue, ein Munitionslager. Es war eine gewaltige Detonation. Hysterie herrschte – und die Annahme, nein, die Gewißheit, daß deutsche Agenten, daß „Krauts" auf „Black Tom" eine Bombe gelegt hatten.

Das wurde nie bestätigt, aber die Hysterie ließ die Stadt nicht mehr los. Überall witterte man deutsche Agenten, überall deutsche Sabotage, überall deutschen Verrat – in den deutschen Vierteln der Stadt herrschte beklommene Unruhe.

Sie wuchs noch, als der Kongreß am 4. und 5. April 1917 für den Krieg gegen Deutschland stimmte, gegen ein Land, aus dem jeder sechste Amerikaner stammte. Deutsche Schiffe, die im Hafen von New York lagen, wurden beschlagnahmt, die Besatzungen interniert. Listen mit den Namen und Adressen solcher New Yorker wurden in den Zeitungen veröffentlicht, die als „feindliche Ausländer" galten – ein Stigma, das viele nie mehr verließ und ruinierte. Die Stadt war voll von Gerüchten, und in jedem spielte ein Deutscher die Schurkenrolle. Überall an den Küsten ahnte man deutsche Unterseeboote. Fangnetze wurden vor dem Hafen von New York angebracht, die U-Boote daran hindern sollten, in die Gewässer vorzudringen, auf denen Tag und Nacht ungeheure Mengen Kriegsmaterial umgeschlagen wurden.

Auf der Fifth Avenue, sie wurde die „Avenue of the Allies" genannt, wehten die Fahnen der verbündeten Länder. Wall Street arrangierte Darlehen für die Alliierten und für jene Industrie, die nun gehörigen Profit mit der Herstellung von Waffen und Kriegsgerät machte. Auf Long Island wurden riesige Camps für Rekruten eingerichtet, und dann gab es in New York wieder Einberufungsbefehle, aber diesmal erhob sich kein Widerstand. Auch die Iren ließen sich einberufen, auch die Söhne deutscher Einwanderer, wenn es auch in den Häusern der deutschstämmigen New Yorker manche tränenreiche Auseinandersetzung gab. Aber dies war nun eine unabweisbare Konsequenz, die sich mit der Auswanderung ergeben hatte: Daß junge Amerikaner auszogen, um, wenn es sich denn so ergäbe, ihre eigenen Verwandten, die im „old country" geblieben waren, zu töten.

Am 27. April 1917 zog die 27. Division aus, die erste von vielen, die über New York an die Front nach Europa geschickt wurden. Die Bürger, die sich von den Soldaten verabschiedeten, empfanden so etwas wie die patriotische Pflicht, ihrerseits ein paar Kriegsopfer zu bringen, also akzeptierten sie den öffentlichen Aufruf – wenigstens nach außen –, einen fleischlosen Dienstag einzuhalten und verzichteten am Sonntag auf die Ausfahrt mit dem Auto, während die Hafenarbeiter auf ihre Weise die Gunst der kriegerischen Stunde nutzten: Sie traten in den Streik.

Am 7. November 1918 meldete eine Nachrichtenagentur voreilig das sieg-

Vier Jahre nach dem Attentat auf Bürgermeister Gaynor war sein Nachfolger Mitchel das Ziel eines Mordversuchs. Mitchel kam mit dem Leben davon. Der Vorgang beunruhigte die Stadt nur für ein paar Tage – sie hatte sich daran gewöhnt, mit steigender Kriminalität und einer korrupten Polizei zu leben

Nur wenige jener Schwarzen, die aus Harlem in den Ersten Weltkrieg zogen und das 369. Infanterie-Regiment bildeten, fanden nach dem Krieg den Dank des Vaterlandes. An der Front war das Regiment, die „Hellfighters", von den dankbaren Franzosen mehrfach hoch dekoriert worden

reiche Ende des Krieges, aber ob nun voreilig oder nicht: New York jubelte. Der Teufel war los auf den Straßen, in den Wohngegenden der Armen ebenso wie in den Vierteln der Reichen. Die Menschen feierten, als sei das Ende aller Sorgen da. Wildfremde Menschen lagen einander in den Armen und zelebrierten ganz ungewohnte Herzlichkeit. Wer eine Uniform trug, wurde gefeiert, als habe er den Krieg allein gewonnen, und vom Balkon des Hotels Knickerbocker sang Enrico Caruso hingerissen „The Star-Spangled Banner" – wahrscheinlich der erste Caruso-Auftritt, für den sich kein Mensch interessierte, denn unter ihm, auf dem Times Square, erstickte der Jubel der Massen die Tenorstimme von oben.

Am 11. November war es dann amtlich: Der Krieg war vorbei, die „boys" würden wieder heimkommen. Und sie kamen. Großartige Paraden zogen durch Manhattan, aber keine war eindrucksvoller als jene, in der die „Hellfighters" die Hauptrolle spielten.

Sie kamen am Morgen des 17. Februar 1919. Sie hatten sich in Frankreich bewährt und hohe französische Kriegsauszeichnungen erhalten – 2000 Soldaten aus New York. 191 von ihnen waren für Tapferkeit geehrt worden, und der Einheit hatten die dankbaren Franzosen gar das „Croix de Guerre" verliehen. Hunderttausende säumten die Fifth Avenue, die „Avenue of the Allies", als das Regiment mit fabelhafter Disziplin nach Norden marschierte. „Die New Yorker", so berichtete die „New York Times" am nächsten Tag, „waren von der großartigen Erscheinung dieser Soldaten tief beeindruckt, die genau so aussahen, wie man sich ein Regiment vorstellt, das in seiner Gesamtheit für Tapferkeit geehrt wurde. Sie marschierten mit der gleichsam beiläufigen, natürlichen Präzision von Männern, die ihren Job gelernt hatten."

James Europe's Ragtime Military Band marschierte voran und elektrisierte die Menschenmassen mit ihrer schmissigen Musik, aber, so erinnerte sich Major Arthur Little später: „Die Menschen, die uns begrüßten, die Zehntausende, die uns umjubelten, die weinenden Frauen und die Männer, die uns ihr ‚God bless you, boys' zuriefen, alle schienen vereint in dem Bemühen, Europe's Band im Jubel untergehen zu lassen."

An der Ecke der 60. Straße zur Fifth Avenue standen die Honoratioren, um die heimgekehrten Helden zu begrüßen. Der Gouverneur Al Smith war da, auch der frühere Gouverneur Charles Whitman, auch der Bürgermeister Robert L. Moran. Sie rechneten es sich zur Ehre an, die Parade abzunehmen, stolz waren sie auf ihre „boys", die so viel Ruhm auf sich geladen hatten.

Das Regiment zog weiter nach Norden. An der 110. Straße bog es nach rechts ab und marschierte auf die Lenox Avenue. „Here comes my Daddy now", intonierte James Europe's Ragtime Military Band, denn nun waren die tapferen Soldaten endlich wirklich daheim – in Harlem.

Die „Hellfighters", die in Europa für Demokratie und Gerechtigkeit gekämpft und Opfer gebracht hatten, waren schwarz. Nur ihre Offiziere waren Weiße.

Hunderttausende säumten die Fifth Avenue, als die „Hellfighters" nach dem Krieg heimkehrten. Für die Dauer der Parade überschütteten die Weißen der Stadt ihre schwarzen Mitbürger mit Sympathie, die dann rasch wieder versiegte. Dem Regiment voran marschierte James Europe's Ragtime Military Band. Europe hat die Musikgeschichte Harlems wesentlich mitgeprägt

Himmel und Hölle Harlem

Das Harlem der Jahrhundertwende war weiß, bürgerlich und sehr gepflegt. Als ein Hausbesitzer Schwarze als Mieter einziehen ließ, begann eine dramatische Veränderung: Aus dem alten Harlem – in dem, so ein Zeuge jener Zeit, „goldhaarige, weißhäutige und blauäugige Margaretchen die Knackwürste mit Sauerkraut servierten" – wurde der Stadtteil der Schwarzen. Die weißen Bürger flohen in Panik, die neuen schwarzen Bewohner sahen hier „das verheißene Land". Aber der Stadtteil im Norden Manhattans entwikkelte sich zum Slum, zum Getto, zum Armenhaus. Nur vorübergehend hatte auch Harlem seine Sternstunde: Als nach dem Ragtime der Jazz und der Blues regierten und Teile Harlems zum Nachtclub der Stadt wurden

Die schwarzen New Yorker zogen nach der Wende zum 20. Jahrhundert in den zuvor bürgerlich-weißen Stadtteil Harlem und richteten sich wohnlich ein. Zwar waren viele ihrer Wohnungen überfüllt, doch sie trugen nicht Schuld an dem Verfall Harlems. Der ergab sich vielmehr, weil weiße Hausbesitzer nur überhöhte Mieten kassierten, für den Erhalt der Häuser aber nichts oder kaum etwas taten

Unter der Anleitung von Männern der Straßenreinigung machten Kinder ihre Nachbarschaft sauber. Harlem litt früh darunter, daß dem schwarzen Stadtteil die Obrigkeit fast nur in der Gestalt weißer Polizisten begegnete, die wenig Skrupel hatten, Schwarze auch mit fadenscheinigen Gründen festzunehmen. Dieses Verhalten führte bei Kindern und Jugendlichen bald zum Haß auf „The Man" – den Weißen

Nirgendwo in New York war die Glaubenssehnsucht größer als im schwarzen Harlem, wo es stets besonders viele Glaubensgemeinschaften und weiße und schwarze Erweckungsbewegungen gab – bis hin zu obskuren „Kirchen" mit selbsternannten „Bischöfen", die nichts anderes als ihren eigenen Profit im Sinn hatten

Als die „Hellfighters" ihre Uniformen ausgezogen hatten und darauf hofften, den Dank des Vaterlandes zu empfangen, wurden sie enttäuscht. Keiner derjenigen Weißen, die ihnen auf der Fifth Avenue einen so triumphalen Empfang bereitet hatten, entbot ihnen mehr ein „God bless you, boy". Die schwarzen Soldaten, gestern noch der Stolz ihres Landes, waren nun, denn so war es in New York immer gewesen, bloß noch günstigenfalls „Negroes", mit denen man nichts zu tun haben wollte, und schlimmstenfalls waren sie „niggers", die ungut rochen, scharf auf weiße Frauen waren, wie die Ferkel hausten und mit richtigen Amerikanern wenig gemein hatten.

„Unsere weißen Landsleute", so hatte einmal ein Schwarzer gesagt, „von denen viele erst seit kurzer Zeit im Lande sind, wissen nichts von uns, und sie haben beschlossen, uns nicht kennenzulernen" – das war in der Tat ein Teil der schwarzen Tragödie. Seit der Zeit der Sklaverei hatten sich alle nur denkbaren Vorurteile gegen die Schwarzen erhalten und verfestigt, wenn man auch nun, nach dem Ende des Ersten Weltkrieges, nicht mehr annahm, die Schwarzen hätten keine Seele und mithin auch keinen Anspruch darauf, wie richtige Menschen behandelt zu werden.

Nie hatten die Schwarzen eine faire Chance, an dem Kampf um Job und Karriere und Erfolg gleichberechtigt teilzunehmen. Gewiß, trotz aller Widerstände setzten sich ebenso willensstarke wie glückhafte Schwarze durch und brachten es zu angesehenen Positionen und sogar zu Reichtümern, aber die überwältigende Mehrheit war von den Grenzen des schwarzen Gettos so fest umschlossen wie von den Mauern eines Zuchthauses. In New York galt für sie, was überall im Lande galt: „If you are white, you are alright. If you are brown, stick around. If you are black – stay back."

Das hatte in New York stets auch für die Wohnbezirke der Schwarzen gegolten. Nie gab es in der Stadt rassische Ko-Existenz in Nachbarschaften, nie Integration. Die Schwarzen hatten unter sich zu bleiben, und zwar gleichgültig, ob sie ambitionierte, talentierte und arbeitswillige Schwarze waren oder kriminelle, arbeitsscheue und asoziale Schwarze. Früh hatten jene, die von der Aufnahme in den New Yorker „mainstream" träumten und bereit waren, die Spielregeln amerikanischer Mobilität einzuhalten, begriffen, daß es auch für sie nie einen Ausbruch aus dem Getto geben würde: Man würde sie immer mit jenen Schwarzen gleichstellen, die nachts auf Raubzüge gingen und allen Schwarzen der Stadt einen miserablen Ruf verschafften.

Vor 1900 hatten die meisten Schwarzen in Greenwich Village gewohnt, auch in MacDougal, Bleecker und Sullivan, aber dann, in einer jener sonderbaren Veränderungen ganzer Viertel in der Stadt, wurde das Village weiß, die Schwarzen zogen aus. Was einmal „Little Africa" gewesen war, wurde nun „Little Italy", andere Teile des Village wurden von anderen Weißen okkupiert.

Auf die Westseite von Manhattan zogen die Schwarzen, in das Gebiet zwischen den Zwanziger und den Fünfziger Straßen westlich der Sixth Avenue, die in der Stadt „African Broadway" genannt wurde. 1895 berichtete die „Tribune" aus dem schwarzen New York, das den meisten Weißen in der Stadt so fremd wie der Südpol war, denn natürlich ging man nicht über den „African Broadway", wenn man nicht unbedingt mußte: „Etwa 10 000 Schwarze haben sich bereits in dieser Gegend niedergelassen, in der ständig so etwas wie eine Modenschau stattzufinden scheint. Dabei ist es ein Wunder, wie die Männer ihre Frauen und Familien ernähren, denn sie arbeiten nicht und lungern ganze Tage an den Straßenecken herum. Alle Geschäfte in diesem Viertel sind Eigentum von Weißen. Es gibt kaum einen Schwarzen, der einen Laden besitzt. Deutsche verkaufen ihnen Lebensmittel, Juden verkaufen ihnen Kleidung. Selbst die arbeitsamsten Schwarzen finden höchstens einmal einen Gelegenheitsjob. Die Menschen sind arm. Nur ein Dollar trennt sie vom Hunger." Die Zeitschrift „Harper's Weekly" schrieb 1897: „Die Schwarzen leben ihr leichtherziges Leben des Vergnügens, der Verwirrung, der Musik, des Lärms und jener bösartigen Kämpfe, die für weiße Nachbarn und für die Hausbesitzer einen ständigen Schrecken darstellen."

Daß es auf der Westseite Manhattans nicht immer sehr „kultiviert" im Sinne weißer Verhaltensformen zuging, wußte auch W.E.B. Du Bois, ein schwarzer Intellektueller. Er erklärte, daß es sich bei vielen dieser Schwarzen um die „Baumwollpflücker von gestern" handele, die man im Süden des Landes nie mit schwarzer oder weißer Kultur in Verbindung kommen ließ. Die große Stadt, in der sie nun lebten, verwirrte und provozierte sie, und in dem Maße, in dem sie einsehen mußten, daß sie, so sehr sie sich auch bemühten, keinen Job und keinen Erfolg haben würden, wurde mehr und mehr zunächst gutgemeinte Energie zu krimineller Kraft: Irgendwie mußte ein Mann schließlich beweisen, daß er ein Mann und eben in der Lage war, seine Familie zu versorgen.

Die Tatsache, daß die traditionell negerfeindlichen Iren die Westseite Manhattans für ihr Terrain hielten, machte die Lage für die Schwarzen nicht besser. Böse Spannung herrschte an jenen Nahtstellen, an denen Iren und Schwarze, nur durch eine Straße getrennt, nahe beieinander wohnten. Die Häuser der Iren waren so heruntergekommen wie die der Schwarzen, aber die Schwarzen mußten weitaus höhere Mieten zahlen. „Harper's Weekly" schrieb darüber: „Wohnungen werden in New York nur dann an Schwarze vermietet,

Die Morningside Avenue an der 145. Straße in Harlem um 1911. Zu dieser Zeit hatte die Massenflucht der Weißen aus dem Viertel längst begonnen, die keine Nachbarschaft mit den Schwarzen wollten. Verzweifelte Bemühungen weißer Hausbesitzer scheiterten, die Schwarzen irgendwo außerhalb der Stadt anzusiedeln: Der Stadtteil war für seine alten Bewohner unwiederbringlich verloren

wenn sich kein weißer Mieter findet. Dann setzen die Hausbesitzer die Mieten um 30 bis 50 Prozent herauf und erlauben den Schwarzen, eine Straße, manchmal auch eine ganze Nachbarschaft zu bewohnen. Solche schwarzen Sektionen sind schrecklich überfüllt."

Und weiter „Harper's Weekly" aus dem Jahre 1900: „Die Hausbesitzer verlangen für minderwertige Häuser und Wohnungen enorme Mieten von den Schwarzen. Tatsächlich nehmen deshalb die Hausbesitzer sehr viel mehr Geld ein als zu jener Zeit, in der sie ihren Besitz an Weiße vermietet hatten. Mehr noch: Nichts wird in den Häusern repariert, alles verfällt. Wenn man bedenkt, wie unerträglich ihre Behausungen sind, ist es erstaunlich, daß sich die Schwarzen so friedlich verhalten."

Die Mietwucherer hatten, genau wie in den „tenements" der Weißen, gute Tage. Einmal im Monat ließen sie ihre Eintreiber durch den schwarzen Bezirk gehen und gnadenlos kassieren. Viele Schwarze konnten die horrenden Mieten nur zahlen, indem sie „boarders" aufnahmen, Fremde, die gegen ein paar Cent in den ohnehin überfüllten Wohnungen übernachten durften – das war den „landlords", den Hausbesitzern, egal: Sie trieben ein Maximum an Profit ein, weil sie wußten, daß die Häuser schon bald nur mehr Ruinen sein würden – dann mußte genügend Geld beieinander sein, um irgendwo neu zu bauen.

Nur bei sehr, sehr standfesten Menschen gedeiht unter solchen Umständen die Moral, aber viele auf der Westseite Manhattans waren nie sehr standfest gewesen, weil ihnen ihr Land nie erlaubt hatte, auch nur einmal einen soliden Stand zu haben. Also ging die Hurerei im schwarzen Revier um, das man „Hell's Kitchen" und „Tenderloin" nannte. Wer es nur eben konnte, verließ den verruchten Bezirk und zog nach Brooklyn, wo sich ein Getto der schwarzen Elite bildete. Die weitaus meisten aber hatten die Mittel nicht, dem „Zirkus Satans" zu entfliehen, manche hatten auch den Willen nicht mehr, manche waren längst innerlich zerbrochen, bedauernswerte Krüppel mit heilen Kno-

In einer Zigarrenmanufaktur arbeiteten Weiße und Schwarze Seite an Seite, aber viele andere Berufe waren den Schwarzen verschlossen. Da sich viele arbeitslose Schwarze in harten Zeiten als Streikbrecher verdingten, nahmen noch Jahrzehnte später die Gewerkschaften keine Schwarzen als Mitglieder auf

chen, die man daran hinderte, ein Leben nach jenen Maßstäben zu leben, die ein paar hundert Meter weiter im New York der Weißen galten.

Kaschemmen etablierten sich, Bars, verschlampte, aber auch wunderhübsche Huren standen überall. Aus Kneipen klang Ragtime – jene Klaviermusik, die gerade begann, der große musikalische Renner der Zeit zu werden. Auf den Straßen standen die Menschen, die es sich nicht leisten konnten, in die Kneipen zu gehen, und sie wanden ihre schlanken und muskulösen Körper nach den Takten der Musik. An warmen Sommerabenden, wenn in den unventilierten Wohnungen die Temperaturen weit über 40 Grad Celsius lagen, versammelte sich alles auf den Straßen, Kinder weinten, Betrunkene grölten, Ehepaare stritten, es gab Schlägereien, Nacht für Nacht für Nacht.

An einem solchen schwülen Sommertag des Jahres 1900 ging Arthur Harris, ein Schwarzer, mit seiner Frau an der Eight Avenue eine Zigarre kaufen. Beim Verlassen des Ladens sah er, daß ein Weißer seine draußen wartende Frau belästigte. Als Harris sie befreien wollte, zog der Weiße einen Polizeiknüppel und schlug zu. Harris griff zu seinem Messer und stach – der Weiße brach zusammen. Er war, erwies sich, ein Polizist in Zivil und hieß Robert J. Thorpe.

Böse Gerüchte gingen um, als man Thorpe zu Grabe trug. Man werde Rache nehmen, hieß es in der Trauergemeinde, schnell und blutig. Irische Gangs hörten mit Wonne davon; ohnehin, fanden sie, war es hohe Zeit, ein „nigger slaughter" zu veranstalten, ein Gemetzel unter den Schwarzen.

Die Nacht der langen Messer kam am 15. August, und sie wurde schrecklich. Die schlimmste und blutigste Verfolgung der Schwarzen seit den „draft riots" des Jahres 1863 spielte sich auf Manhattans Westseite ab. Iren wüteten in jenem blinden Haß, den sie immer noch nicht abgelegt hatten, sie demütigten, schlugen und stachen und zerstörten, nichts hielt sie auf. Polizisten standen auf den Bürgersteigen und sahen gleichmütig zu, wie jene blutig geschlagen wurden, die hier daheim und doch heimatlos waren; mehr noch: Hilflose Schwarze, die sich zu den Polizisten flüchteten und um Schutz baten, wurden gnadenlos dem rasenden Mob entgegengestoßen. Dann schlugen die Polizisten auch selber zu, in jedem Schlag lag der Haß auf „die Mörder" ihres Kollegen Thorpe, und selbst auf den Polizeistationen gaben die Männer von „New York's Finest" noch keine Ruhe und droschen auf Schwarze ein, ehe man sie in die Zellen drängte und des Landfriedensbruchs bezichtigte.

„Die Stadt hat Schande auf sich geladen", schrieb die „Tribune", aber ein Journalist von „Harper's Weekly" traf nach dem Blutbad eine Menge Weiße, die ungeniert sagten: „Wir hätten uns gefreut, wenn viel mehr Schwarze totgeschlagen worden wären."

Die Nacht in „Hell's Kitchen" hatte kaum rechtliche Folgen für die beteiligten Weißen. Eine Untersuchung der Vorgänge geriet zur Farce. Die Obrigkeit vereinigte sich zu einem Komplott, das sich weigerte, die völlig klare Schuldsituation anzuerkennen und Konsequenzen zu ziehen. Den Schwarzen wurde auf bedrückende Weise klar, daß sie auf Manhattans West Side zu Freiwild geworden waren. Es war vorbei mit der fröhlichen Ragtime-Musik.

Unterdessen hatten sich sehr viel weiter nördlich in der Stadt, in Harlem, zwei Hausbesitzer miteinander zerstritten. So bösartig wurde der Streit, daß einer der beiden, um Rache am Nachbarn zu nehmen, sein Haus für Schwarze freigab. Der Schwarze, dem das Haus zur Miete angeboten wurde, hieß Philip A. Payton, Jr., den man später den „Vater des schwarzen Harlem" nannte.

Payton wußte, daß eine Bresche geschlagen war, als die ersten Schwarzen einzogen. Er wußte, daß sich Panik in der weißen Nachbarschaft ausbreiten würde. Ganze Straßen würden bald für Schwarze zur Verfügung stehen, ganze Blocks, vielleicht gar eines Tages ganz Harlem. Er gründete smart die „Afro-American Realty Company".

Das Harlem der Jahrhundertwende, das ein bösartiger Hausbesitzer und Philip A. Payton, Jr., nun auf den Kopf stellten, war bis dahin gleichsam der gemütliche Teil einer Stadt, die im übrigen keinen sehr hochentwickelten Sinn für Beschaulichkeit hatte. Brave Bürger hatten sich in Harlem niedergelassen, die ihre Ruhe wollten. Wolkenkratzer gab es nicht, so daß die Sonne in Gärten scheinen konnte, in denen Blumen und Sträucher liebevoll gepflegt wurden. Wer von „downtown", aus dem lärmenden, hektischen Zentrum Manhattans, nach Harlem kam, konnte das Gefühl haben, in einem anderen Land angekommen zu sein.

Mittelklasse hatte sich in Harlem etabliert, Arbeiter und Handwerker und Geschäftsleute aller möglichen europäischen Herkunft, und westlich der Lenox Avenue wohnte sogar, was man die „upper middle class" nannte, ja, auch Reichtum hatte sich in Harlem niedergelassen und lebte in hochherrschaftlichen Villen. Richter wohnten in Harlem, prominente Geschäftsleute, auch Politiker; sie schickten ihre Kinder in die Grammar School 68, die man die „Silk-Stocking School" nannte, die Schule der Seidenstrümpfe, so fein war sie. Viele Deutsche wohnten in Harlem – gelegentlich stellten sie, wenn in ihrer Nachbarschaft ein Haus zu vermieten war, ein Schild in den Vorgarten, auf dem stand „Keine Juden und keine Hunde" –, aber auch begüterte Juden lebten hier, denn, von Ausnahmen abgesehen, die Ko-Existenz der Rassen und Nationalitäten war gut. Man war in dem Wunsch verbunden, von der lärmenden Betriebsamkeit des

In der Henrietta School wurde abends Rechnen unterrichtet. Viele junge Schwarze, insbesondere solche, die aus dem agrarischen Süden zuzogen, bemühten sich intensiv, den Bildungsvorsprung der Städter aufzuholen. Aber nur selten wurde diese Anstrengung gelohnt. Harlems Schulsystem war den anderen in der Stadt hoffnungslos unterlegen

südlicheren Teils von Manhattan in Ruhe gelassen zu werden.

Aber New York ließ sie nicht in Ruhe. Noch saßen die guten Bürger von Harlem abends in Pabst's Restaurant oder im Harlem Opera House auf der Westseite der 125. Straße, aber schon bald würde ein Freund dem Schriftsteller Konrad Bercovici schreiben: „Harlem? Das alte Harlem ist tot, Ich habe dort mein ganzes Leben verbracht, bis ich kürzlich von Negern verdrängt wurde, die Harlem besetzten. All die Gemütlichkeit von Harlem – vorbei. Vorbei ist es mit den gemütlichen Weinstuben, in denen man seine Pfeife rauchen und ein Glas Rheinwein trinken konnte. Vorbei die Zeit der Liedertafel. Vorbei auch die Turnvereine und die Chöre, mit denen man friedvolle Abende verbrachte. Vorüber die alten Restaurants, in denen goldhaarige, weißhäutige und blauäugige Margaretchen die Knackwürste mit Sauerkraut servierten. Vorbei ist es mit den schönen Häusern. Es war so angenehm, an einem Sommerabend auf Harlems Straßen zu bummeln, wenn junge Frauen zur Zither ihre Lieder sangen – vorbei."

Ja, das war nun in der Tat alles vorbei, so sehr sich auch die Weißen gegen die Invasion der Schwarzen wehrten. Bürgerkomitees wurden gebildet. „Schlagt die schwarzen Horden zurück", rief die „Harlem Home News" auf, ein Nachbarschaftsblatt, aber unterdessen flohen schon Weiße, als stünde die Pest vor der Tür. John G. Taylor, Präsident einer Haus- und Grundbesitzervereinigung von Harlem, schlug vor, alle Weißen sollten Geld spenden, damit man den Schwarzen irgendwo außerhalb der Stadt ein paar Grundstücke kaufen konnte, wohin sie dann in Gottes Namen ziehen sollten, aber inzwischen hatten die ersten Hausbesitzer schon aufgegeben und den Deich immer weiter für die „schwarze Flut" geöffnet. Banken wurden aufgefordert, sofort jede Beziehung zu Kunden abzubrechen, die Schwarze in ihre Häuser

In Harlem gab es Kultstätten für alle Glaubensbekenntnisse, auch einen jüdischen Tempel. Wentworth Matthews war hier der erste Rabbiner, der zu seiner Amtseinführung eine kleine Gemeinde um sich versammelte

ließen, aber smarte Bankleute ließen sich natürlich die glänzenden Geschäfte mit Hausbesitzern nicht entgehen, die ihre Häuser mit Schwarzen vollstopften und dann Kasse machten. Verzweifelt schlug Taylor vor, einen hohen Zaun, so etwas also wie die spätere Mauer von Berlin, zu errichten und damit die Grenze für Schwarze zu markieren, aber das war ganz offenkundig Unfug; niemand nahm ihn ernst.

Die Entscheidung war gefallen. Harlem wurde schwarz. Massenhaft zogen die Weißen aus, fort, nur fort, möglichst weit fort. Nach und nach kamen die Schwarzen, die nun wieder, ganz wie im „Tenderloin" der West Side, aberwitzige Mieten zu zahlen hatten. Ein Stadtteil erlebte eine sonderbare Revolution.

Nur annähernd 15 000 der insgesamt 722 670 Familien, die 1900 in New York City lebten, waren schwarz. Es konnte mithin keine Rede davon sein, daß die Schwarzen einen erheblichen Anteil der Bevölkerung bildeten. Mindestens theoretisch bestand für New York City die Möglichkeit, die kleine Minderheit der Schwarzen zu integrieren, ihr eine Chance zu geben, sie so zu akzeptieren, wie sie zuvor Deutsche und Griechen und Italiener und Juden aus Rußland und Menschen aus aller anderen Herren Länder akzeptiert hatte. Nun aber zahlte die Stadt für ihren Rassismus mit der Hergabe eines Stadtteils.

„Harlem", verkündete Pastor Adam Clayton Powell, Sr., in seiner Abyssinian Baptist Church vor einer schwarzen Gemeinde, die bekräftigend „Amen! Amen!" dazwischenrief, „Harlem ist das Symbol der Freiheit! Harlem ist das verheißene Land für alle Schwarzen!"

„Harlem", sagten dagegen jene Weißen, die immer noch verzweifelte Rückzugsgefechte unternahmen, „sei verpestet von Tanzhallenhuren und ihren diamantenbehängten Liebhabern." Harlem, so schrieb die Lokalzeitung der letzten Weißen, sei „ein Ort geworden, an dem sich Diebe und Einbrecher das Geld holen, mit dem sie ihren Lebensunterhalt bestreiten", und dann zitierte das Blatt einen Weißen, der vielen aus dem Herzen sprach: „Ich bin dafür", sagte er, „das Pack zu lynchen."

Adam Clayton Powell, Sr., war lange ein einflußreicher Mann in Harlem. Er verstand die Besiedlung Harlems durch die Schwarzen als Bewährungsprobe und beschwor seine Gemeinde, durch disziplinierte Arbeit und frommes Leben aus Harlem ein schwarzes Vorbild zu machen

Zu dieser Zeit waren viele Hausbesitzer in Harlem schon dabei, nach bewährten Mustern aus einer Wohnung mehrere kleine Wohnungen zu machen. Aus Häusern, in denen einmal kultivierte Menschen ihren Lebensabend verbringen wollten, wurden Mietskasernen, deren Niedergang eingeplant war, als die ersten Schwarzen einzogen. Wieder ließen die Hausbesitzer ihr Eigentum verkommen und kassierten. Sie, nicht die Schwarzen, ruinierten Harlem.

Wieder, wie auf der West Side, gab es kaum schwarze Geschäftsleute. Wieder verkauften Deutsche den Schwarzen die Lebensmittel, und Juden verkauften ihnen Kleidung. Schwarze eröffneten „saloons", doch Schwarze bevorzugten die „saloons" der Weißen.

„Gründet Existenzen", forderte Pastor Powell, der als Geistlicher auch so etwas wie der politische Führer Harlems war, „arbeitet hart! Nutzt die Chance!", und das taten gewiß auch einige der neuen Bewohner Harlems, doch Powell sah, daß seine Appelle weithin nicht befolgt wurden. Stattdessen trieb es das junge, schwarze Harlem in die Tanzhallen, wo sie, zum Entsetzen Powells, den unanständigen Tango tanzten. Den „Lover's walk" tanzten sie, das fand der Geistliche obszön. „Sünde und Unmoral überall", sah Powell. „Die schwarze Rasse tanzt sich zu Tode", beschwor er seine Gemeinde. Am Abend aber waren die Tanzhallen wieder voll, besonders jene, in der James Europe mit seiner berühmten Band spielte.

In dieser Zeit, noch vor dem Eintritt der Vereinigten Staaten in den Ersten Weltkrieg, begann in Harlem, was später eine musikalische Bewegung wurde. Nach dem Tango und dem Walzer kam der Jazz, und mit dem Jazz kamen auch Moden auf, die Pastor Powell entsetzten.

Frauen rauchten Zigaretten: „Welch unsagbare Entheiligung der Mutterschaft!", wetterte Powell. Die „Complexion Wonder Creme" wurde Mode, die helle aus schwarzer Haut zu machen versprach und außerdem „bessere Stellungen im Berufsleben". „Black-No-More" hieß ein anderes Produkt, das auf die Erfüllung uneingestandener Wünsche vieler Schwarzer spekulierte. „Wonder Uncurl" wurde den schwarzen Frauen angepriesen, die damit begonnen hatten, weißen Schönheitsidealen zu folgen, also die „Negerwolle" glätten und „schöne" Haare nach weißem Vorbild haben wollten. Noch während sich das schwarze Harlem etablierte, wurde deutlich, wie nachhaltig das weiße Amerika seine schwarzen Mitbürger um ihr Selbstverständnis gebracht hatte, denn keineswegs nur smarte Weiße brachten Produkte auf den Markt, die weiß aus schwarz zu machen versprachen, sondern auch – und vor allem – Schwarze beteiligten sich an einem Riesengeschäft, das verriet, wie sehr die Schwarzen bereit waren, alles, selbst den offenkundigsten Schwindel, zu probieren, um nur endlich die Geißel ihrer Hautfarbe loszuwerden.

Adam Clayton Powell verstand Harlem als eine großartige Chance zur schwarzen Selbstverwirklichung. Ihm schwebte ein moralisch unanfechtbares Harlem vor, ein arbeitendes und gottgläubiges Harlem, ein Harlem, das weiße Kaufleute nicht brauchte und stolz und in allen Teilen selbständig sein konnte. Der bloß formalen Entlassung aus der Versklavung mußte, so meinte der Pastor, die innere Emanzipation des Schwarzen folgen, seine Selbstfindung. Nicht das Weiße war nachzuahmen, sondern das Schwarze recht eigentlich erst zu entdecken und dann zu kultivieren; dann, aber nur dann, sah Powell in Harlem das „verheißene Land aller Schwarzen".

Es entstand nicht. Die meisten Schwarzen hatten die Willenskraft nicht, die Powell verlangte, und selbst wenn man sie hatte: Was verschlug sie, wenn man nie eine Chance erhielt? So lebten viele nur von Tag zu Tag. Sie waren noch nicht einmal stolz genug, jene Theater und Shows zu boykottieren, die, aus dem weißen Harlem übrig geblieben, nach und nach damit begannen, auch Schwarze einzulassen, wenn auch nur in den „nigger heaven", auf den Balkon, damit ihre Anwesenheit die weißen Besucher nicht störte. Wo auch immer ein Schwarzer versuchte, sich selbständig zu machen und einen Laden zu eröffnen, er hatte es schwer, er fand kaum Kundschaft; man ging weiterhin zu weißen Kaufleuten. Ein bestürzender Minderwertigkeitskomplex der Schwarzen drückte sich darin aus, der ganz offenbar seiner eigenen Rasse nicht zutraute, ein Geschäft zu betreiben, das dem eines Weißen ebenbürtig sein könnte.

Ein Mann bewacht die Habe seiner Familie. Er konnte die überhöhte Miete nicht mehr zahlen und wurde aus der Wohnung in Harlem hinausgeworfen. Viele Hausbesitzer, die nicht in Harlem wohnten, ließen die Mieten durch Eintreiber kassieren, deren Gnadenlosigkeit gefürchtet war

Gleichwohl, „Harlem" wurde für Schwarze überall in den Vereinigten Staaten zum Synonym für eine Stadt, in der es nicht nur schwarze Freiheit, sondern auch täglich Milch und Honig gab. Als der Erste Weltkrieg die Einwanderung der Europäer stoppte und die Industrie Arbeitskraft brauchte, zogen immer mehr Schwarze vor allem aus den amerikanischen Südstaaten nach Harlem. Täglich gingen ungezählte Briefe aus Harlem in den amerikanischen Süden, in denen mit den unerhörten Vorzügen Harlems geprahlt wurde, und täglich führten diese Briefe dazu, daß irgendwo im Süden beschlossen wurde, nach New York zu gehen, nach Harlem, zu den „brothers and sisters".

Und in der Tat: Wer in New York einen Job fand, verdiente mehr und hatte einen kürzeren Arbeitstag als jener, der im amerikanischen Süden lebte und sich auf den Feldern der Farmer plagte. Überdies gab es in New York bei allen Schwierigkeiten, die Schwarzen gemacht wurden, weniger offene Repression als im Süden, wo noch regelmäßig gelyncht wurde und der Schwarze immer noch auch dann „boy" hieß, wenn er schon ein Greis war. Schließlich waren die Vergnügungen, die Harlem bot, eine ungeheure Attraktion für solche Schwarzen, die bisher kaum mehr als die Arbeit auf dem Lande kannten, lange, harte Tage, an deren Ende man körperlich viel zu erschöpft war, als daß man auch nur auf den Gedanken gekommen wäre, noch irgendetwas zu unternehmen; mit einem Wort: Mochte auch Harlem seine Nachteile haben, sie wurden mehr als nur aufgewogen durch die Vorzüge – auch und vor allem jenen Vorzug, im großartigen New York zu leben.

Es wurde eng in Harlem. 1915 ermittelte man, daß nahezu jeder dritte Bewohner in Harlem ein „lodger" war, ein „boarder", also jemand, der nicht genügend Geld für eine eigene Mietwohnung hatte und deshalb gegen einen kleinen Zuschuß in irgendeiner Wohnung unterkroch. Nur 30 Prozent dieser Untermieter gehörten zu der Großfamilie, bei der sie wohnten, und: 88 Prozent der Wohnungen, in denen „boarder" hausten, waren von Frauen gemietet, die keinen Mann hatten.

Die vaterlose Familie – das war eine andere Tragödie Harlems, und sie blieb es noch lange. Massenhaft liefen schwarze Männer ihren Familien davon, entweder aus Scham, weil sie nicht in der Lage waren, sie anständig zu versorgen, oder aus Verantwortungslosigkeit, oder weil die Ehe unter der ständigen Last materieller Unzulänglichkeiten – und oft genug mit

schlimmen Schlägereien – zerbrochen war. Wo aber der Vater fehlte, mußte die Mutter arbeiten gehen, vom frühen Morgen bis zum späten Abend, also waren die Kinder sich selber und, schlimmer noch, der Straße überlassen: Das „Schlüsselkind", das sehr viel später in Deutschland sorgenvolle Betrachtungen von Sozialpsychologen auslösen würde, gab es in Harlem immer, und deshalb gab es früh auch die unvermeidlichen Folgen, die sich einstellen, wenn ein heranwachsendes Kind in seinen prägenden Jahren dem Gesetz der Straße unterworfen war.

Die Hausse war mit dem Ende des Ersten Weltkriegs vorüber, Jobs gingen verloren, Hoffnung ging unter. Die „Hellfighters" konnten sich für ihre Orden nichts kaufen. Bitterkeit zog in Harlem ein. Das war die Stunde des Marcus Garvey.

Er war einer jener Schwarzen, die von Zeit zu Zeit auf sonderbare, meist auf skurrile Weise in Harlems Schicksal eingriffen und sich stets den Anschein des Erlösers gaben. Marcus Garvey, überzeugt davon, daß die Schwarzen in Amerika „no future" hätten, ein blendender Rhetor und charismatischer Führer, gründete die

Unter dem Vorsitz der Frau des Pressemagnaten William Randolph Hearst versorgte ein Hilfskomitee bedürftige Kinder in Harlem mit Milch. Es gab stets viele solcher wohltätigen Komitees, und alljährlich wurden im weißen New York für das schwarze New York erhebliche Spenden gesammelt. Doch die Spannung zwischen den Rassen wurde dadurch nie abgebaut

„Universal Negro Improvement Association", die größte schwarze Massenbewegung, die es je in Amerika gegeben hatte. In seiner „Liberty Hall" auf der Westseite der 138. Straße predigte er, was er auch in seiner Zeitung, der „Negro World", schrieb: Daß die Schwarzen nach Afrika blicken müßten, denn dort liege nicht nur ihre Vergangenheit, sondern auch ihre Zukunft.

1919, als blutige Negerverfolgungen durch das Land gingen, kam die Botschaft des Erlösers besonders gut an. Ein Jahr später behauptete Garvey, zwei Millionen Anhänger zu haben. Militante Schwarze, des rassistischen Amerika und des egoistischen New York überdrüssig, strömten zu Garvey, der seinen Gläubigen kolossale Gemälde malte: „Laßt uns", rief er, als seine Association zu ihrer ersten großen Versammlung zusammenkam, „laßt uns heimgehen nach Afrika und aus Afrika eine große schwarze Republik machen! Was hindert uns? Der weiße Mann hindert uns. Aber heute sagen wir dem weißen Mann, der Afri-

Marcus Garvey, der zu offiziellen Anlässen gern einen mächtigen Federbusch auf dem Hut trug, galt vorübergehend als Retter Harlems, als er die Schwarzen zur Rückkehr nach Afrika aufrief. Er stellte Männer- und Frauen-Brigaden auf, gründete eine Reederei, ließ prächtige Paraden durch Harlem marschieren – und endete im Gefängnis

ka beherrscht: Verschwinde! Es ist in Deinem Interesse, zu verschwinden, und zwar sofort, denn wir kommen! Wir kommen, um uns auch die allerletzte jener 12 000 000 Quadratmeilen wiederzuholen, die uns in Afrika nach göttlichem Recht gehören!".

Das war eine wunderschöne Vision, die zündete. Wenigstens in ihrer Phantasie entstand für seine ekstatischen Zuhörer ein Vaterland ganz ohne Weiße, ganz ohne „if you are black – stay back", ganz ohne haßerfüllte Iren und ausbeuterische Hausbesitzer, weiße Polizisten und jüdische und deutsche Kaufleute. Sie lärmten Beifall.

Garvey, ein Meister der grandiosen Geste, ernannte sich zum „Provisional President of Africa". Er gründete die „Black Star Steamship Company", das Herz eines umfassenden Unternehmens. Vorstandsmitglieder wurden zu Rittern geschlagen, 6000 Zuschauer in der „Liberty Hall" waren ergriffen und sahen eine gloriose Zukunft in jenem Erdteil voraus, aus dem man ihre Vorfahren einst verschleppt hatte und in das nun bald die Ritter aus Harlem zurückkehren würden.

Ein „Herzog von Uganda" wurde gekürt, der „Herzog von Niger", ein „Kommandeur der Ritterschaft von Äthiopien" – allen erteilte Marcus Harvey, die „Exzellenz", weihevoll den Ritterschlag. Niemand führte so pompöse Paraden durch Harlem wie Marcus Garvey, denn er kannte seine Pappenheimer: Die Schwarzen in New York City waren so vernarrt in prächtige Paraden wie die Weißen; wenigstens darin waren sie sich einig. Stolz stand ganz Harlem am Straßenrand, wenn Garvey das kommende Afrika über die Avenuen führte: militärische Einheiten der „Universal Negro Improvement Association" vorab, schneidig und in vorbildlicher Marschordnung. Musikkapellen, die sich mit allen im Lande messen konnten. Transparente flatterten, auf denen die alsbaldige Ankunft in Afrika avisiert wurde. Die „African Legion" paradierte, auch ein „African Motor Corps", auch die „Black Star Nurses", die ganz in Weiß gekleidet waren, während Garvey die Männer in bunte Phantasieuniformen gesteckt hatte. Fasziniert und stolz sah das Volk am Straßenrand, zu welcher Prachtentfaltung die Schwarzen fähig waren, zu welchem Aufwand, zu welcher Disziplin – Marcus Garvey, kein Zweifel, war der Erlöser.

Dann, 1925, sperrten die Weißen den „Provisional President of Africa" ein. Betrug warfen sie ihm vor. In einem Gefängnis im südstaatlichen Atlanta saß nun der Mann, der die Schwarzen hatte retten wollen. Dann wies ihn die weiße Obrigkeit aus dem Lande, das war formal möglich, denn Garvey stammte aus Jamaika, und dann starb er in London.

Marcus Garvey war kein Gauner, auch wenn sich keine seiner vielen Versprechungen realisierte. Er war so wenig ein Gauner, wie seine vielen Anhänger Gauner waren. Ein Weltflüchtling war er eher, ein Romantiker, ein Träumer, dessen Anhänger einen überwältigenden Hunger nach guten Träumen hatten. Seine Visionen vom freien, schwarzen Afrika hatten den Menschen von Harlem ganz einfach gut getan. Im deprimierenden Alltag, von dem man wußte, daß er morgen wieder so trist und aussichtslos verlaufen würde wie heute, waren Garveys Botschaften wie heilende Bäder. Harlem war tief betroffen über den Sturz des Mannes, der so schöne Botschaften gehabt hatte, und: Harlem blieb weiter bereit für neue Erlöser.

Jeder in Harlem, der auch nur ein bißchen Gefühl für die Stimmung im Volke hatte, wußte das, und viele versuchten, die Rolle des Erlösers zu übernehmen. Neben den etablierten Kirchen, in denen, ganz anders als in den Gotteshäusern der Weißen, sinnliche, ekstatische, geradezu orgiastische Gottesdienste stattfanden, gründeten sich „Ladenkirchen", die in vormaligen Milch- oder Schuhgeschäften bisweilen sonderbare Worte Gottes predigten. Scharlatane nutzten die Bereitschaft zu tiefem Glauben, die es überall in Harlem gab. Sie zogen den Gläubigen das Geld aus der Tasche, und wenn sie Glück hatten, hielt sich die Kirche eine Weile und sanierte den Religionsstifter, und dann war jäh die „Ladenkirche" geschlossen und der selbsternannte Bischof spurlos

Auf den Straßen Harlems wurde mit Gebet und Trompete zu Gott gerufen. Manche kleine Gemeinde mietete sich einen Laden als Kirche und hielt dort Gottesdienst. Die ebenso tiefe wie bisweilen ekstatische Religiosität der Schwarzen hat sich bis heute in Harlem erhalten

„Father Divine", der „Göttliche Vater", galt als Erlöser Harlems. Er predigte nicht nur, sondern gründete eine Ladenkette, Restaurants und Landkommunen. Nachdem er vorübergehend festgenommen worden war, begrüßten ihn seine Gläubigen begeistert in der Freiheit

verschwunden, vielleicht eröffnete er gerade eine neue Kirche in Newark oder Jersey City.

Auch „Father Divine", der bürgerlich George Baker hieß, kam als Erlöser nach Harlem, und auch er galt dem schwarzen Viertel der Stadt als der Mann, mit dem endlich, endlich das Glück zu ihnen gekommen war. Zwölf Jahre lang hatte der „Göttliche Vater" in Sayville auf Long Island gewirkt, ein kleiner, fast zwergenhafter Schwarzer, der so faszinierend predigte, daß ihm auch Weiße zugelaufen waren. Dann hatten weiße Nachbarn an den tumultuösen Gottesdiensten Anstoß genommen, die Father Divine abzuhalten pflegte. Er kam vor Gericht, wo er bestritt, ein einfacher Mensch zu sein. Richter Smith blieb unbeeindruckt und verurteilte George Baker zu einem Jahr Gefängnis.

Drei Tage später, rätselhaft genug, war Richter Smith tot. Father Divine lächelte nur. Hatte er nicht immer gesagt, daß er kein einfacher Mensch war? Zweifelte noch jemand an seiner Besonderheit?

Er kam, wieder in Freiheit, von Sayville nach Harlem – und eroberte es. Im Rockland Palace, früher der größte Ballsaal weit und breit, drängten sich schon wieder die Menschen und jauchzten und hatten Visionen, und Father Divine war nicht der Mensch, sie zu enttäuschen: „Friede!", rief er den Verzückten zu, „Friede und Gesundheit! Guten Willen und guten Appetit! Freiheit, Glück und ein ewiges Leben! Ich gebe euch Freude und Frieden! Ich bin euer Glück! Was immer ihr wollt: Ruft meinen Geist, und er wird euch geben! Ja, ihr habt meine Gegenwart in euren Herzen erkannt! Ich bin hier und dort und überall!".

Unterkunft konnte man durch Father Divine erhalten, preiswert und gut – ein Wunder. Überall in Harlem wurden Restaurants eröffnet, die Father Divine gehörten, und das Essen war nahrhaft und schmeckte, und die Preise waren niedrig – noch ein Wunder. Landkommunen richtete er ein, die tatsächlich funktionierten – schon wieder ein Wunder. Ganz Harlem sprach von ihm als von einem Mann, der, ganz anders als alle Schönredner, wirklich etwas tat, aber dazu redete er natürlich auch, wie seine stetig wachsende Gemeinde das erwartete: „Jene, die meinen Geist annehmen, werden in Wohlstand leben, gesund und friedlich und glücklich – durch mich! Ist das nicht wunderbar?".

Ja, das war alles wunderbar. Niemand, der in Harlem eine Kanzel betrat, konnte Father Divine auch nur das Wasser reichen. Die anderen, auch der brave Pastor Adam Clayton Powell, der immer noch zu harter Arbeit und Moral aufrief, waren allenfalls Pastoren oder Bischöfe, aber Father Divine – wenn er auch seine Gemeinde nicht ausdrücklich bat, ihn so zu zu nennen – war Gott.

Hämische Kommentare kamen aus dem weißen New York über den Glaubenszirkus der Schwarzen, aber die Weißen wußten nicht, worüber sie redeten. Harlems Alltag – das war eine einzige, überwältigende Einladung zum Eskapismus. Harlems Alltag – das war Erniedrigung in der Arbeit oder Arbeitslosigkeit und Aussichtslosigkeit und wurde mehr und mehr zu Angst vor Verbrechen. Alles war in Harlem willkommen, was wenigstens für Augenblicke, wenigstens für eine Stunde die Realität vergessen machte. Alles war hochwillkommen, was die Selbstzweifel beseitigte, aus denen fast schon so etwas wie eine schreckliche, nämlich negative Selbstsicherheit entstanden war: Nein, sie würden es in diesem New York der Weißen nicht schaffen. Ausnahmen würde es geben, ja. Ein paar Vorzeige-Reiche würde es geben, sicher. Ein paar Glückliche würde es geben, die Jahr für Jahr unbemerkt die wunderbare Grenze überschreiten würden, denn sie waren weiß geboren, oder doch jedenfalls fast weiß. Aber den meisten Menschen in den einstmals schönen Häusern von Harlem war klar, daß sie an der Endstation ihres Lebens angekommen waren.

Früher hatten die feinen Restaurants und Hotels im weißen New York gern schwarze Kellner beschäftigt, das war vorbei, man nahm nun Weiße. Am Hafen hatte es früher wenigstens Gelegenheitsjobs für Schwarze gegeben, aber auch das war vorbei, denn da herrschten nun die weißen Gewerkschaften. Am Bau, wo es immer gutes

Es gab schwarze Gewerbebetriebe in Harlem, aber bei weitem nicht genug. Nur wenige Schwarze trauten sich die Gründung eines Unternehmens zu; die meisten zogen für ihren Einkauf Geschäfte vor, die von Weißen betrieben wurden. Der Friseurladen in Harlem indes war in schwarzem Besitz

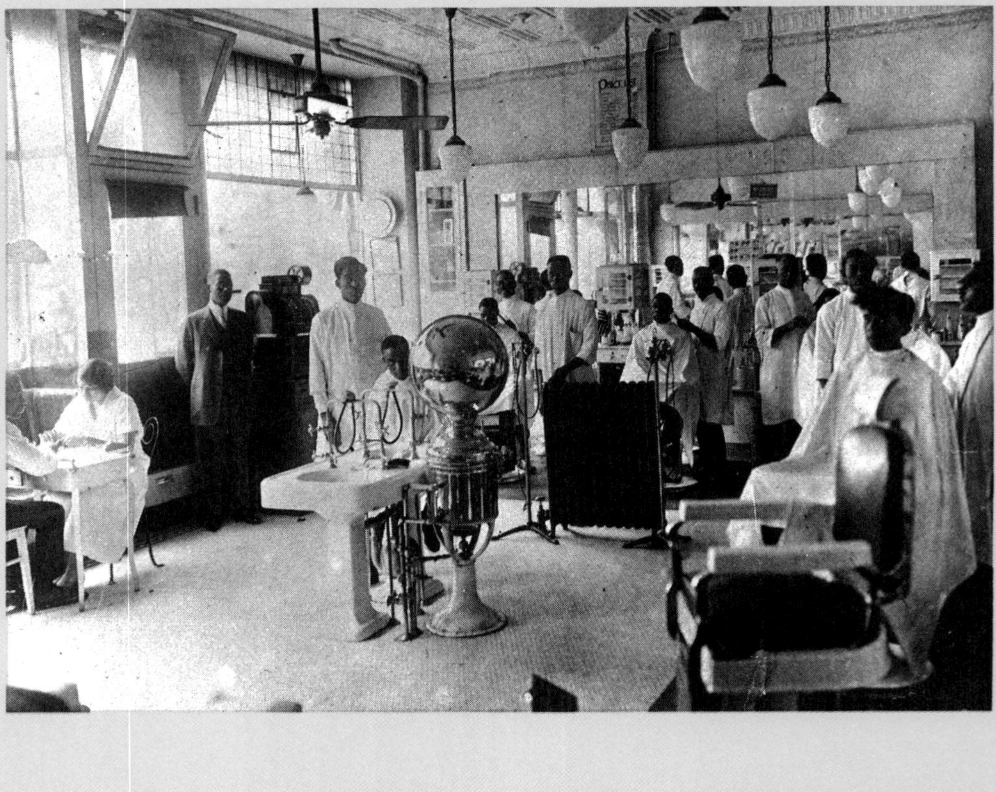

Geld zu verdienen gab, hatten die Schwarzen kaum eine Chance, auch dort wies man sie ab. Wo es seriöse Berufschancen gab, in Lehrberufen also, trafen die Schwarzen auf glatte und ganz ungetarnte Zurückweisung. Wer einen Job als Fahrstuhlführer erhielt, mußte dankbar sein, aber im übrigen blieb deprimierende Wirklichkeit, was schon 1885 die „Colored Mission" ermittelt hatte: „Die Zustände, unter denen die schwarzen Bürger von New York City leben müssen, verdienen ernste Beachtung. Ihrer Hautfarbe wegen sind sie von nahezu allen Berufen ausgeschlossen, so daß ihnen nur Arbeiten bleiben, deren Löhne gerade eben die Möglichkeit ergeben, zu existieren."

Mit dem Mut der Verzweiflung betätigten sich Schwarze als Streikbrecher – und handelten sich damit nur den dauernden Haß eben jener Gewerkschaften ein, auf deren solidarische Hilfsbereitschaft sie angewiesen blieben, wenn sie je in die Ränge der gelernten Arbeiterschaft vordringen wollten. Schwarze Künstler hatten keine Chance. Sänger wurden an weißen Bühnen nur als „buffoon" beschäftigt, als Hanswurst, als Clown, als schwarzer Idiot mit mächtigen Wulstlippen, über den sich das Publikum köstlich amüsierte.

Es gab keine normalen zwischenmenschlichen Beziehungen zwischen den weißen und den schwarzen Bürgern von New York City. Nur eine stete Beziehung gab es zwischen den Rassen: Täglich patrouillierten weiße Polizisten durch Harlem, und täglich fanden sie Anlässe, zuzuschlagen. Nirgendwo wurde mehr verhaftet als in Harlem, und zwar auch dann, wenn durchaus nicht sicher war, ob es einen vernünftigen Grund dafür gab. 1913 untersuchte die „Public Education Association" die Beziehungen zwischen der Polizei und den Schwarzen und fand: „Die Polizisten geben ganz ungeniert zu, daß sie die Schwarzen für menschlichen Schrott halten."

Und dennoch: Der schwarze Zuzug nach Harlem hielt unvermindert an.

Nach Ansicht auch besorgter Schwarzer zog es weiterhin vor allem „labile junge Männer" aus dem Süden an, die für die Gefahren der großen Stadt besonders anfällig waren. 1923 erreichte diese Invasion ihren Höhepunkt, und allen Männern, die kamen, erging es so wie „Sportin' Life", der in „Porgy and Bess" der zögernden Bess vorsang:

Dere's a boat dat's leavin' soon for New York.

Come wid me, dat's where we belong, sister.

You an' me kin live dat high life in New York.

Come wid me, dere you can't go wrong, sister.

I'll buy you de swellest mansion

Up on upper Fifth Avenue.

An' through Harlem we'll go struttin' . . .

Come along wid me, dat's de place . . .

Dat's where we belong.

Erstaunlich genug bei allem Elend, das in Harlem heimisch war: Es gab Glanz in Harlem, auch Weiße kamen am Abend nach Harlem, um ein bißchen zu sündigen; „slumming" nannte man das. In Barron Wilkins' Astoria Café ging man, wo die „high spenders" saßen, am Wochenende wurde nur eingelassen, wer Smoking trug.

Ragtime, Blues und Jazz fanden im frühen Harlem eine Heimat. Fess Williams und sein „Royal Flush Orchestra" eröffneten an der Lenox Avenue den Savoy Ballroom; er war in den Zwanzigern sehr populär. Charles Gilpin war Direktor und Schauspieler der Lafayette Theatre Company, Ethel Waters, die man „Sweet Mama Stringbean" nannte, war Star in Musicals

Bei Leroy's und bei Edmund's war Hochzeit der Jazzpianisten, denn der Jazz hatte den Ragtime fast schon abgelöst. Art Tatum spielte in Harlem, Count Basie, Fats Waller, James P. Johnson, Joe Turner, Fletcher Henderson und Duke Ellington. Der „Harlem Blues" war großer Hit, er war es auch für die Weißen, obwohl die gar nicht wissen konnten, was eigentlich der Seelenzustand war, den die Schwarzen als den „Blues" bezeichneten, aber die Weißen brachten Geld, sie brachten den Etablissements, die sie frequentierten, auch Reputation, also hofierte man sie.

Mamie Smith wurde die First Lady of the Blues und besang als erste schwarze Sängerin eine Schallplatte, an der nur schwarze Musiker beteiligt waren. W.C. Handy, den man später als den Vater des Blues bezeichnete, zog mit seinem Musikverlag von Memphis im US-Staat Tennessee nach New York, denn ihm war klar, daß mit der Ansammlung schwarzer Talente in Harlem eine Menge Geld zu machen war.

Harlem in den Zwanziger Jahren, den „roaring twenties" – das war Amerikas Hauptstadt des Elends, aber es war auch, paradox genug, New Yorks Amüsierviertel. In Kaschemmen, Cafés, Restaurants und Tanzhallen gab es Mädchen in Fülle, die mit einer unvergleichlichen Eleganz tanzten. Nichts war glamouröser als Harlems Seventh Avenue. „Wenn am Times Square längst die Lichter ausgegangen waren", schrieb ein Zeitgenosse, „dann war der Boulevard in Harlem immer noch voll. Die reichen Besucher fanden die nächtliche Unterhaltung in Harlem wunderbar. Harlem – das war ihnen eine Welt, in der Jazz, Gelächter und Ausgelassenheit erst nach Mitternacht richtig begannen."

Das war die eine Seite, dies war die andere: „Die Fifth Avenue in Harlem", schrieb ein anderer Zeitgenosse, „beginnt an der 125. Straße reich, wird jenseits der 131. Straße zum Slum und endet schließlich in einer schmutzigen Seitengasse jenseits der 139. Straße. Die Menschen auf der Fifth Avenue in Harlem sind entweder traurig oder frech. Die Frauen sind Schlampen oder Alkoholikerinnen, die Männer verschlagen und ordinär, kleine Halunken und bösartige Parasiten. Die Kinder sind erbarmenswürdig und schmutzig. Die Wohnhäuser hier sind dunkle Misthaufen voll bettelarmer und bedrohter Stiefkinder der Natur. Handkarren stehen am Bürgersteig, schmutzige Karren mit schmutzigen Kerlen, die fliegenbedecktes Gemüse und anderen Schmutz zu verkaufen versuchen. Haßerfüllte Gesichter starren aus Hauseingängen und Fenstern. Brutale Kerle bahnen sich mit ihren Ellenbogen den Weg. Frauen mit gezeichneten Gesichtern verfluchen die Kinder, die auf dem Bürgersteig spielen. Das ist Harlems Fifth Avenue."

Die Prohibition kam, das war um Mitternacht am 16. Januar 1920. Es war bitter kalt in dieser Nacht, in der ein ebenso gutgemeintes wie albernes Gesetz Harlem nehmen wollte, was Harlems Elixier war, den Alkohol. Traurig versammelten sich die weißen und die schwarzen Trinker ein letztes Mal in ihren Bars, aber die Trauer war

Trauriger Abschied vom Alkohol: Um Mitternacht am 16. Januar 1920 trat auch in New York die Prohibition in Kraft. Im weißen wie im schwarzen New York trank man ein letztes Mal legal – um schon am nächsten Tag die ersten illegalen Drinks zu nehmen. Die Prohibition war überall im Lande ein gesetzgeberischer Reinfall

ganz unbegründet, in Harlem ebenso wie überall sonst in New York City und den Vereinigten Staaten, denn natürlich gab es auch weiter Alkohol, und in Harlem gab es nun sogar mehr Alkohol als zuvor. 15 000 „waterholes", Etablissements also, in denen man einen Drink kaufen konnte, gab es vor der Prohibition, von nun an würde es mehr als 32 000 geben, und Harlem hatte an diesen illegalen Naßzellen auch überproportionalen Anteil. Überall wurde illegal Alkohol gebrannt, überall wurde er verkauft, in Schuhgeschäften ebenso wie in Bäkkereien oder Drogerien. Jeder wußte ein „speakeasy" in Harlem, einen illegalen Ausschank, wo man unter sich war und ungestört – ein Polizist wurde, wenn es denn sein mußte, bestochen – trinken konnte. Manchmal war nicht sehr bekömmlich, was da irgendwo in Harlem aus Badewannen oder Eimern abgefüllt worden war, dann wurden im Harlem Hospital die Opfer mit schweren Vergiftungserscheinungen eingeliefert. Nur Weiße, wenn sie es denn noch konnten, lallten mit letzter Kraft, daß sie nicht ins Harlem Hospital gebracht werden wollten: Jeder in der Stadt wußte, daß das Harlem Hospital das am schlechtesten ausgerüstete Krankenhaus der Stadt mit der höchsten Sterblichkeitsquote war.

„Parlor socials" wurden im Harlem der Prohibition Mode, „rent parties": Wer Geld brauchte, lud zu einer Party ein, für die Eintritt zu zahlen war. Schweinefüße gab es zum Essen, gebratenen Fisch und Maisbrot, mehr war nicht nötig. Die Wohnungen füllten sich, jeder kam auf seine Kosten, nur Nachbarn beklagten sich manchmal über den Lärm, der mit der „rent party" verbunden war.

Aber „rent parties" waren nur das Vergnügen des kleinen Mannes. Daneben reüssierte das brillantene Harlem, das immer mehr unter den reichen Weißen zum Stadtgespräch wurde. Schwarze wurden diskret in die Häuser der feinen Leute der Fifth Avenue und der Park Avenue eingeladen, um dort zu lehren, wie man den Charleston tanzt, denn nirgendwo tanzte man ihn so gut wie in Harlem. „Sie können Harlem nicht genießen, wenn Sie etwas dagegen haben, Schulter an Schulter mit Farbigen zu tanzen", warnte eine Zeitung die Weißen, doch viele von ihnen hatten nicht nur nicht etwas dagegen, sondern konnten gar nicht abwarten, daß es Abend wurde und hell in Harlem und der Nachtclub von New York City mit seinem Highlife öffnete.

Joan Crawford kam nach Harlem, um sich zu amüsieren, auch Benny Goodman. Jack Dempsey kam ebenso wie Gene Tunney. „Take the A-Train", war ein Hit, denn der A-Train führte nach Harlem, und niemand war etwas, wenn er in Harlem nicht gesehen worden war. Und kaum jemand, der in Harlem gesehen worden war, hatte Harlem gesehen.

Denn das andere, das größere, das aussichtslose Harlem, in dem keine Limousinen mit Chauffeur vorfuhren, sah sich niemand an. In diesem Harlem waren die Visionen längst verflogen, die Adam Clayton Powell immer noch mit großen Gesten von der Kanzel seiner Kirche predigte. Vergessen war der Traum vom schönen, vom schwarzen Afrika, vergessen auch der „Provisional President of Africa" mitsamt seinen Rittern und Herzögen, vergessen die versunkenen Wunder des „Father Divine".

Präsent war nur immer die Sorge um den nächsten Tag. Präsent war immer die quälende Menschenfülle in den heruntergekommenen Häusern. Präsent war im Winter die bittere Kälte in Häusern, in denen niemand die Heizungen reparierte, präsent waren immer die Ratten, die Kinder anbissen, und präsent war im Sommer die unerträglich lastende Hitze, die aus jedem Schritt eine Strapaze machte.

Harlem war endgültig zur Schande des großen, strahlenden New York geworden. Aber davon wollte man ein bißchen weiter südlich in Manhattan, wo man schließlich seine eigenen Sorgen hatte, nichts wissen.

Dunkle Jahre in der Stadt des Lichts

1926, als New York City das dreihundertjährige Bestehen feierte, war in der Stadt der sichere Glaube verbreitet, es werde mit ihr immer weiter aufwärts gehen. Allein in New York fuhren mehr Autos als zusammen in ganz Europa. Am Broadway, dem „Great White Way", war die Welt theatralisch fröhlich und zukunftsgläubig. Wirtschaftliches Wachstum war überall, und wo es fehlte, wurde es durch eine Reklame-Industrie geschaffen, die sich natürlich in New York niederließ. Dann kam jäh der Sturz ins Bodenlose: Die Depression zerrüttete New York, das ganze Land und schließlich die Welt. Selbst in der grauen Aussichtslosigkeit aber errichteten Kapitalisten ein paar steinerne Zeugen ihrer Widerstandskraft: Das Waldorf-Astoria Hotel entstand, das Empire State Building und das Rockefeller Center. Und auch der Humor der New Yorker ging nicht ganz und gar unter: „Ich wußte", sagte der Komiker Groucho Marx, „daß die Dinge schlecht stehen, als ich sah, daß im Central Park die Tauben anfingen, die Menschen zu füttern"

In einem „bar & grill" in Harlem wird Lunch an einer Theke, der Drink an einer anderen serviert. Restaurants waren immer auch wichtige Kommunikationszentren – für die Männer. Frauen sah man fast nur in Tanzhallen und Bars

Vor den Wohnhäusern, die um die Jahrhundertwende und später am Central Park West errichtet wurden, standen in den dreißiger Jahren, als die Stadt die schwere wirtschaftliche Depression durchlitt, im Park noch Behelfsheime, in denen oft die schiere Not hauste

Schwarze Jugendliche aus Harlem, die Zylinder und Abendanzüge in einem Konfektionsgeschäft gestohlen haben, werden von Polizisten abgeführt. Passanten amüsieren sich über die Diebe. In Harlem begegnete die Obrigkeit den Schwarzen lange Zeit immer nur in Gestalt weißer Polizisten, die sich den Ruf schufen, lieber einmal mehr als einmal zuwenig zu verhaften

Das Apollo Theater war lange Zeit eine der feinsten Adressen für Entertainment à la Harlem. Hier schufen sich Sänger, Bands und Solisten ihren späteren Weltruhm. Hier gab es gelegentlich aber auch eine „amateur night", in der Laien versuchen konnten, ihr Glück auf der Bühne zu machen

Italiener beim Essen in der Mott Street

Besucher der Chinesischen Oper an der Bowery

Kroatischer Basar am Irving Place

Tschechische Lehrerin mit Schülern

Jüdischer Einwanderer bei der Arbeit

Puertorikanische Familie in ihrer Wohnung

Viele Einwanderer suchten menschliche Wärme in Vereinigungen, die der Erhaltung von Traditionen aus ihrer alten Heimat dienten. Basare, Wohltätigkeitsveranstaltungen, Nachhilfeschulen und Heimattreffen waren immer gut besucht. Oft dienten solche Gelegenheiten auch zur Brautschau. Doch wenn sich New Yorks Chinesen trafen, war kaum eine Frau zugegen: Auf mehr als hundert eingewanderte Männer kam lange Zeit nur eine Frau aus dem Reich der Mitte

Deutsche Einwanderer in ihrem Turnklub

Die Fifth Avenue war auch 1942 schon der Boulevard, auf dem sich traf, wer chic war. Nicht chic, sondern lärmend und fröhlich nach der Art einfacher Menschen, ging es auf Coney Island zu, wo man auf dem Boardwalk promenierte oder im Meer badete oder den Strand bevölkerte

STRUCHS BATHS
Seagram's
Seven Crown
7
AMERICAN SUN DECK

Gewiß, es gab immer Weiße in New York City, die sich der Nöte der Schwarzen in Harlem und in dem anderen großen schwarzen Getto der Stadt annahmen, das sich in Brooklyns Bedford-Stuyvesant gebildet hatte. Wenn, insbesondere zur Weihnachtszeit, für die Armen der Stadt gesammelt wurde, ließen sich die Reichen nie lumpen. Es gab allerlei Hilfskomitees, und manchmal kam es zu spontanen Aktionen, die freilich so schnell wieder eingestellt wurden, wie sie entstanden waren. In den Zeitungen standen gelegentlich Berichte aus Harlem, die den Weißen in New York City wie Stories von einem anderen Stern vorkommen mußten, und dann waren die weißen Leser gewiß für den Moment beeindruckt und wünschten eine Verbesserung der Zustände im nördlichen Manhattan, nur war kaum ein Weißer bereit, selber das Beispiel zu geben, das allein eine Wende hätte bringen können: die rassische Integration.

In absoluten Zahlen war die schwarze Bevölkerung der Stadt stark angestiegen. Rund 90 000 schwarze Bürger hatte es 1910 gegeben, 1920 schon 150 000, und als die „roaring twenties" vorüber waren, lebten 327 000 Schwarze in New York. Bezogen auf die Gesamtzahl der Bevölkerung, war aber auch das immer noch eine kleine Minderheit, die integriert hätte werden können. Dafür aber erhoben sich nur Außenseiterstimmen. Feine Leute von der Fifth Avenue und Park Avenue spendeten generös für die „poor devils" in „Nigger Heaven", aber damit hielten sie ihre Pflicht für erfüllt, und dann wandten sie sich vermeintlich kultivierteren Vorgängen zu, zum Beispiel den Stükken des New Yorker Dramatikers Eugene O'Neill, der später den Nobelpreis für Literatur und gleich viermal den begehrten Pulitzer-Preis erhalten würde.

1917 gab es erstmals mehr Automobile als Pferde in der Stadt. Daß die Autos den Charakter der Stadt dramatisch verändern würden, ahnte so früh wohl nur einer, der bald damit begann, alles auf den Kopf zu stellen, was bisher für angemessen gehalten wurde, um die Stadt mit ordentlichen Straßen, Brücken und Tunnels, also mit einer großstädtischen Infrastruktur, zu versorgen. Er hieß Robert Moses und wird uns noch beschäftigen.

1921 wurde die New York Port Authority gegründet, ein monströses, die Grenzen der Stadt überschreitendes Amt, das die Häfen von New York und die von New Jersey kontrollieren sollte, soweit sie im New Yorker Wirtschaftsraum lagen. Später kamen auch die Flughäfen von Idlewild – der heutige John F. Kennedy Airport –, LaGuardia und Newark unter die Kontrolle dieser Behörde, die sich freilich mit der Ordnung im Hafen schwer tat, denn nach den kriminellen Gangs, die den Hafen unsicher gemacht hatten, organisierten sich Gangs, die sozusagen amtlichen Charakter hatten: Gewerkschaften, die diesen Namen nie verdienten. Sie variierten auf ihre Weise die Themen Korruption und Gewalt, die in der Stadt chronisch eine große Rolle spielten. Wer ihnen nicht angehörte und im Hafen Hand anlegen wollte, wurde, wenn er Glück hatte, nur krankenhausreif geschlagen, und wenn er Pech hatte, schlug man ihn tot und warf ihn ins Wasser. Eine seltsame „Arbeiterbewegung", sonderbare „international brotherhoods", waren da am Werk, hier wie überall im Lande. Die notorisch korrupten Gewerkschaftsbosse wurden mit erstaunlicher Regelmäßigkeit in ihren Ämtern bestätigt. Jedermann wußte, daß sie mit der organisierten Unterwelt gemeinsame Sache machten, aber es war, als wäre Boss Tweed noch immer am Leben: „Well, what are you going to do about it?".

Auf eine merkwürdige Weise arrangierte sich New York mit der Korruption am Hafen, wie sich die Stadt stets mit allen möglichen Unzuträglichkeiten arrangiert hatte, die anderorts doch wenigstens zu ernsthaften Bemühungen geführt hätten, das Übel auszumerzen. Mag sein, daß die enorme Fülle und Brisanz der normalen Probleme der Stadt sie daran hinderte, sich mit der gebotenen Energie um die Bewältigung der gleichsam anomalen Probleme zu kümmern, denn: Es ging ja aufwärts mit der Stadt, sie funktionierte, korrupt oder nicht, sie wurde immer faszinierender, es gab einen New Yorker „way of life", und wenn zu ihm die Korruption und Gewalt gehören mußten, weil sie sich schon zu tief im Körper der Stadt eingenistet hatten, dann sollten sie in Gottes Namen dazugehören, dann mußte man sich eben arrangieren, dann mußte man aufhören, den Weltverbesserer zu spielen, dann mußte man die Regeln akzeptieren, auch wenn es schwer fiel.

Jedermann in New York City wußte, daß es die Mafia gab, gegliedert in sogenannte Familien, jeder Familie gehörte ein Revier; manchmal kamen die Familien einander ins Gehege, dann wurde geschossen, und dann schrieben die Zeitungen, es habe wieder einmal ein „shoot-out" zwischen „reputed", also mutmaßlichen Unterweltlern, gegeben. Jeder wußte, daß die Mafiosi, um ihre schmutzigen Gelder zu „waschen", auch legitime Geschäfte betrieben, ausgerechnet die Müllabfuhr, zum Beispiel, und ausgerechnet der Wäscheverleih. Aber kaum jemand in der Stadt kam auf den Gedanken, diese Geschäfte zu boykottieren, erstens nicht, weil man um die blutige Entschlossenheit der Mafiosi wußte, mit jedem kurzen Prozeß zu machen, der sich ihnen in den Weg stellte, und zweitens nicht, weil es ganz einfach Unsinn war, in einer Stadt den Moralapostel zu spielen, die sich inzwischen in eine Position ge-

Hinter der Brooklyn Bridge, die seit 1883 den East River überspannt, erheben sich – das Bild stammt von 1941 – die mächtigen Wolkenkratzer Manhattans. Wall Street war zum Synonym der Metropole des Welthandels geworden. Ganz im Schatten der Kolosse am Südende von Manhattan lag Bowling Green – einer der letzten intakten Zeugen aus der Zeit, in der die Besiedlung New Yorks begann

bracht hatte, in der zuviel Moral gelegentlich eher schaden konnte.

Sah man nicht deutlich an der Polizei, an „New York's Finest", daß sich die Korruption verewigt hatte? Immer wieder hatte es Skandale um die Polizei gegeben, keine Dekade war vergangen, in der sie nicht in flagranti erwischt worden wäre, immer waren ein paar Köpfe gerollt und Reden gehalten worden, in denen es geheißen hatte, nun werde bei der Polizei alles ganz anders gehen, redlich werde sie sich in den Dienst der geliebten Stadt stellen, unbestechlich, honorig. Superintendenten waren immer wieder gefeuert worden, weil man sie bei Machenschaften erwischt hatte. Ganze Kompanien der „cops", der Streifenpolizisten, hatte man schon entlassen, weil sie Schutzgelder genommen hatten oder einmal ein Auge zugedrückt, wofür sie dann regelmäßig kamen, um zu erpressen – na, und?

Nichts hatte wirklich im Kampf gegen die Korruption in der Polizei verschlagen, nichts hatte dauerhaft geholfen, aber: „Well, what are you going to do about it?".

„Gentleman Jim", der Bürgermeister James J. Walker, eröffnet mit einem Einwurf ein Baseballspiel der New York Giants auf den Polo Grounds. Walker, einer in der langen Kette korrupter Bürgermeister, ist umgeben vom lächelnden Samuel Levy, dem Borough-Präsidenten von Manhattan und Charles Stoneham, dem Inhaber des Baseball-Teams

Am 3. November 1924 wählten die New Yorker, als hätte es Boss Tweed nie gegeben, schon wieder einen Mann zum Bürgermeister, der aus der immer noch springlebendigen Tammany-Organisation hervorgegangen war. Er hieß James J. Walker, aber er zog es vor, „Jim" genannt zu werden. So volksverbunden gab er sich, daß man ihn 1929 wiederwählte, obwohl spätestens zu dieser Zeit stadtbekannt war, wie sehr Walkers Stadtverwaltung jener ähnelte, die einst von Boss Tweed beherrscht worden war. Offenkundig zweitrangige Stadtpolitiker wurden auf rätselhafte Weise steinreich. Vetternwirtschaft herrschte überall, es stank zum Himmel. Politiker und hohe Beamte steckten mit Glücksspielern unter einer Decke und ließen sich ihre Schweigsamkeit teuer bezahlen. Richter waren in böse Verschwörungen verstrickt; noch einmal: Na, und?

Jim Walker war korrupt – aber waren nicht, mehr oder weniger, alle Politiker korrupt? War es nicht sogar, auf eine der Stadt sehr eigene Weise, sozusagen normal, ein bißchen korrupt zu sein? Glaubte denn wirklich irgend jemand ernsthaft den politischen Volltönern, die stets vor Wahlen die große Wende versprachen?

Jim Walker hatte auf seine Weise versucht, ein paar „bucks" nebenbei zu machen – was war schon dabei? Als er in die Klemme geriet und, wieder einmal, ein Untersuchungsausschuß den Schmutz zu durchschauen versuchte, der sich unter Jim Walker im Rathaus angesammelt hatte, als er vorgeladen wurde und aussagen sollte, streuten ihm Anhänger Rosen auf den Weg zu den Anklägern. Das genoß er noch, er hatte sein sieghaftes Lächeln nicht verloren, nicht seine Gabe, ein charmanter Volkstribun zu sein, dann jedoch waren die Beweise für sein schweres Fehlverhalten überwältigend, und er trat zurück.

Gut, daß es, wie immer, auch andere Vorgänge gab, an denen die New Yorker ermessen konnten, wie sehr trotz allem das Ansehen ihrer Stadt in der

Welt gestiegen war. 1921 besuchte Frankreichs Marschall Ferdinand Foch die Stadt und rühmte jene „Hellfighters", die geholfen hatten, Frankreich zu befreien und inzwischen in Harlem bedauernswerte „nobodies" waren. 1922 kam Frankreichs Ministerpräsident Georges Clemenceau, um der legendären Stadt seine Reverenz zu bekunden.

Ja, die New Yorker hatten trotz aller Schattenseiten viele Gründe, stolz auf ihre Stadt zu sein, als sie vom 17. bis zum 19. November 1926 ihr dreihundertjähriges Bestehen feierte. Mochte nicht alles so geraten sein, wie man sich das gewünscht hatte: New York war unvergleichlich, jeder in der Welt wußte das. In vielen Problemen der Stadt spiegelte sich nur, daß sie, ganz anders als etwa Städte in Europa, alle möglichen Charaktere aus allen möglichen Ländern aufgenommen hatte. Natürlich waren, als jeden Tag 5000 Einwanderer auf Ellis Island abgefertigt wurden, auch böse Typen nach New York gekommen – war es ein Wunder, daß sie in der Stadt ihre Spuren hinterließen? Natürlich waren unter den Einwanderern immer auch Abenteurer gewesen, Gangster, Asoziale, aber mindestens waren auf jeden unguten Charakter, der sich hier Bürgerrechte erwarb, zehn Menschen gekommen, die ihr Leben auf ordentliche Weise führten. Nein, das Wunder der Größe war nicht nur auf die Lage der Stadt am Meer zurückzuführen, nicht nur darauf, daß sie einen guten natürlichen Hafen besaß. Die Größe war vielmehr ein Werk der Menschen, und niemand hatte das Recht, den New Yorkern ihren Geburtstag zu vermiesen.

Ein paar Gründe zum Feiern gab es noch, ehe es wieder einmal dunkel wurde in der mächtigen Stadt: 1927 empfing New York City den Flieger Charles A. Lindbergh, der es als erster gewagt hatte, in einem lächerlich kleinen Flugzeug den Atlantischen Ozean zu überqueren und nach Paris zu fliegen. Beinahe 80 000 Pfund Papier ließen die enthusiasmierten New Yorker in einer „ticker tape"-Parade auf den Fliegerhelden regnen, vier Millionen Menschen jubelten ihm zu, und über Manhattan entboten siebzig Flugzeuge ihre Grüße. 1929 feierte New York die Eröffnung des Jones Beach State Park, eines wunderschönen Strandes auf Long Island, der für Autofahrer nur einen Katzensprung vom Häuserozean der City entfernt lag. Aber ehe die New Yorker noch recht dazu kamen, sich des Parks und seiner Freilichttheater zu

Enthusiastisch begrüßen vier Millionen Menschen Charles A. Lindbergh nach seiner Rückkehr aus Europa. Für seinen Flug von New York nach Paris hatte Lindbergh 33 Stunden und 30 Minuten gebraucht. Nach diesem Abenteuer war „Lindy" in der Alten wie in der Neuen Welt gleichermaßen populär

erfreuen, kam der schreckliche Oktober des Jahres 1929, dessen Folgen für viele Jahre spürbar blieben.

Das Ereignis kam in einer Zeit, in der sich die New Yorker mit der schönen Illusion befreundet hatten, es werde immer weiter aufwärts gehen. In New York fuhren mehr Autos als in ganz Europa; so reich war New York, so arm waren die „old countries". Auf rund fünf Amerikaner kam ein Auto, die „old countries" im verstaubten Europa würden noch Jahrzehnte brauchen, ehe sie ein solches Verhältnis hatten. Die Zukunft war rosig. Der Broadway, die Theater-, Show- und Vergnügungs-Avenue, hatte auf der Welt nicht ihresgleichen. Wirtschaftliches Wachstum war überall. Wo Nachfrage fehlte, wurde sie durch eine Reklameindustrie geschaffen, die natürlich – wo denn sonst? – in New York ihre Zentren hatte und fabelhafte Ideen entwickelte. Mit immer neuen Gags verkaufte sie immer neue Produkte, von denen die Konsumenten gestern noch gar nicht wußten, wie notwendig, oder doch mindestens wie „convenient", sie waren.

Und dann brach die Börse zusammen. Das war, wiederum ganz anders als woanders, ein Vorgang, der keineswegs nur die Börsenjobber interessierte. Millionen Amerikaner, durchaus auch „kleine Leute", spekulierten mit ihrem Geld, und sie beobachteten genau wie die „big shots" zuerst erstaunt, dann ungläubig, dann bestürzt und dann in schierer Panik, wie sich der Börsenkrach in Wall Street entwickelte.

Es begann nach einigen Wochen fallender Kurse, am 24. Oktober, einem Donnerstag, als plötzlich die Kurse nicht mehr nur fielen, sondern zusammenbrachen. Ganz gegen die Gewohnheit, gab es keinen mehr, der Aktien kaufte, es gab nur mehr hysterische Verkäufer. Kurz vor Mittag herrschte Katastrophenstimmung. Ratlos suchten die Kapitäne der Wall Street Rat, aber niemand wußte einen Ausweg. Sie warfen zusammen, was sie hatten und beschlossen, gegen den Trend der Börse zu arbeiten, also demonstrativ zu kaufen und Vertrauen in Wall Street zu verbreiten. Aber der Trick verfing nicht. Die Kurse fielen ins Bodenlose. Die Katastrophe war da. Schlimmes würde ihr folgen: die große Depression.

Was New Yorker bei ihren Banken erspart hatten, war verloren. Ihre Versicherungen existierten nicht mehr. Vermeintlich sichere Existenzen zerbrachen. Unternehmen gingen massenhaft bankrott und schickten Heerscharen von Menschen in die Arbeitslosigkeit. Aus dem Zeitalter der „convenience" wurde eines, das von schrecklichem Elend bestimmt wurde.

Diese neue, die schlimme Zeit gebar Kriminalität, wie sie selbst New York noch nicht erlebt hatte. Männer, die ihr Leben lang hart gearbeitet hatten, standen Schlange vor Armenküchen und schämten sich, wenn sie an der Reihe waren und eine gute Seele ihnen einen Schlag Suppe in den Teller tat. Überall liefen Männer herum, die verzweifelt nach einem Job suchten. Selbstmorde häuften sich dramatisch. New York spiele ein Stück in Moll, in einer Tonart, die diese Stadt nie gekannt hatte.

Nicht alles war verloren. Mit der Kraft, die ihnen nach dem bösen Sturz geblieben war, errichteten New Yorker Kapitalisten auf der Höhe der Depression drei Gebäude, die nicht nur Zeugen geradezu unheimlicher Vitalität waren, sondern auch Bauten, die zur klassischen Skyline der Stadt wurden: Das Chrysler Building, das Empire State Building und die ersten zwei Türme des Rockefeller Center.

Lumpige 2500 Dollar hatte John Thompson 1799 für 20 acres*) wildes Land – „fruchtbar, zum Teil bewaldet und für landwirtschaftliche Zwecke vorzüglich geeignet" – bezahlt. Ein Wohnhaus baute er sich, eine Scheune, ein paar Hütten, und dann ließ Thompson die Kühe weiden.

28 Jahre später erwarb William B. Astor den Besitz, einer aus dem Clan

*) 80 940 Quadratmeter

John Jacobs, der 20 000 Dollar zahlte und auf dem früher „fruchtbaren und zum Teil bewaldeten" Terrain, das nun von der Fifth Avenue erreicht war, ein fünfstöckiges „mansion" baute, ein feines Wohnhaus.

1893 wurde aus dem Astor-„mansion" das erste Waldorf-Astoria Hotel, aber das stand nur 36 Jahre, denn am 1. Oktober 1929 begann der Abbruch: An der Stelle, an der John Thompson einmal eine landwirtschaftliche Laufbahn hatte begründen wollen, stieg aus den Trümmern des Waldorf-Astoria Hotel das phänomenale Empire State Building mit 102 Stockwerken und 381 Metern Höhe – ein neuer Maßstab selbst für New York.

Es war bei allem Unglück, das in New York herrschte, staunenswert, und tatsächlich kamen Menschen, die ohnehin daran gehindert waren, ihre Zeit gewinnbringend anzulegen, an die Baustelle, um zu staunen: In zehn Tagen wuchs das Monstrum um vierzehn Stockwerke, und dann wuchs und wuchs es immer weiter, bis es das

Im Oktober 1929 wurde mit dem Abbruch des legendären Waldorf - Astoria an der Fifth Avenue begonnen. Das Hotel war so etwas wie eine „landmark" der Stadt, ein Wahrzeichen. Aber Sentimentalität im Umgang mit Baudenkmälern kannte man in New York nie. Aus den Trümmern des feinen Hotels wuchs das Empire State Building, das mitten in der wirtschaftlichen Depression gebaut wurde

größte Gebäude der Welt war – das war New York sich, obschon so schwer von der Depression gezeichnet, schuldig.

Für 80 000 Menschen gab es im Empire State Building, als es 1931 fertig war, einen Arbeitsplatz. Das Problem freilich war: Wer würde in dieser Zeit der wirtschaftlichen Krise in das neue Monstrum einziehen? Würden sich überhaupt genügend Mieter finden?

Man munkelte in Manhattan, die Bauherren hätten Arbeitslose von den Straßen geholt und sie beauftragt, durch den Riesenbau zu gehen und hier ein Licht an- und dort wieder abzuschalten, um Geschäftigkeit vorzutäuschen, wo es in Wirklichkeit gar keine gab. Da sich Gerüchte in New York immer rasch selbständig machten und die nächstschlimmere Version annahmen, war vom sicheren Ruin des fabelhaften Gebäudes die Rede, ehe es noch recht damit begonnen hatte, eines zu sein. Aber es überstand – ein steinerner Triumph in einer Zeit, in der New York wenig Gelegenheiten hatte, um zu triumphieren.

1931 auch wurde das neue Waldorf-Astoria Hotel, zwischen der Park und der Lexington Avenue, eröffnet, damals ein Weltereignis, über das in Übersee die Zeitungen spaltenlang berichteten. In der Tat war der Luxus nahezu unbeschreiblich, die Suiten von erlesenem Geschmack, die Küche bereits das Feinste – schon damals war die New Yorker Küche viel besser als ihr Ruf in Europa –, der Service war beispielhaft, kurz: Von nun an wohnte, wer in der Welt etwas galt und in New York zu Besuch war, selbstverständlich im Waldorf-Astoria.

Ungefähr zwanzig Straßenblocks weiter nördlich, an der Fifth Avenue, gab es eine zweite riesige Baustelle und – im Laufe der Jahre, in denen das Bauwerk gen Himmel wuchs – Arbeit für 220 000 Menschen: Der Bauherr hieß Rockefeller.

John Davison Rockefeller II., den jeder „den Junior" nannte, war der Sohn jenes John D. Rockefeller, der zu seiner Zeit als der reichste Mann der Welt galt. Der Senior hatte als Buchhalter in Cleveland im US-Staat Ohio begonnen, seinen Partner ausgekauft und, als er gerade 39 Jahre alt war, die junge Industrie der Ölraffinerien in den Vereinigten Staaten unter seiner Kontrolle. Bereits 1882 waren 14 000 Meilen Pipeline verlegt – jeder Zoll gehörte John Davison Rockefeller I. So reich war der Mann, daß er es sich 1892 erlauben konnte, die University of Chicago zu gründen. Mehr noch: Er schuf die größte private Stiftung, die es je gegeben hatte.

Dabei war er kein Weichling, kein „bleeding heart", er hatte immer gewußt, wie man eine amerikanische Karriere macht. Als er sah, daß er im Raffineriegeschäft der Größte war, erpreßte er die Eisenbahnen, ihm einen Vorzugstarif für den Transport einzuräumen. Dann erpreßte er die Eisenbahnen, ihm für jede Tonne, die sie für die Konkurrenz beförderten, eine feste Summe zu zahlen – die Eisenbahnen zahlten.

Standard Oil, seine Schöpfung, war selbst für amerikanische Verhältnisse ein gigantisches Unternehmen. John Davison I. hatte es 1870 gegründet und mit einer Million Dollar ausgestattet; es wuchs geradezu beängstigend, mit der Folge, daß John Davison I. um 1900 auf sage und schreibe 900 Millionen Dollar geschätzt wurde.

Aber zu dieser Zeit war es schon so gut wie vorbei mit Rockefellers Imperium. Denn seit 1890 gab es die Sherman Antitrust Act, und seit 1901 gab es den Präsidenten Theodore Roosevelt, der entschlossen war, ein Gesetz gegen die auswuchernden Trusts durchzusetzen, und dann, eines Tages, erfuhr John Davison I. von einem Boten, daß er wegen Vergehens gegen das Antitrust-Gesetz zu 29 Millionen Dollar Bußgeld verurteilt worden war. John Davison I. befand sich gerade auf dem Golfplatz: „Nun, Gentlemen", fragte er ungerührt, „spielen wir weiter?".

Ja, sie spielten weiter, aber das ganz große Spiel der Rockefeller fand von nun an auf einem Felde statt, auf dem es nicht um Profite ging: Sie wurden Philantropen.

Ohnehin war John Davison II., der Bauherr des „Rockefeller Center", das nun an der Fifth Avenue von New York so sehnlich erwünschte Lohnarbeit schuf, seinem Vater in dessen aggressiver und bisweilen auch skrupelloser Geschäftigkeit nicht nachgeraten. Der Junior gab 1910 seine vielen Jobs in der Wirtschaft auf und wurde zum Wohltäter. 1920 machte er sich nach dem Beispiel anderer fortschrittlicher Unternehmer für das „profit sharing" stark; für die Teilung der Gewinne zwischen Unternehmern und Arbeitern – nun wurde aus dem Kopfschütteln hartleibiger Kapitalisten verärgertes Befremden: War der Kerl zum Kommunisten geworden?

Nein, John D. Rockefeller, Jr., war kein Kommunist. Er hatte nur, Jahre zuvor, in den Kohlengruben von Colorado ein Erlebnis gehabt, das zum Schlüssel seines Lebens wurde. In Colorado streikten die Bergleute, und der Junior verstand die Legitimität des Streiks. Sein Vater hatte die Gewerkschaften noch für parasitäre Trittbrettfahrer des Kapitalismus gehalten, der Junior aber begriff in Colorado, daß die Zeit vorüber war, in der ein Unternehmer den unanfechtbaren Herrn im Hause spielen und die Obrigkeit gegen Streikende mobilisieren durfte: Es gab Tote, als das in Colorado geschah. Die Gewerkschaften, fand der Junior, hatten jedes Recht, sich zu organisieren; mehr noch: Sie hatten bessere Gründe, sich zu organisieren, als die Unternehmer.

John D. Rockefeller, Jr., so fand später der Gewerkschaftsführer Louis Hollander, „war, wie der Sohn eines reichen Vaters sein sollte". Er verstand – das hatte freilich auch schon sein Vater, das Rauhbein, gefunden – daß es hohe Zeit war, etwas für die jungen Schwarzen zu tun, also förderten die Rockefellers schwarze Schulen und Colleges, aber gleichzeitig auch weiße Einrichtungen dieser Art, weil es sonst böses Blut gegeben hätte.

Keine Familie zahlte dem Land, in dem sie sich bereicherte, so generös zurück wie die Rockefellers. Ihre Rockefeller Foundation war und blieb ein wahrer Segen für Forschung und Wissenschaft, für die Kunst und für die Bemühung, die sozialen Verhältnisse zu verbessern. Das Museum of Modern Art wäre ohne die Rockefellers nicht entstanden, auch nicht die überkonfessionelle Riverside Church in Manhattan, auch nicht die Radio City Hall, die ein Stück vom Herzen Manhattans ist. Die Rockefellers förderten das nach ihnen benannte Institute for Medical Research und die Restauration Williamsburgs, das Peking Medical College und das Schloß Versailles, das 1927 baufällig war und mit zwei Millionen Rockefeller-Dollar restauriert wurde. 200 Förderungsvorhaben gab es zu Lebzeiten des Juniors, und nicht bei einem einzigen trat er als großspuriger Stifter auf.

Gewiß, manche Stiftung in New York, die einen großen Namen trägt, auch den der Rockefeller, erweist sich, wenn man näher hinsieht, als ein smarter Versuch, die Förderung des Rufes mit der Ersparnis von Steuern zu verbinden. Gewiß, auch der menschenfreundliche Rockefeller junior, der noch „der Junior" hieß, als er längst ein alter Mann war, setzte nie auch nur eine Sekunde lang die fürstliche materielle Sicherung seiner Familie aufs Spiel. Die Pocantico Hills bei New York City blieben auch unter dem Junior ein Familienbesitz mit 75 Gebäuden, mehr als 150 Kilometern Privatstraßen und tausend Beschäftigten. Gleichwohl, John D. Rockefeller, Jr., der am 11. Mai 1960 im Alter von 85 Jahren starb, unternahm einen bewundernswerten Versuch, den Vulgärkapitalismus zu überwinden und aus Eigentum eine sozial verpflichtete Institution zu machen.

Auch der Junior hatte durch den Börsenkrach von 1929 und die folgende Depression gelitten. Partner, die sich am Bau des Rockefeller Center beteiligen wollten, waren zurückgetreten. Einem Freund gestand der

John D. Rockefeller, Jr., der Sohn des Mannes, der das legendäre Vermögen der Familie schuf, wurde zum Philantropen. Als der Bauherr des Rockefeller Center von einem Wachmann aufgefordert wurde, nicht auf der Baustelle herumzustehen, ging er widerspruchslos

Junior, er schlafe nicht sehr gut, laufe nachts durch die Flure seines Hauses und überlege, woher er das Geld, 125 Millionen Dollar, beschaffen solle, die das Center verschlingen werde. Er beschaffte es. Es ging voran mit dem mächtigen Bau, mit dem er übrigens in der New Yorker Presse heftige Kritik hervorrief. Gelegentlich kam der Junior, um sich den Fortschritt an der Fifth Avenue anzusehen. Einmal mißfiel das einem Wachmann, der den Junior nicht kannte.

„Hau ab, Junge", sagte der Wachmann: „Move along, Buddy."

Der Junior haute ab. Nie wäre er auf den Gedanken gekommen, dem Wachmann zu erzählen, daß er der Bauherr, daß er ein Rockefeller, daß er ein Angehöriger jener Familie sei, die sich für ihr Glück auf so eindrucksvolle Weise bei New York bedankte.

Später, als das Center fertig war und auch der Junior in dem Koloß ein Büro bezog, verbat er es sich, daß er mit dem Fahrstuhl nonstop auf sein Stockwerk gebracht wurde: Er duldete nicht, daß seinetwegen andere auf den Fahrstuhl warten mußten.

Als der Junior erstmals in seinem Büro Platz nahm, blickte er auf eine Stadt hinab, in der 828 000 New Yorker aus öffentlichen Mitteln oder von privaten Organisationen Hilfe erhielten. So anhaltend war die Depression und so hoffnungslos die Perspektive, daß sich graues Elend in der Stadt ausbreitete. Die Verwaltung stellte fünf Millionen Dollar zur Verfügung, um Arbeitslosen wenigstens kurzfristig helfen zu können, aber was waren fünf Millionen Dollar für ein Heer von Menschen, die keinen Job hatten? Noch einmal eine Million bewilligte

1931, mitten in der Depression, kam es unter den Arbeitslosen zu Unruhen. Polizisten überwachten die Männer, die, um ihre Hilfsbedürftigkeit nachzuweisen, amtlich registriert werden mußten

die Stadt, die den Kriegsveteranen über das Schlimmste helfen sollte, aber wiederum: Eine Million war nicht genug, bei weitem nicht, nie hatte das glitzernde New York verbreiteteres Elend gesehen.

Doch auch in dieser Zeit gab es ein „andererseits"; während ein großer Teil der Bevölkerung in Verzweiflung lebte, genossen Schieber, Gangster und andere Sumpfblüten des Verfalls die Herrlichkeiten der Stadt, die überlebten, als gäbe es die große Krise gar nicht.

1933 mußte Präsident Franklin Delano Roosevelt alle Banken im Lande schließen; das war für New York, den Prototyp einer Bankstadt, als würde man Hamburg den Hafen sperren. Die Bundesregierung in Washington übernahm das Regiment in Wall Street; das war in New York, das nie viel von der Zentralgewalt gehalten hatte, fast schon ein Vorzeichen der Endzeit. In den Hospitälern starben binnen eines Jahres 95 Menschen an Hunger, aber jeder wußte, daß daneben viele Hundert, möglicherweise sogar Tausende verhungerten, die nie ein Krankenhaus, die noch nicht einmal einen Arzt gesehen hatten.

Jeder vierte arbeitsfähige New Yorker war ohne Job: „Ich wußte", sagte der Komiker Groucho Marx, „daß die Dinge in New York schlecht stehen, als ich sah, daß im Central Park die Tauben anfingen, die Menschen zu füttern."

Für einen Moment schien es, als könnten die Kommunisten, die nie irgendwelchen politischen Einfluß hatten – auch und schon gar nicht in den Gewerkschaften –, aus der Misere Profit schlagen. Smart legten sie alle Schuld am Massenelend vor den Türen der Kapitalisten ab und agitierten und demonstrierten, und zum ersten Mal hörten die von der Depression Geschlagenen auf sie. Mehr als 50 000 Menschen versammelten sich auf dem Union Square, auf dem an einem Mast die Rote Fahne über der Flagge der Vereinigten Staaten wehte: So weit war es mit New York gekommen.

Noch heute erinnern sich New Yorker liebevoll an Bürgermeister Fiorello LaGuardia. Er sagte der Kriminalität den Kampf an und zerschlug demonstrativ Glücksspielautomaten, mit denen Gangster den kleinen Leuten das Geld aus den Taschen holten. Sinnbild der großen Kriminalität war Charles „Lucky" Luciano. 1936 wurde der Gangsterboß in Ketten nach Sing Sing gebracht

Nein, es stand nicht gut um die Stadt, als am 7. November 1933 der kleine, dickliche und temperamentvolle Fiorello H. LaGuardia zum Bürgermeister gewählt wurde. Am Abend des 31. Dezember legte er den Amtseid ab, und auf der Stelle veranlaßte er, daß Charles Luciano, den jedermann als „Lucky" kannte, verhaftet wurde: Er war seit langem der größte Gangster der Stadt, aber niemand hatte ihm

Unter Bürgermeister LaGuardia ging es mit New York langsam aufwärts. Nach Jahren nicht nur wirtschaftlicher Depression begannen die Bürger der Stadt wieder an ihre Zukunft zu glauben – die Menschen an der feinen Fifth Avenue ebenso wie jene in den Elendsquartieren

Schlafwagenschaffner im Quartier ihrer Gewerkschaft

Sommerfrische im Slum

Notquartier am East River

Omnibus in „Wonder City"

nee in der 21. Street West

bisher kriminelles Verhalten beweisen können. Mehr noch: Niemand hatte bislang die Courage gehabt, einen Mann festzusetzen, der das Schlimmste verkörperte, das es in der Stadt gab.

Mit LaGuardia kam die Wende, wenn auch nicht schnell. LaGuardia beließ es nicht bei der demonstrativen Verhaftung Lucianos, sondern meinte es ganz offenbar ernst mit der Erfüllung des Wahlversprechens, er werde die Gangster „aus der Stadt jagen". Ganz anders als andere Bürgermeister, hauste der kleine LaGuardia nach seiner Wahl weiterhin in seiner kleinen, eher kümmerlichen Wohnung. Thomas E. Dewey wurde vom Gouverneur des Staates New York zum Sonderstaatsanwalt mit der Aufgabe ernannt, den Sumpf der Kriminalität trockenzulegen, der die Stadt verpestete. Es war, als würde die Stadt nach einer quälend langen Phase der Krankheit endlich wieder die Ärmel aufkrempeln und ihre alte Vitalität wiederfinden. Einer, der Fiorello LaGuardia half, war Robert Moses, den der Bürgermeister zum „Park Commissioner" ernannte.

Moses wurde viel mehr. Er hat die Stadt, zum Guten wie zum Bösen, nachhaltiger geformt als je ein Bürgermeister. Er war ein Mann mit einem unerschöpflichen Vorrat an Durchsetzungskraft; mehr: Er war besessen.

Der Sohn jüdischer Eltern, die noch in Deutschland geboren worden waren, war ein Fanatiker der Überzeugung, daß öffentliche Aufträge das einzige Mittel darstellten, um die Arbeitslosigkeit abzubauen und, was ihm noch wichtiger war, der Stadt eine Infrastruktur zu geben, die es ihr gestatten würde, auch in Zukunft zu wachsen.

119 öffentliche Spielplätze gab es in New York, als Robert Moses sein Amt antrat. Als er es verließ, gab es beinahe 800. Das war immer noch bei weitem nicht genug für die Kinder unter den sieben Millionen Menschen, aber das war ein Fortschritt. Bis zu

85 000 Arbeiter unterstanden Moses in der Zeit der Depression. Er gewann, indem er an den Küsten aufschütten ließ, was die Stadt am nötigsten brauchte: Neues Land, immerhin 15 000 acres*).

Er schuf die Highways, die jeder kennt, der einmal in New York war: Den Major Degan Expressway, den Van Wyk Expressway, den Sheridan Expressway und den Bruckner Expressway. Moses ließ den Gowanus Expressway, den Prospect Expressway, den Whitestone Expressway, den Clearview Expressway, den Throgs Neck Expressway, den Cross-Bronx Expressway, den Brooklyn Queens Expressway und den Long Island Expressway bauen – Hitler war, vergleichsweise, ein Stümper des Autobahnbaues.

Freilich, Tausende von Menschen mußten, wo Moses seine urbanen Arterien bauen wollte, ihre Häuser verlassen; das focht den Besessenen nicht an, nicht eine Sekunde. Ungerührt durch Einreden kleinlich argumentierender Grundbesitzer, ließ er auch den Nassau Expressway noch bauen, auch den Staten Island Expressway. Auf Long Island hatten „robber barons" ihre Sommersitze, prächtige Villen in herrlich natürlicher Einsamkeit – Moses entriß sie ihnen, niemand hielt ihn auf, auch nicht der Widerstand des ganz großen Geldes.

Sieben gewaltige Brückenbauwerke wurden durch Robert Moses in der Stadt geschaffen, in der nur die Bronx auf dem Festland liegt, die anderen Stadtteile dagegen auf Inseln: Die Triborough Bridge, die Throgs Neck Bridge, die Marine Bridge, die Henry Hudson Bridge, die Cross-Bay Bridge, die Bronx-Whitestone Bridge und schließlich die schönste von allen, die Verrazano-Narrows Bridge.

Mehr als 600 Kilometer rasen- und baumumgebene „parkways" ziehen sich durch die Vororte der Riesenstadt, Autobahnen, die für Lastwagen gesperrt sind: Jeden dieser Kilometer ließ Robert Moses bauen. Er erschloß jene Jones Beach, die 1929 der Öffentlichkeit zugänglich gemacht worden war, aber was anderen ein epochales Ereignis zu sein schien, blieb für Moses eine Episode. Er baute immer neue „parkways", öffnete den sonnen- und lufthungrigen New Yorkern immer neue fabelhafte Strände: Sunken Meadows und Hither Hills, Montauk, ganz an der Nordostspitze Long Islands; Orient Point und Fire Island, Captree und Bethpage, Wildwood, Belmont Lake, Hempstead Lake, Valley Stream – samt und sonders wurden sie von Robert Moses entweder aus der Unerreichbarkeit gerissen, oder gegen den wütenden Widerspruch der reichen Privatbesitzer der Öffentlichkeit zugänglich gemacht.

Moses konnte nie in seinem Leben selber ein Auto fahren, aber seit er sich einmal – vor jener Zeit, in der er mit „expressways" und „parkways" begann – an einem warmen Sommerwochenende über eine lächerlich schmale Straße durch Long Island kutschieren ließ, auf der die Autos auf dem Wege zum ersehnten Strand kaum voran kamen, hatte der Mann, so schien es, nur mehr Autobahnen im Kopf.

Aber jeder tat unrecht, der das annahm. Zwar wurden die Autobahnen sein Markenzeichen, aber er zog auch öffentlich finanzierte Wohnwolkenkratzer hoch, massenhaft, denn was immer Moses anfaßte, geriet ihm massenhaft. Niemand in Amerika hatte je mehr solcher Häuser bauen lassen als Moses, der davon träumte, die Wohnungsnot insbesondere der armen New Yorker zu beenden.

1913, als Robert Moses aus dem britischen Oxford, wo er studiert hatte, nach New York heimkehrte, war die Bronx noch weitgehend bewaldet. Selbst in Brooklyn und in Queens gab es noch reichlich Wälder, und Weiden gab es und Äcker, auf denen die Farmer eggten und pflügten und reich ernteten, denn der Boden war gut. 1968, als Robert Moses, und zwar, natürlich, ganz gegen seinen Willen, aus

*) 60,7 Quadratkilometer

seinem öffentlichen Amt verabschiedet wurde, waren die Bronx, Brooklyn und Queens total urbanisiert, und Robert Moses hatte wesentlich dazu beigetragen. Sage und schreibe 27 Milliarden Dollar hatte der Mann ausgegeben, um aus New York eine Stadt mit Zukunft zu machen. Solange er im Amt war, baute er gleichsam gegen die Wogen der Motorisierung an, die New York unter sich zu begraben drohten – tragisch genug, daß er diesen Kampf verlor.

Jeder seiner monströsen „expressways" und „parkways" sollte den Verkehr beruhigen, aber daraus wurde nichts. Indem er seine Autobahnen mit seinen Brücken verband, wollte er für gleichbleibende Verkehrsflüsse von und nach Manhattan, dem Herzen der Stadt, sorgen, aber auch daraus wurde nichts. Jeden Morgen und jeden Nachmittag zur Rush-hour wurden die gewaltigen Highwaynetze bald zu Parkplätzen, auf denen entnervte Autofahrer nicht mehr vorwärts konnten. Ungezählte Milliarden Stunden verflossen seit den Tagen des Giganten Robert Moses, in denen Menschen zum Stillstand auf eben jenen fabelhaften Highways gezwungen waren, die doch eigentlich zum Symbol der New Yorker Mobilität hätten werden sollen.

Robert Moses blieb von solchen Einwänden unangefochten. Wachstum war für ihn nicht nur ein Begriff, Wachstum war für ihn der einzige Begriff. Bis zu seinen letzten Amtstagen bewegte er gewaltige Pläne. Eine selbst für seine Verhältnisse kapitale Brücke schwebte ihm vor, die Long Island über den Sound mit dem Festland verbinden sollte – er verstand gar nicht, daß man ihm bei der Realisierung dieser Idee Schwierigkeiten machte. Grollend zog er sich zurück, überzeugt davon, daß er durch schiere Unzulänglichkeit aus dem Amt geschickt worden war.

Wer auch immer zu seiner Schaffenszeit Bürgermeister von New York City war oder ein anderes hohes Stadtamt hatte: Niemand besaß auch nur annähernd die Macht, die Robert Moses auf sich vereinigte. In der Hierarchie rangierte er nicht sehr weit oben, aber jeder in der Hierarchie war schließlich nur so stark wie seine Durchsetzungskraft, und niemand übertraf Robert Moses, was die anging. Ebenso virtuos wie bullig spielte er auf der „machine", die New York regierte. Er ließ Dossiers anlegen, um jederzeit die Vorzüge, die Schwächen und die Verwundbarkeiten solcher Männer studieren zu können, mit denen er es zu tun haben könnte. Er konnte rücksichtslos sein, wenn ihn jemand an der Realisierung seiner kühnen Projekte hindern wollte, rücksichtslos bis zur Brutalität, aber, unerhört für New York, er konnte am Ende seiner Karriere von sich sagen, nie einen „deal" gemacht zu haben: Robert Moses war, unwidersprochen, unbestechlich.

Auf der Höhe seiner Macht amtierte er in einem eher unscheinbaren Gebäude unterhalb der Kassenhäuser, in denen die Benutzer der Triborough Bridge ihren Brückenzoll zahlen mußten. Er verfiel dem Pomp nicht, dessen Verlockungen – vor und nach ihm – viele andere Stadtbeamte zum Opfer gefallen waren. Gewiß gab es, wenn seine Leute mit Subunternehmen über Geschäfte redeten, korrupte „deals". Gewiß erwiesen sich manche der Tief- und Hochbauten des Robert Moses im nachhinein als unwirtschaftlich. Gewiß war manche seiner Verfahrensweisen anfechtbar – er war ein verbissener Jäger nur vermeintlicher oder wirklicher Kommunisten, die er haßte – und exzentrisch. Aber Robert Moses war ein Gigant – einer, der nur werden konnte, was er wurde, weil es New York City gab, und mindestens insoweit war er den Astors, Morgans und Vanderbilts vergleichbar.

1940 wurde zum ersten Mal in der Geschichte ein Rückgang der Einwohnerzahl registriert: Statt genau 7 505 068 Menschen, wie 1938, lebten nur noch 7 454 995 in der Stadt. Die Bewegung nach „Suburbia" hatte be-

Robert Moses, Sohn deutscher Juden, war unter Bürgermeister LaGuardia „Park Commissioner", über Jahrzehnte hinweg einer der einflußreichsten Männer der Stadt. Er veränderte die Landkarte New Yorks dramatisch

gonnen, und sie vollzog sich auf den Autobahnen, die Robert Moses gebaut hatte.

Auch er selber verzog sich, nach Long Island, wo er nicht glauben wollte, daß man ihn wirklich nicht mehr zu neuen Taten rief. An den wunderschönen Stränden von Long Island, die er ihnen erschlossen hatte, tummelten sich Millionen von Menschen – hoffte der Alte auf ihre Dankbarkeit? Fabelhafte 2 567 256 acres*) mit „state parks" hatte er ihnen hinterlassen, Erholungsland, schöne Natur, fast halb so viel, wie alle übrigen Bundesstaaten eingerichtet hatten – war denn da wirklich niemand mehr, der sich dessen erinnerte?

Doch, ein paar seiner Highways wurden nach ihm benannt, ein paar Ehrungen gab es. Vor allem aber gab es – das war schon, als Robert Moses noch erbarmungslos seine dicken Striche, aus denen einmal „expressways" werden würden, über Landkarten zog – schon wieder Krieg.

Am 11. Dezember 1941 wurde der Krieg gegen Japan erklärt, aber da lag der erste, ganz große Schock schon hinter den Amerikanern, die mit fassungslosem Entsetzen vom Überfall der Japaner auf ihre Pazifik-Flotte in Pearl Harbor hörten, der vier Tage zuvor stattgefunden hatte. Extrablätter mit Horrornachrichten wurden auf den Straßen und Avenuen von New York verkauft, und denen, die sie lasen, war klar, daß nun, Gott behüte, Krieg geführt werden mußte. Es gab in New York so etwas wie grimmige Entschlossenheit zum Krieg; ohnehin hatte sich der amerikanische Kriegseintritt angekündigt, als Präsident Roosevelt unmittelbar nach dem Ausbruch der europäischen Feindseligkeiten im Herbst 1939 erklärte, Amerika werde einen Sieg des nationalsozialistischen Deutschland nicht hinnehmen.

Am Broadway, dem „Great White Way", der so etwas wie eine Traumstraße der Welt geworden war, gingen die Lichter aus – nie zuvor hatten New Yorker für möglich gehalten, je einen Krieg physisch so begreifbar erleben zu müssen. Alle Fenster oberhalb des neunten Stockwerks mußten verdunkelt werden. Genau wie auf der anderen Seite des Atlantischen Ozeans, patrouillierten Luftschutzwarte auf den Straßen und riefen Bürger zur Ordnung, die gegen die Vorschrift verstießen. Auf Liberty Island wurde auch der Freiheitsstatue das Licht abgedreht, das gerade jetzt so viele in Europa ersehnten, die in Gefängnissen, in Kriegsgefangenen- und Konzentrationslagern von der Freiheit träumten.

Wieder, wie schon im Ersten Weltkrieg, zogen junge New Yorker in die Kasernen, wieder weinten Frauen und Mütter. Wieder erinnerte sich der Staat auch der Schwarzen und rief sie zu den Waffen, und wieder verweigerten sie sich nicht, obschon sie gute Gründe gehabt hätten. „Ich habe nichts gegen die Deutschen. Sie haben mir nichts getan. Und wenn sie mir etwas getan haben sollten, so verzeihe ich ihnen", hatte ein junger Schwarzer noch gesagt, als er im Ersten Weltkrieg nach Europa geschickt werden sollte, aber nun war auch in Harlem die Einsicht verbreitet, daß man Hitler, den von Bürgermeister LaGuardia sogenannten „perversen Geisteskranken", bekriegen müsse.

Wieder verschiffte das demokratische Amerika, das in den Krieg gegen den Rassismus zog, seine militärischen Einheiten rassisch säuberlich voneinander getrennt nach Europa: Die Weißen waren für sich, und die Schwarzen waren für sich. Die von den Schwarzen seit langem erhoffte Integration wenigstens der Streitkräfte hatte immer noch nicht stattgefunden. Sie wurde auch im Verlauf des Krieges noch nicht Wirklichkeit; erst 1948 würde sie Präsident Truman verordnen.

Eine fast hysterische Furcht vor deutschen Bombern ging in New York um: War diesen Deutschen nicht alles zuzutrauen? War nicht, wer Polen und Frankreich und Norwegen gleichsam

*) 10 390 Quadratkilometer

Auch 1944 gab es noch keine rassische Integration jener Streitkräfte, die nach Europa geschickt wurden, um den Rassisten Hitler zu bekriegen. Selbst zum Militärball einer Einheit der State Guard von New York versammelten sich ausschließlich Schwarze

im Handstreich besetzen konnte, auch in der Lage, New York zu bombardieren? War Deutschland nicht das Land der unheimlich intelligenten Techniker? Was hatten sie Hitlers Arsenalen zur Verfügung gestellt?

Prompt gab es Alarm auf Mitchel Field, einem Militärflugplatz auf Long Island, und nicht nur auf Mitchel Field. Es war ein mysteriöser Alarm, der ein paar Hundert Militärflugzeuge in den Himmel über New York schickte und die Hysterie in der Stadt noch vergrößerte. Aber weit und breit war kein Feind auszumachen, weder in der Luft, noch auf dem Meer, noch unter Wasser.

900 000 New Yorker wurden zum Kriegsdienst gezogen, ein riesenhaftes Kontingent. Feuerwehrmänner reisten von New York nach London, um sich von den leidgeprüften Briten

Der Times Square war voll von jubelnden Menschen am 14. August 1945, als die Nachricht vom Ende des Krieges eintraf. Die Stadt hatte keine Schäden erlitten, aber 16 106 New Yorker fielen bei den Kampfhandlungen in Europa und im pazifischen Raum, ehe die Atombombenwürfe auf Hiroshima und Nagasaki den Weltkrieg beendeten

erklären zu lassen, wie die Brandbomben der Deutschen funktionierten, die im Vereinigten Königreich schon schwere Schäden angerichtet hatten. In New York wurden Kurse abgehalten, in denen man lernen konnte, wie man sich zu verhalten hatte, wenn die Deutschen gar mit Gas angreifen würden. Jede nur denkbare Vorkehrung wurde in New York getroffen, das sich nun schreckhaft seiner Größe und der

mit ihr verbundenen Verwundbarkeit bewußt war. Und, natürlich, Geschäftemacher gab es, die am Krieg verdienten oder es doch wenigstens versuchten. Das war widerlich, gewiß, aber andererseits: Hatte nicht früher schon der große Carnegie zum geringen Preis seinen Stahl an die Russen geliefert und zum erhöhten Preis an die amerikanischen Streitkräfte?

Wissenschaftler der Columbia University wußten, daß deutsche Physiker dabei waren, mit Hilfe der Kernspaltung eine neue gewaltige Energie zu erschließen. Sie reagierten rasch. Am Abend des 25. Januar 1939 führte Dr. John Dunning mit zwei Assistenten in einem eher unscheinbaren Haus am oberen Broadway die erste Atomspaltung in Amerika herbei: „Ich glaube", notierte er knapp, „wir haben ein neues Phänomen mit weitreichenden Konsequenzen beobachtet." In der Tat: Das „Manhattan Project" wurde daraus, und daraus wiederum der hunderttausendfache Tod von Hiroshima und Nagasaki.

New York kam davon. New York opferte – 16 106 Männer der Stadt fielen in Europa und auf dem pazifischen Kriegsschauplatz –, aber die Stadt blieb unversehrt. Sie hörte nie auch nur einen Schuß. Sie nahm Entbehrungen auf sich, die freilich Bagatellen waren verglichen mit dem, was Europa erlitt, aber sie war heil, als im Mai 1945 die Nachricht von der Kapitulation des in Blut und Asche versunkenen „Großdeutschen Reiches" eintraf.

Papier war knapp, aber „ticker tape" rieselte aus allen Häusern auf die Erde. In der Gegend um Wall Street, am Broadway, an den Avenuen wateten die Menschen durch Papierschnipsel und jubelten. Wieder war kein Mann in der Uniform eines Kriegers vor den Küssen überschwenglicher Frauen sicher, wieder war jeder ein Held, der Uncle Sam gedient und die Nazis bezwungen hatte. Ein paar Monate später, als auch die Japaner aufgaben, feierte New York noch einmal, und womöglich noch lärmender und befreiter, denn nun war endgültig der Krieg vorüber, und dann kamen tatsächlich die „boys" heim, und die Stadt richtete sich darauf ein, wieder normale Zeiten mit erleuchtetem Broadway und allem zu erleben, was New York so faszinierend machte.

Im November 1945 wählten die New Yorker jenen William O'Dwyer zum Bürgermeister, der einmal als armer Ire auf Ellis Island angekommen war und sich seine ersten Dollar mühsam verdient hatte. Er löste Fiorello LaGuardia ab, den viele für den besten Bürgermeister aller Zeiten hielten. Der kleine Italiener hätte wieder und wieder kandidieren und die Wahl gewinnen können, aber er hatte sich verschlissen. Vor seiner ersten Wahl hatte er noch Hohn und Spott über jene vergossen, die meinten, die Stadt sei unregierbar geworden, ein Monstrum, das allen noch so gut gemeinten Bemühungen entzogen war, gebändigt zu werden. Nun war LaGuardia im Kampf um das Monstrum krank geworden. Er verzichtete auf eine neue Kandidatur – in Ehren, und das war für New Yorker Bürgermeister nicht selbstverständlich.

„Bill O" nannten die New Yorker ihren neuen Bürgermeister, das klang freundlich und zugleich burschikos, und so war es auch gemeint, denn New Yorker hatten für hochmögende Obrigkeit keinen Sinn. O'Dwyer hatte seine Karriere „the hard way" gemacht. Nach seinen Jahren als Steineträger und Seemann war er Polizist geworden – die Polizei war immer eine Domäne der Iren in New York City –, und weil er ambitioniert war, ein rechter New Yorker also, der nie mit dem zufrieden sein konnte, was er erreicht hatte, studierte er in seiner Freizeit noch die Jurisprudenz, wurde Rechtsanwalt, suchte und fand politischen Anschluß, der ihm dazu verhalf, reputierliche Positionen in der Staatsanwaltschaft zu erhalten, so daß er sich nun im Kampf gegen die Unterwelt profilieren konnte, und auch damit war er noch nicht zufrieden. Je steiler die Karriere verlief, desto verwegener wurde er in seiner Zielsetzung, und dann stand er, der gebürtige Ire, in der Tat in der City Hall und schwor, als Bürgermeister der City of New York alles zu tun, um das Wohl der Stadt zu sichern und ihren Nutzen zu mehren.

Er wurde kein großer Bürgermeister, aber er amtierte so passabel, daß ihn die Bürger am 8. November 1949 noch einmal wählten. Das war der letzte angenehme Tag im Leben des ambitionierten William O'Dwyer.

Denn einen Tag nach dem Beginn der zweiten Amtsperiode des Bürgermeisters, am 2. Januar 1950, versammelten sich im Hotel St. George in Brooklyn 29 junge Männer in einer Suite, wo Julius Helfand auf sie wartete, ein stellvertretender Staatsanwalt. Die jungen Männer waren ganz und gar unerfahrene Polizisten, und das war Helfand recht, mehr noch, er hatte ausdrücklich um unerfahrene Polizisten gebeten, als er seine Gäste – in Zivil – zu sich beorderte. Denn Helfand ahnte, daß nahezu jeder erfahrene Polizist in New York auch ein korrupter Polizist war.

Helfand trug den jungen Männern Unerhörtes an: Sie sollten ihre Kollegen in den Revierwachen bespitzeln, denn es gab Gründe für die Annahme, daß Polizisten mit illegalen Buchmachern gemeinsame Sache machten. Helfand prophezeite seinen Gästen, daß sie die Hölle erleben würden, wenn sich herumspreche, daß sie darauf aus waren, ihre Kameraden zu überführen: „Schweine wird man euch nennen, Ratten. Ihr werdet gefährlich leben", und dann bot Helfand den jungen Leuten an, von dem lebensgefährlichen Auftrag zurückzutreten.

Niemand machte von dem Angebot Gebrauch. Die Untersuchung begann. Sie ruinierte – schon wieder – den Ruf der New Yorker Polizei, und sie sollte am Ende auch die schöne New Yorker Laufbahn des William O'Dwyer ruinieren.

Die jungen Beamten versorgten den Staatsanwalt Julius Helfand mit immer neuen Hinweisen darauf, daß Polizisten die Buchmacher nicht nur schützten – und sich dafür natürlich bezahlen ließen –, sondern mit ihnen gemeinsame Sache machten. Auch das Polizeirevier an der Fourth Avenue in Brooklyn war betroffen. Dessen Chef war Captain John G. Flynn, der schon 24 Jahre der Polizei diente. Helfand lud ihn zur Aussage vor. Kurz darauf, am 16. Juli 1950, morgens um 7.23 Uhr, erschoß sich Captain Flynn in seinem Revier.

Zu dieser Zeit wußten die Polizisten der Stadt, was gespielt wurde. Ihnen war klar, daß man ihnen Spione in die Revierwachen gesetzt hatte. Gerechte und ungerechte Polizisten empörten sich darüber, daß sie, die für das lächerliche Gehalt von 4400 Dollar im Jahr jeden Tag Kopf und Kragen riskierten, zum Gegenstand einer infamen Jagd wurden. Sie beschlossen, aus der Beerdigung ihres Kameraden Flynn eine Demonstration der Solidarität zu machen.

6000 Polizisten versammelten sich am 21. Juli am Woodhaven Boulevard. Nie zuvor waren so viele Polizisten an einem Ort zusammengekommen. Für ein paar Stunden war die Stadt nahezu ohne Polizei. Die „cops" erwiesen dem Captain die letzte Ehre, obwohl sie wissen mußten, daß seine Weste nicht weiß war, als er seine Pistole auf sich selber richtete.

Und dann staunten die 6000 Trauernden: O'Dwyer fuhr vor. Auch er, der Ex-Polizist, nahm an der Trauerfeierlichkeit teil.

Damit demonstrierte O'Dwyer, daß er etwas gegen die großangelegte Untersuchung hatte, die Staatsanwalt Helfand in der Polizei der Stadt

Jugendliche Schwarze, die straffällig geworden waren, sollten in Sportschulen erzogen werden, die von weißen Polizisten geleitet wurden. Die gutgemeinte Aktion hatte nur begrenzten Erfolg. 1926 war Samuel J. Battle der erste schwarze Sergeant der überwiegend weißen Polizei in New York

führte. Der aber war inzwischen nicht nur sicher, daß es Querverbindungen von den Buchmachern zu Polizisten gab, sondern hatte auch Hinweise darauf erhalten, daß das kriminelle Komplott bis in die politischen Spitzen der Stadt reichte, und Helfand, obwohl Angehöriger der Demokratischen Partei wie Bürgermeister O'Dwyer, war nicht der Mann, diese Hinweise zu ignorieren.

Da trat William O'Dwyer zurück – New York hatte schon wieder einen Skandal. Sein Parteifreund Truman, Präsident in Washington, ernannte ihn zum Botschafter in Mexiko, und dort amtierte er, als in New York durch den verbissenen Helfand immer neue Tatbestände ausgegraben wurden.

Buchmacher Gross, so stellte sich heraus, der König der „bookies", hatte täglich für 75 000 Dollar illegale Geschäfte gemacht, und er wurde dabei von Polizisten gedeckt, die ihrerseits von ihren Vorgesetzten den Auftrag erhalten hatten, Gross keinen Är-

Kaum ein Polizist ging in New York City seinem normalen Dienst nach, als Polizeihauptmann John Flynn in Queens zu Grabe getragen wurde: Die Ordnungshüter solidarisierten sich mit dem Captain, der sich umgebracht hatte. Auch Bürgermeister O'Dwyer erwies ihm die letzte Ehre. Später, als das „Kefauver Committee" die Korruption unter „Bill O" in New York untersuchte, geriet der Bürgermeister, der als mittelloser Ire nach New York gekommen war, ins Schwitzen

ger zu machen. Eine Million Dollar hatte Gross pro Jahr an die Polizei gezahlt.

Auch William O'Dwyer, so gestand der Gangster, war mit den führenden Buchmachern der Stadt zusammengekommen. Gross gab an, beide Wahlkämpfe des Bürgermeisters finanziell unterstützt zu haben. Ein Zeuge sagte aus, er habe dem Bürgermeister auf der Treppe zu seinem Amtssitz einen Briefumschlag mit 10 000 Dollar in die Hand gedrückt.

Das alles ergab wiederum negative Schlagzeilen für New York in den Zeitungen des Landes, aber im Lande hatte man immer schon gewußt, daß New York korrupt war, womöglich korrupter als Chicago. Kein Mensch würde mehr dem „Police Department" der City of New York zutrauen, je mit der Kriminalität der Stadt fertigzuwerden, und schon gar nicht mit der organisierten Kriminalität. War es nicht an der Zeit, das arrogante New York zu demütigen und die Untersuchung über die Zusammenhänge zwischen Gangstern und Politikern in die Hände solcher Amerikaner zu legen, die nichts mit New York zu tun hatten?

Das „Kefauver Committee" kam nach New York, ein Senatsausschuß aus Washington, dessen Vorsitzender der Senator Estes Kefauver aus Tennessee war. In geschlossenen und öffentlichen Sitzungen ermittelten die Senatoren, daß es rege Beziehungen zwischen der Unterwelt und der Demokratischen Partei gab. Frank Costello, der Boss der Gangster in der Stadt, hatte Demokraten zu sich zitiert, als wären sie seine Laufburschen. „Sie hatten", sagte Costello vor den Senatoren aus, „halt Vertrauen zu mir gefaßt."

Am 19. März 1951 trat der Zeuge William O'Dwyer vor dem Senatsausschuß auf. Er gab zu, Costello „privat" getroffen zu haben. Es gab viele Menschen in New York, die sich ihres ehemaligen Bürgermeisters schämten.

Der hatte wohl zu spät begriffen, daß er sich übernahm, als er, ganz im Geist der Stadt, immer weiter nach oben wollte: „Wissen sie", gestand er viele Jahre später einem Journalisten, „es gab in meiner Zeit als Bürgermeister manchmal Tage, an denen war mir, als müßte ich aus dem Fenster springen. Die Stadt ist zu groß. Sie ist zu groß, als daß sie noch regiert werden könnte. Manchmal habe ich von hohen Häusern aus auf die Stadt geblickt und mir gesagt: ‚Guter Jesus, das ist zuviel für mich'."

Menetekel in Fun City

Das New York der Sechziger war voll von Rebellion gegen das Establishment. Für die Schwarzen personifizierte sie sich in Malcolm X, für die Weißen in militanten Studenten der Columbia University, die Sternenbanner verbrannten, die Fahne der Vietkong trugen und den Umsturz wollten.

Zunehmende Unruhen in Harlem, Wassernot überall in der Stadt, eine verheerende Schneekatastrophe – war die Stadt unregierbar geworden? Einer, dem es später niemand dankte, sorgte in dieser Zeit dafür, daß New York City vom Ärgsten verschont blieb: John Vliet Lindsay, der Bürgermeister – der erste und bisher einzige, den auch die schwarzen New Yorker als ihren Mann anerkannten

BEEFBURGER
17
BEEFBURGER
17

1963 verdichtete sich die latente Unzufriedenheit der Schwarzen mit ihren Lebensbedingungen zu blutigen Unruhen, von denen nahezu alle Großstädte der Vereinigten Staaten betroffen wurden. Auch in Harlem kam es zu Zusammenstößen zwischen den Schwarzen und der überwiegend weißen Polizei

Auf eine Stadt mit 7 891 957 Menschen blickte William O'Dwyer, wenn ihn Zweifel daran überfielen, ob dieser urbane Koloß noch regierbar war, aber das war nur die amtliche Zahl, also war sie mit Sicherheit nicht korrekt, denn zu jeder Zeit lebten Ungezählte ohne amtliche Erfassung in der Stadt, und viele von ihnen trugen wesentlich zu den Sorgen New Yorks bei, denn in schlimmer Folgerichtigkeit mußte illegal um einen Lebensunterhalt bemüht sein, wer sich illegal in der Stadt aufhielt. Entweder ließen sich die Illegalen zu erbarmungswürdigen Bedingungen von ausbeuterischen Arbeitgebern anheuern, oder sie wurden zu Kriminellen, oder sie füllten jene stehende Armee der Stadt auf, die aus Obdachlosen bestand, aus Stadtgammlern, aus „bag ladies", aus Bettlern.

750 000 Menschen in Bill O'Dwyers Stadt waren schwarz. Mithin war also der Anteil der Schwarzen auf fast zehn Prozent gestiegen; nun gab es ganz offenkundig keine Möglichkeit der Integration mehr, die rassischen Strukturen der Stadt hatten sich irreparabel verfestigt. 325 000 Puertorikaner lebten in New York, die – ihr Inselstaat in der Karibik ist den Vereinigten Staaten assoziiert, ohne freilich ein vollgültiger Bundesstaat zu sein – jederzeit einreisen durften und, ganz wie die Schwarzen aus dem Süden der Vereinigten Staaten, an New York wie an ein Wunder glaubten und in der ganz unbegründeten Hoffnung nach

Manhattan oder Brooklyn oder in die Bronx strömten, man könne hier das Glück geradewegs von der Straße pflücken.

East Harlem vor allem wurde zu „El Barrio", zum Quartier der Puertorikaner, ein neues Pulverfaß – ja, O'Dwyer hatte, wenn ihn Zweifel an der Regierbarkeit überkamen, viele Gründe für die Annahme, daß das Wachstum der Stadt irgendwann aus dem Ruder gelaufen war und nun ohne jede Gesetzmäßigkeit verlief, ohne wirkliche Kontrolle – und ohne Aussicht darauf, je wieder unter wirklich durchgreifende Kontrolle zu geraten.

Solche Zweifel hatte nicht nur der unglückliche ehemalige Bürgermeister. Nahezu jeder New Yorker hatte gelegentlich das sichere Gefühl, daß krankhaftes Wachstum das Schicksal der Stadt sei. Im 19. Jahrhundert war das noch ganz augenfällig gewesen, am Wachstum der Fifth Avenue zum Beispiel, die sich von Süden her unersättlich nach Norden fraß. Nun, nach dem Ende des Zweiten Weltkrieges, war das Wachstum nicht mehr so augenscheinlich, aber es war unheimlicher geworden, insbesondere für brave Bürger, die darüber nachzudenken anfingen, ob sie eigentlich wirklich den Rest ihres Lebens in lärmenden, ungesunden, chaotischen und immer auch etwas gefährlichen „hassle" der Stadt verbringen wollten.

„Suburbia" lockte: grün, Seewind, gute Luft. Obendrein hatten es einige Vororte verstanden, sich „weiß" zu

1876 hievte Joshua H. Boil eine schwere Kamera auf einen Turm der im Bau befindlichen Brooklyn Bridge und fügte fünf Aufnahmen zu einem Panorama Manhattans zusammen. Rund hundert Jahre später hatte sich die Aussicht von derselben Stelle dramatisch verändert

erhalten. Westchester County, zum Beispiel, nur einen Katzensprung von Manhattan entfernt, war fest in weißer Hand, wer schwarz war, hatte höchstens als Putzfrau eine Chance, oder als Gärtner, oder, wenn er sehr viel Glück hatte, als Chauffeur. Auf Long Island hatte sich der Siedlungsbrei, genau wie in Manhattan, immer weiter vom Süden nach Norden ins Land gefressen; dort waren vergleichsweise attraktive Schlafstädte entstanden, die trotz der Beschwerlichkeit der Fahrt zum und vom Arbeitsplatz ihre Vorzüge hatten: Man konnte einen eigenen Garten haben, einen Swimmingpool, Ruhe, und die schönen Strände waren ganz in der Nähe. Man konnte die Kinder draußen spielen lassen, ohne befürchten zu müssen, daß es da schlechte Einflüsse gäbe. Man konnte in vorbildlich angelegten „malls", in Einkaufszentren, das Shopping ganz ohne die chaotischen Begleitumstände erledigen, die sonst in der City den ganzen Tagesablauf begleiteten. Kurz: Während der Anteil der Schwarzen an der Gesamtbevölkerung der City of New York zunahm, setzte Abwanderung von Weißen ein, mithin also auch ein Verlust an Steuerkraft, und dieser Trend schlug von nun an immer nachhaltiger durch.

Das war ein schlechtes Zeichen für New York, aber wie immer kam auch zu dieser Zeit auf jedes schlechte Zeichen mindestens ein gutes: Die Stadt wurde zum Sitz der Vereinten Nationen bestimmt, gleichsam Welthauptstadt wurde sie, und das war nach dem Verständnis vieler New Yorker auch ganz in Ordnung so. Die Philantropen Rockefeller, die damit viele Millionen Dollar hätten erlösen können, schenkten der UNO 17 acres* Land an der Turtle Bay, wo früher New Yorker noch schmackhafte Schildkröten gefangen hatten, aber wo nun keine mehr lebten, denn der East River, zu dem die „Schildkröten-Bucht" gehört, hatte seine reine Natürlichkeit von einst verloren.

*) rund 7 Hektar

1949, am 29. Oktober, wenige Tage vor der Wiederwahl des unglückseligen O'Dwyer zum Bürgermeister, kam dessen Freund Harry Truman nach Manhattan und legte den Grundstein des ersten Gebäudes für die UNO, mit der sich damals noch weltweite Hoffnung auf Frieden und Verständigung verband. Von nun an würde es in Manhattan ein Stück Ausland geben, denn die UNO erbat sich exterritoriales Gelände, eine eigene Polizei und ein eigenes Postamt, und New York willigte ein, denn das schien ein angemessener Preis für die Ehre zu sein, die Vereinten Nationen zu beherbergen, angemessener jedenfalls als jene Bedingungen, die 1790 dazu führten, daß New York auf die Ehre verzichtete, Hauptstadt der Vereinigten Staaten zu werden: Zehn Quadratmeilen sollte die Stadt damals zugunsten des Kongress aufgeben, und, schlimmer noch, alle Hafensteuern zur Finanzierung der Bundesregierung abführen.

Das überstieg bei weitem, was das egoistische New York an gesamtstaatlicher Solidarität besaß. Es flossen keine Tränen, als die Repräsentanten des Bundes die Stadt wieder verließen, um zunächst in Philadelphia und dann in Washington zu regieren.

1954 stand auf dem Gelände an der Turtle Bay auch das letzte der geplanten UNO-Gebäude. Ein Jahr später vollendete sich an der Third Avenue schon wieder ein Stück dramatischer Verwandlung der Stadt: Die „el" wurde abgerissen, die „elevated", die Hochbahn.

Bis dahin war die Third Avenue vom Lärmen der „el" erfüllt gewesen, und in ihrem Schatten hatte eher ärmliches New York gelebt. Irische Pubs säumten die Avenue, kleine Geschäfte, Wohnhäuser, die zwar nicht mehr den skandalösen Zuschnitt der menschenverachtenden „tenements" hatten, aber doch weit davon entfernt waren, kultiviertes Wohnen zu erlauben. Immerhin: Eine richtige „neighborhood" war an der Third Avenue gewachsen, man kannte einander, man vertraute einander, es hatte seine Ordnung an der Avenue. Aber dann, als die „el" demontiert war, kamen die Makler.

Anfangs nur zögernd, dann immer nachhaltiger und dann unaufhaltsam veränderten sie die Third Avenue. Wo früher die kleinen Läden und Pubs bescheidene Existenzen schufen, reckten sich schon ein Jahr nach dem Abriß der „el" die ersten Bürohäuser in die Höhe. Im Laufe der Zeit wurde die Third Avenue gleichsam zum Büro der Stadt und würde etwas weniger als 30 Jahre später 16,1 Millionen square feet*) Büroräume anbieten. 11,2 Millionen Passagiere würden jährlich allein die „subwaystation" an der 53. Straße, Ecke Lexington Avenue, benutzen, in die Third Avenue gehen und in einem der riesigen Kästen verschwinden, die sich dort etabliert hatten, wo zuvor Iren ihr Feierabendbier getrunken hatten. Nach der Rush-hour am Abend würde, wo sich früher echte Nachbarschaft abgespielt hatte, gähnende Leere herrschen – so ging New York immer mit sich selber um. Es schaffte sich, indem es fortgesetzt baute, fortgesetzt ab: „Das New York", schrieb ein Historiker, „das ein typischer New Yorker für die Zukunft sieht, wird es nie geben, denn jeder Tag ist lediglich eine Vorbereitung auf den nächsten".

Sentimentalitäten konnte sich New York auch bei der Verwandlung der Third Avenue nicht leisten. Resigniert, womöglich aber auch bereitwillig, verließen die Bewohner der Third Avenue ihre Häuser und verloren Menschen aus den Augen, mit denen sie lange Nachbarschaft praktiziert hatten. Sie begriffen, daß überall anderswo Wurzeln zum Leben wichtig waren, aber nicht in New York. Die Mobilität, das Gesetz des sozialen Aufstiegs, schloß ein, daß man schon morgen aus seinem Haus gefeuert wurde, weil ein Makler im Begriff war, mit dem Grundstück eine Menge Geld zu machen. Was in Harlem möglich gewesen war, blieb mindestens theoretisch überall in der Stadt möglich und geschah nahezu täglich überall in der Stadt. Die New Yorker lernten, auch damit zu leben.

Mag sein, daß die eingewurzelte Wurzellosigkeit so vieler New Yorker zu einem Phänomen führte, das so unübersehbar wie ärgerlich war: Kaum irgendwo auf der Welt waren die Straßen einer großen Stadt schmutziger. Die Sorgen der ersten „Generaldirektoren" von Nieuw Amsterdam, die sich über Schweine auf den Straßen und über Müll in den Straßengräben empörten – und ganz vergeblich Abhilfe anstrebten –, waren auf sonderbare Weise auch für die Stadtverwaltungen der 50er Jahre des 20. Jahrhunderts akut. Der deutschstämmige Bürgermeister Robert F. Wagner ließ an den Gemeinsinn seiner Mitbürger appellieren, aber mit dem war es am Hudson nie weit her gewesen. Wer von seinem „lunch break" aus einem „delicatessen" kam, ließ Papier und Reste auf die Straße fallen, das war selbstverständlich, jeder machte das so. Wer seine Zeitung gelesen hatte, warf sie achtlos fort; schließlich gab es eine Stadtreinigung. „Subway stations" sahen wie kleine Müllhalden aus, auf der feinen Fifth Avenue wehte der Wind alle möglichen Abfälle über die Bürgersteige; wirklich: Es war ein Skandal, an dem sich Millionen Bürger täglich beteiligten.

Wagner beschloß Strafen gegen die „litter bugs", aber wirklich geholfen haben die nie. Jeder in Manhattan war jederzeit in Sichtweite eines Abfallkastens, aber was immer die Stadtverwaltung auch tat: Mit ihrer Achtlosigkeit bezeugten die New Yorker auch weiterhin ihre Einstellung zur Ordnung eines Gemeinwesens, das diesen Namen eigentlich nicht verdiente und infolgedessen mindestens in dieser Hinsicht auf eher schäbige Weise von allen anderen großen Städten der Welt unterschieden war.

Dafür gab es anderen, sichtbaren Fortschritt: An der 30. Straße der West Side wurde am 8. März 1956 ein „heliport" eröffnet, der erste Flug-

*) knapp 15 Millionen Quadratmeter

platz für Hubschrauber, die eiligen New Yorkern etwas brachten, wovon sie nie genug haben konnten: zusätzlichen Zeitgewinn. Ein Jahr später wurde die dritte Röhre des Lincoln Tunnel dem Verkehr von und nach New Jersey freigegeben und ein weiteres Superlativ den vielen hinzugefügt, die New York schon für sich reklamierte: unter dem Hudson River verlief nun der erste dreifache Unterwassertunnel der Welt.

New York blieb und wurde mehr und mehr die Stadt, die mit unvorstellbaren Superlativen aufwarten konnte, aber sie blieb auch die Stadt eklatanter Unfähigkeit, sich vernünftig und korrekt zu regieren.

1960 wurde Hulan Jack, der wichtigste Beamte von Manhattan, wegen Korruption angeklagt. Einen Monat darauf veröffentlichte der Staat New York den Bericht eines Untersuchungsausschusses, der dem Bürgermeister Wagner peinlich sein mußte: Die Stadt, so hatten die Parlamentarier der Staatshauptstadt Albany ermittelt, wurde immer noch ohne Kompetenz und ohne Effizienz regiert, und immer noch gab es Korruption. Und dann kam es noch schlimmer, denn die Stadt brauchte finanzielle Hilfe des Staates New York, Hilfe ausgerechnet jenes „upstate New York", das die Städter immer für einen ärgerlichen, langweiligen und überflüssigen Appendix der City of New York gehalten hatten.

Der Gouverneur des Staates, der Finanzhilfe anbot, hieß Nelson Rockefeller. Er war einer der Söhne des Juniors und bezog als Gouverneur ein Gehalt von 50 000 Dollar pro Jahr; das war, so errechnete der Rockefeller-Biograph William Manchester, etwa die Hälfte dessen, was seine philantropischen Brüder pro Woche verschenkten.

Als sich Rockefeller zur Gouverneurswahl stellte, wußten die New Yorker, daß sie zumindest nicht wieder fürchten mußten, jemanden zu wählen, der sich durch sein Amt reich machen wollte. Was freilich viele von ihnen nicht wußten, war, daß Nelson ausgesprochen linke, oder, wie man in New York lieber sagte, „liberale" Positionen vertrat.

Schon zuvor, in Washington, in verschiedenen Jobs unter Roosevelt, Truman und Eisenhower, hatte Nelson ganz im Geiste seines Vaters so unerhörte Thesen vertreten wie: „Man muß großes Geld für den kleinen Mann zur Verfügung stellen". Auf den Pocantico Hills, dem riesigen Besitz der Familie, und in seiner Wohnung an der Fifth Avenue – sie hatte 27 Räume und erstreckte sich über drei Stockwerke – kamen ihm immer neue politische Ideen, die für die rechtsgerichtete Republikanische Partei, der er angehörte, eher schokkierend waren. Nelson träumte davon, ein neuer Simon Bolivar zu sein und die mittel- und südamerikanischen Staaten definitiv zu befreien, indem er sie in den Stand setzte, mit moderner Technologie gegen die fortgeschrittenen Länder zu konkurrieren. Nelson, vor allem er, setzte sich dafür ein, New York zum Sitz der UNO zu machen und beschwor seinen Vater, ihr das millionenschwere Grundstück am East River zu schenken. Sogar die Hergabe des Familienbesitzes an den Pocantico Hills erwog Nelson für den Fall, daß die UNO nicht in Manhattan, sondern außerhalb der Stadt ihren Sitz nehmen wollte. In Washington formulierte er wesentlich am Konzept der NATO mit, aber er setzte auch die Errichtung eines Ministeriums für Gesundheit, Erziehung und Soziales durch, für politische Branchen also, die bis dahin in den Vereinigten Staaten nicht in hohem Ansehen standen. Nach dem Zweiten Weltkrieg vertrat er die Überzeugung, daß die Vereinigten Staaten mehr ökonomische Hilfe und weniger Waffen an solche Länder schicken sollten, die der Hilfe bedurften; ein Aufruf, den seine konservative Partei so wenig wie viele seiner anderen Ideen schätzte.

Nelson Rockefeller war politisches Urgestein. Niemand zeigte sich als ein so vollblütiger Wahlkämpfer wie er. Wenn er in Manhattan um Stimmen warb, war es, als fege ein Wind durch die Straße, in der Rocky Hände schüttelte, ständig lachte und jedermann unter den verläßlichen Eindruck setzte, sein Freund zu sein. Anderen Politikern mochte es eine Qual sein, sich in die Menge zu begeben und Hände zu schütteln, Rocky liebte jede Sekunde dieser Bäder in der Menge. Er genoß es, „to pump the flesh" und „to rub elbows" mit den Bürgern der Stadt. Freilich verließ er sich nicht auf sein Charisma. Er kaufte sich Wahlen, wie sich andere Menschen ein Auto kaufen: So viel Geld pro Wählerstimme gab er aus – und konnte es lächelnd –, daß er dafür jeden, der schließlich für ihn stimmte, zu einem opulenten Essen hätte einladen können: 25 Dollar.

Weil man ihn einmal beim Kauf eines Kunstgegenstandes betrogen hatte, wurde er zum Experten: Nie mehr, schwor er sich, würde ihn ein Händler übervorteilen. Er trug naive und primitive Kunst in einer solchen Fülle zusammen, daß das Museum, dem er seine Schätze antrug, zunächst nichts anderes tun konnte, als die Schätze in Kellern zu lagern. Er verfügte, daß der große mexikanische Maler Diego Rivera ein schmückendes Werk gestalten sollte, das für das Rockefeller Center vorgesehen war. Am Ende hatte Rivera, der Kommunist war, in seinem Wandbild auch Lenin verewigt – der russische Revolutionär in einer Zitadelle des Kapitalismus! Betreten zahlte Nelson 21 500 Dollar, um die peinliche Panne zu bereinigen.

Nelson Rockefeller träumte davon, Präsident der Vereinigten Staaten zu werden. Wieder und wieder ließ er sich für die Konvente seiner Republikanischen Partei nominieren, aber wieder und wieder wurde er geschlagen; mehr noch: Er wurde gedemütigt. Der Liberale, der Fortschrittliche aus steinreichem Haus hatte nie auch nur den Schatten einer Chance, Präsidentschaftskandidat der konservativen Republikaner zu werden, und außerdem: Daß er nicht nur liberal, sondern obendrein New Yorker war, lärmend, burschikos und muskulös wie die Stadt, deren Geschöpf er war, gab vollends den Ausschlag.

Rocky, die aparte Personifizierung eines New Yorker Politikers, starb am 26. Januar 1979. Er starb, so wurde das trauernde New York am nächsten Tag taktlos informiert, nicht in den Armen seiner angetrauten Frau, vielmehr war eine jüngere und sehr attraktive Dame bei ihm, als er seinen letzten Atemzug tat.

In Nelson Rockefeller, den viele seiner Wählerinnen für unwiderstehlich „sexy" hielten, fand New Yorks Politik eine neue Entsprechung. Sie hatte nichts mehr mit der Attitude jener „Bosse" der Demokratischen Partei gemein, die Politik fast immer nur als eine probate Möglichkeit begriffen, über den Weg der Politik zu Einfluß und über den Einfluß zu Geld zu kommen. Rockefeller profitierte in den Wahlkämpfen von seiner Versicherung, ein Ende jener korrupten „machines" herbeizuführen, die es immer noch gab. Indessen, selbst „The Rock" konnte dieses Versprechen nicht erfüllen. 1961 ordnete Bürgermeister Wagner die Entlassung von 400 höheren Beamten an, die samt und sonders ihre einträglichen Jobs den „Bossen" verdankt hatten. Das war eine mutige Geste, nur glaubte niemand mehr in New York City, daß Bürgermeister Wagner gelingen könnte, was vor ihm niemandem gelungen war: Die der Stadt offenbar angeborene Korruption ein für allemal auszurotten.

Während in der City Hall Robert F. Wagner regierte – und sich jeden Morgen von seiner Frau die Garderobe auswählen ließ, denn er war farbenblind –, schuf sich das schwarze Harlem sein eigenes politisches Idol: Adam Clayton Powell, Jr., Sohn jenes Geistlichen, der, als Harlem noch der Himmel der Schwarzen auf Erden zu werden versprach, so redlich zu Sitte, Moral, Arbeitsamkeit und Stolz aufgerufen hatte.

Adam Clayton Powell, Jr., ein sehr hellhäutiger Schwarzer, verspürte zunächst keine Neigung, Geistlicher wie sein Vater zu werden. Er hielt es eher mit dem flotten Leben, ließ sich dann aber von seinem Vater überzeugen, vielleicht auch nur überreden, übernahm die Abyssinian Church, die immer noch eine bedeutende Institution Harlems war, predigte gewaltig, redete mächtig von der Moral, obwohl doch jeder in Harlem wußte, daß er immer ein „killer with the ladies" gewesen war, ein Schürzenjäger, machte auch Politik von der Kanzel, denn das war in Harlem immer Hand in Hand gegangen, und überraschte Harlem – und verängstigte die Weißen –, als er verkündete, alles tun zu wollen, um die kommunistische Sache zu fördern. Der Mann, inzwischen mit einem früheren Showgirl des berühmten Cotton Club verheiratet, beschloß, anders als sein Vater, den er einen „radikalen Propheten" nannte, ein „radikaler Kämpfer" zu werden.

Das hörte man gern in Harlem. Harlem brauchte in der Tat politische Kämpfer. 1941, als in weiten Teilen der Vereinigten Staaten noch immer die Bestimmung galt, Schwarze nicht in Munitionsfabriken zu beschäftigen, wurde Adam Clayton Powell, Jr., als Harlems erster Schwarzer in den Stadtrat gewählt. Drei Jahre später entsandte Harlem den alerten Geistlichen gar in den Kongreß nach Washington, und da blieb er für annä-

Adam Clayton Powell, Jr., der Sohn des Geistlichen, der Harlem zu einem Paradies der Schwarzen machen wollte, bei einer Wahlrede an der Seventh Avenue. Auch Berichte über seinen fragwürdigen Lebensstil änderten nichts daran, daß er immer wieder mit überwältigenden Mehrheiten als Abgeordneter nach Washington geschickt wurde

hernd ein Vierteljahrhundert und schrieb ein denkwürdiges Kapitel schwarzer Politik.

1943 erwies sich, daß Harlem, gewiß auch unter dem Einfluß des „radikalen Kämpfers", militant geworden war. Am 1. August, einem Sonntag, gab es wie aus heiterem Himmel einen Aufstand, wie ihn die schwarze Hauptstadt Amerikas noch nie erlebt hatte. Der Anlaß war banal: Es war in einer Hotel-Lobby zunächst zu einem Streit zwischen einem weißen Polizisten und einem schwarzen Soldaten gekommen, dann zu einem Handgemenge, dann war ein Schuß gefallen, und der schwarze Soldat lag auf dem Boden.

Täglich gab es Schießereien in Harlem, seit langem, sie waren fast so alltäglich wie der Sonnenuntergang. Aber nun drängte bisher nicht gekannter Zorn zur Rache.

Das Gerücht verbreitete sich, der Polizist habe den Soldaten erschossen. Unruhe machte sich breit. Die ersten Schaufenster von Läden gingen zu Bruch. Und dann lief Harlem Amok: Weiter im Süden von Manhattan erhielt die Furcht vor Harlem – aber auch die selbstgerechte Zufriedenheit darüber, immer auf Distanz zu den Schwarzen gehalten zu haben – eine neue, bedrückende Qualität.

In Harlem herrschte eine Stimmung, die Adam Clayton Powell brauchte: „Ein Volk! Ein Kampf! Ein Sieg!", rief er seinen Wählern zu, und die verhalfen Powell zu überzeugenden Siegen, wann immer er sich zur Wahl stellte. Nie erhielt er weniger als 70 Prozent der Stimmen; niemand anders konnte in Washington überzeugender als Sprecher der Schwarzen auftreten und die offenkundigen Mißstände anklagen, die in Harlem wie in anderen schwarzen Gettos des Landes herrschten. Noch immer preßten weiße Hausbesitzer den Schwarzen höhere Mieten ab, als sie für sehr viel bessere Häuser in weißen Vierteln zu erzielen waren. Noch immer war von faktischer Gleichberechtigung keine Rede. Noch immer war die Geburt in einem schwarzen Viertel gleichbedeutend mit einem Urteil, das „Lebenslänglich" hieß.

Adam Clayton Powell, Jr., hat die große Chance, die unanfechtbare und unüberhörbare Stimme des schwarzen Amerika in Washington zu werden, nie wirklich wahrgenommen. Der hellhäutige Schwarze, der als Studienbewerber versucht hatte, als Weißer angesehen zu werden, wurde auf seine Weise, was so viele New Yorker Politiker der anderen Rasse auf die ihre geworden waren: Adam Clayton Powell, Jr., wurde korrupt.

Daß er drei Häuser besitze, berichtete die „New York Times" maliziös, und daß er fabelhafte 115 000 Dollar im Jahr verdiene. Daß er einen noblen italienischen Sportwagen fahre, schrieb die „Times", aber manchmal auch einen englischen Jaguar. Zeitungen berichteten, daß zwei seiner Mitarbeiter bei Steuerschwindeleien erwischt worden seien, und sie deuteten an, daß Powell davon gewußt habe.

Harlem stand unerschüttert zu Powell: Bei der nächsten Wahl zog er, 77,8 Prozent der Stimmen im Rücken, wieder auf dem Capitol Hill in Washington ein. „Ich mag den Mann, denn er ist ein Kämpfer", sagte Joe Louis, Harlems Held aus den Dreißigern, und wie dem früheren Pugilisten ging es vielen in Harlem, die überzeugt davon waren, daß die weißen Journalisten ihrem Mann in Washington nur deshalb das Leben erschwerten, weil er schwarz war. „Man ist hinter mir her", sagte Powell, „weil ich ein Neger bin, und weil die Weißen immer noch glauben, daß ein ‚nigger' auf die Baumwollplantage gehört".

„Yeah! You tell 'em!", und: „Right on", riefen seine Wähler und ließen nicht ab von ihrem Idol, auch wenn sie sich manchmal fragten, weshalb wohl Powell so häufig bei Sitzungen in Washington fehlte.

1960 wurde er angeklagt, Steuern hinterzogen zu haben. Die Schöffen berieten 26 Stunden lang darüber, ob der Congressman schuldig war oder nicht – sie konnten sich nicht einigen,

Joe Louis, der „Schwarze Bomber" und Weltmeister im Schwergewichtsboxen, war einer der Helden von Harlem. 1946 eröffnete er im Herzen Harlems, in der 125. Straße, ein Restaurant mit Bar

also war Adam Clayton Powell, Jr., ein freier und unbescholtener Mann; mehr noch: Er stieg nach den Gesetzen der Seniorität, die im Parlament in Washington galten, zum Vorsitzenden des einflußreichen Ausschusses für Erziehung und Arbeit auf – nun war er wer.

Sein Büro war ein bißchen zu fein, die Einrichtung ein bißchen zu aufwendig, sein Stab ein bißchen zu aufgeblasen, aber seine Arbeit war nicht ganz und gar ohne Meriten: Der Mindestlohn für Landarbeiter wurde auf 1,25 Dollar die Stunde erhöht; der Gesetzentwurf war aus Powells Ausschuß gekommen. Eine Bundeshilfe für Schulen wurde beschlossen sowie ein Programm zur Bekämpfung der Armut, und wiederum war Powell mit seinem Ausschuß wesentlich an diesen Maßnahmen beteiligt.

Präsident Johnson schrieb an Powell, daß er seine Errungenschaften brillant finde. Zuvor hatte auch Präsident Kennedy, der mit schwarzen Stimmen nach Washington gekommen war, den Congressman aus Harlem hofiert. Ja, Adam Clayton Powell, Jr., war arriviert. Er war jemand, mit dem man in Washington rechnen mußte. Er war sehr stolz auf sich.

Powell, inzwischen das dritte Mal verheiratet, kaufte sich ein Haus an der Beach von Puerto Rico. Dann machte er auf Staatskosten eine Tour durch Europa, begleitet unter anderen von Corrin Hough, die einmal „Miss Ohio" und bei einem „Miss Universe"-Wettbewerb Zweite geworden war. Amerikanische Botschaften hatten eine Menge zu tun, um Powell und seiner hübschen Begleitung den Eintritt zu allerlei Vergnüglichkeiten zu verschaffen, die der Politiker in der Alten Welt genießen wollte: Die weißen Zeitungen in New York schäumten – aber in Harlem schäumte kaum jemand. Durfte ein schwarzer Congressman etwa nicht in Anspruch nehmen, was weißen Congressmen selbstverständlich war? Waren nicht „junkets", erstklassig ausgestattete Reisen für Abgeordnete, immer ein Bestandteil politischen Lebens der Weißen gewesen? Und war nicht der Rassismus der Weißen auch jetzt wieder erkennbar, die sich über den smarten Adam bloß deshalb empörten, weil es ihm gelungen war, aus Harlem zu einem hohen Amt in Washington zu kommen?

Harlem wählte Adam Clayton Powell, Jr., auch nach seiner Skandaltour durch Europa wieder, und wieder hatte er 70 Prozent der Stimmen auf sich vereinigt. Lächelnd zog der Mann, von dem ein ehemaliger Mitarbeiter sagte, er habe nichts als Verachtung für die Schwarzen von Harlem empfunden, wieder nach Washington, und am Sonntag war er wieder in Harlem und predigte von der Kanzel der Abyssinian Church immer noch so gewaltig wie an seinem ersten Tag als Geistlicher.

Dann verwickelte sich Powell in einen vergleichsweise zweitklassigen Fall von Beleidigung, der mit seiner Verurteilung endete. Powell verweigerte die Zahlung der 46 500 Dollar Strafe, die das Gericht für rechtens gehalten hatte. Das Gericht verurteilte ihn wegen Mißachtung, Powell focht das Urteil an. In einer Zeit, in der in Harlem wie in Brooklyn die schwarzen Slums kochten und schiere Verzweiflung herrschte, machte sich Adam Clayton Powell, Jr., über die Justiz lustig und berief sich auf seine Immunität als Abgeordneter.

Da setzte ihn der Kongreß von seiner Position als Ausschußvorsitzender ab. Eine Untersuchung seiner Aktivitäten auf dem Capitol Hill ergab, daß er, beispielsweise, seine auf Puerto Rico lebende Frau aus dem Fonds seines Ausschusses bezahlte. Schwindel mit Kreditkarten wurde ihm nachgewiesen, allerlei Unkorrektheiten fand man, aber: „Ich bin ein schwarzer Dreyfus", lächelte Adam. „Keep the faith, Baby", rief er dem anhänglichen Volk von Harlem zu, das ihn in der Tat noch einmal wählte, aber nun war dem sonderbaren politischen Playboy wohl selber der Glaube ausgegangen.

Er zog sich nach Bimini zurück, auf zwei kleine Inseln etwa hundert Kilometer vor der Küste von Florida. Das Abgeordnetenhaus schloß ihn aus. Weder erschien er auf dem Capitol Hill noch in Harlem, vielmehr war er als erster Schwarzer im Bimini Big Game Fishing Club aufgenommen worden und liebte es, am Abend in der „End of the World"-Bar zu sitzen und seinen Whisky zu trinken.

Er starb in Miami. Kurz zuvor hatte es noch einen Prozeß um ihn gegeben: Seine Ehefrau und die Frau, mit der er zusammenlebte, wollten vor Gericht wissen, wer wirklich mit Adam Clayton Powell, Jr., verbunden war.

Nun, nach dem Exitus des politischen Luftikus, wurden, parallel zu ganz ähnlichen Strömungen im weißen Amerika, auch in Harlem mehr und mehr Zweifel am Wert des politischen „establishment" laut, an seinem Willen und an seiner Fähigkeit, wirklich etwas zu verändern, was so offenkundig der Veränderung bedurfte. Malcolm X, der eigentlich Malcolm Little hieß, war der neue Mann der Stunde, ein schwarzer Militanter, der nichts mit den etablierten Parteien im Sinn hatte und zur Radikalisierung und zur „action" aufrief, bis er, inzwischen schon eine nationale Figur von Rang, erschossen wurde.

Am südwestlichen Ende Harlems, wo sich der Campus der Columbia University breitet, wurden gleichzeitig die Zweifel an der Richtigkeit des amerikanischen Wertsystems und der Solidität des „establishment" immer gärender. Der Vietnam-Krieg führte zu ersten offenen Protesten weißer Studenten, die sich zu linksradikalen Verbänden zusammenschlossen und, unerhört für New York, die Fahne des Feindes trugen und das Sternenbanner johlend verbrannten.

Es brannte an der Peripherie New Yorks, aber im Kern der Stadt schien alles noch unangefochten. 1962 wurde die untere Fahrbahn der George Washington Bridge eröffnet, denn immer noch glaubte man, den Kampf gegen die Motorisierung gewinnen zu können, wenn nur genügend Highways und Brücken und Tunnels gebaut würden. Das Lincoln Center wurde gebaut, ein großartiger Komplex von Bühnen und Konzerthallen, die nur gebaut werden konnten, weil, wieder einmal, die Reichen der Stadt tief in ihre Taschen griffen. 1964, noch ein großer Tag für Robert Moses, war die Verrazano-Narrows Bridge fertig, die Brooklyn mit Staten Island verbindet. Ebenfalls 1964, am 5. April, wurde in Flushing Meadows im Stadtteil Queens die Weltausstellung eröffnet, die zwei Jahre dauern und wiederum ein Mißerfolg werden würde, denn New York hatte kein Glück mit „world fairs". Die erhofften Besucher kamen nicht, die Ausstellung war eine Pleite.

Ohnehin hatte sie sich ungut angelassen, denn die Schwarzen der Stadt drohten, die Eröffnung der Ausstellung zum Anlaß einer Demonstration zu nehmen. Nervöse Polizei umgab das Ausstellungsgelände, und tatsächlich ereigneten sich ein paar Scharmützel, aber die ganz große Blamage blieb der Stadt erspart.

Dann kam der Morgen des 16. Juli 1964. An der 76. Straße in Yorkville, mitten im weißen Manhattan also, wässerte ein Hausmeister die Blumen. Eine Schar junger Schwarzer ging vorbei. Richtete der Hausmeister absichtlich den Wasserschlauch auf die Schwarzen? War es Zufall, daß die Jungen naß wurden? Ein Versehen?

Keilerei brach aus. James Powell, einer der Schwarzen, ging auf den Hausmeister los. Blinkte ein Messer auf? Und wenn: Wer drohte damit wem?

Thomas Gilligan, ein Polizist, kam zufällig vorbei. Er war in Zivil und außer Dienst. Er wurde, sagte er später, von den jungen Schwarzen bedroht. Er schoß. James Powell, einer der Jungen, war tot.

Harlem explodierte, und wieder waren die verhaßten weißen „cops" der Gegenstand unverhüllter Wut. Die Revierwache an der 123. Straße wurde am 18. Juli von einer Menschenmenge belagert, die immerzu

Malcolm Little, der sich „Malcolm X" nannte, war Wortführer der „Black Muslims", die sich militant mit den Weißen auseinandersetzten. Als er gerade eine Berühmtheit von nationalem Rang geworden war, wurde er erschossen

„killer cops" schrie. Scheiben klirrten in Harlem, wieder floß Blut. Wieder sprang der Funke auch nach Brooklyn über, und wieder zitterte man im weißen Manhattan.

Beinahe eine Million Industriearbeiter gab es zu dieser Zeit in New York – das war die größte Arbeiterschaft einer amerikanischen Stadt –, aber in Harlem hatte jeder vierte Arbeitswillige keinen Job. Im Zentrum Manhattans wuchsen immer kühnere Wolkenkratzer in den Himmel, und im Osten immer schönere Apartmenthäuser, und die Geschäfte in den Erdgeschossen in „midtown" wurden immer opulenter, aber in Harlem war jedes zweite Haus nach der Ansicht der Behörden baufällig und gefährlich. Gewiß, auch im weißen Manhattan waren besonders an den Abenden die Straßen immer unsicherer geworden, und man begann, seine Haus- und Wohnungstüren durch immer raffiniertere und vermeintlich zuverlässigere „gadgets" gegen Einbrecher und Räuber zu sichern, aber in Harlem lag die Mordquote mehr als 600 Prozent über dem Mittelwert des Landes.

3,4 Milliarden Dollar standen 1965 auf der Ausgabenseite im Etat der Stadt, eine gewaltige Summe, aber bei weitem nicht genug, um auch nur in die Nähe der Problembeseitigung zu kommen. Je größer und komplizierter die Stadt wurde, desto anfälliger war sie für Störungen geworden – auch für Streiks. New Yorks städtische Arbeiter und Angestellte schlugen daraus Kapital, wann immer sie konnten, denn auch insoweit, und insoweit besonders, hatte sich in der Stadt Gemeinsinn nie entwickelt.

Die Müllarbeiter, zum Beispiel, wußten, daß die Stadt einen von ihnen betriebenen Streik nicht riskieren konnte, also setzten sie immer höhere, schließlich geradezu abenteuerlich hohe Löhne durch. Die Polizisten, die Lehrer, die Kanalarbeiter, die „doormen", die in Apartmenthäusern doch wenigstens ein Gefühl, wenn schon keine Realität, der Sicherheit verbreiteten, die Sozialarbeiter, die Schauerleute im Hafen – jeder nutzte seine Chance erbarmungslos. Es gab fast keinen Tag mehr, an dem nicht irgendeine Gruppe in der Stadt streikte und die Stadtverwaltung zu erpressen versuchte.

John Vliet Lindsay wußte das alles, als er sich 1965 zum Bürgermeister der City of New York wählen ließ, aber er meinte auch, für alle Probleme eine Antwort zu wissen. Er war Republikaner wie Rocky Rockefeller, und er war liberal wie der Gouverneur. Auch Lindsay war, fanden viele Frauen in New York, unwiderstehlich „sexy", freilich auf ganz andere Art als der eher bullige Rockefeller. Lindsay war groß, schlank, blond, mit einem Gesicht wie aus Hollywood. Er war ein „wasp", ein „white Anglo-Saxon protestant", der erste seit langem, der in City Hall einzog. Er sah immer ein bißchen lässig aus, eine Spur zu heiter, wenn er sich unter die Menschen begab, aber der Mann war voll von Energie und hatte die besten Absichten.

Im Juli 1964, als eine gerichtliche Voruntersuchung gegen den weißen Polizeileutnant Thomas Gilligan begann, der beschuldigt wurde, den fünfzehn Jahre alten Schwarzen James Powell erschossen zu haben, kam es überall in den schwarzen Bezirken von New York zu Demonstrationen. In Brooklyn warfen aufgebrachte Schwarze eine Mülltonne in die Schaufensterscheibe einer Fleischerei

Bürgermeister Lindsay besuchte gerade ein Theater am Broadway, als sich die Nachricht von der Ermordung Martin Luther Kings verbreitete. Er fuhr sofort nach Harlem, um die empörten Menschen zu beruhigen und sie seiner Solidarität zu versichern. Als er später von militanten Schwarzen bedroht wurde, mußten ihn Leibwächter schützen und seinen Rückzug sichern

Gut möglich, daß Harlem in Flammen aufgegangen wäre, durchaus denkbar, daß die Flammen auch ins New York der Weißen gekommen wären, hätte die Stadt in dieser Zeit nicht John V. Lindsay zum Bürgermeister gehabt. Andere Amtsträger hatten, wenn es in Harlem oder Bedford-Stuyvesant rumorte, die Polizei alarmiert und die Sache durch Schlagstöcke oder gar Pistolen beilegen lassen, Lindsays Art war das nicht. Mit einer Kühnheit, die beispiellos war, begab er sich selber in den Slum, wenn dort Aufstände zu gären begannen. Er versicherte die Schwarzen seiner Solidarität. Er versprach, mehr schwarze Polizisten einzustellen. Er versprach, sich ernsthaft und mit allem Nachdruck um den Wohnungsbau zu kümmern. Er versprach, etwas für die Verbesserung der Schulen in Harlem und Bedford-Stuyvesant zu tun, in denen die Messerstecherei und der Angriff auf den Lehrer oder die Lehrerin schon fast so normal wie die Pause und die tägliche Nachricht über neuen Wandalismus war.

Das hatten andere Bürgermeister auch versprochen; nur: Die Schwarzen ahnten, nein, sie wußten, daß es dieser Mann im Unterschied zu anderen wirklich ernst und gut mit ihnen meinte.

Das tat Lindsay gewiß, aber Harlem, wenngleich das bedrängendste Problem der Stadt, war nicht das einzige. Es gab, Lindsay war erst wenige Tage zuvor gewählt worden, einen Stromausfall in New York City, der in einigen Stadtteilen unendliche 13 Stunden dauerte – wieder war die Verwundbarkeit der Stadt deutlich: Lifts steckten in Höhen, in denen in anderen Städten nichts als Himmel war. Elektrische Züge standen still, in Tunnels drohte Panik. Der Ausfall der Verkehrsampeln verstärkte das übliche Chaos, und es sah aus, als werde es sich nie wieder auflösen. Niemand zählte die Flüche, die in diesen Stunden der Paralyse einer Metropole ausgestoßen wurden, aber niemand auch das gleichsam einverständliche Gelächter, das es angesichts der urbanen Turbulenz allenthalben gab: So etwas war schließlich in New York, wo alles

NEWPORT

anders als woanders war, immer zu gewärtigen, „that's the way it is", oder auch, mit den Worten des Mannes, der selber ein Chaos stiftete: „Well, what are you going to do about it?".

„Power failure" war eine Vokabel, die ständig bedrohlich blieb; eine andere war: „Drought".

1965, noch ehe also Bürgermeister Lindsay sein Amt antrat, blieb der Regen aus, und das war so schlimm wie Regen im Überfluß. Wenn es, was in New York jederzeit passieren kann, wie aus Eimern goß, waren die Straßen und Avenuen und insbesondere die Highways im Osten Manhattans innerhalb weniger Minuten überschwemmt, die Kanalisation versagte, die Fluten hatten keinen Abfluß. Taxis, die man gerade jetzt brauchte, waren nicht zu haben, rücksichtslose Autofahrer warfen ihre Bugwellen über die Fußgänger, wieder bewies die Stadt ihre Verwundbarkeit.

Aber nun war totaler Wassermangel. Die Reservoire der Stadt gaben nicht mehr her, was acht Millionen Menschen brauchten. Sie enthielten nur mehr ein Viertel ihrer Kapazität – das war der tiefste Stand, der je gemessen wurde. Nun galten Ausnahmeverordnungen in der gesamten New York Metropolitan Area, die sich weit über das Terrain der City of New York hinaus in die Bundesstaaten New York, Connecticut und New Jersey hineingefressen hatte und Heimat für annähernd vierzehn Millionen Menschen war.

Das Gespenst eines Großfeuers ging um, das von der Feuerwehr mangels Wassers nicht bekämpft werden könnte. Brave Bürger sparten schüsselchenweise mit Wasser, während andererseits in Harlem Hydranten geöffnet wurden, so daß Kinder in der unerträglich feuchten Sommerhitze Duschbäder nehmen und sich vergnügen konnten. Das war gegen die Verordnungen, gewiß. Das führte zur Verschärfung der Wasserknappheit, sicher. Aber was galt in Harlem, wo immer alles, und wahrlich nicht nur das Wasser, immer knapp gewesen

Je größer New York wurde, desto mehr lernten die Bürger, mit Unzulänglichkeiten und Pannen zu leben. Bei einem Stromausfall, der alle Untergrundbahnen lahmlegte, behalfen sich die Passagiere dieses Wagens, indem sie bei Kerzenlicht auf die Evakuierung durch die Feuerwehr warteten

war, die Wasserknappheit? Hier gab es keinen Sinn für die Solidarität der Stadt – woher hätte er auch kommen sollen?

Im Juli 1966 brach in den schwarzen Ortsteilen von Brooklyn abermals Unruhe aus. Ein paar Monate später gab es in Harlem eine Demonstration, weil die schwarzen Schulen in katastrophalen Zuständen und überdies immer noch total schwarz waren, während doch die Eltern auf die Integration des Schulwesens drängten, von der sie eine Verbesserung des Lehrbetriebs erwarteten.

Bürgermeister Lindsay war sehr beschäftigt in diesen Tagen, aber noch lächelte er, wo immer er sich zeigte, noch hatte er seinen jungenhaften Optimismus nicht verloren. „Fun City" nannte er tapfer die Stadt, in der es ganz gewiß und in jeder Menge „fun", aber in der es doch auch mehr Probleme gab, als zu bewältigen waren. Die Folgen der schieren Größe und des nahezu unkontrollierten Wucherns der Stadt konfrontierten Lindsay fast jeden Tag aufs Neue, und überdies: Auch außerhalb der Stadt verschärften sich die Spannungen zwischen den Rassen unter dem Einfluß neuer, militanter Organisationen, die von radikalen jungen Schwarzen geführt wurden – was, wenn es in Harlem oder in Bedford-Stuyvesant zum ganz großen Aufstand käme?

Lindsay organisierte die „Summer Task Force", eine gutgemeinte Organisation zur Beschäftigung jener jungen Menschen in den schwarzen Gettos, die insbesondere in den heißen Sommermonaten eine Gefahr bildeten, wenn sie, des planlosen „Gammelns" in den Straßen müde und von der Hitze irritiert, jäh aufbrachen, um irgendwo zu provozieren, zu räubern oder den Aufstand zu proben. Prominente Sportler stellten sich in den Dienst des Bürgermeisters und spielten mit den Slumkindern auf Sportplätzen, aber auch auf Hinterhöfen, Basket- und Baseball. Viel guter Wille wurde von Weißen und Schwarzen investiert, schöne und ganz ungewohnte Zeichen von Solidarität gab es, auch rührende Episoden, wenn Gettokinder, mit dem Bus ins Grüne gefahren, ängstlich weinend davonliefen, weil sie zum ersten Mal in ihrem Leben wirkliche Kühe sahen.

Dennoch kam es im Sommer 1967 wieder zu Unruhen und zu Ausschreitungen gegen die Polizei. Wieder war Harlem erfüllt vom Klirren zerbrechender Fenster, wieder war auch in der Bronx die Hölle los. Wieder kam Lindsay und stellte sich dem Mob, und wieder beschwichtigte er, aber konnte es sein, daß sein Lächeln schon ein bißchen dünner war? Waren die Falten in dem Gesicht, das aus Hollywood zu kommen schien, schon ein bißchen tiefer?

War, vor allem, von nun an in jedem Sommer mit Unruhen in den schwarzen Vierteln zu rechnen? Und würden sie sich auf diese Viertel beschränken? Was, wenn die Zornigen nach „midtown" kämen, nach „downtown"? Was, wenn sie die Fifth Avenue heraufkämen, zur „Meile der Millionäre", die sich, nur wenige Kilometer von Harlem entfernt, an der Ostseite des Central Park erstreckte?

Was, wenn die Schwarzen sich nicht darauf beschränken würden, in ihren eigenen Wohnbezirken zu zündeln, zu zerstören und zu plündern, wenn sie Brand, Zerstörung und Plünderung in jene Gebiete tragen würden, in denen das weiße New York City am elegantesten war?

Jeder in New York begriff, daß sich in den schwarzen Vierteln nicht allein mehr jene Wachstumsschwierigkeiten abspielten, die in der Vergangenheit zu Unruhen geführt hatten. Dies waren Symptome einer erwachsenen kranken Stadt, und jeder konnte die Spuren der Krankheit sehen: Die Ruinen in Harlem, die vorsätzlich von Mietgeiern abgebrannten Häuser in der Bronx, die zu Aufruhr ermutigenden Sprüche an den Mauern heruntergekommener Bauten, in denen in Harlem vor einem Menschenalter noch beschauliche Bürgerlichkeit daheim gewesen war.

Und nicht nur dort gab es so deutliche Spuren. Während 1968 im südlichen Manhattan mit der Errichtung des doppeltürmigen World Trade Center begonnen und weiter „uptown" der – vierte – Madison Square Garden eröffnet wurde, den man, eine großartige Lösung, direkt über der Pennsylvania Station errichtet hatte, so daß, wer wollte, trockenen Fußes in die Arena gelangen konnte, wer aus den Vororten kam, um großen Sport, großen Zirkus oder irgendeine andere Großveranstaltung zu erleben; während es also diese eindrucksvollen Indizien immer noch gewaltiger Vitalität der Stadt New York gab, zeigten sich auch Menetekel: Die Straßen verfielen. Es gab plötzlich Schlaglöcher auf Avenuen und Straßen, die nicht ausgebessert wurden und nicht ausgebessert werden konnten, weil die Stadt das Geld nicht hatte. Bald glichen einige Avenuen eher einer Straße irgendwo im ärmlichen Afrika, ächzend fuhren schöne, lange und schrecklich unvernünftige Limousinen über immer mehr Schlaglöcher hinweg. An der Westseite Manhattans verfiel ein Highway, er war nicht mehr benutzbar, nun war er abgesperrt und ganz frei von Autos – ein gespenstisches Denkmal für Robert Moses.

„Urban decay" setzte ein, der Verfall der Stadt. Vorbei, endgültig vorbei die Zeit, in der das stolze New York die staatliche Unabhängigkeit für sich verlangen konnte und vollmundig meinte, das Umland, den Staat New York und vollends die Bundesregierung, nicht zu benötigen: New York City brauchte spätestens jetzt Hilfe, es hatte sich übernommen und hatte verstanden, daß es noch nicht einmal mehr in der Lage war, die vorhandene Infrastruktur zu erhalten.

1968 streikten die Lehrer und erpreßten damit die Stadt. Gewiß, ihr Job war schwerer und gefährlicher als irgendwo sonst in der Welt.

1969 wurden in New York City 274 506 Fensterscheiben in Schulen zerstört. Es gab 143 Brandanschläge auf Schulgebäude. 220 Buben wurden wegen Vergewaltigung verhaftet. 61 024 falsche Feueralarme hatte es – ganz überwiegend in den Slums – gegeben, und die Polizei war sicher, daß sie von jenen Kindern ausgelöst worden waren, die sich ein Vergnügen daraus machten, die Feuerwehrleute mit Steinen zu bewerfen.

In jeder Woche wurde irgendwo in einer Schule ein Lehrer oder eine Lehrerin von einem Schüler bedroht, gelegentlich angegriffen, gelegentlich krankenhausreif geschlagen. Besondere Sicherheitsvorkehrungen mußten getroffen werden, um das Schulpersonal zu schützen. Vorkehrungen gegen den Schulwandalismus mußten getroffen werden, der immer weiter um sich griff und in den Zeitungen „sinnlos" genannt wurde, aber im Verständnis der kleinen Wandalen natürlich nicht sinnlos war, sondern ein Ausdruck der frühen Revolte gegen eine etablierte Ordnung, die ihnen nur wenig oder keine Lebenshoffnung gab. Wirklich: Die Lehrer in New York hatten es schwer, aber natürlich übertrieben sie es auf unverschämte Weise mit ihren finanziellen Forderungen, und natürlich wußten sie, daß sie übertrieben, aber so war nun einmal die Philosophie der Stadt: Nimm, was du kriegen kannst, und wenn es geht, nimm noch ein bißchen mehr.

1968 waren in New York, ganz wie in Europa, die Studentenunruhen auf ihrem Höhepunkt. Auch die berühmte Columbia University erlebte Tumulte, als linke Studenten in ein Handgemenge mit Gegendemonstranten gerieten. Wie in Europa, ist die Revolte der „68er" auch in New York nahezu spurenlos untergegangen

Hinter dem Streik der Lehrer verbarg sich noch mehr: Sie wehrten sich gegen eine Dezentralisierung des städtischen Schulwesens, von der sich die Schwarzen mehr „community control", mehr Selbstverwaltung, erhofften, während die Lehrergewerkschaft eine Gefährdung ihres Einflusses auf die Personalpolitik, die Schulorganisation und die Festlegung der Lehrinhalte befürchtete. Kurzum: Eine unterprivilegierte schwarze Minorität kämpfte gegen eine gutsituierte jüdische Minorität, denn die Lehrergewerkschaft wurde von jüdischen Pädagogen beherrscht; niemand, so schien es, hatte ein schlechtes Gewissen, daß der Kampf auf dem Rücken der ganzen Stadt ausgetragen wurde.

Die Polizisten machten „Dienst nach Vorschrift", auch das eine ungetarnte Erpressung der Stadt. Die Feuerwehrleute drohten mit „Dienst nach Vorschrift", auch die Müllfahrer. Was sollte der honorige Bürgermeister tun? Der Erpressung tapfer widerstehen? Lächeln?

Nein, Bürgermeister Lindsay, in dessen Gesicht nun ganz unübersehbar Falten waren, widerstand natürlich nicht. Nur mühsam lächelte er noch, als die neuen Tairfverträge unterzeichnet waren, von denen jeder der Beteiligten wußte, daß sie weit über das hinausgingen, was sich die Stadt leisten konnte: Der Konkurs der Stadt wurde bei diesen Vereinbarungen gewissermaßen eingeplant; er kam, wenn auch erst ein paar Jahre später, als es in Washington ein Präsident ablehnte, dem Moloch am Hudson River noch weiter Dollar in den unersättlichen Rachen zu stopfen und eine New Yorker Zeitung mit der Schlagzeile erschien: „Ford to City: Drop dead!".

Am 4. April 1968 wurde Martin Luther King in Memphis erschossen. Entfesselt zündeten überall in den Vereinigten Staaten empörte Schwarze ihre Slums an, selbst über Washington, D.C., hing eine bedrohlich schwarze Wolke. Ungebrochen begab sich Bürgermeister Lindsay wieder nach Harlem, um zu Frieden und Einsicht aufzurufen, und wieder schaffte der ebenso tapfere wie integre und glücklose Mann das kleine Wunder: Nicht, daß er Ausschreitungen ganz und gar verhindern konnte, aber es gelang ihm, sie in Grenzen zu halten.

Die Zeit der Studentenunruhen kam, sie kam in New York plötzlich und mit Gewalt. Mark Rudd, ein junger linker Feuerkopf, so etwas wie ein amerikanischer Rudi Dutschke, setzte sich an der Columbia University an die Spitze der militanten Bewegung, der die ganze gesellschaftliche Richtung nicht paßte, vor allem nicht der Krieg in Vietnam, aber auch ganz und gar nicht, was sich in ihrer unmittelbaren Nachbarschaft, nämlich in Harlem, abspielte: Dort sollte eine Turnhalle der Universität in einem Park der Schwarzen errichtet werden. Gegen diese Einschränkung der Schwarzen zogen die linken Studenten auf die Straßen und lärmten auf dem Campus ihrer Universität, und den Schwarzen war das recht, aber nie gelang es den Studenten, die Schwarzen zu ihren Verbündeten zu machen.

Hatte es je in der bewegten Geschichte der Stadt ein ähnlich turbulentes Jahr wie 1968 gegeben? Gewiß, am Broadway feierte „Hair" einen endlosen Triumph, das erste Musical einer Generation, die sich ganz offenkundig anschickte, nicht nur die Musik zu revolutionieren. Sicher, an der Fifth Avenue gingen die Geschäfte gut. Ja, Touristen aus aller Welt kamen nach New York, nach „Baghdad on the Hudson", nach „Gotham", nach „Fun City", zum „Big Apple", und sie staunten. Ja, allenthalben riß sich die Stadt schon wieder ab und baute sich neu. Vordergründig schien manches noch ganz ungebrochen und zukunftssicher und vital, und doch: Als sich am Abend des 31. Dezember 1968 nach alter Tradition viele Tausende auf dem Times Square einfanden, um das neue Jahr in einer Orgie von Lärm zu begrüßen, schrien sie sich auch ihre Sorgen von der Seele.

Martin Luther King, Jr., der über den Weg des gewaltlosen Widerstandes wesentlich zur Verbesserung der Lage der Schwarzen beitrug, war das Idol vieler Schwarzer auch in Harlem und in Bedford-Stuyvesant. 1964 erhielt der Geistliche in Oslo den Friedensnobelpreis

Viele New Yorker vermißten einige Wochen später eines Morgens etwas, das sie zunächst nicht genau bezeichnen konnten. Dann begriffen sie erschrocken: Es gab den Straßenlärm nicht, jenen gleichbleibenden Geräuschpegel, der vom frühen Morgen bis zum späten Abend so zur Stadt gehörte wie der Himmel über der Stadt. Was war geschehen?

Ein Blizzard hatte die Stadt über Nacht zugedeckt, ein Schneesturm. Die Straßen sahen aus, als habe Hollywood ein böses Stück angerichtet. Große Limousinen waren, nun kaum noch erkennbar, unter grotesk gewachsenen Schneebergen mitten auf Kreuzungen aufgegeben worden. Hauseingänge waren vom Schnee blockiert. Ambulanzen konnten nicht auf Notrufe reagieren. Kaum etwas regte sich in der City.

Das alles war dramatisch, aber dramatischer war die unheimliche Stille. Nie hatten die New Yorker ihre Stadt so ruhig erlebt, aber sie genossen die Ruhe nicht, auch nicht die sonderbar klare, ganz und gar unvergiftete Luft, die auf der Stadt lag. Den Schnee empfanden sie wie eine Pest, „a damned nuisance", New York konnte solche Eskapaden des Wetters nicht ertragen, zur Hölle mit solchen Darbietungen der Natur.

Tage brauchte es, ehe sich New York aus den Schneebergen ausgegraben hatte. Vergeblich mühte sich die Stadtverwaltung, die Adern der Metropole rasch wieder durchlässig zu machen. Gallig empörten sich mehr und mehr Bürger über den unfähigen Bürgermeister Lindsay, der andauernd in die Slums rannte, aber steuerzahlendem weißen Mittelstand nicht die Straßen schneefrei machen konnte. Ausgepfiffen wurde er, als ein paar Tage nach dem Blizzard einige Straßen in Brooklyn und Queens immer noch nicht von den Schneemassen geräumt worden waren; nun war dem Bürgermeister das Lächeln vergangen.

Noch einmal stellte er sich zur Wahl, und noch einmal wurde er gewählt, obwohl er längst den schönen, idealistischen Schwung verloren hatte, mit dem er seine erste Amtszeit in City Hall begann. Seine „Fun City" hatte ihm den Idealismus ausgetrieben.

Hatte auch er, wie der unglückselige William O'Dwyer, gelegentlich auf die monströse Stadt geblickt und Zweifel an ihrer Regierbarkeit empfunden? Er trat ab. Andere kamen, zum ersten Mal auch ein Jude, Abraham Beame, um die unregierbare Stadt zu regieren und den „impossible job" zu tun, wie der kenntnisreiche Robert Moses das Amt des Bürgermeisters genannt hatte.

Und in der Tat: Da stand sie, die gewaltige Stadt, als John Vliet Lindsay das letzte Mal die City Hall verließ – Heimat aller Schattierungen menschlicher Existenz, von gewaltiger Schönheit und doch auch von einer Häßlichkeit, die auf der Welt nicht ihresgleichen hat. Da stand Le Corbusiers „wunderbare Katastrophe" und war immer noch und schon wieder dabei, sich aufzufressen, auszuscheiden und unter Schmerzen neu zu errichten.

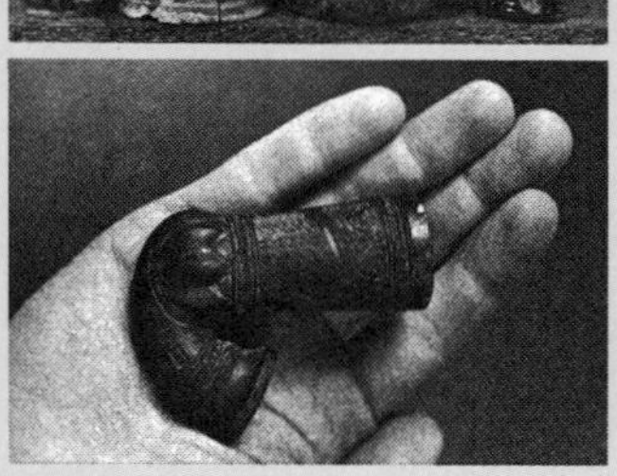

Zwischen Broad Street, Stone Street, Coenties Alley und Pearl Street am südlichen Ende Manhattans wurden Relikte des alten Rathauses aus der niederländischen Zeit ausgegraben. Die Keramikpfeife indes stammt erst aus dem frühen 19. Jahrhundert, ebenso wie die große Steingutflasche, während die anderen Krüge und Becher auf das frühe 18. Jahrhundert datiert werden

Die Stadt der kühnen Träumer

Viele Indizien sprechen dafür, daß die City of New York stirbt: Ihr fehlen mehr als 100 Milliarden Dollar zur Wiederherstellung ihrer Infrastruktur. Die Straßen verkommen, Brücken sind unsicher, Untergrundbahnen entgleisen häufiger als anderswo, Busse fahren nur etwa tausend Kilometer, dann bleiben sie, Folge der chaotischen Verkehrsbedingungen, defekt liegen.

Ein Rechtssystem, das diesen Namen verdient, gibt es nicht mehr. „Urban decay" breitet sich aus wie Aids und Herpes, in den Schulen geht die Gewalttätigkeit um, und selbst an der Wall Street nimmt die „Kriminalität der Gentlemen" zu. Woanders ergäbe die Summe der Unzulänglichkeiten den Kollaps – aber nicht in New York, wo nichts an der Elle braver Normalität zu messen ist. Was woanders ein Notstand wäre, ist hier belächelter Alltag, und: Inmitten der bösen Zeichen des Niedergangs gibt es Signale ganz ungebrochener Vitalität

Während des Sommers gibt sich im Central Park jeder, wie er mag, und mancher mag es gern, wenn er auffällt. Aber auch dem harten Winter versuchen die New Yorker etwas abzugewinnen. Der kühle Charme der Schneefiguren im Park zeugt davon

Wenn bei Temperaturen nahe dem Gefrierpunkt die Straßen längst matschig sind und Autos ganze Fontänen von Schmutz auf die Passanten schleudern, ist der Central Park immer noch weiß und gestattet mit wenigen Schritten eine Flucht vor der großen Stadt

Die alte Tradition der „Free Concerts" und Picknicks im Central Park, zu denen stets mehrere hunderttausend Zuhörer kamen, geriet 1983 erstmals in ernste Gefahr: Nach einem Popkonzert gab es massenhaft Überfälle von Straßenräubern auf Besucher

FOLONARI

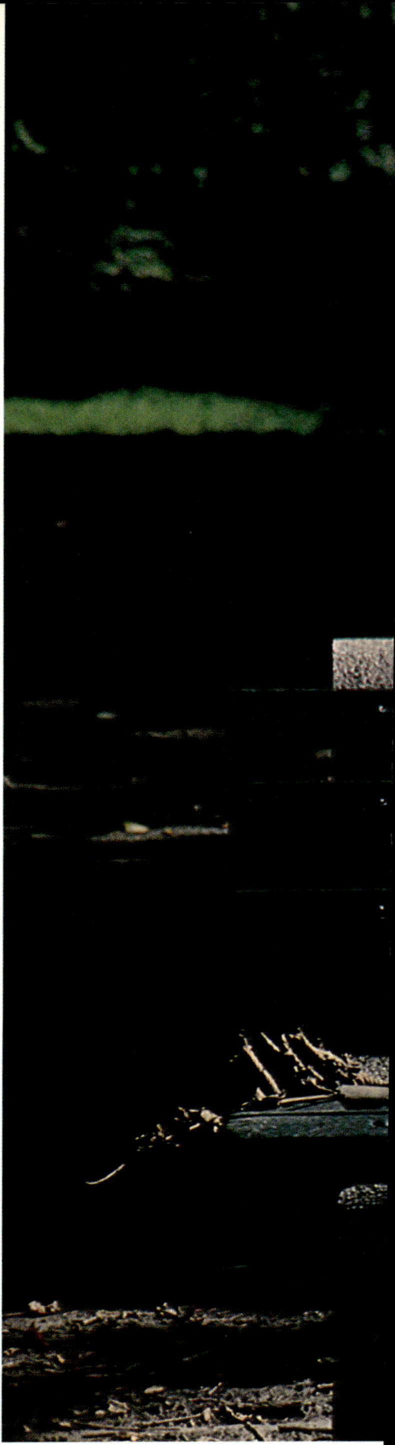

Meditierende Einsamkeit, verliebte Zweisamkeit, vergnügliche Gemeinschaft – alles geht im Central Park, den die Polizei beritten überwacht. Am westlichen Rand des Parks wurde John Lennon erschossen. Einer seiner Fans erhofft sich vom Verkauf der Gedächtnis-Poster wenigstens kleinen Profit

Aus verfallenen, verwüsteten Hafenanlagen ein Blick auf Tribeca an der Westseite Manhattans. Die Piers, an denen früher die großen Passagierschiffe festmachten, sind nahezu leer. Die meisten Schiffe legen in den Häfen von New Jersey am Westufer des Hudson River an

Im spanischen Patrizierhof des Metropolitan Museum fand ein Pärchen sein Refugium. In der „subway", eine der technisch unsichersten Untergrundbahnen der Welt, haben sich New Yorks „Urbane Wilde" durch Grafitti verewigt

Erst auf der Triboro Bridge, erst da, wo die Brücke über Randall's Island führt und man von der hochliegenden Fahrbahn hinter dem East River die Kolosse Manhattans sieht, die himmelhoch gebaute Stadt, die steinernen Redwoods, die Kathedralen der Neuzeit, die Signalmasten der Profit Center, den „Big Apple", die größte Show der Welt – erst hier auf der Triboro Bridge ist der Flugreisende wirklich in New York City angekommen.

Nicht vorher. Man kommt nicht in New York an, wenn man auf dem John F. Kennedy Airport in den Marschen von Idlewild landet, denn die Jet-Fliegerei hat weltweit eine Ankunft, die diesen Namen verdient, abgeschafft. Der Kennedy Airport ist austauschbar wie es die Highways sind, die nach Manhattan führen. Die Wohngegenden, durch die man fährt, ehe man die Triboro Bridge erreicht, könnten, genau so schäbig, auch in Chicago stehen, in Atlanta, St. Louis, Detroit oder Philadelphia. Die „boroughs" Queens und Brooklyn, die man passiert, sind aufregend wie zu dünner Tee und in weiten Teilen ansehnlich wie lepröse Nasen. Sie sind, allenfalls, Garnitur zur eigentlichen Stadt, numerische Zutat: Queens, wäre dieses 126,6 Quadratmeilen*) große Schlafzimmer New Yorks keiner von mehreren Stadtbezirken, sondern selbständig, würde mit seinen 1,89 Millionen Bewohnern die viertgrößte Stadt der Vereinigten Staaten sein, aber nun, da es gleichsam nur ein Vorort Manhattans ist, liegt es in den „boondocks", am Ende der Welt, und ist so interessant wie ein kaputter Fernsehschirm.

Aber hier, auf der Triboro Bridge, wird man, die Strapaze des neunstündigen transatlantischen Fluges tief in den Knochen und durch den sechsstündigen Zeitunterschied verwirrt, wieder wach. Der Blick auf Manhattan ist wie Tonikum. Es versagt nie, und: Es kann süchtig machen.

*) 328 Quadratkilometer

Was man sieht, zieht an und schreckt ab. Es ist unwirklich und banal zugleich. Es ist dramatisch und doch nur eine Postkarte, die man schon tausendmal sah. Die getürmte Stadt macht Angst und Lust. Es geht einem, wenn man der Skyline ansichtig wird, wie es dem Alpinisten ergeht, der vor dem Massiv steht, das er bezwingen will: Genau weiß man nur, daß da ein Abenteuer wartet, aber nichts weiß man darüber, wie es ausgehen wird.

Das Taxi war schmutzig, wie immer; niemand, der auch nur ein bißchen Selbstrespekt hat, würde in Europa ein solches Taxi besteigen. Der Fahrer empfing den Passagier, als trüge der die Cholera ins Auto. Unrasiert war er und frech, und wenn man ihn etwas fragte, sagte er: „Listen, I am not your entertainer."

Man saß hinter ihm und hatte, als würde man geradewegs ins Gefängnis gefahren, ein metallenes Gitter ganz nahe vor sich, das den Fahrer vor Überfällen schützen sollte, dafür aber, käme es zu einem Unfall, dem Fahrgast komplizierte Gesichtsverletzungen garantierte.

Der Kerl schien entschlossen, diesen Fall herbeizuführen. Er fuhr wie einer, der an allen anderen Autofahrern der Welt Rache zu nehmen hatte. In einem irrwitzigen Slalom überholte er links und rechts, raste dem Vordermann bis nahe ans Heck, um dann jäh auf die Bremse zu treten, die schiere Ignoranz saß am Lenkrad. Die Sentenz fiel einem ein, daß nichts an einem Flug so gefährlich ist wie die Fahrt zum oder vom Flughafen.

Es staubte ins heiße Taxi. Man versuchte, das Fenster zu schließen, aber die Fensterkurbel war defekt. Sah das Ekel am Lenkrad die vergebliche Bemühung? Er grinste böse. Er haßte seine Passagiere.

Das verkommene Taxi stöhnte unter den Schlägen der tiefen Löcher, die sich in Asphalt und Beton gefressen hatten. Warum ging der Mann am Lenkrad nicht vom Gas? Er grinste schon wieder böse, weil das Taxi nach der Passage eines Schlagloches schepperte, als wäre es von einer Granate getroffen. Er haßte sein Auto.

Rücksichtslos drängte er sich in die Schlange der Autos, die sich vor den Häuschen auf der Triboro Bridge gebildet hatte, an denen der Brückenzoll zu entrichten war. Empörte Rufe kamen aus den anderen Wagen, nicht viel fehlte, und es hätte eine Kollision gegeben.

„Bastard!" rief jemand aus einem anderen Auto.

„Creep!" rief der Kerl am Lenkrad.

Ja, man war in New York City angekommen.

Eine schön geschwungene Linkskurve hinunter von der Triboro Bridge: Manhattan.

Graffiti an den Wänden von Häusern des sozialen Wohnungsbaus, die schon verfielen, als sie gerade fertig waren, „fuck" in vielen schriftlichen und farblichen Variationen. Auf staubenden Plätzen und unter traurig verstaubten Bäumen spielten ein paar schwarze Halbwüchsige ein rabiates Basketball. Gefledderte Autowracks lagen felgenlos an den Rändern von Straßen, die diesen Namen nicht verdienten und vor Häusern, die so einladend aussahen wie Särge.

180 Autos werden täglich von ihren Besitzern aufgegeben und irgendwo in der Stadt am Straßenrand zurückgelassen, Sperrmüll der Extraklasse, die riesigen Motorhauben wie klagend weit geöffnet, die Scheiben zerschlagen, die Sitze zerschnitten, ausgeträumte Mobilität.

Auf dem nach dem Präsidenten Roosevelt benannten F.D.R. Drive, einer wichtigen Stadtautobahn, die am East River entlangführt, gab es mehr und schlimmere Straßenwunden als nach einem harten Winter in ganz Bayern zur Zeit der Frostaufbrüche, aber diese Stadt hatte längst aufgehört, ihre Straßen auszubessern. Sie hatte längst, und wahrlich nicht nur, was den Zustand der Straßen angeht, ein Arrangement mit der Unzulänglichkeit getroffen. Chicago, die zweitgrößte Stadt des Landes, gab sich einmal, und hatte dafür ein paar gute Gründe, den Beinamen: „Die Stadt, die funktioniert." Niemand sagte das von New York City.

Vom F.D.R. Drive sah man die Brooklyn Bridge, die 1883 eingeweiht worden war, ein wunderschönes Bauwerk, auch heute noch. Gerade hatte die Stadt mit Pomp und Feuerwerk das hundertjährige Bestehen der schönen Brücke gefeiert, nur: Ihre Tragseile reißen. Eigentlich müßte man sie, gäbe es in New York noch die Regeln einer penibel geordneten Stadt, für die 150 000 Autos sperren, die täglich über sie hinwegrollen. Eigentlich müßte man auch die Queensboro Bridge und ein paar andere Brücken sperren und reparieren, und den hanebüchenen F.D.R. Drive gleich mit, auch noch ein paar Avenuen und mindestens ein paar hundert Straßen.

Aber die City of New York ist keine penibel geordnete Stadt mehr, längst nicht mehr, sie war es in europäischem Verständnis kaum je in ihrer Geschichte. Die schöne Brooklyn Bridge wird weiter benutzt – wie jene Brücke etwas weiter nördlich, in Greenwich im Bundesstaat Connecticut im Verlauf des Interstate Highway 95, die eines Tages, im Sommer 1983, jäh einstürzte und ein paar Autos und Menschen mit sich ins Wasser riß.

Die Infrastruktur New Yorks ist verkommen, und wahrscheinlich ist sie sogar unrettbar verkommen. Weit mehr als 100 Milliarden Dollar wären nötig, um sie zu normalisieren, aber niemand in der Stadt, die mit einem Jahresetat von 16,5 Milliarden Dollar auskommen und hinten und vorn und selbst an Wichtigstem sparen muß, rechnet ernsthaft mit der Normalisierung. Die Straßen und die Kanalisation, die Brücken und Tunnel verkommen immer mehr, die reiche Stadt mit den vielen Millionären ist arm, in Teilen sieht sie aus wie ein Stück Haiti oder Bangladesh oder Tansania.

Also doch: Eine sterbende Stadt? Ein verfaulter „Big Apple"? All going down the drain?

Der rabiate Kerl am Lenkrad verließ den F.D.R. Drive in der Höhe der Vereinten Nationen, ignorierte das Rot der Ampel und mußte mitten auf der Kreuzung stoppen. Er blockierte den Verkehr der First Avenue. Wieder, wie auf der Triboro Bridge, wurde gehupt, gedroht, geflucht, aber das Ekel rief: „Ah, fuck off," und zündete sich eine Zigarette an. Er haßte die Welt.

Nicht nur heiß war es, sondern feucht. Es war einer jener unerträglichen Sommertage, an denen niemand, der das nicht mußte, auf die Kunstluft der Klimaanlagen in Auto, Büro, Restaurant und Wohnung verzichtete. Am Grunde der Canyons, den die Straßen zwischen den hohen Häusern bildeten, wehte kein Wind, der Erfrischung hätte bringen können. Auf den Bürgersteigen drängten sich mißgelaunte Menschen an Bergen von schwarzen Müllsäcken vorüber, von denen einige geplatzt waren und ihre übel riechenden Innereien entließen, für die sich eine alte, schrecklich verlotterte Frau interessierte, die ihre Habe in ein paar zerfetzten Einkaufstüten mit sich trug.

In den engen Straßen wurde doppelreihig geparkt. Ein Lastwagen konnte nicht passieren. Er stoppte und blökte mit seiner defekten Hupe. Jeder im Stau, der sich rasch aufbaute, hupte und schrie, und dann war die heiße Luft erfüllt vom Protest ungezählter Autohupen – eine Stadt spielte ihre Erkennungsmelodie.

Aber niemand hörte zu.

Wozu auch: Sie wird jeden Tag „downtown, midtown, uptown" gespielt, morgens, mittags und abends. Sie ist ständig so gegenwärtig wie die unterirdische Verkehrskalamität, wo eine „subway" unterwegs ist, die häufiger als die irgendeiner anderen Weltstadt entgleist oder defekt im Bauch der Stadt stehenbleibt und obendrein von Kriminellen heimgesucht wird. Die städtischen Omnibusse brechen viermal häufiger als die der Städte Los Angeles und Chicago zusammen. Sie fahren mit einer durchschnittlichen Geschwindigkeit von knapp zehn Kilometern pro Stunde und geben nach durchschnittlich nur 624 Meilen ihren Geist auf, dann schleppt man sie ab ins Depot, das längst, wie so vieles in der Stadt, aussichtslos überfordert ist und auch solche Omnibusse wieder auf die verheerenden Straßen entläßt, die nicht verkehrssicher sind und beim nächsten Einsatz noch nicht einmal 624 Meilen unterwegs sein werden.

Oh New York!

Oh Manhattan!

Es ist ja wahr: Die Stadt macht es einem nicht leicht. Sie ist heruntergekommen und aufdringlich und schmutzig. Ihre Luft ist an mehr als 100 Tagen im Jahr nach den Normen der Amtssprache „polluted". Obwohl die Stadt im Lauf der letzten Dekade zehn Prozent ihrer Einwohner verlor, drängen sich immer noch 9056 Menschen auf jedem Quadratkilometer; in Hamburg sind es 2185. New Yorks Straßen sind ein Theater, in dem unausgesetzt ein aufreizend lärmiges Stück gegeben wird, vor allem Exzentriker wirken mit; will sagen: Nirgendwo auf der Welt laufen mehr Verhaltenssonderlinge herum als in Manhattan.

Müllunternehmen, die von Kriminellen betrieben werden, stehen im dringenden Verdacht, auf viele Halden in der Stadt giftige Chemikalien abgeladen zu haben. Im Hudson River ist schon seit 1975 das Fischen verboten; er ist PCB-verseucht, der Tod schwimmt im Fluß. Es gibt mehr Obdachlose in New York, als eine Mittelstadt Einwohner hat, mehr Beschäftigte in der illegalen Wettindustrie, als Menschen in einer Großstadt wohnen, und mindestens jeder Zehnte in der Stadt ist, was die Behörden „praktisch Analphabet" nennen. 70 von 100 Bürgern, die gegen ein Gesetz verstoßen und deshalb angezeigt werden, werfen die Anzeige in den Müll, so weit ist es mit der Justiz gekommen, die so effizient wie der Omnibusverkehr ist. 1982 wurde nur einer von 200 Fällen in einem gerichtlichen Verfahren geklärt. Auf einen Richter kamen im täglichen Durchschnitt 150 Fälle. „Law and order" sind dahin, unwiederbringlich wie die ordentlichen Straßen und Brücken, überall sind die Zeichen des Untergangs an den Wänden, auch Sympathie kann sie nicht übersehen.

Und doch, und doch, und doch: Diese Stadt stirbt nicht, sie könnte es gar nicht. Die City of New York hat ihre eigenen Lebensgesetze. Nichts in dieser Stadt ist mit der Elle jener braven Normalität zu messen, die woanders in der Welt gilt. Was woanders ein Notstand wäre, ist hier belächelter Alltag. Was woanders ein Kollaps wäre, ist hier allenfalls ein Ärgernis. Die Fähigkeit des Menschen, sich anzupassen und selbst das schier Unerträgliche zu ertragen, hat in New York eine nirgendwo sonst auch nur für möglich gehaltene Stufe erreicht. Wie schade, daß Darwin das nicht mehr erlebte.

New York ist eine in sich tausendfach widersprüchliche Stadt.

Schlimme Armut in ihr, aber „midtown", über dem Museum of Modern Art, haben sie Wohnungen gebaut, die bis zu 1 815 000 Dollar kosten und Käufer finden, denn neben der Armut ist auch jede Menge flüssiges Geld in New York.

An der Charlotte Street in der Bronx, wo Präsident Jimmy Carter 1977 feierlich eine urbane Wiedergeburt versprach, breitet sich immer noch Trümmerwüste, und sie wird immer größer und bedrückender und immer mehr zur Erinnerung an das zerbombte Dresden, denn in fünf Jahren hat die urbane Wiedergeburt nur 500 neue Wohnungen hervorgebracht, während gleichzeitig 50 000 durch Verfall und Brand verkamen, aber ebenso gleichzeitig wuchs in Manhattan der Trump Tower in die Höhe, einstweilen das Meisterstück des 36jährigen blonden und blauäugigen Donald Trump: Eine 68stöckige Kühnheit aus bronzefarbenem Glas mit einer vornehmen, sechsstöckigen „shopping plaza", einer Komposition aus pinkfarbenem Marmor, Messing und Spiegelglas sowie einem Wasserfall. Vor dem Eingang stehen zwei prächtig gekleidete und ebenso gewachsene schwarze Portiers, und im Foyer spielt das Peter Duchin Duo, und wer mag, kann für 230 000 Dollar einen Adler kaufen, der aus Bernstein, Gold und Kristall besteht, oder er kann ganz oben im Tower, wo man einen wunderbaren Blick über Manhattan hat, eine Wohnung kaufen, die über drei Stockwerke reicht und sechs Millionen Dollar kostet, und wiederum: Es gibt Käufer, es ist reichlich Geld in der Stadt, die nie in der Lage war, die Schande an der Charlotte Street zu beseitigen.

In Brooklyn gleicht die Bradley Plaza an der Rockaway, Ecke Lott

Auf Coney Island, wo um die Jahrhundertwende die Vergnügungsindustrie blühte, steht heute ein Aquarium, in dem sich ein Beluga-Wal die Nase an der Glasscheibe plattdrückt. Im Museum of Natural History wird das Skelett eines der Saurier ausgestellt, deren Verwandte als frühe Bewohner jener Region ermittelt wurden, die heute New York heißt

Avenue, einem städtischen Alptraum: Müll türmt sich auf Steinen, die Bradley Plaza könnte so auch in einem hoffnungslosen Entwicklungsland stehen, rattenverpestet und eine Kränkung für jeden, der sie sieht, aber an der Ostseite Manhattans haben sie für 351 Millionen Dollar den South Street Seaport gebaut und eine Reihe von Häusern aus dem 19. Jahrhundert restauriert, so daß nun die Schermerhorn Row wie in jenen Tagen aussieht, in denen noch Segelschiffe das Bild des Hafens bestimmten und New York unaufhaltsam wuchs und zum Weltwunder wurde.

Es gibt nicht genügend Polizisten in der Stadt, in der jährlich bei 1983 erneut drastisch steigender Tendenz mehr als 600 000 Verbrechen geschehen – die Vergehen und Übertretungen nicht gerechnet –, aber im Zentrum der Stadt, in der es ein Rechtssystem nicht mehr gibt, das diesen Namen verdient, ist geradezu ein Bauboom ausgebrochen, immense Vermögen stellen sich architektonisch dar und kämpfen um Profil am Himmel.

In Harlem, vor der Second Friendship Baptist Church in der 122. Straße, steht eine lange Menschenschlange, denn im Gotteshaus wird Überschußkäse verteilt, fünf Pfund für jeden Bedürftigen, und es gibt viele Bedürftige in Harlem, die so arm wie geduldig sind, und deshalb stehen sie klaglos in der Hitze, und dann gehen sie mit fünf Pfund Käse heim, zu dem manche das Brot nicht haben, aber gleichzeitig stehen auch „midtown" und „downtown" ein paar Menschenschlangen, wenn sie auch in der Kunstluft der „air conditioning" stehen: Beim „maître d'" in den feinen Restaurants stehen sie, im „La Grenouille" und bei „Elaine's", im „Le Madrigal" und in den „Four Seasons", wo man kleine Vermögen hinterläßt, wenn man sich gesättigt hat, aber je feiner und teurer die Restaurants, desto größer der Andrang.

Der Autoeinfahrt des Waldorf-Astoria Hotel gegenüber, liegt im unansehnlichen „brownstone" die Dependance eines Gotteshauses. Gegen Abend, wenn im Waldorf-Astoria die feinen Bankette und Dinner und Empfänge beginnen, große Garderobe und ganz großer Schmuck, stauen sich vor der Einfahrt die Cadillacs der Überlänge mit ihren dunkel getönten Scheiben, ehe sie nach rechts in die Garage fahren können. Auf der linken Straßenseite stehen zu dieser Zeit ein paar Obdachlose, Papiertüten mit ihrer Habe in den Händen, Bilder des Jammers. Hier warten sie auf eine Suppe, die auf der anderen Straßenseite warten auf ihren großen Auftritt: So ist New York, so widersprüchlich, so provozierend, nur – kein New Yorker, so scheint es, findet dieses Bild an der Straße zwischen der Park Avenue und der Lexington Avenue provozierend. Keiner unter den Armen pöbelt neidvoll die Insassen der Cadillacs an, keiner unter den feinen Leuten hat auch nur einen zweiten Blick für die Obdachlosen: Auch das, das besonders, ist ein Stück New Yorker Mentalität.

Der Bürgermeister der Stadt persönlich fuhr, das war an einem Winterabend, als böser Frost die Stadt heimsuchte, durch die Straßen und ermutigte Obdachlose, die sich in Hauseingängen oder in Toiletten von Bahnhöfen eingerichtet hatten, mit ihm zur unteren East Side zu fahren, wo die Stadt an der 3. Straße, nicht weit von der Bowery, ihr „main intake center" für Obdachlose unterhält.

„Ihr friert zu Tode", sagte der Bürgermeister, und: „Es ist warm im Center. Jeder kriegt im Center ein Bett. Jeder kriegt zu essen", aber er hatte nicht viel Erfolg.

„Leave us alone", sagten die Obdachlosen, und: „We don't need you", und: „Thank you, but we are fine", und dann fuhr der Bürgermeister ratlos davon, während sich die Obdachlosen im klirrenden Frost auf die Steine legten und, eine Hand an dem Einkaufsbeutel, der ihren Besitz enthielt, zur Nacht rüsteten.

Nein, das europäisch „Soziale" hat New York nie gekannt; mehr: New

Hunde sind in New York, wie überall in Städten, Statussymbole, Hilfsmittel zur Erweckung von Aufmerksamkeit oder nur einfach Menschenersatz zur Überwindung von Einsamkeit. Der Straßenverschmutzung durch die Hunde hat die Stadt den Kampf angesagt: Jeder Halter kann mit einer Geldstrafe belegt werden, wenn er nicht sofort aufkehrt, was der Vierbeiner hinterließ

Kunst als Therapie: Sozial gestörte Kinder in der South Bronx haben einen Brandstifter und „einen Vater" gemalt, „der die ganze Welt auf der Schulter trägt". Kunst als gesellschaftliches Ereignis: Galerie an der Park Avenue. Kunst als Karriere: Junge Grafitti-Künstler aus der Bronx debutieren in der Fun Gallery

York City ist nie ein „Gemeinwesen" im europäischen Sinne dieses Begriffes gewesen. Nichts, außer geographischer Nähe, verbindet die Klientel des Trump Tower mit der Charlotte Street in der Bronx, nichts die Bewohner der reichen Upper East Side mit Harlem, nichts die Herren im dreiteilig Gestreiften, die an der Wall Street arbeiten, mit den Menschen von Bedford-Stuyvesant. New York ist bloß numerisch eine Stadt, aber in Wahrheit ist sie in sich weitgehend bezuglos. New York ist – und war immer – eine Stadt der Individualisten, der strebsamen „achievers", der Ehrgeizigen, auch und besonders der Egoisten. Nicht blutende Herzen haben diese Stadt groß gemacht, sondern Ambitionen, und die alte Wahrheit, daß jeder in New York seine Chance hat, und zwar ganz ausdrücklich auch die, zu versagen, gilt ungebrochen – auch, wie der Bürgermeister bei seiner fürsorglichen Inspektion zu seiner Überraschung fand, mindestens bei einigen jener, die „versagt" hatten und ihr Schicksal mit jenem Starrsinn akzep-

tierten, mit dem andere ihre Karrieren verfolgten.

„Die einzige Zutrittsberechtigung," schrieb der Regisseur, Bühnenschriftsteller und Pulitzer-Preisträger Moss Hart, „nach der die Stadt je fragte, war die Kühnheit zu träumen. Für jene, die das konnten, öffnete die Stadt ihre Tore und ihre Schätze und fragte nie, wer die Neuen waren oder woher sie kamen" – das ist New Yorks Philosophie, ein bißchen poetisch verklärt, in der Nußschale. Gewiß eignet ihr ein Stück elitäre Erbarmungslosigkeit, gewiß ist das nicht der Geist, aus dem man eine Gemeinschaft der Mildtätigen formt. Kühnheit der Träume ist nicht der Stoff, aus dem solidarische Gesellschaft wird, soziales Bewußtsein, sorgende Brüderlichkeit, nur: So ist New York. So war es immer. So will es sein: „If I can make it there, I'll make it anywhere," und zur Hölle mit dem Rest der Welt, der das nicht kapiert.

Nein, so eine Stadt stirbt nicht, so bedrückend auch die Indizien des Niedergangs sind. Zwar haben 10,4 Prozent der Bevölkerung in der letzten Dekade die Stadt verlassen; vermutlich vor allem braver Mittelstand, der den „hassle" der Metropole nicht mehr ertrug, die schlimmen Straßen, die Kriminalität, den Dreck, den Lärm, die „subways", die Busse. Aber viele von denen, die blieben, haben mehr und intensiveren Durchsetzungswillen als irgendwo sonst. Gut möglich, wahrscheinlich sogar, daß auch sie die Stadt ärgerlich finden, genau besehen für die menschliche Besiedlung ungeeignet, eine Zumutung, eine dauernde Herausforderung, aber für sie mag wohl gelten, was der Literat Harry Hershfield einmal über die New Yorker schrieb: „Hier meutert jeder, aber keiner desertiert."

Wer blieb, führt ein Leben „in the fast lane" oder will es doch mindestens eines Tages führen, denn, wie der Schriftsteller Edmund Love formulierte: „New York zieht mehr Könner an als irgendeine andere Stadt. Hier haben selbst die Penner Talent." Wer blieb, will kein Leben im Leerlauf, das man woanders führen kann, in „suburbia" zum Beispiel. Woanders mag Hysterie ausbrechen, wenn mehr als 100 Milliarden Dollar fehlen, um eine Stadt wieder in Ordnung zu bringen, und woanders mag sich eine Bürgerinitiative bilden und auf die Reparatur der schönen Brooklyn Bridge dringen – nicht in New York City, nicht in der „city that never sleeps."

Das war immer der Fehler der journalistischen und literarischen Diagnostiker, die aus anderen Erdteilen anreisten, um das nahe Ende der großen Stadt anzukündigen: Sie hielten den Augenschein für ein überzeugendes Indiz und wußten nichts von der mentalen Verfassung der auch in dieser Hinsicht unvergleichlichen Stadt. Sie hielten die brave, regulierte Ordnungs- und Gesetzesmonotonie ihrer Herkunftsländer für die einzig denkbare und gültige Ordnung und begriffen nie, daß sich Genie à la New York auch und besonders zum Chaos zu entwickeln vermochte, ja, zuweilen das Chaos zur Entfaltung geradezu

In Harlem, wo die Jugendarbeitslosigkeit bei 60 Prozent und darüber liegt, verbringen junge Männer ziellos endlose Tage. In Strivers' Row, der Straße der Arrivierten in Harlem, wird ein Picknick im Garten arrangiert. An der Lenox Avenue warten Brautjungfern vor einer Kirche, und in der 118. Straße empfinden es Menschen schon als normal, zwischen Müllbergen zu leben

Zur „Gay Parade", der Demonstration der Homosexuellen, hat sich ein Transvestit festlich gekleidet und ist ins „Village" gekommen, in dem längst ganze Straßen das Revier der Andersartigen sind

brauchte. Sie hielten immer die schrecklichen Zahlen der Kriminalität für den überzeugenden Beweis des Endes der Stadt, aber sie kannten nie einen wie William Levine, der sie hätte lehren können, was New Yorker Mentalität ist.

William Levine war Fleischer und hatte einen Laden in Brooklyn, kein großes Geschäft, aber eine ordentliche Existenz. An seiner Einrichtung konnte jeder sehen, daß es im Laden des William Levine keine Schätze zu holen gab, aber dennoch wurde immer wieder eingebrochen. In einem Monat wurde William Levines Laden gleich viermal beraubt.

Gab Levine auf? War er mit den Nerven am Ende? Glaubte er endlich denen, die ihm immer schon gesagt hat-

ten, daß man in New York City nicht mehr leben könne? Zog er aufs Land, wo es noch Recht und Gesetz und ruhige Nächte gab?

Natürlich nicht. Er kaufte sich, das war 1980, eine kugelsichere Weste. Als er das seinen Kunden erzählte, fanden einige von ihnen, daß das eine fabelhafte Idee war, und sie bestellten bei ihm diese beklagenswert nützlich gewordene Utensilie. Und dann sah William Levine, daß mit kugelsicheren Westen, daß mit wirklicher oder nur vermeintlicher Sicherheit ein viel besseres Geschäft als mit „sirloin steaks", „lamb chops" und „liverwurst" zu machen war. Heute ist er Präsident der „Body Armor International Inc.", und es geht ihm gut – das ist New York.

Keith Haring stand, das war 1982, vor Gericht. Man hatte ihn dabei erwischt, wie er Graffiti auf Wagen der Untergrundbahn malte. Die Stadtverwaltung war gerade dabei und hatte dafür 6,5 Millionen Dollar bereitgestellt, zu bekämpfen, was sie für die grassierende Graffiti-Pest hielt, aber Keith Haring wollte nicht von dem ablassen, was er als seine Kunst verstand.

Wurde Haring ein Krimineller? Empörte er sich gegen die unverständige Gesellschaft, die ignorant seine Kunst bestrafte? Stieg er aus?

Keineswegs: Noch in dem Monat, in dem er vor seinem Richter stand, erhielt er den Auftrag, eine „subway station" zu bemalen, und kurz darauf wurden seine Werke mit großem Erfolg in einer Galerie gezeigt – das ist New York.

Der Mann stand, ein albernes weißrotes Käppchen auf dem grauen Haar, an einem weiß-rot bemalten Handwagen am Rande des Central Park und verkaufte Eiscreme, aber er sah nicht so aus, als hätte er das sein ganzes Leben lang getan. Tatsächlich war er einmal ein gutsituierter Angestellter gewesen, unten „downtown", in der Nähe der Wall Street. Feine Anzüge hatte er damals getragen, in feinen Konferenzzimmern getagt, zwei Martini vor jedem Lunch getrunken, über Vermögen entschieden, alles sah gut aus, und dann hatten sie ihn plötzlich, denn so ging das mit dem „hire and fire" in New York, mit der schulterklopfenden Erklärung entlassen, die Zeiten seien eben schlecht, und „no hard feelings".

Ein paar Monate lang versuchte er, einen standesgemäßen Job zu finden,

Überall in der Stadt findet man Zeugnisse des Sprühkünstlers Richard Hambleton. Sein charakteristischer schwarzer Mann, sagt Hambleton, „sieht so aus, wie wir alle nach einem Atomkrieg aussehen werden"

aber das gelang nicht, denn die Zeiten waren wirklich schlecht, es gab zehn Prozent Arbeitslosigkeit im Lande. Monatelang saß er in seinem Apartment und schrieb Bewerbungen oder traf sich mit früheren Kollegen, von denen er Hilfe erwartete und doch nur unverbindliche Freundlichkeit erhielt. Einmal unternahm er eine Flugreise nach Tulsa am Ende der Welt im Bundesstaat Oklahoma, weil er dort eine Chance sah – aber es war wieder nichts.

Verzweifelte er? Rannte er wenigstens seiner Familie davon? Fühlte er sich als Versager?

Nein, er setzte sich ein albernes weiß-rotes Käppchen auf die grauen Haare, rollte einen Handwagen an den Rand des Central Park und verkaufte Eiscreme an lärmend-freche Kinder: „You win some, you lose some", sagte er und lächelte, und: „Von hier aus kann es nur noch bergauf gehen. Ich habe auch schon eine Idee" – das ist New York.

Hat auch jemand in der Columbus Avenue einmal eine Idee gehabt?

Vor fünfzehn Jahren, man erinnert sich genau, denn damals wohnte man nicht sehr weit von ihr entfernt auf der West Side von Manhattan, war die Columbus Avenue für niemanden, der im adressenbewußten New York auf sich hielt, eine erwägenswerte Wohnadresse. Sie war mies, ärmlich, auch ein bißchen gefährlich, man tat gut daran, sie mindestens in der Dunkelheit zu meiden. Sie schien so am Ende wie der Grauhaarige mit seinem Eiscremewagen am Rande des Central Park, aber dann begann die Renaissance.

Dies, im Ernst, ist die heruntergekommene Columbus-Avenue von damals? Wo sind die lädierten Fassaden von damals, die finsteren Gestalten, wo die Läden, von denen man nie genau wußte, womit sie handelten? Wo ist die Tristesse geblieben, wo das absehbare Ende? War nicht diese Avenue vor gerade fünfzehn Jahren noch beispielhaft für den unrettbaren Verfall New Yorks?

1983 bemächtigten sich Künstler aus dem Anti-Establishment verfallener Hafenanlagen am Hudson und gestalteten sie nach ihrem Bilde, bis die Polizei die einsturzgefährdeten Bauten sperrte. Das Kunst-Establishment konsolidierte unterdessen seine Weltgeltung. Im Metropolitan Museum steht der Dendur-Tempel. Im Guggenheim Museum ist jede Eröffnung einer Ausstellung ein gesellschaftliches Ereignis von Rang, und mit dem Lincoln Center schuf sich New York ein beispielhaft großzügiges Ensemble von Theatern

Die Columbus Avenue swingt. Sie ist chic, sie ist in, die Bars und Restaurants sind voll. Auch der obere Broadway, der vor fünfzehn Jahren so attraktiv wie eine Akne war, ist chic und in, selbst von der verwöhnten East Side kommen die Menschen herüber auf die West Side – das ist New York.

Verfall und Renaissance geschehen in dieser Stadt immer gleichzeitig. Noch immer frißt sie sich, wie das schon in versunkenen Jahrhunderten war, irgendwo selber auf und errichtet sich unter Schmerzen neu. Noch immer geht sie dabei gnadenlos mit den Menschen um, die davon betroffen werden, und noch immer findet kaum jemand daran etwas Anstößiges. Des einen Profit ist des anderen Pech. Des einen Sieg in der Grundstücksspekulation ist des anderen Niederlage. Als sie kamen, um der Columbus Avenue mit Farbtöpfen, Mörtel, Spitzhacke und Abräumgerät ihre unverhoffte Wiederkunft zu bringen, zogen andere aus und verloren ihr Dach über dem Kopf – „that's life".

Man ging, denn es war warm und schön, von der staunenswert neugeborenen Columbus Avenue in den Central Park: 840 acres*) Lunge in einem Organismus aus Beton und Glas und enervierendem Lärm, 24 595 Bäume auf einer Insel, die sich in den vergangenen Jahrhunderten ihrer Wälder entledigt hatte, Oase für vierzehn Säugetierarten, von denen freilich *Canis familiaris* am häufigsten vorkommt, Heimat für drei Schildkröten- und fünf Fledermausarten, auch ein paar Schlangen leben hier, einige heimisch, andere hatten zuvor in einem Terrarium leben müssen und waren hier ausgesetzt worden.

14,2 Millionen Menschen besuchen jährlich den Park, und es schien, als wären sie an diesem Tag alle auf einmal gekommen. Sie flanierten, Weiße und Schwarze und Gelbe und Braune, durch den volknahesten Park der Welt, sie joggten und radelten und liefen auf Rollschuhen, they had a ball. Bands spielten im Park, karibische

*) 340 Hektar

Ein Mädchen am Washington Square. Sie ist ein „regular", eine ständige Besucherin des Parks, die hier täglich ihre Freunde trifft und gleichsam im Park wohnt – Teil einer Szene, die es so nur in New York gibt: Nirgendwo sonst sieht man auf Straßen und Plätzen so viele schöne, interessante oder nur einfach bemerkenswerte Menschen

Steelbands hier und Jazzbands dort, und Mariachi-Bands da, wieder woanders spielte ein Streichquartett und ein bißchen weiter, unter einer großen Ulme, eine junge Solistin kunstvoll auf der Querflöte. Magier traten auf und Jongleure, Clowns und Seiltänzer, Baseball wurde gespielt, lärmig und mit viel humorvollem Einsatz, Fußball auch, Drachen stiegen in die Luft, jeder im Park, so schien es, lief mit einem T-Shirt für irgendetwas Reklame, manche aber auch, sehr körperbetont, nur für sich selber, viele hatten einen Walkman in den Ohren und den etwas dümmlich-weltfernen Blick, der mit ihm untrennbar verbunden scheint.

Überall lagen Verliebte im verdorrten Gras und gaben ihren Gefühlen fingerfertig Ausdruck, als gäbe es die belebte Umwelt gar nicht, aber da war ein Pärchen, das es ein bißchen arg trieb, und ein Polizist zu Pferd sagte gleichsam begütigend: „O.K., kids, easy now, easy", und das Pärchen entwirrte sich, zwei junge Männer, sie lächelten, der Polizist ritt weiter.

Ja, auch das hat sich während der letzten fünfzehn Jahre verändert: Homosexuelle sind in der Stadt, massenhaft sind sie da, und ganz ungeniert. Auf der Fifth Avenue haben sie alljährlich ihre Parade wie die irischen und deutschen New Yorker, mit schon fast peinlichem Stolz zeigen sie sich, nachdem sie sich jahrzehntelang verstecken mußten, denn das ganz und gar maskuline New York litt keine „gays", aber das New York des späten 20. Jahrhunderts, das bei aller Rauhbeinigkeit doch auch eine Stadt beispielhafter Toleranz geworden war, akzeptierte schließlich auch sie, wie die Stadt auch die Lesbierinnen akzeptierte, die sich am Paradetag den Homosexuellen anschließen.

Auch sie waren im Park, ganz New York, so schien es, war im Park: Was für eine Skala der Menschheit! Man badete, wenn denn das sprachliche Wagnis gestattet ist, in Körpern und, mehr noch, in Gesichtern, man sah sich nicht satt, und während man sich der physiognomischen Monotonie daheim erinnerte, wo schon einen zweiten Blick erhält, wer rote Haare hat, und während man auf einem einzigen Hektar Central Park alle Menschenrassen zu sehen wähnte, die es auf der Erde gibt, geriet der Besuch im Park ganz en passant zur Lehrstunde.

Wo sonst auf der Welt war je eine Stadt so frei, derlei verschiedene Menschheit aufzunehmen? Wo war ein ähnliches Experiment gewagt worden? Welche andere Stadt gibt ein auch nur annähernd so überzeugendes Beispiel wenn schon nicht der Verbrüderung, so doch der Ko-Existenz der Rassen und Konfessionen?

Die hochfahrende Arroganz der alten Welt kam einem in den Sinn, der man auch selber schon erlag: War es nicht stets einladend leicht, New Yorks Charakter bündig an der Tatsache festzumachen, daß es seinen schwarzen Bürgern keine faire Chance einräumte und sie in Slums verbannte, aus denen es kein Entkommen gab? Nur: Wie sähe es, beispielsweise, im „Türken raus"-Deutschland aus, gäbe es Harlem in Hamburg, Bedford-Stuyvesant in Berlin und die Charlotte Street in München? Wie in irgendeiner europäischen Stadt, in der auf je 60 Weiße 40 Schwarze oder Puertorikaner kommen?

Man saß noch immer auf seiner Bank und ließ den Blick über die heiteren Menschen gleiten, und man konnte damit so wenig aufhören wie damals, als man am hohen Fenster eines Wolkenkratzers „midtown" stand und beschloß, nach der Genesis dieser sonderbaren Stadt zu forschen. Familienidylle sah man und lächelnde Verliebtheit, sportive Aggressivität und Einsamkeit, die mit unsteten Augen nach Partnerschaft fahndete, lärmende Kindheit sah man und lächelnd einverständliches Alter, aber auch Exaltierte sah man, textil aufgedonnerte menschliche Defizite, denn natürlich war im Central Park auch „nutsville", aber in New York durfte man immer ein bißchen mehr, als man woanders in Amerika durfte, und im Central

Kaum jemand telefoniert so intensiv wie ein New Yorker – auch und vor allem in den offenen Zellen am Straßenrand. Anders als in Europa, wo eine geschlossene Tür signalisiert, daß das Gespräch persönlich ist, wendet sich der New Yorker dem Bürgersteig zu und konversiert ungeniert. Niemand käme auf den Gedanken, ihn zu belauschen – auch dann nicht, wenn der Straßenlärm dazu zwingt, die Stimme zu erheben

Die Radio City Music Hall im Komplex des Rockefeller Center ist ein „Muß" für Touristen im „Big Apple". Die Premiere von „Five-Six-Seven-Eight . . . Dance!" mit Sandy Duncan als Star wurde zu einem hinreißenden Spektakel. Neben den hochklassigen Ballett-Companies der Weißen hat sich das Dance Theater of Harlem inzwischen Weltgeltung ertanzt. Im Lincoln Center wirken Stars wie Zubin Mehta und Luciano Pavarotti. Am Broadway treiben es Künstler schon seit fünfzehn Jahren in „O' Calcutta", und manchmal kommt es in New York zu Künstlerbegegnungen ganz besonderer Art – gemeinsam auf der Bühne: Michail Barischnikow und Liza Minelli

Park immer ein bißchen mehr als in anderen Teilen der Stadt.

Der Central Park an diesem heiteren Sommertag war eine Lektion in Toleranz. Er war 840 acres Selbstdarstellung mit dem verbürgten Recht auf freundliche Akzeptanz, aber, denn auch der Park besaß mehr als eine Wahrheit, ein paar Stunden später, in der Nacht, würde er eines der gefährlichsten Terrains der Stadt sein, das niemand betrat, der seine Sinne beieinander hat, denn in der Nacht wird er von streunendem Gesindel beherrscht und nicht von jenen Polizisten, die ihn patroullierend bewachen sollen.

Jäh, beinahe übergangslos, beinahe von einem Schritt zum nächsten hatte man den Park verlassen und war wieder in der Stadt, in der Fifth Avenue, an der „Museum Mile", dem mutmaßlich zivilisiertesten Stück dieser Avenue, auf der weiter südlich, wo der Trump Tower steht, nach verbreiteter Ansicht täglich mindestens achtzig Prozent der Weltvorräte an Rouge zu besichtigen sind und das Shopping zur Obszönität geraten kann.

Aber hier, zwischen der 82. und der 104. Straße, zeigt sich die Avenue kultiviert: Das Metropolitan Museum steht da, ein Dorado der Kunstgeschichtler, bis in die Bodenräume und bis in die Keller voll von Kostbarkeiten, die Mäzene dem Haus zugänglich machten. El Museo del Barrio ist in der Nachbarschaft, nicht so reich, versteht sich, wie das grandiose Metropolitan Museum, aber gleichwohl eine Stätte, die Puerto Rico und Lateinamerika auf das ansehnlichste Reverenz bezeugt. Das Jewish Museum mit dem Yivo Institute for Jewish Research ist hier an der Fifth Avenue, ein geistiges Zentrum einer Stadt, der Juden soviel verdanken wie sie den Juden verdankt. Auch das International Center for Photography liegt an der „Museum Mile", auch das Cooper-Hewitt Museum, das Museum of the City of New York, die National Academy of Design und das Guggenheim Museum.

Die Park Avenue in der Höhe des Waldorf-Astoria Hotel und das Citicorp-Building zwischen der Lexington- und der Third Avenue: Nie ist New York schöner als im Frühling, wenn die Luft klar und die Temperatur angenehm ist und die Unzuträglichkeit des oft harten Winters vergessen läßt

Tage, ganze Wochen könnte man in diesen Häusern verbringen, die, übrigens, an diesem warmen Tag glänzend besucht waren, selten erlebte man interessiertere Museumsbesucher, höchstens in Moskau, aber, ganz anders als in Moskau, hier waren die Besucher laut und fröhlich und unbefangen, denn man kannte die stumme, gleichsam gedrückt-flüsternde Feierlichkeit nicht, mit der man in Museen auf anderen Erdteilen der Vergangenheit begegnet.

434 Museen und Galerien befinden sich in New York City und, denn auch insoweit tut es die Stadt nicht unter einem Superlativ, mehr Künstler als in irgendeiner anderen Stadt der Welt, nämlich 90 000, und wenn auch nicht ganz und gar sicher ist, ob sie alle wirklich Künstler sind, oder vielleicht nur in ihrem Selbstverständnis: New York, kein Zweifel, ist die Welthauptstadt der bildenden Künste.

Shows mit Werken von Robert Morris und Robert Rauschenberg in SoHo, Rembrandt an der Madison Avenue, Picasso im Museum of Modern Art, Vermeer im Frick Museum, Nolde an der 57. Straße, wahre Schätze bei Christie's und Sotheby's, von den Schätzen nicht zu reden, die

in den Häusern der Reichen hängen: Nein, nirgendwo ist mehr Kunst in einer Stadt als hier, und, dies ist schließlich New York, nirgendwo wird mehr Kunst umgesetzt: Mehr als eine Milliarde Dollar erlöst sie pro Jahr – Paris ist da Provinz, London eine Kleinstadt, München ein Dorf, Hamburg ein Kaff.

Gewiß spielt das Geld eine Rolle. Gewiß begannen schon die „robber barons", große Kunst nach New York City zu holen, und zwar auch dann, wenn sie gar nichts von Kunst verstanden, sondern nur von ihrem Innenarchitekten hörten, daß zu einem gewissen Status große Kunst im Salon so unabdingbar gehöre wie das große Collier am Hals der Lady. Aber unrecht tut europäischer Kulturhochmut der Stadt, wenn er annimmt, daß es in New York nur eine monetäre Beziehung zur Kunst gibt: Dies ist eine immens kreative Stadt.

Die besten Balletts der Welt sind hier entstanden, und es ist sehr die Frage, ob es irgendwo, Moskau ausdrücklich eingeschlossen, ein sachkundigeres und zahlreicheres Publikum gibt.

22 der 25 größten Buchverlage der Vereinigten Staaten haben ihren Sitz in New York City, und alle bedeutenden Paperback-Verlage. Nirgendwo werden mehr Bücher verkauft als in New York; es ist nicht wahr, daß New Yorker immer nur vor ihren Fernsehern sitzen, und nirgendwo gibt es reicher sortierte Buchgeschäfte.

Und Magazine werden in dieser Stadt gemacht, von denen mindestens einige immer noch mit weitem Abstand die besten der Welt sind: „Time", zum Beispiel, ein Nachrichtenmagazin, das diesen Namen noch wirklich verdient und nicht, wie sein deutscher Bastard, zu einem Agitations- und Anzeigenblatt verkam. Und „Newsweek" wird in New York gemacht, und „The New Yorker" und „Esquire" mit Beiträgen, von denen manche europäischen Journalisten noch nicht einmal ahnen, daß es so guten Journalismus geben kann, und, natürlich, die großen Blätter der Wirtschaft entstehen in New York, das „Wall Street Journal", bezeichnenderweise die auflagenstärkste Tageszeitung der Vereinigten Staaten, und „Business Week", „Fortune" und das nach seinem Inhaber, einem reinblütigen und ein bißchen skurril veranlagten Kapitalisten, genannte „Forbes".

Nur ein Blatt, das einmal den Maßstab für Magazinjournalismus setzte, hat sich, seit es neu ins Leben trat, nie mehr im auch nur annähernd alten Glanz profilieren können: „Life" dämmert traurig und gesichtslos dahin, obwohl es in einer Stadt erarbeitet wird, in der mehr schreiberisches und insbesondere fotografisches Talent daheim ist als irgendwo sonst.

Und dann: „The New York Times", die mit Abstand beste Tageszeitung der Welt – welche Bemühung um Akkuratesse und Stil, um Fairness, Liberalität und journalistische Würde, aber auch: Welche Beharrlichkeit in der kritischen Beobachtung der Regierung, welche sprachliche Bemühung – nie hat man aufgehört, diese Zeitung zu vermissen, seit man die Stadt verließ.

117 000 Menschen in New York City setzen jährlich 5,6 Milliarden Dollar mit Kultur um, mit Kreativität, mit Film und Fernsehen, am Broadway und „Off Broadway" und „Off Off Broadway", und wiederum:

Es ist ja nicht wahr, daß auf den Bühnen der Stadt nur oder auch nur überwiegend Musical à la Broadway gespielt wird, wenngleich es stimmt, daß das Musical der einzige originäre Beitrag der Stadt zum Musiktheater wurde.

Aber andererseits: Zubin Mehta studiert mit seinen Philharmonikern 40 Programme ein, von denen 24 der musikalischen Moderne gewidmet sein werden, und er tut das, obwohl in voraufgegangenen Spielzeiten eine Reihe von Abonnenten demonstrativ die Philharmonie verließen, wenn es ihnen zu modern wurde. Anton Webern wird gespielt, Edgar Varèse, Elliot Carter, Bloch, Hindemith, wo in Europa sind Philharmoniker so mutig? Die Metropolitan Opera nimmt eine Spitzenstellung in der Welt ein, welche andere Bühne hat auch nur annähernd ihre Attraktivität? Die Sprechbühnen, vollends, machen die Stadt zur Theatermetropole der Welt; es gibt, sozusagen, nichts, was es auf New Yorker Bühnen nicht gibt.

Ein ins frühe China transponierter Shakespeare wird gegeben, ein Jean Cocteau Repertoire Theater gibt es, in der Circle Repertory Company kommen nur Stücke von Autoren auf die Bühne, die jünger als achtzehn Jahre sind, Festivals für körperbehinderte Autoren werden arrangiert. Es

Im New York Health and Raquet Club halten sich Körperbewußte an modernen Trainingsmaschinen fit. Im „Gym", in der Boxschule von Bobby Gleason, quälen sich vorwiegend Schwarze und Puertorikaner und träumen dabei von einer großen Karriere. Die ganz große Karriere im Sport hat gemacht, wer im Yankee Stadium in der Bronx zum Baseball Team gehört

gibt etwa 50 Sprechbühnen allein in Manhattan und noch einmal weit mehr als ein Dutzend in den anderen Stadtteilen, und keine ist subventionsverfettet. Es gibt mehr experimentelles Theater als irgendwo sonst, mehr Ermutigung zum theatralischen Wagnis, mehr Kreativität, aber natürlich gibt es auch mehr Pleiten, und wenn irgendwo ein Experiment keine Akzeptanz fand und der Vorhang vor fast leerem Haus fällt, dann greinen die Mimen nicht und laufen nicht bettelnd zur City Hall, sondern: „Well, it certainly was worth a try", sagen sie und lächeln tapfer, und: „We'll be back".

Sie lassen sich, rührend ins Theater verliebte junge Menschen, so wenig entmutigen wie jene abgebrühten Profis, die am Broadway arbeiten und von Zeit zu Zeit lesen, es gehe nun ganz offenkundig vorüber mit dem Getingel am „Great White Way".

Gewiß, 1983 standen genau 14 der 39 Theater leer, die es am Broadway gibt, und nicht eine einzige der 49 Neuproduktionen spielte auch nur ihre Kosten ein. 33 dieser 49 Versuche mußten vorzeitig abgesetzt werden, weil – ein ordentliches Theaterticket am Broadway kostet umgerechnet annähernd 100 Mark – die Besucher ausblieben. Dennoch: Der Broadway kann so wenig sterben wie die Stadt, zu der er gehört. Er hat, wie sie, noch alle Nachrufe überlebt. Just zu der Zeit, zu der man in der Stadt die ungute Saison 1982/83 beklagte, wurden Pläne vorangetrieben, am Times Square und in der 42. Straße gleich sechs neue und hochmoderne Theater zu errichten, und die 42. Straße soll aufgeputzt und von den Huren, den Dealern und den Ganoven, den Porno-Shops und den Strichjungen befreit werden, große Hotels sollen am Times Square stehen, es soll wieder eine Freude sein, zu diesem Platz zu kommen, in dem viele das Herz New Yorks sehen – und weshalb soll denn in dieser Stadt, in der alles möglich ist, am Times Square nicht gelingen, was an der Columbus Avenue, und nicht nur dort, gelang?

Fassaden-Variationen: Vor einem Mietshaus in Queens ist „Old Glory" verwittert. Vor Mauern, die ein Trümmergrundstück an der Lower East Side Manhattans begrenzen, predigt ein selbsternannter Geistlicher einer puertorikanischen Gemeinde. In Harlem verändert „Franco the Great" die Fassaden der 125. Straße mit seiner Rollo-Malerei

In Manhattan geschieht das Unerwartete fast immer gleich hinter der nächsten Straßenecke: Vor der City Hall, dem ehrwürdigen Rathaus, zeigt ein Feuerschlucker seine Künste. Der Radfahrer verkörpert sinnfällig ein Stück der Disziplinlosigkeit, die den Stadtverkehr beherrscht: Mit seiner Trillerpfeife macht er darauf aufmerksam, daß er sich grundsätzlich nicht um Ampeln oder Einbahnstraßen kümmert

Man ging, und fühlte sich ein bißchen unbehaglich dabei, die ruchlose 42. Straße nach Westen, wo die Titel der gespielten Filme immer ordinärer, die per Handzettel überreichten Einladungen zu allerlei Ferkeleien immer eindeutiger und die Mädchen immer schlimmer, die Dealer immer häufiger und, merkwürdigerweise, die Polizisten immer seltener wurden, und dann war man wieder in der urbanen Malaise und überzeugt, daß es auf der Welt eine schmutzigere Stadt nicht geben könne. Es sah aus, als wäre nie eine Straßenreinigung in diese wüste Gegend gekommen, nie eine Gesundheitsbehörde, nie die Zivilisation.

Der Wind ließ den Staub und fortgeworfene Zeitungen und jene Handzettel tanzen, die etwas abartige Freuden verhießen. Man hatte wenig Mühe, sich „Hell's Kitchen" vorzustellen, das schon damals verkommene Quartier der Schwarzen aus vergangenen Zeiten. In den Hauseingängen standen schlimm aussehende Gestalten, so daß man den Schritt ein wenig beschleunigte, aber nicht zu sehr, denn man ahnte, daß es nicht gut war, Aufsehen zu erregen, und dann wandte man sich nach Süden, und dort lag, zwischen der 34. und der 39. Straße und der Eleventh und der Twelvth Avenue, eine riesenhafte Baustelle: Hier entstand das „New York City Exposition and Convention Center".

Ausgerechnet hier?

Umgeben von baulichem Schrott die größte Versammlungshalle des Landes? In einer Gegend, die so einladend ist wie eine Schlangengrube, „Das Center der Welt"? Für geplante 375 Millionen Mark ein Kongreß-Monstrum in einer Nachbarschaft, die den Charme der Krätze hat?

„Don't you worry", sagten die Männer auf der Baustelle und schwärmten ein bißchen jungenhaft von den Superlativen, die sie errichteten. Sie sagten, das Zentrum werde so breit, wie das Empire State Building hoch sei. Daß „hier vor zwei Jahren nichts als Dreck war" sagten sie, daß das Zentrum 85 000 Menschen fassen und die Küchen 25 000 Menschen gleichzeitig versorgen würden, und für die ersten zweieinhalb Jahre, „yes, sir", sei man schon zu achtzig Prozent ausgebucht, und eine Tagung sei bereits für das Jahr 2002 fest ausgemacht.

Man hatte laienhafte Zweifel, ob der Koloß je fertig würde und seine desolate Nachbarschaft wirklich so nachhaltig verändern würde, wie die Männer versicherten, aber die sagten immer nur ihr ganz und gar optimistisches „don't you worry", und diese Floskel schien so etwas wie eine New Yorker Lebensphilosophie zu sein, der schlecht zu widersprechen war, wenngleich: Als man dann seine Inspektion der West Side fortsetzte und das bauliche Elend und der Verfall kein Ende nahmen, kamen neue Zweifel.

Denn die untere West Side erwies sich als riesenhafte, schwärende Wunde im Körper der Stadt. Hafenanlagen verkamen, manche sahen aus, als hätten Bomben sie zerstört, kaum ein Schiff lag am Pier. In alten Bürohäusern gab es nicht eine einzige heile Fensterscheibe mehr. Ein Stück am Hudson war zum Schwulen-Strich geworden; er sah mit seinen armseligen Menschen wie die Szene aus einem Film aus, bei dessen Erarbeitung der Regisseur es ein bißchen mit der Darstellung des Milieus übertrieben hatte. Vor nahezu rußschwarzen Lagerhäusern, die baufällig aussahen, standen Lastwagen und nahmen Fracht auf. Es stank und staubte und war so ansehnlich wie der Tod.

Aber „don't you worry" erzählten sie einem, denn die ganze untere West Side werde sich dramatisch ändern, „yes, sir", man werde sie schon in ein paar Jahren überhaupt nicht mehr wiedererkennen, denn Parks werde es geben, wunderschön am Hudson River gelegene Wohn- und Geschäftshäuser, keinen Schwulen-Strich mehr, „urban renewal" werde es geben, ein ganz neues Stück New York, „don't you worry".

Man hatte es nicht mehr weit zum „financial district", zum Südende

Manhattans, zur Gegend um die Wall Street und zur Battery und ging über die West Street, die aussah, wie man sich Hafenstraßen in einem Land vorstellt, das von Gott verlassen wurde. Man passierte, denn nahezu übergangslos stand es neben dem Verfall, das World Trade Center, in dem irgendwo der Gouverneur des Staates New York sein Stadtbüro hatte – sein Vater war noch als bettelarmer Analphabet aus Italien eingewandert –, und dann ging man zum Bowling Green, einer winzigen Grünanlage, auf die kaum Sonne fiel: Hier also fand der infame „Landkauf" statt, hier begann der institutionalisierte Betrug an den Indianern. Man hätte sich gern das Bild vorgestellt, das die Beteiligten damals machten, die „sachem" der Indianer und die Niederländer mit ihren Seekisten und dem Firlefanz darin, aber dieser Platz ließ solche Vorstellungen nicht zu, denn hier schlug nun wirklich das Herz der Stadt, und es schlug laut, hier war die Hauptstadt der Weltfinanz, das merkantile Rom unserer Zeit, hier wurden 200 Milliarden Dollar international bewegt – täglich.

336 Niederlassungen ausländischer Banken gab es an diesem Tag in der Stadt und 488 000 Menschen, die im Bankgeschäft ihren Lebensunterhalt verdienten, und das hieß: Es gab mehr Banker als Menschen in der Stadt, die mit der Herstellung einer Ware beschäftigt waren, denn nur mehr 463 000 New Yorker arbeiteten in Manufakturen.

Man setzte sich auf die Stufen, die zur alten Federal Hall führen und betrachtete die alerten Herren in ihren dreiteiligen Gestreiften, die geschäftig die Szenerie rund um die Wall Street beherrschten und sämtlich nicht nach 200 Milliarden Dollar täglich aussahen. Keiner erinnerte an „Pierpontifex" Morgan, den liebenden Löwen, kein Banker-Urgestein war zu sehen, niemand sah den Karikaturen auch nur ähnlich, in denen weltweit Wall Street-Figuren dargestellt werden, nur sonderbar blasse,

einander eigentümlich ähnliche Männer sah man, alle weiß, versteht sich, alle sehr adrett, als wären sie geradewegs einem Fernsehwerbespot entstiegen, sehr selbstbewußt, sehr integer, obschon doch die Gegend um die Wall Street im dringenden Verdacht steht, mehr Kriminalität zu erleben als irgendein anderer Stadtteil, Harlem eingeschlossen.

Die Kriminalität der „gentlemen" lastet man dem Viertel mit dem geschichtsträchtigen Namen an, allerlei Schwindeleien und Vorteilsverschaffungen, allerlei Manipulationen mit Aktien, zu denen frühes Herrschafts-

200 Milliarden Dollar werden täglich in Wall Street bewegt. In der American Stock Exchange und hinter der klassischen Fassade der New York Stock Exchange helfen Computer, die Aktienflut zu kanalisieren. In der Mittagspause lassen sich die Börsianer gelegentlich durch Artisten unterhalten

wissen gelegentlich verleitet, auch krude Diebstähle. Es gab sogar ein paar Banker, die, gleichsam hinter der vorgehaltenen Hand, sehnlich wünschten, die „von Grund auf korrupte Stadt" würde endlich einmal ihre Rolle als Finanzmetropole der Welt ausspielen, aber im Ernst war natürlich die Position der Wall Street unerschüttert. Auch die Wall Street kann nicht sterben, sie schon gar nicht, sie starb noch nicht einmal, als sie die Pestilenz der Depression in die Welt setzte und sich anschickte, aus „Kapitalismus" ein schmutziges Wort zu machen.

Man war der einheitlichen Gesichter überdrüssig geworden, die man von der Treppe der Federal Hall aus betrachtete, man fand sie langweilig in ihrem clownhaften Habitus mit den Aktentaschen, die alle zum Verwechseln ähnlich waren, und mit den blankgewienerten Schuhen; man ging zur nahen Battery.

Das tat gut. Ein freundlicher Wind wehte Erfrischung vom Wasser her, Schulklassen kletterten lärmend an Bord der Ausflugsschiffe, die sie nach Liberty Island zur Freiheitsstatue brachten, und nach Ellis Island, wo jene Gebäude verfielen, in denen ein-

In Greenpoint in Brooklyn wird jährlich das italienische Fest des St. Paulinus gefeiert. Hunderte von Männern tragen eine vier Tonnen schwere und fast 30 Meter hohe Säule mit dem Heiligen an der Spitze zur Kirche, die der Lady of Mount Carmel gewidmet ist

mal 17 Millionen Menschen aus der Alten Welt angekommen waren, um in der Neuen ihr Glück zu machen.

Während man auf die kleinen Inseln vor Manhattan, also gleichsam auf die Vergangenheit der Stadt blickte, dachte man an ihre Zukunft, deren Gestalter gerade von den Ausflugsschiffen wieder an Land kamen. Die Kinder waren laut, nach der Art ihrer Stadt, aber wer ihre unbefangen rauhbeinige Heiterkeit sah, fand es schwierig, sie mit jener Statistik in Einklang zu bringen, die nichts anderes anzuzeigen schien, als daß auch das Schulsystem der Stadt verkommen war: Mehr als ein Drittel aller High School-Studenten blieben im Tagesdurchschnitt dem Unterricht unentschuldigt fern; gelegentlich griff man einige von ihnen am Times Square auf, wo sie ganz anderes lernten, als ihr Lehrplan wollte. Im letzten Halbjahr war es in den Schulen der Stadt wiederum zu 1096 Überfällen gekommen, obwohl es doch 1700 Sicherheitsbeamte in den Schulen gab, und 715 Raubüberfälle hatte es im letzten Halbjahr auf Schulgeländen gegeben, 1313 Schüler hatte man mit Waffen erwischt sowie 56 bei Sexualvergehen.

Das waren böse Zahlen, über die man sich im Angesicht der heiteren Kinder wunderte, die an der Battery lärmten, aber das waren natürlich keine überraschenden Zahlen. Solche Schulhalbjahre mit solchen Zahlen gab es seit langem, denn auch in den Schulen hatte sich längst eine ganz besondere Normalität entwickelt. New York hatte sich auch mit dieser vermeintlichen Unerträglichkeit arrangiert, nichts an den Kindern, die da an der Battery die Eis- und Popcorn- und Hot dog-Buden stürmten, deutete darauf hin, daß sie unter den Verhältnissen an ihren Schulen litten.

Man sah, immer noch an der Battery, auf Governors Island, wo einst die ersten europäischen Pioniere gesiedelt hatten, und im Dunst sah man dahinter Staten Island mit seiner schönen Verrazano-Narrows Bridge, und die ersten Berichte von diesem Stück

Erde fielen einem ein, die nach Europa gelangt waren: Ein wundersam süßer Duft, hieß es, habe damals über der Insel Manna-hatin gelegen, aber nun roch es nach Diesel und Schmutzwasser und großer Stadt, der Hudson trieb sein PCB mählich dem Meer entgegen, am anderen Ufer, in New Jersey, entließen Schornsteine schieren Dreck in die Luft, und am Himmel, wo einst Adler flogen, lärmten nun Helikopter und brachten eilige Herren in dreiteiligen Gestreiften nach irgendwo, denn 200 Milliarden Dollar täglich wollten bewegt sein, aber effizient, wie sie waren, würden sie das gewiß auch heute wieder schaffen, don't you worry.

Man fuhr, denn es war Sonntag, in die First Corinthian Baptist Church nach Harlem und war von der ekstatischen Glaubenskraft der Gemeinde so überwältigt wie von der prächtigen Musikalität der Gospelsänger. Man erinnerte sich der etwas parfümierten und textil tadellos ausgestatteten Gottesdienste ein paar Meilen weiter südlich und glaubte, daß Gott in Harlem näher war. Die Menschen in der Kirche redeten unmittelbar mit ihm, „Amen! Amen!", kam es zuweilen ganz unvermittelt aus der Gemeinde, oder „Hallelujah!", und der Geistliche predigte nicht nur einfach, sondern rang um Gottesnähe, was nicht ganz ohne brechende Stimme abging, die Kirche vibrierte, sie döste nicht eine Pflichtübung ab, sondern erlebte, so schien es, die wichtigsten und belebendsten Stunden der Woche.

Und wie auch nicht: Die Welt dieser Gemeinde sah deprimierend aus, sie brauchte göttliche Ermutigung.

Man fuhr durch Harlem und schämte sich der Stadt, als wäre man selber für die unsäglichen Zustände im Norden

Überall in der Stadt ist unübersehbar, daß sich die ganze Welt in ihr versammelt hat: Russen in Brighton Beach, Iren an der Fifth Avenue, Deutsche an der Brooklyn Bridge, Puertorikaner an der oberen Ostseite, Chinesen in ihrer Chinatown. Daß sich ein schwarz-weißes Paar öffentlich zeigt, ist im New York aller Rassen keine Seltenheit mehr

Manhattans verantwortlich. Sie hatten die 125. Straße aufgerissen, sandig lag die Hauptstraße Harlems da und staubte schwer, ganz wie irgendeine Hauptstraße im armen Afrika. Man fuhr weiter nach Norden, vorbei an erbärmlichen Fassaden, hinter denen sich erbärmliche Leben verbargen, vorbei an ausgebrannten Häusern, man genierte sich der feindseligen Blicke der Schwarzen, die dem weißen Gaffer gelegentlich ein „Get out of here!" nachriefen.

Aus offenen Fenstern, denn hier gab es die kühlende Kunstluft nicht, die man im übrigen Manhattan selbstverständlich fand, dröhnte Musik auf die Straßen. Halbwüchsige gammelten vor Hauseingängen, planlos, beschäftigungslos, aussichtslos – was würde aus ihnen werden? Kinder tummelten sich, lärmten, spielten und lachten – wann, spätestens, würde ihnen das Lachen vergehen?

Aus Kneipen kam der Krach hitziger Gespräche und ein Gelächter, das zu schrill war, als daß es mit Humor zu tun gehabt haben könnte. Eine dicke Frau schrie aus einem Fenster nach irgend jemandem. Junge Männer trugen gewaltige Radios mit sich herum – weiter südlich in Manhattan nannte man sie die „Diplomatenkoffer der Schwarzen" –, die auf volle Lautstärke gedreht waren.

Ja, man sah auch Striver's Row, das Vorzeige-Harlem, das Harlem der betuchten Schwarzen, und man sah auch im armen Harlem ein paar Oasen der Restaurierung, ein paar Anzeichen für die Bemühung um Ordnung, die menschlich ist, aber man war zornig auf das New York der Egoisten, die nicht weit von hier himmelwärts ragenden Protz bauten und Harlem verkommen ließen.

Kein Zweifel, Harlem war verkommen, endgültig. Es gab Straßen in Harlem, in denen kein Haus stand, das aussah, als könnte man gefahrlos in ihm wohnen. Wohin man auch fuhr, Harlem schien immer noch schlimmer, immer noch bedrückender zu werden – man drehte um.

In SoHo steht ein Mann wegen staubiger Arbeiten mit einer Atemschutzmaske vor einer der wenigen Fabriken, die den Übergang dieses Stadtteils zu einem schicken Quartier der Künstler und Galeristen überlebte. Produktions- und Lagerräume in den Häusern der „Gußeisen-Periode" sind inzwischen begehrte – und sehr teure – „Lofts" der neuen Schickeria geworden: Wohnungen mit großer Dimension

WARNING
RISING ELEVATOR

Eine Rollschuhkür auf dem Washington Square, Rap Dancing an der Ninth Avenue, Gymnastik am Reservoir im Central Park und beim Lunch Break an der Wall Street, ein rauhes Basketball in Brooklyn – erstaunlich viele New Yorker sind sportiv oder doch ständig bereit, einer sportlichen Darbietung zuzusehen

Man fuhr nach „midtown". Man hatte genug. Man fühlte sich in Harlem wie ein Voyeur, und man ertappte sich dabei, daß man an der 59. Straße feindselig die feinen Asozialen betrachtete, die sich anschickten, den Abend auf kulturvolle Weise bei Dinner und Theater und spätem Cocktail zu verbringen.

Man hörte Jazz im Village und die bald neunzigjährige Schwarze Alberta Hunter in der Cookery, sie sang Blues, und es war unvergeßlich, im Publikum saßen einige, die gegen Tränen kämpften. Man aß das beste Steak seines Lebens bei Christo's in der 49. Straße. Man lag auf der Sheep Meadow im Central Park, hörte den New Yorker Philharmonikern zu und sah in den Himmel. Man saß stundenlang am Washington Square und fand, daß hier alles noch ein paar Spuren kecker als im Central Park zuging.

Man sah „On Your Toes" am Broadway, die Bühne war voll von Steptänzern, aber man wußte nicht recht, weshalb die anderen Besucher so heftig applaudierten. Man ging zur Orchard Street in den Basar der Stadt. Man sah auf der Fifth Avenue ein paar halbwüchsige Puertorikaner, die „just for fun" feinen Damen in die Hintern kniffen. Den spitzen Schreien der Damen zufolge, mußte der Vorgang sehr schmerzhaft gewesen sein, aber niemand kam ihnen zur Hilfe.

Man fuhr auf die Aussichtsplattform des Empire State Building und be-

wunderte das Panorama, aber ganz besonders das Chrysler Building, das mit seiner Spitze aus Kruppstahl 1929 das höchste Gebäude der Welt war, und dann ließ man sich von der Menge in der Fifth Avenue treiben und verliebte sich wieder in New York; Harlem war wieder weit und vielleicht doch nicht so schlimm und vielleicht doch noch nicht jenseits jeder Sanierungsmöglichkeit.

Man hörte um die Mittagszeit im Atrium des Citicorp Center an der Lexington Avenue klassische Musik und später Kammerkonzerte an der Fulton Ferry Landing unter der Brooklyn Bridge. Man sah auf Staten Island die größte Sammlung tibetischer Kunst und wurde in einem Geschäft abgewiesen, weil man mit einer 100-Dollar-Note zahlen wollte: „You crazy?", fragte der Inhaber böse, der Falschgeld fürchtete.

Man sah Norman Mailer im River Café in Brooklyn und fuhr nach Brighton Beach, wo 25 000 eingewanderte Russen leben und, denn New York steckt an, ihre eigene kleine Mafia haben – 400 Namen stehen schon in der Kartei des F.B.I. –, und man fuhr an die wunderschöne Jones Beach und ging barfuß über den prächtigen Strand und sammelte Muscheln.

Man hörte den unvergleichlichen Woody Allen mit seiner New Orleans Funeral and Ragtime Band in Michael's Pub in der 55. Straße, er spielte sehr ernsthaft die Klarinette.

Man trank ein viel zu kaltes Bier in einer Bar an der Third Avenue, wo junge Menschen Beziehungen anknüpften, die beständig wie Wolken im Wind sein würden. Man sah auch die Etablissements der „Body Exchanges", Konsumgesellschaften der Sexualität, sie waren viel weniger fröhlich, als sie sich lärmend gaben.

Man ging zum „Leather District" der Homosexuellen im Village und sah bedrückte Gesichter, alle redeten von Herpes und Aids und von Jim, der gerade an Aids gestorben war. In einer Bar erzählte einer, nun habe man schon wieder ein „Badehaus" geschlossen, und bald mache das Leben keinen Spaß mehr.

Man sah aus dem Taxi die kleinen Mädchen am „Minnesota Strip" der Eight Avenue, sie sahen alle so unschuldig wie Engel aus. Man sah, es war nach Mitternacht, wie ein koreanischer Obst- und Gemüsehändler, der immer noch auf Kundschaft wartete, seine Äpfel polierte. Man ging am nächsten Tag zu Bloomingdale's und zu Sakh's, zu Macy's und zu Lord & Taylor's und fragte sich, weshalb Kaufhäuser in Europa so trostlos sind.

Man sah Jackie Onassis auf der Straße, und da sich niemand nach ihr umdrehte, drehte man sich auch selber nicht um. Man setzte sich vor dem Plaza Hotel auf eine Bank und ließ die ganze Welt vorüberziehen. In der Madison Avenue sah man einen Schmuckladen, der ein Schild „Yes, we are open" an der Tür hatte, aber um eingelassen zu werden, mußte man einen Klingelknopf drücken, und wenn man das tat, sah die Verkäuferin furchtsam zur Tür.

Man sah einen jungen Schwarzen, der von zwei Polizisten abgeführt wurde, und in der 47. Straße sah man einen anderen jungen Schwarzen, der mit wunderschöner Leichtfüßigkeit ein paar schwerfälligen Weißen davonlief, die immerzu „Hold him!" riefen, aber niemand hielt ihn an.

Man sah an Wolkenkratzern hoch, bis sich die Türme zu drehen schienen. Man setzte sich, never a dull moment, zu einem gepflegten Herrn in einer kleinen Plaza an der Sixth Avenue auf eine Bank, und der Herr begann alsbald, das nahe Ende der Welt durch gewisse hochkomplizierte tektonische Vorgänge zu prophezeien, er wußte das genau und litt nicht, daß man sich der Vorlesung entzog und wurde handgreiflich.

Und man hatte Angst. Es war spät, und es war dunkel, und man hatte wohl auch zu viel über die Straßenkriminalität gelesen, und dann sah man die beiden jungen Männer auf der anderen Straßenseite, die miteinander tuschelten, und dann standen sie plötzlich vor einem: „Jetzt", dachte man, und man spürte, wie Eiseskälte zum Herzen griff, „jetzt passiert es", aber nichts passierte, „only kidding", sagten sie, aber der eisige Schreck hielt noch lange an.

Man fuhr mit dem Schiff rund um Manhattan und flog mit dem Helikopter über die Insel und sah, was man nie mehr vergessen würde. Man traf sich mit Freunden und wollte ihnen glauben, wenn sie, nach der Zukunft ihrer Stadt befragt, „don't you worry" sagten, und am nächsten Morgen las man in der Zeitung, daß die Fire Engine Company 26 alarmiert worden war, und sie war auch wirklich ausgerückt, aber nicht mit ihren mächtigen Feuerwehrwagen, sondern zu Fuß, und Feuerwehr-Chef Matthew Farrell hatte dazu gesagt: „So etwas kommt häufiger vor. Wir kommen mit unseren Wagen einfach nicht mehr schnell genug zu den Bränden. Die Autos machen uns keinen Platz."

Und dann las man noch, daß der Polizist Thomas Peteroy vor Gericht stand, den der Richter gefragt hatte:

„Wie lange sind sie schon bei der Polizei?".

„Ungefähr fünfzehn Jahre", sagte Peteroy.

„Und wann haben sie zu stehlen angefangen?"

„Vor ungefähr fünfzehn Jahren."

Man ging noch einmal auf die West Side, wo man vor fünfzehn Jahren gewohnt hatte, gleich dem Lincoln Cen-

Kaum eine Stunde vergeht, in der man nicht irgendwo in der Stadt die entnervenden Sirenen der Feuerwehr hört, die freilich gelegentlich ohne ihre Wagen zur Brandbekämpfung ausrückt: Auf den verstopften Straßen sind die Feuerwehrleute zu Fuß schneller. Die 42. Straße ist das Revier der „Hustlers", die auf Drogenkunden warten oder auf Männer, denen sie eine Frau vermitteln können. Wer's lieber passiv mag, ist in einen „Joint" eingeladen, in dem es zu Nuditäten kostenlose Bouletten gibt

ter gegenüber, aber man erkannte die Nachbarschaft nicht wieder. Neue Häuser waren entstanden, auch hier.

Das Restaurant, in dem Charles serviert hatte, der immer von Heidelberg schwärmte – verschwunden.

Die Garage mit den Männern, die einem fortgesetzt Beulen ins Auto fuhren und dennoch und ganz selbstverständlich ihr Trinkgeld verlangten – fort.

Der kleine Lebensmittelladen, in dem man auch ganz spät am Abend noch ein „TV dinner" kaufen konnte oder ein „wonder bread" – vorbei.

Die kleine Bar, in der sie wußten, daß man das Bier nicht so eiskalt trinken mochte, wie man es in New York trank – keine Spur.

Man fand das traurig und die neue Nachbarschaft charakterlos und setzte sich in ein Straßencafé und las, daß New York City den Abtreibungsrekord in den Vereinigten Staaten hält: Auf 1000 Geburten kamen 666 Föten, die in den Mülleimer fielen, ex und hopp, irgendwie paßte auch das zu New York.

Man verließ die Stadt.

Das Taxi war schmutzig, wie immer, aber nun hatte man sich wieder daran gewöhnt und seinen Selbstrespekt vergessen. Der Fahrer war erst kürzlich aus Odessa gekommen und sprach kaum Englisch, aber „fuck you" konnte er schon.

Wieder schepperte das Taxi über den skandalösen F.D.R. Drive, und auf den sandigen Plätzen und unter den traurig verstaubten Bäumen spielten immer noch ein paar schwarze Halbwüchsige ihr rabiates Basketball, was sonst sollten sie auch tun?

Auf der Triboro Bridge, über Randall's Island, blickte man noch einmal über den East River auf das gebaute Abenteuer, das steingewordene Paradoxon, das unmögliche Experiment. Man sah noch einmal auf die Insel, die sterbenskrank, voller Leben ist, in aller Häßlichkeit voll von Schönem, liebenswert bei aller Feindseligkeit.

Oh Manhattan!

Oh New York!

In der Jamaica Bay, nicht weit von den Marschen von Idlewild, in denen der Kennedy Airport liegt, leben geschützte Vögel in friedlicher Koexistenz mit der großen Stadt, die sich über den Horizont wie ein riesenhaftes versinkendes Venedig erstreckt

Vergleichende Zeittafel (schwarz = New York, blau = USA, rot = Ausland)

1524

Giovanni da Verrazano entdeckt Manhattan.

In Deutschland bricht der (zweijährige) Bauernkrieg aus.

Karl V., deutscher Kaiser und König von Spanien, gründet den Consejo de Indias, den „Indischen Rat", bis 1834 die oberste Verwaltungsbehörde für den spanischen Kolonialbesitz in Amerika.

1526

Estéban Gomez tauft den Hudson River „Rio de San Antonio".

Portugiesen gründen in Brasilien Recife als ihre erste amerikanische Stadt.

Jorge de Meneses entdeckt Neuguinea.

Der Reichstag zu Speyer gibt den Anstoß zur Gründung der evangelischen Landeskirchen in Deutschland.

1542

Spanien vereint seine südamerikanischen Besitzungen zum Vizekönigreich Peru.

Irland wird mit England vereint; das Fürstentum Wales geht in England auf.

1557

China gewährt Portugal die Halbinsel Macao als ersten europäischen Handelsposten auf chinesischem Gebiet.

1565

Pedro Menéndez de Avilés gründet St. Augustine in Florida, die älteste Stadt der USA.

Der Freiheitskampf der Niederlande gegen die spanische Oberherrschaft beginnt; er führt erst 1648 zum Sieg.

Die spanische Eroberung der Philippinen beginnt mit der Gründung der Stadt Cebu.

1581

Durch Personalunion des spanischen und portugiesischen Herrscherhauses (bis 1640) wird Portugal in die spanischen Kriege mit einbezogen.

1585

Auf Roanoke Island (Virginia) entsteht die erste britische Siedlung in Amerika.

Der britisch-spanische Seekrieg gipfelt (1588) in der Zerstörung der spanischen Armada.

1600

Nach der britischen East India Company wird (1602) die niederländische Oost-Indische Compagnie gegründet.

1601

Der Portugiese Godinho de Éredia landet als nachweislich erster Europäer in Australien.

1609

Henry Hudson nimmt das Gebiet des späteren New York für die Niederlande in Besitz.

Mit der Gründung Quebecs entsteht am St. Lawrence River der Kern von Nouvelle France.

Briten nehmen die Bermudainseln in Besitz.

Die Sekte der Baptisten, später die größte protestantische Kirche in den USA, wird von britischen Flüchtlingen in Amsterdam gegründet.

1613

Hendrick Christiaensen gründet am Hudson River Fort Nassau, das spätere Albany.

Die East India Company baut bei Surat (Indien) ihre erste Faktorei in Asien aus.

1614

Adriaen Block baut auf Manhattan die „Onrust", das erste seetüchtige Schiff, das in New York vom Stapel läuft.

1616

Niederländer gründen auf Essequibo ihre erste Niederlassung in Südamerika.

1618

In Europa bricht der Dreißigjährige Krieg aus.

Preußen fällt durch Erbschaft an die Hohenzollern.

1619

Die ersten Sklaven in Nordamerika werden von einem niederländischen Schiff in die britische Kolonie Virginia gebracht.

Jan Pietersz' Coen gründet im Auftrag der Oost-Indischen Compagnie an der Stelle des zerstörten alten Djakarta Batavia als Hauptstadt von Niederländisch-Ostindien.

1621

In Amsterdam entsteht die West-Indische Compagnie.

Die Pilgerväter bauen Plymouth (Massachusetts) als erste britische Siedlung im Nordosten der heutigen USA aus.

Die Kartoffel, aus Amerika stammend, wird zum ersten Mal in Deutschland angebaut.

1624

Governors Island wird von Wallonen besiedelt.

Die West-Indische Compagnie erobert Salvador in Brasilien von den Portugiesen.

Die Oost-Indische Compagnie besetzt Taiwan Fu auf Formosa und vertreibt (bis 1642) die seit 1626 ansässigen Spanier von der Insel.

1626

Peter Minnewit „kauft" Manhattan und gründet Nieuw Amsterdam.

Franzosen gründen am Senegal Fort-St. Louis, die erste „europäische" Stadt in Afrika.

1633

Um das britische Vordringen im späteren Connecticut aufzuhalten, gründen Niederländer Fort Goede Hoop, heute die Landeshauptstadt Hartford.

1634

Mit der Errichtung der Gemeinde Midwout („Mittenwald") wird zum erstenmal Long Island von Weißen besiedelt.

1636

Vor den Puritanern aus Massachusetts geflüchtete Siedler gründen Rhode Island als erste Kolonie in Amerika mit Glaubensfreiheit für alle Religionen.

1637

Im Pequot-Krieg zwischen Nieuw Nederland und New England wird durch britische Siedler der Stamm der Pequot ausgelöscht.

1638

Die niederländisch-reformierte Kirche gründet die erste Schule in Nieuw Amsterdam.

Peter Minnewit, aus holländischen Diensten entlassen, gründet am Delaware Schwedens einzige amerikanische Kolonie, Nya Sverige.

Die Harvard University entsteht als erste amerikanische Hochschule in Cambridge (Massachusetts).

1639

Der Däne Jonas Bronck läßt sich als erster Europäer im Gebiet der späteren Bronx nieder.

1642

Abel Tasman entdeckt die später nach ihm genannte große Insel südlich von Australien sowie Neuseeland und erforscht im Auftrag der Oost-Indischen Compagnie das bis Anfang des 19. Jahrhunderts „Neuholland" genannte Australien.

1643

Ein Massaker von Niederländern unter Indianern provoziert einen (zweijährigen) von Nieuw Amsterdam teuer gewonnenen Krieg.

1646

Das spätere Brooklyn erhält als Breuckelen („Brachland") noch vor Nieuw Amsterdam Stadtrecht.

1647

Petrus Stuyvesant tritt als Generaldirektor der niederländischen Besitzungen in Amerika sein Amt in Nieuw Amsterdam an.

1648

Die Bahamas werden von britischen Puritanern aus Bermuda besiedelt.

1649

Das kurze Intermezzo Britanniens als Republik endet (1660) nach dem Tod Oliver Cromwells.

1652

Die West-Indische Compagnie gewährt Nieuw Amsterdam Stadtrechte.

Die Oost-Indische Compagnie gründet Kapstadt als Versorgungsstation.

In vier Seekriegen (1652–1654, 1665–1667, 1672–1674, 1780–1784) bricht England die Weltmacht der Niederlande als Seefahrernation.

1654

Die ersten Juden, aus Pernambuco kommend, lassen sich in Nieuw Amsterdam nieder.

Die Oost-Indische Compagnie verdrängt (bis 1658) die Portugiesen aus Sri Lanka.

1655

Die Erschießung einer Indianerfrau wegen des Diebstahls einiger Pfirsiche löst den dreitägigen „Pfirsichkrieg" aus, in dessen Verlauf mehr als hundert Europäer sterben und 28 Plantagen verwüstet werden.

1658

Peter Stuyvesant gründet Nieuw Haarlem, das spätere Harlem, um den Norden der Insel Manhattan abzusichern.

1661

Auf Staten Island entsteht die erste dauerhafte Siedlung, Oude Dorp („Altes Dorf").

Die Herrschaft Louis' XIV. von Frankreich (bis 1715) löst nach seinen Rheinkriegen und Hugenottenverfolgungen Massenauswanderungen aus.

Auf der Flucht vor den Mandschus in China vertreibt der chinesische Feldherr Koxinga die Niederländer von Formosa.

1663

Ein Erdbeben erschüttert zum erstenmal Nieuw Amsterdam.

1664

Die Briten erobern Nieuw Amsterdam und Nieuw Nederland, die beide in „New York" umbenannt werden.

Jean-Baptiste Colbert gründet in Paris die Compagnie des Indes Orientales und die Compagnie des Indes Occidentales.

1665

Gouverneur Richard Nicolls verkündet die Zusammenlegung aller Ortschaften und Landstriche auf Manhattan zu einer Stadt – New York.

1666

Dänemark begründet sein kleines Kolonialreich um die Jungferninseln (Westindien) mit der Besitznahme der Insel St. Thomas.

1673

Die Niederländer erobern für ein Jahr New York als „Nieuw Oranje" zurück.

La Salle nimmt (bis 1682) die Großen Seen und das Mississippi-Becken für Frankreich in Besitz.

1675

Im „King Philip's War" werden die letzten Indianerstämme des südlichen New England (bis 1676) ausgelöscht oder vertrieben.

1681

Pennsylvania mit Philadelphia werden als Refugium der Quäker von William Penn gegründet.

Louis XIV. erobert Straßburg zum ersten Mal für Frankreich.

1683

New York bekommt (für nur drei Jahre) seinen ersten Landtag.

Mit German Town bei Philadelphia entsteht die erste deutsche Siedlung in Amerika.

Otto Friedrich von der Groeben gründet im Auftrag Brandenburgs an der Goldküste (Ghana) die erste deutsche Kolonie Groß-Friedrichsburg.

1688

Der Pfälzische Erbfolgekrieg (bis 1697) breitet sich in dem unentschieden ausgehenden „King William's War" auf Nordamerika aus.

In der britischen „Glorreichen Revolution" wird der katholische König James II. durch den Protestanten Willem van Oranje (William III.) abgelöst und zugleich die Grundlage zur konstitutionellen Monarchie durch die „Bill of Rights" gelegt.

1689

Jacob Leisler amtiert als Gouverneur bis zu seiner Festnahme und Hinrichtung (1691).

Das 1686 um die heutigen New England-Staaten New York, New Jersey und Pennsylvania gebildete „Dominion of New England" wird aufgelöst.

Das erste chinesisch-russische Abkommen sichert Rußland die Ausweitung seines Territoriums bis zum Pazifik.

1690

Job Charnock von der East India Company gründet in Indien den Handelsposten Calcutta.

1693

Die Anglikanische Kirche wird für die Dauer der Kolonialzeit New Yorks Staatskonfession.

Der Quäker William Bradford gründet New Yorks erste Druckerei.

1695

Sephardische Juden errichten New Yorks erste Synagoge.

1700

Ein Bann vertreibt alle „papistischen Priester und Jesuiten" aus New York.

1701

Antoine Cadillac gründet Detroit.

Der Spanische Erbfolgekrieg (1713 beendet) sichert Großbritannien die ehedem französischen Kolonien Neufundland, Nova Scotia und die Hudsonbai sowie von Spanien Gibraltar und (bis 1802) Menorca.

1707

Nach Auflösung des schottischen Parlaments entsteht aus England und Schottland der neue Staat „Großbritannien".

1711

Der New Yorker Sklavenmarkt wird in der Wall Street eröffnet.

1712

Zum ersten Mal erheben sich die Sklaven in New York.

Der zufällige Fang eines Pottwals vor Nantucket führt zur Entwicklung der von Nordamerikanern beherrschten Südseefischerei.

1713

Die Verschmutzung ihrer Wasserquellen bringt die New Yorker dazu, zum ersten Mal Tee zu kochen.

1718

Jean-Baptiste le Moyne gründet Nouvelle Orleans (1803 New Orleans).

1721

Mit einer Missionsstation beginnt Dänemark die Kolonisation Grönlands.

1725

William Bradford gründet mit der „New York Gazette" die erste Zeitung in der Kolonie.

1735

Der Prozeß um John Peter Zenger festigt die Pressefreiheit in den britischen Kolonien Amerikas.

Carl von Linné begründet die moderne biologische Systematik und Nomenklatur.

1740

Im Österreichischen Erbfolgekrieg (bis 1748) kämpfen die protestantischen Mächte Preußen und Großbritannien gegen die katholischen Staaten Österreich, Frankreich und Spanien.

1741

Der auf Nordamerika übergesprungene Erbfolgekrieg führt in New York zur Verfolgung von Katholiken und „Spanischen Negern".

1754

Die Columbia University entsteht als das anglikanische King's College.

Benjamin Franklin entwirft einen ersten „Plan of Union", der von New York angenommen, von den anderen amerikanischen Kolonien sowie von der Zentralregierung in London aber verworfen wird.

1755

Ein Jahrhundert-Erdbeben zerstört Lissabon.

1756

Im Siebenjährigen Krieg verliert Frankreich Kanada und das Gebiet um die Großen Seen an Großbritannien und das Mississippi-Becken an Spanien.

1764

Die 1592 entdeckten Falklandinseln werden zunächst von Franzosen (Ostfalkland), ein Jahr darauf von Engländern (Westfalkland) besiedelt. 1770 werden beide von den Spaniern vertrieben.

1765

Die Vertreter von neun Kolonien verabschieden in New York die „Declaration of Rights and Grievances": erster Schritt zur Unabhängigkeit.

Ein Steuer- und Besatzungsgesetz für die im britischen Parlament nicht vertretenen Kolonien stellen die bis dahin größte Belastung für Britisch-Nordamerika dar.

1768

James Cook unternimmt drei Forschungsreisen (1768–1771, 1772–1775, 1776–1779) durch den Indischen und Stillen Ozean und nach Australien, Neuseeland, in die Antarktis und schließlich nach Hawaii, wo er erschlagen wird.

1770

Die „Schlacht am Golden Hill" – eine Schlägerei zwischen New Yorkern und 60 britischen Soldaten – belastet die Beziehungen zwischen den Kolonien und dem Mutterland.

Das von gereizten britischen Soldaten verübte „Boston Massacre" fordert fünf Opfer – Märtyrer für die nordamerikanische Sache.

1773

Zur Rettung vor dem Konkurs gewährt das britische Parlament der East India Company ein Handelsmonopol für Tee. Am 16.12. zerstören aufgebrachte Händler in Boston, verkleidet als Indianer, 342 Teekisten.

1774

Am 22.4. begehen die New Yorker mit der Vernichtung einer Schiffsladung Tee ihre eigene „tea party".

Die Shawnee- und Ottawa-Indianer werden in „Lord Dunmore's War" aus dem Tal des Ohio River vertrieben, um die Binnenschiffahrt sicher zu machen.

Zur Festigung der britischen Macht unternimmt die East India Company (bis 1784) mehrere Feldzüge in Indien.

1775

Der am 19.5. ausgebrochene Nordamerikanische Befreiungskrieg führt (1781) zur britischen Kapitulation.

1776

Britische Truppen besetzen New York und bauen es für die Dauer des Krieges zum Sitz ihrer Militärverwaltung aus.

Ein provisorischer Kongreß ruft am 4.7. in Philadelphia die Unabhängigkeit der 13 vertretenen Kolonien aus (von Großbritannien im Frieden von Paris 1783 anerkannt).

1785

Nach der Aufhebung des Banns über katholische Geistliche wird für New Yorks 2000 Katholiken die erste Kirche geweiht.

1786

Benjamin Franklin führt mit der Veröffentlichung von „The Morals of Chess" das Schachspiel in die USA ein.

1787

Nach Kanada geflohene königstreue Loyalisten gründen York, heute Toronto, die größte kanadische Stadt.

Britische Philanthropen gründen Freetown (Sierra Leone) als Heimstätte für befreite Sklaven.

1782

Nach der Zerstörung der siamesischen Residenz Ayutthaya durch die Burmesen wird eine chinesische Händlersiedlung zur neuen Hauptstadt Bangkok ausgebaut.

Vergleichende Zeittafel

1784

New York City ist Hauptstadt des Staates New York (bis 1796) und Regierungssitz der noch provisorisch etablierten Vereinigten Staaten (bis 1790).

Mit der Bank of New York entsteht das erste Geldinstitut in der Stadt.

Die Errichtung einer Siedlung auf Kodiak Island begründet in Alaska Russisch-Amerika.

1788

Nachdem New York City mit der Sezession und einem Alleingang gedroht hat, stimmt der New Yorker Landtag dem Beitritt zu den USA zu.

Der britische Forschungsreisende James Cook entdeckt Hawaii.

Der Verlust der nordamerikanischen Kolonien führt zur Gründung der britischen Sträflingskolonie Sydney als erster Siedlung in Australien.

1789

George Washington wird in New York als erster Präsident der USA vereidigt.

Die Tammany Society wird als gemeinnütziger Verein gegründet.

Mit Inkrafttreten einer neuen Verfassung am 4.3. bilden 13 ehemals britische Kolonien die „Vereinigten Staaten von Amerika".

Der schottische Forschungsreisende Alexander Mackenzie überquert als erster (bis 1793) den nordamerikanischen Kontinent.

Der Sturm auf die Bastille löst in Paris die Französische Revolution aus.

1790

Nach der ersten amtlichen Volkszählung hat New York mit 33 000 Einwohnern Philadelphia als größte Stadt der USA überflügelt.

Die von Deutschstämmigen gegründete Siedlung Hamburg wird als Standort für die (1800 eingeweihte) Bundeshauptstadt Washington bestimmt.

1791

Die Tammany Society errichtet New Yorks erstes Museum, das „Amerikanische Museum", für allerlei Kuriositäten.

Die niederländische West-Indische Compagnie wird aufgelöst.

1792

Die New Yorker Börse wird als zweite in den USA gegründet.

Die Entdeckung des Columbia River durch Robert Gray aus Boston löst US-Ansprüche auf den heutigen Nordwesten der USA aus.

Die Demokratische Partei entsteht unter Anhängern der Einzelstaatlichkeit und Gegnern einer Zentralmacht.

Mit einem französischen Angriff auf Deutschland beginnen die Koalitions- und Napoleonischen Kriege, die erst auf dem Wiener Kongreß (1814/1815) mit der Neuordnung Europas einen Abschluß finden.

1795

Nach der dritten Polnischen Teilung geht Polen in Rußland, Österreich und Preußen auf.

1799

Alexander von Humboldt erforscht (bis 1804) Süd- und Mittelamerika und kehrt über die USA nach Europa zurück.

Die Oost-Indische Compagnie wird aufgelöst und die Souveränität über Niederländisch-Ostindien der niederländischen Regierung übertragen.

1803

Der Kauf der von Spanien an Frankreich (1800) zurückgegebenen Kolonie Louisiane erweitert die USA um 2,1 Millionen Quadratkilometer.

1806

Das (962 entstandene) Heilige Römische Reich wird aufgelöst.

1807

Mit der Fahrt der „Clermont" von New York City nach Albany wird die Dampfschiffahrt in den USA eröffnet.

Die USA verbieten die Einfuhr von Sklaven; Großbritannien schafft den Sklavenhandel in den ihm verbliebenen amerikanischen Kolonien ab.

1809

Washington Irving, der bedeutendste Heimatschriftsteller New Yorks, veröffentlicht unter dem Pseudonym Diedrich Knickerbokker die „Humoristische Geschichte von New York" (deutsch 1825).

1810

Ein Aufstand von Siedlern gegen die spanische Herrschaft östlich des Mississippi-Deltas führt zur Ausrufung der „Republik Westflorida" und zum Anschluß an die Vereinigten Staaten.

Revolutionen führen (bis 1821) zur Unabhängigkeit aller spanischen Kolonien in Zentral- und Südamerika.

1812

Die USA erklären Großbritannien wegen der Kontinentalsperre den Krieg (1814 ohne Sieger beendet).

1816

Um Fort Dearborn entsteht die Siedlung Chicago, die sich erst nach Fertigstellung des Erie Canal zur Stadt zu entwickeln beginnt.

1817

Die American Colonization Society wird gegründet, um rebellische befreite Schwarze nach Westafrika „heimzuführen".

1818

Ein Abkommen sichert (bis zur Teilung 1846) den Vereinigten Staaten und Großbritannien den gemeinsamen Besitz über den heutigen Nordwesten der USA und Südwesten Kanadas.

1819

Spanien tritt Ost-Florida an die USA ab.

Mit dem Sieg über die Marathen hat die East India Company die Eroberung Indiens weitgehend abgeschlossen.

Singapur wird als Faktorei der East India Company gegründet.

1822

Brasilien wird unter dem portugiesischen Thronfolger als Kaiserreich unabhängig.

Griechenland erklärt seine Unabhängigkeit von der Türkei.

1823

Präsident James Monroe verkündet die nach ihm benannte Doktrin als Prinzip amerikanischer Politik. Danach sollten den europäischen Mächten die weitere Erwerbung amerikanischer Kolonialgebiete und die Einmischung in die inneren Angelegenheiten unabhängiger amerikanischer Staaten verwehrt sein; andererseits werde die Union nicht in europäische Streitigkeiten eingreifen.

1825

Die Fertigstellung des Erie Canal läßt New York bald zum wichtigsten Hafen der USA wachsen.

1826

Samuel F. B. Morse gründet die National Academy of Design.

1827

Die Sklaverei wird in New York gesetzlich aufgehoben.

Samuel E. Cornish und John B. Russwurm gründen „Freedom's Journal", die erste nordamerikanische Zeitung für Schwarze.

1830

Joseph Smith gründet in Fayette im Staat New York die Kirche der Mormonen.

Die südlichen Niederlande lösen sich von Holland und bilden das Königreich Belgien.

1831

Nat Turner führt in Virginia den größten Sklavenaufstand in der US-Geschichte an, der aber scheitert.

1832

Die New York and Harlem Railroad ist die erste Eisenbahn in New York.

Die New York University wird als University of the City of New York eröffnet.

Die Galápagos-Inseln werden von Ecuador annektiert und besiedelt.

1833

Großbritannien erobert die Falkland-Inseln von Argentinien.

1835

Ein Großbrand zerstört die niederländisch geprägte Altstadt von Manhattan.

Alexis de Tocqueville veröffentlicht das prophetische Werk „De la démocratie en Amérique".

1837

Mit der Krönung von Königin Victoria (gestorben 1901) beginnt in Großbritannien das „Viktorianische Zeitalter".

1838

Die britische Besetzung Neuseelands löst die (erst 1870 abebbenden) Maorikriege gegen die Ureinwohner aus.

1839

Die Zentralamerikanische Föderation löst sich in die Einzelstaaten Guatemala, Honduras, El Salvador, Nicaragua und Costa Rica auf.

1842

Die New Yorker Philharmoniker werden gegründet.

Hongkong wird Großbritannien im ersten der „Ungleichen" Verträge von China übereignet.

1844

Samuel F.B. Morse funkt von Washington nach Baltimore das erste Telegramm: „Was hat Gott angerichtet?"

1847

Die Hamburg-Amerika-Linie eröffnet den regelmäßigen Schiffsdienst zwischen Deutschland und New York.

Die afrikanische Republik Liberia wird als „Heimstätte" für „rückkehr"-willige nordamerikanische Schwarze ausgerufen.

1848

In James Bogardus' Cast-Iron Building wird zum ersten Mal in den USA Gußeisen (Vorläufer der Stahlbauweise von Wolkenkratzern) im Häuserbau verwendet.

John Jacob Astor hinterläßt das Stiftungskapital für die später größte Stadtbibliothek der Welt.

Nach dem (1846 ausgebrochenen) Mexikanischen Krieg erwerben die USA Nordmexiko von Texas bis Kalifornien.

Die Entdeckung von Gold am American River löst den „California Gold Rush" aus.

Die gescheiterte Märzrevolution in Deutschland verursacht eine Massenauswanderung (bis 1854) von mehr als 500 000 Menschen in die USA.

1850

Das Wochenblatt „New Yorker Staats-Zeitung" (1834 gegründet) wird die erste deutschsprachige Tageszeitung in den USA.

Im „Compromise of 1850" werden die Meinungsverschiedenheiten zwischen den südlichen „Sklaven"-Staaten und den nördlichen „Frei"-Staaten um die Erweiterung der USA durch den Beitritt Kaliforniens sowie der Territorien New Mexico und Utah beigelegt und die Einheit des Bundes vorübergehend gerettet.

1851

William M. Tweed tritt sein erstes Amt als Stadtrat von New York an.

Henry Raymond gründet die „New York Times".

Der New Yorker Schriftsteller Herman Melville veröffentlicht seinen epochalen Walfänger-Roman „Moby Dick".

1852

Eine große Überschwemmungskatastrophe sucht China heim: Der Gelbe Fluß verlegt sein Mündungsgebiet vom Gelben Meer in den Golf von Bo Hai.

1853

Während der ersten New Yorker Weltausstellung präsentiert Elisha Otis den ersten Fahrstuhl.

US-Kommodore Matthew C. Perry erzwingt die Öffnung Japans für den Westen.

Der Krimkrieg (bis 1856) zerrüttet das seit dem Wiener Kongreß bestehende „Konzert" der europäischen Mächte.

1854

Anhänger der Zentralgewalt gegenüber den einzelnen Staaten und Gegner der Sklaverei gründen in Jackson (Michigan) die Republikanische Partei.

1856

Das Gelände zur Anlage des Central Park wird von der Stadt aufgekauft.

Der amerikanische Freibeuter William Walker macht sich während des Bürgerkriegs in Nicaragua zum Präsidenten. Seinen schnellen Sturz (1857) erreicht Cornelius Vanderbilt.

Johann Carl Fuhlrott entdeckt bei Düsseldorf die Reste des Neandertalers.

1857

Der Indische Aufstand führt (1858) zur Übertragung der Souveränität über Britisch-Ostindien von der East India Company auf die britische Regierung.

1858

In der heutigen Chinatown läßt sich der erste Chinese in New York nieder.

Die Entdeckung von Gold und Silber in Colorado und Nevada führt zur Erschließung der Rocky Mountains.

Charles Darwin und Alfred Russel Wallace begründen gemeinsam vor der Linnean Society in London die unabhängig voneinander entworfene moderne Abstammungslehre.

Der Prototyp des modernen Ozeandampfers, die „Great Eastern", für fünfzig Jahre das größte Schiff der Welt, läuft in England vom Stapel.

1859

Die ersten Bohrungen nach Petroleum in Pennsylvania begründen die moderne Mineralölindustrie.

1860

Die Wahl des Republikaners Abraham Lincoln zum Präsidenten führt zum Austritt South Carolinas aus dem Staatenbund der USA.

1861

New Yorks Bürgermeister Fernando Wood schlägt (7.1.) dem Stadtrat die Loslösung der Stadt von den USA und die Ausrufung einer Freien Stadt nach Vorbild der Hanse vor.

Die von den USA abgefallenen Südstaaten bilden (im Februar) die „Konföderierten Staaten von Amerika".

Beginn des Bürgerkriegs (12.4.). Er endet (1865) mit dem Sieg der Nord- über die Südstaaten.

1863

Die Einführung der Wehrpflicht löst unter den Iren in New York schwere Ausschreitungen aus.

Französische Truppen stürzen in Mexiko die Republik und errichten ein Kaiserreich (bis 1867).

Erste U-Bahn der Welt in London.

1864

Im Central Park wird der erste Zoo Amerikas eröffnet.

Der Deutsch-Dänische Krieg beendet Dänemarks Herrschaft über Schleswig-Holstein.

In London wird die „Erste Internationale" gegründet.

1865

Präsident Lincoln erliegt einem Attentat (15.4.).

Präsident Andrew Johnson proklamiert die Wiedervereinigung der USA (6.12.).

Die 13. Verfassungsänderung (18.12.) schafft die Sklaverei endgültig ab.

Die Dominikanische Republik wird von Spanien unabhängig.

1866

Der deutsche „Nord-Süd-Krieg" verfestigt endgültig Preußens Hegemonie über Deutschland.

Gregor Johann Mendel begründet die moderne Genetik.

1867

Der New Yorker Landtag bewilligt den Bau der Hochbahn.

Mit dem Kauf Alaskas von Rußland werden die USA um 1,5 Millionen Quadratkilometer größer.

Ontario, Quebec, New Brunswick und Nova Scotia vereinigen sich zu dem neuen Staat „Kanada".

1869

William M. Tweed erreicht in New York den Höhepunkt seiner Macht mit der Vereidigung zweier seiner Gefolgsmänner zum Bürgermeister der Stadt und zum Gouverneur des Staates New York.

Am Great Salt Lake wird die erste transkontinentale Eisenbahnlinie fertiggestellt.

Der Acht-Stunden-Tag wird für alle Arbeitnehmer bei Bundesbehörden eingeführt.

Nach zehnjähriger Bauzeit wird der Suez-Kanal eingeweiht.

1870

John D. Rockefeller, Sr., gründet in Cleveland (Ohio) die Standard Oil (Esso).

1871

Nach dem Deutsch-Französischen Krieg entsteht das Deutsche Reich als Konglomerat der einzelnen deutschen Staaten.

1873

„Boss" Tweed, der ungekrönte Beherrscher New Yorks, wird zum ersten Mal verurteilt.

Heinrich Schliemann entdeckt Troja.

1874

Mit der Einverleibung der West Bronx wächst New York City zum ersten Mal über Manhattan hinaus.

1875

Als letzte größere chinesische Stadt entsteht Taipei, Metropole von Formosa.

1876

Die New Yorker Akademie der Wissenschaften wird gegründet.

Alexander Graham Bell bekommt das Patent für die Erfindung des Telefons.

Nach dem „Schwarzen Krieg" stirbt auf Flinders Island vor Südostaustralien der letzte Tasmanier.

1877

Das American Museum of Natural History (heute größtes Naturkundemuseum der Welt) wird von US-Präsident Rutherford B. Hayes eröffnet.

1878

Nils Nordenskjöld gelingt als erstem die Durchfahrt der Nordostpassage.

1879

New Yorks St. Patrick's Cathedral, der größte katholische Kirchenbau der USA, wird eingeweiht.

Aus dem Großen Römischen Hippodrom New Yorks wird der Madison Square Garden, der erste von vieren.

Im Salpeterkrieg (bis 1883) verliert Bolivien seinen Zugang zum Meer an Chile.

1880

Präsident Hayes eröffnet das Metropolitan Museum of Art.

1882

Thomas Edisons Electric Illuminating Company beginnt die Versorgung der Häuser New Yorks mit Strom.

„Labor Day" (heute der traditionelle Tag der Arbeit) wird von der New Yorker Zimmermannsgesellschaft zum ersten Mal veranstaltet.

Der Höhepunkt der deutschen Immigration bringt 250 630 Einwanderer aus dem Reich in einem Jahr in die USA.

Die (erst 1943 aufgehobene) „Chinese Exclusion Act" verbietet zum ersten Mal die Einwanderung aus einem bestimmten Land.

Der Afrikaforscher Henry M. Stanley, Korrespondent des „New York Herald", gründet Léopoldville, das spätere Kinshasa.

1883

Die Brooklyn Bridge wird eingeweiht.

Das erste Metropolitan Opera House eröffnet mit Gounods „Faust".

Joseph Pulitzer kauft die „New York World" und begründet mit ihr den Sensationsjournalismus.

Der Erwerb der Lüderitzbucht (Südwestafrika) durch einen Bremer Kaufmann begründet das (1919 verlorengegangene) Deutsche Kolonialreich.

1884

Auf der Berliner Westafrika-Konferenz teilen sich die europäischen Mächte die Rechte über das Zaïre-Becken.

1885

Carl Benz und Gottlieb Daimler entwickeln unabhängig voneinander die ersten funktionstüchtigen Automobile.

1886

Die „New York Tribune" verwendet als erste Zeitung die von Ottmar Mergenthaler erfundene Zeilensetzmaschine.

Die Freiheitsstatue auf Liberty Island wird von US-Präsident Grover Cleveland eingeweiht.

Der US-Gewerkschaftsbund AFL (heute AFL/CIO) wird in Columbus (Ohio) gegründet.

Vergleichende Zeittafel

1887

Frankreich vereint seine (seit 1858 eroberten) hinterindischen Besitzungen zu „Indochina".

1888

Ein schwerer Blizzard legt New York lahm.

Brasilien schafft als letzter Staat die Sklaverei gesetzlich ab.

1891

Der größte botanische Garten in den USA wird in der Bronx angelegt.

Der letzte große Indianeraufstand in den USA endet mit dem Massaker von Wounded Knee.

Nach einem Militärputsch gegen den Kaiser wird Brasilien Republik.

1895

Nach dem Chinesisch-Japanischen Krieg entfaltet sich Japan zur Großmacht.

1896

Mit der Wahl William McKinleys zum Präsidenten beginnt das „Imperialistische Zeitalter" der USA.

Die Entdeckung von Gold am Klondike River im Yukon löst den „Alaska Gold Rush" aus.

Mit der Veröffentlichung des „Judenstaat" begründet Theodor Herzl den Zionismus.

1897

Rudolph Dirks zeichnet für das „New York Journal" nach Vorbild von „Max und Moritz" die „Katzenjammer Kids", die ersten modernen Comics.

1898

Das Gesetz zur Schaffung von Groß-New York tritt am 1.1. in Kraft.

US-Siedler betreiben den Anschluß von Hawaii an die Vereinigten Staaten.

Im US-Spanischen Krieg wird Kuba „unabhängig", Puerto Rico, Guam sowie die Philippinen werden Kolonien der USA.

1899

Der größte Tierpark in den USA wird in der Bronx eröffnet.

In der britischen Kolonie Queensland (Australien) stellt zum ersten Mal eine Arbeiterpartei die Regierung.

Boxeraufstand gegen westliche Einflüsse in China (endet 1900 mit der Besetzung Pekings durch die Fremdmächte).

Im Burenkrieg verlieren die Südafrikanische Republik und der Oranje-Freistaat ihre Unabhängigkeit (bis 1902) an Großbritannien.

1900

Die bisher autonomen Provinzen Australiens schließen sich zusammen.

1901

Nach einem Attentat auf William McKinley amtiert (bis 1909) mit Theodore Roosevelt zum einzigen Mal ein New Yorker als Präsident der USA.

Das Oldsmobile wird das erste in Serie gebaute Auto in USA.

1902

Die russische Sozialdemokratie spaltet sich in die Menschewiki und die fortan von Lenin geführten Bolschewiki.

1903

Orville und Wilbur Wright unternehmen die ersten offiziell anerkannten Motorflüge.

Roald Amundsen bezwingt (bis 1906) als erster die Nordwestpassage.

1904

Nach 30jähriger Bauzeit wird der erste Tunnel unter dem Hudson vollendet.

Der Brand auf der „General Slocum" fordert mehr als tausend Todesopfer.

Die New Yorker U-Bahn wird eingeweiht.

Die USA erringen die Gebietshoheit über die Panamakanalzone.

Der Japanisch-Russische Krieg löst nach Rußlands Niederlage die erste Russische Revolution (1905) aus.

1905

Norwegen löst die Personalunion mit dem Königshaus von Schweden.

1906

San Francisco wird durch ein Erdbeben zerstört.

1907

Der Konkurs der Knickerbocker Trust Company in New York führt bundesweit zu Bankzusammenbrüchen und (1913) zur Errichtung der US-Bundesbank.

Muttertag wird zum ersten Mal in einer Kirche in Philadelphia gefeiert.

1908

Ein Meteoriteneinschlag in Rußland verwüstet die Steinige Tunguska im Umkreis von 80 km.

1909

Robert Peary erreicht als erster den Nordpol.

1910

Auf dem Dampfer „Kaiser Wilhelm der Große" wird auf Bürgermeister William J. Gaynor ein Attentat verübt.

Mit dem gebürtigen Österreicher Victor Berger aus Wisconsin zieht zum ersten Mal ein Sozialist in den US-Kongreß ein.

Nach der Absetzung des letzten Königs wird Korea (bis 1945) japanische Provinz.

Die vier britischen Kronkolonien in Südafrika gewinnen als Südafrikanische Union ihre Unabhängigkeit.

1911

Roald Amundsen erreicht vor Robert F. Scott als erster den Südpol.

1912

An der Columbia University entsteht die erste, von Pulitzer gestiftete Journalistenschule der USA.

Die „Titanic" geht auf der Jungfernfahrt nach New York nach der Kollision mit einem Eisberg vor Neufundland unter.

Unter Sun Yat-sen wird die Republik in China ausgerufen.

1913

John D. Rockefeller, Jr., gründet die Rockefeller Foundation.

1914

Auf Bürgermeister John P. Mitchel wird ein Attentat verübt.

Am 1.1. eröffnet die erste Fluglinie, die St. Petersburg-Tampa Air Boat Line, ihren regelmäßigen Verkehr zwischen den beiden Städten in Florida.

Im Zoo von Cincinatti stirbt das letzte Exemplar der Wandertaube und (1918) des Carolinasittichs, zweier einst weit verbreiteter Vogelarten.

Der Panamakanal wird eingeweiht.

Am 28.7. bricht der erste Weltkrieg aus (der am 11.11.1918 mit der deutschen Kapitulation endet).

1915

Die Versenkung der „Lusitania" durch ein deutsches U-Boot auf der Fahrt von New York nach Europa bringt die bis dahin weitgehend neutralistisch eingestellte US-Öffentlichkeit gegen die Mittelmächte auf.

1916

Eine Explosion im Waffenlager Black Tom, mit 50 Millionen Dollar Schaden und sieben Todesopfern, wird deutschen Agenten zur Last gelegt.

1917

Der schwarze Bürgerrechtler Marcus Garvey aus Jamaika läßt sich in Harlem nieder.

Die USA erklären Deutschland am 6.4. und Österreich-Ungarn am 7.12. den Krieg.

Die Oktoberrevolution in Rußland bringt die Sowjets an die Macht.

1918

An einer Grippeepidemie (bis 1919) sterben eine halbe Million US-Amerikaner (20 Millionen Menschen weltweit).

Nach dem Zusammenbruch Rußlands und der Mittelmächte entstehen die neuen Staaten Finnland, Estland, Lettland, Litauen, Polen, Tschechoslowakei, Jugoslawien und Armenien.

Deutschland und Österreich werden Republiken.

1919

Als sozialwissenschaftliche Hochschule wird die New School of Social Research gegründet (ab 1933 mit einer „Universität im Exil" Zufluchtsstätte vieler angesehener deutscher Flüchtlinge).

Mit der 18. Verfassungsänderung bleiben (bis 1933) Herstellung und Vertrieb von alkoholischen Getränken verboten.

Der irische Befreiungskampf führt (1921) zur Teilung der Insel und (1922) zur Unabhängigkeit von Südirland.

1921

Die Hafenbehörde New York Port Authority wird gegründet.

Die Anarchisten Sacco und Vanzetti werden nach einem weltweit umstrittenen Raubmordprozeß verurteilt und (1927) hingerichtet.

Die Mongolische Volksrepublik wird als zweite Räterepublik (nach Rußland) konstituiert.

Adolf Hitler wird in Deutschland Vorsitzender der (1919 gegründeten) NSDAP.

1923

Henry R. Luce und Briton Hadden gründen mit „Time" das erste Nachrichtenmagazin.

Ein Erdbeben zerstört Tokio und Yokohama.

1924

Die „Immigration Act" beendet die Masseneinwanderung, bevorzugt Einwanderer aus den nord- und nordwesteuropäischen Ländern und verbietet die Einwanderung aus Japan.

Die „Snyder Act" gewährt den US-Indianern zum ersten Mal die Staatsbürgerschaft.

1926

„Gentleman Jim" Walker wird Bürgermeister von New York.

Robert H. Goddard entwickelt die erste Flüssigkeitsrakete.

1927

Charles Lindbergh unternimmt den ersten Alleinflug nonstop über den Atlantik von New York nach Paris.

1929

Der Börsenkrach vom 25.10. beendet die „Goldenen Zwanziger Jahre".

1931

Das Empire State Building und das neue Waldorf-Astoria Hotel werden eingeweiht.

Wegen Steuerhinterziehung wird Al Capone zum einzigen Mal verurteilt.

Die japanische Eroberung der Mandschurei führt (1932) zur Schaffung des Marionettenstaates „Manzhouguo" (1945 mit China wiedervereint).

1933

Fiorello H. LaGuardia wird am 31.12. als Bürgermeister vereidigt.

Der New Yorker Gouverneur Franklin D. Roosevelt wird am 4.3. als US-Präsident vereidigt.

Adolf Hitler wird am 30.1. deutscher Reichskanzler.

1936

Sonderstaatsanwalt Thomas E. Dewey erreicht (zwischen 1935 und 1937) bei 73 Anklagen gegen Mitglieder der Mafia und der Tammany Hall 72 Schuldsprüche.

Margaret Mitchells „Vom Winde verweht" wird der erfolgreichste Roman in der US-Verlagsgeschichte.

Der Spanische Bürgerkrieg bricht aus (er endet 1939 mit dem Sieg der Faschisten).

Äthiopien fällt als letztes afrikanisches Land (bis 1941) dem Kolonialismus (Italiens) zum Opfer.

1937

Joe Louis, der „Braune Bomber" aus Harlem, wird Boxweltmeister im Schwergewicht (bis 1949).

Japans Angriff auf China führt letztlich zum Zweiten Weltkrieg (mit der japanischen Kapitulation am 2.9.1945 beendet.)

1939

Die New Yorker Weltausstellung zieht 45 Millionen Besucher an.

Das Museum of Modern Art wird eingeweiht.

John R. Dunning und Enrico Fermi von der Columbia University gelingt (ein Jahr nach Otto Hahn und Lise Meitner) die Atomspaltung.

Eine Revision des Vertrages von 1903 sichert Panama die volle Unabhängigkeit von den USA.

Der deutsche Angriff auf Polen (am 1.9.) bezieht Europa in den Weltkrieg ein.

1940

Das Rockefeller Center wird nach neunjähriger Bauzeit vollendet.

1941

Von New York aus beginnt in den USA die regelmäßige Ausstrahlung eines Fernsehprogramms.

Nach dem japanischen Luftangriff auf Pearl Harbor (Hawaii) treten die USA am 8.12. in den Weltkrieg ein.

1944

An der Havard University wird der erste große moderne Computer in Betrieb genommen.

1945

Der Tammany-Kandidat William O'Dwyer wird als Nachfolger La-Guardias zum Bürgermeister gewählt.

Am 26.6. wird in San Francisco das Abkommen zur Gründung der Vereinten Nationen verabschiedet.

Die USA werfen im August auf die japanischen Städte Hiroshima und Nagasaki die ersten Atombomben ab.

1946

Das New York City Ballet wird gegründet.

Die USA entlassen die Philippinen in die Unabhängigkeit.

1947

Der Preußische Staat wird von den Besatzungsmächten aufgelöst.

Die UNO teilt Palästina in einen islamischen und einen jüdischen Staat.

Nach Bürgerkrieg und Teilung werden Indien und Pakistan unabhängig.

1948

Die Berliner Blockade (bis 1949) wird zum ersten Höhepunkt des Kalten Krieges.

Die Ausrufung des Staates Israel löst den ersten Arabisch-Israelischen Krieg aus.

Die Teilung Koreas wird durch die Gründung zweier Staaten verfestigt.

1949

Die Rockefeller stiften das Grundstück für den Sitz der Vereinten Nationen.

Unter US-Führung entsteht die Nato.

Die Bundesrepublik Deutschland und die DDR entstehen aus den vier Besatzungszonen.

Die Chinesische Volksrepublik löst die (auf Taiwan reduzierte) Republik China ab.

Niederländisch-Ostindien wird als „Indonesien" unabhängig.

1950

US-Senator Joseph R. McCarthy führt (bis 1954) eine als „McCarthyism" berüchtigt gewordene Verfolgungswelle gegen vermeintliche Kommunisten an.

Die USA geraten in den (bis 1953 dauernden) Koreakrieg.

China verleibt sich Tibet wieder ein.

1953

Robert F. Wagner, Jr., wird zum Bürgermeister gewählt.

Der Arbeiteraufstand in der DDR wird niedergeschlagen.

1955

Die Sowjetunion versammelt ihre Verbündeten in den Warschauer Pakt.

1956

Aufstände in Ungarn und Polen werden niedergeschlagen.

Die Verstaatlichung des Suezkanals durch Ägypten löst den zweiten Arabisch-Israelischen Krieg aus.

1957

Auf Coney Island wird das New York Aquarium eingeweiht.

Die sowjetische Sonde „Sputnik 1" eröffnet das Zeitalter der Weltraumfahrt.

Ghana (früher Goldküste) wird als erste schwarzafrikanische Kolonie unabhängig.

1959

Der Bau des Lincoln Center for the Perfoming Arts wird begonnen (1972 vollendet).

Das Guggenheim Museum, entworfen von Frank Lloyd Wright, wird seiner Bestimmung übergeben.

1961

Eine vom US-Geheimdienst unterstützte Invasion Kubas zum Sturz der Revolutionsregierung scheitert.

Die DDR baut die Berliner Mauer.

1962

Die Kubakrise wird mit der Rückführung der sowjetischen Fernlenkwaffen beigelegt.

Die Entsendung von Militärberatern verwickelt die USA (bis zum Rückzug 1975) in den Vietnamkrieg.

1964

Die Weltausstellung (bis 1965) lockt 51 Millionen Besucher an.

Die Verrazano-Narrows Bridge wird eingeweiht.

Im Sommer brechen schwere Rassenunruhen aus (ebenso 1966 und 1967).

Der US-Senat verabschiedet die „Civil Rights Act", welche die Rassendiskriminierung beenden soll.

1965

John V. Lindsay wird zum Bürgermeister gewählt.

Nach Ausbruch eines Bürgerkrieges besetzen die USA die Dominikanische Republik für ein Jahr.

1967

Der dritte Arabisch-Israelische Krieg endet nach sechs Tagen mit der Besetzung der Westbank und der Sinai-Halbinsel durch Israel.

Der Biafrakrieg führt (1970) zur Wiederherstellung der nigerianischen Einheit.

1968

Das vierte Madison Square Garden Center wird über der Pennsylvania Station eröffnet.

Robert Moses scheidet nach über 30 Dienstjahren als „Park Commissioner" aus der Stadtverwaltung aus.

Studentenunruhen führen vorübergehend zur Schließung der Columbia University.

Lehrerstreiks legen von September bis November die Schulen lahm.

Der Mord an Martin Luther King, Jr., (am 4.4) führt bundesweit zu Rassenunruhen.

Die Tschechoslowakei wird (am 20.8.) von sowjetischen Truppen besetzt.

1969

Der Eisbrecher „Manhattan" eröffnet die Nordwestpassage für die Handelsschiffahrt.

US-Astronauten gelingt die erste Mondlandung.

1971

Ostpakistan trennt sich nach blutigem Krieg als „Bangladesh" von (West-)Pakistan.

1973

Am 4.4. wird das World Trade Center eingeweiht.

Der vierte Arabisch-Israelische Krieg löst die erste weltweite Ölkrise aus.

1974

Mit Abraham D. Beame wird zum ersten Mal ein Jude Bürgermeister.

Der New Yorker Nelson Rockefeller amtiert unter Gerald Ford (bis 1977) als Vizepräsident.

1975

Bundesdarlehen retten New York vor der Zahlungsunfähigkeit.

1977

Edward Koch wird zum Bürgermeister gewählt.

Nach der Entlassung Surinams in die Unabhängigkeit bleiben die Niederländischen Antillen die letzte Kolonie der Niederlande.

1979

Das Kaiserreich Iran wird in eine Islamische Republik umgewandelt.

Afghanistan wird von der Sowjetunion besetzt.

Der Irak greift den Iran an.

1983

Mit dem US-Flugkörper „Pioneer 10" verläßt zum ersten Mal eine Raumsonde das Sonnensystem.

Stichwort-Verzeichnis

Stichwort-Verzeichnis

Literatur zum Thema

Anderson, Jervis: This was Harlem; Farrar, Straus Giroux, 1981

Arm, Walter: Pay Off; Appleton-Century Crofts, Inc., 1951

Asbury, Herbert: The Gangs of New York; Alfred A. Knopf, 1928

Bercovici, Konrad: Around the World in New York; The Century Company, 1924

Bolton, R.P.: New York City in Indian Possession; Museum of the American Indian, 1975

Callow Jr., Alexander B.: The Tweed Ring; Oxford University Press, 1979

Caro, Robert A.: The Power Broker; Vintage Books, 1974

Churchill, Allen: Park Row; Rinehart and Company Inc. 1958

Collins, Frederick L.: Money Town; G.P. Putnam's Sons, 1946

Crockett, Albert Stevens: Peacocks on Parade; Sears Publ. Company, Inc., 1931

Danielson, Michael N./Jameson W. Doig: Ney York, The Politics of Urban Regional Development, University of California Press, 1982

Donck, Adriaen van der: A Description of the New Netherlands; Syracuse University Press, 1968

Doubleday Natural History Press, 1971: New York Walkbook

Ellis, David Maldwyn: New York; State and City; Cornell University Press, 1979

Ellis, Edward Robb: The Epic of New York City; Coward McCann, Inc. N.Y. 1966

Fifth Avenue; 1915

Fischler, Stan: Uptown, Downtown; Hawthorn Books, 1976

Franklin, John Hope: From Slavery to Freedom; Alfred A. Knopf, 1980

Frese, Joseph R./Judd, Jacob: Business Enterprise in Early New York; The Sleepy Hollow Press, 1979

Furer, Howard B.: New York, A chronological and documentary History; Oceana Publications Inc. 1974

Harlow, Alvin F.: Old Bowery Days; D. Appleton & Company, 1931

Historic New York 1–4; Ira J. Friedman, Inc. 1897

Holbrook, Stewart H.: The Age of the Moguls; Doubleday & Company, 1953

Kavaler, Lucy: The Astors; Dodd, Mead and Company, 1966

Kenney, Alice P.: Stubborn for Liberty; The Syracuse University Press, 1975

Kouwenhoven, John A.: The Columbia Historical Portrait of New York; Icon-Editions, Harper and Row, 1972

Kraut, Alan M.: The Huddled Masses; Harlan Davidson Inc., 1982

Lancaster, Clay: Old Brooklyn Heights; Dover Publications, Inc., 1979

Leinwand, Gerald: The Negro in the City; Washington Square Press Inc. 1968

Lerner, Max: America as a Civilisation; Simon and Schuster, 1957

Lewinson, Edwin R.: Black Politics in New York City; Twayne Publishers, Inc., 1974

Lyman, Susan E.: The Story of New York; Crown Publ., Inc., 1964

Lynch, Denis Tilden: "Boss" Tweed; Boni and Liveright, 1927

Manchester, William: A Rockefeller Family Portrait; Little, Brown & Company, 1958

McKay, Claude: Harlem: Negro Metropolis; E.P. Dutton and Company, Inc. 1940

McManus, Edgar J.: A History of Negro Slavery in New York; Syracuse University Press, 1966

Mumford, Lewis: The City in History; Harcourt, Brace Jovanovich, 1961

Nammack, Georgiana C.: Fraud, Politics and the Dispossession of the Indians; University of Oklahoma Press, 1969

Newfield, Jack/Du Brul, Paul: The Permanent Government; The Pilgrim Press, 1981

Pierce, Carl Horton: New Harlem; New Harlem Publ. Company, 1903

Reich, Jermone R.: Jacob Leisler's Rebellion; The University of Chicago Press, 1953

Rensselaer, Mrs. John King van: The Social Ladder; Henry Holt and Company, 1924

Riis, Jacob A.: How the Other Half Lives; Dover Publications Inc., 1971

Ritchie, William A.: The Archaeology of New York State; Harbor Hill Books, 1965

Roseberry, C.R.: From Niagara to Montauk; State Univversity of N.Y. Press, 1982

Rosenwaike, Ira: Population History of New York City; Syracuse University Press, 1972

Scheiner, Seth M.: Negro Mecca; New York University Press, 1965

Skinner, Alanson: The Indians of Manhattan Island and Vicinity; American Museum of Natural History, 1904

Stern, Zelda: The Complete Guide to Ethnic New York; St. Martin's Press, Inc., 1980

The WPA Guide to New York City; Pantheon Books, 1982

Werner, M.R.: It happened in New York: Coward-McCann Inc., 1957

White, Jon Manchip: Everyday Life of the North American Indian; Holmes and Meier, Inc., 1979

Wilson, Edmund: Apologies to the Iroquois; Farrar, Straus & Giroux, 1959

Winkler, John K.: Morgan, the Magnificent; The Vanguard Press, 1930

Winter, Rolf: Alptraum Amerika; Schneekluth-Verlag, 1971

Bildnachweis

Thomas Höpker: Titel u.m., u.r., Vorsatz vorne, Inhalt (5), S. 5–80, 320–331, 335, 337–347 (außer S. 345 u.r.), 349–358 (außer S. 350 u.l., u.m., S. 351 u.), 360–367, 369–371 (außer S. 369 o.), Vorsatz hinten

Associated Press: S. 294, 369 o.

Bettmann Archive: Titel o.r., Inhalt (127, 149, 235), S. 112 u.l., 114 u., 119 m., 119 u., 125 o., 127, 128 o.l., 135 u.l., 135 u.r., 136, 138 o.r., 138 m., 139 o.r., 142 u., 143 o.r., 143 u., 145, 149, 152/153, 177 u., 181 o.r., 181 u.r., 186, 189 u. 193 o., 201, 206/207, 208, 209, 218, 219, 221, 231, 235 Springer/Film Archive, 243, 246, 277, 279 l., 279 r., 281, 283, 284 u.l., 287, 294/295, 309, 311 r. Springer/Film Archive, 316

Brown Brothers: S. 210/211, 236/237, 240/241, 244, 254, 283 o.

Barbara Cohen/Stadt Huys Project: S. 317 l.

Culver Pictures: Titel u.l., S. 212/213

Federico Diaz: S. 350 u.m.

Andreas Feininger/Center for Creative Photography, University of Arizona: Inhalt (261), S. 261

Enrico Ferorelli/Wheeler Pictures: 345 u.r.

Granger Collection, New York: Titel o.l., Inhalt (105, 203), S. 84/85, 95 o., 96, 101, 103, 105, 106/107, 108/109, 121 o., 123 m., 128 o.r., 129 o.l., 129 u.l., 139 o.l., 139 m., 143 o.l., 147 o., 154/155, 164/165, 176 u.r., 177 o., 177 m., 184, 187 o.l., 187 m.l., 187 u.l., 187 u., 187 o.r., 187 m.r., 187 u.r., 188 o.l., 188 u.l., 188 u.r., 190, 192 o., 192/193, 197, 198 o., 203, 204/205, 216, 220, 226, 229

Donal F. Holway: S. 300/301 u.

Andy Levin/Black Star: Inhalt (319), S. 319

Library of Congress: Inhalt (83), S. 83, 95 u., 99 o.l., 99 r., 115 o.

Life Magazine/© Time Inc.: S. 262/263 Herbert Gehr, 268/269 Herbert Gehr, 270 o.l. Leonard McCombe © 1947, 270 m.l. Leonard McCombe © 1947, 270 u.l. Leonard McCombe, 270 o.r. Leonard McCombe, 270 m.r. Leonard McCombe, 270 u.r. Albert Fenn, 271 Leonard McCombe, 272 Alfred Eisenstaedt, 273 Andreas Feininger, 275 Andreas Feininger © 1941, 284/285 Herbert Gehr, 284 u.r. Allan Grant, 285 Andreas Feininger, 289 Herbert Gehr, 290/291 Andreas Feininger © 1945, 293 l. Herbert Gehr

Long Island Historical Society: S. 133 o., 115 u., 123 u., 124 o.l., 124 u.l., 128 u., 132/133, 182/183 u., 185 o, 188 o.r., 191 u., 198 m., 214/215, 225 o., 225 u., 227 u.

Museum of the City of New York: S. 87 o., 111, 122, 128 m.l., 128 m.r., 129 m., 130/131, 147 u., 156/157 Jacob A. Riis Collection, 158/159 Jacob A. Riis Collection, 161 Jacob A. Riis Collection, 162/163 Jacob A. Riis Collection, 166/167 Sherman/Jacob A. Riis Coll., 170/171, 178 Jacob A. Riis Collection, 178/179 Jacob A. Riis Collection, 182/183 o., 185 u., 194 o. Jacob A. Riis Collection, 194 m.o. Jacob A. Riis Collection, 194 m.u. Jacob A. Riis Collection, 194 u. Jacob A. Riis Collection, 195 o.l. Jacob A. Riis Collection, 195 m.o. Jacob A. Riis Collection, 195 m.u. Jacob A. Riis Collection, 195 u. Jacob A. Riis Collection, 195 o.r. Jacob A. Riis Collection, 195 m.o.r. Jacob A. Riis Collect., 195 m.u.r. Jacob A. Riis Collect., 195 u.r. Jacob A. Riis Collection, 199 Jacob A. Riis Collection, 200 l. Jacob A. Riis Collection, 200 o.r. Jacob A. Riis Collection, 200 u. Jacob A. Riis Collection, 217 o., 224 Byron Collection, 228 Jacob A. Riis Collection, 230, 264/265, 276, 284 Bernice Abbot/Federal Art Project „Changing New York", 300/301 o. Beals Panorama

National Archives: S. 233 o.

New York Daily News: Inhalt (297), S. 297, 312/313

New-York Historical Society, New York: S. 87 m., 90, 91, 98, 112 o.l., 112 r., 113 u., 114 o., 115 m., 121 u., 123 o., 125 r., 135 o.r., 138 o.l., 138 u., 140, 142 o., 150/151, 160, 168/169, 172/173, 176 o., 176 u.l., 180/181, 181 u., 183, 189 o., 191 o., 198 u., 217 u., 227 o., 227 m., 228

New York Public Library: S. 86/87 u., 129 o.r., 129 u.r., 137, 174/175 J. N. Phelps Stokes Collection/Astor, Lenox and Tilden Foundations, 119 o. Print Collection/Astor, Lenox and Tilden Foundations, 124 r., 139 Eno Collection/Astor, Lenox and Tilden Foundations, 233 u. Frank Driggs Collection/Schomburg Center for Research in Black Culture/Astor, Lenox and Tilden Foundations, 238/239, 249, 257 o., 257 u.l., 257 u.r. Schomburg Center for Research in Black Culture/Astor, Lenox and Tilden Foundations

Algemeen Rijksarchief/Den Haag: S. 94, 99 u.l.

John Senzer: S. 317 o.r., 317 u.r.

Martha Swope: S. 350 u.l., 351 u.

United Press International: S. 232, 253, 255, 266/267, 282, 293 r., 298/299, 306, 307 u., 310 o., 310 m., 310 u., 311 l., 315

James Van Der Zee: S. 247 © 1969, 248 © 1979, 250/251 © 1973, 252/253 © 1969, 253 o.l. © 1979, 253 u.l. © 1969, 253 u.r. © 1979, 256, 258 © 1969, 307 o. © 1979

Bilder auf der Umschlagseite von links oben im Uhrzeigersinn: Henry Hudson mit Indianern. Das erste Bild von Nieuw Amsterdam. Manhattan 1983. Jeans-Generation. Einwanderer auf Ellis Island

Der Autor dankt Margret Holdinghausen, Joseph Lipinski und Hermann Reichenbach, die ihm halfen, Quellen zu finden und auszuwerten. Bei den fotografischen Erkundungen in New York halfen mit Ideen und Kontakten Fatima Igramhan und Pat Naggiar.

Bisher in gleichem Format und gleicher Ausstattung erschienen:

Uwe George
Die Wüste

Vorstoß zu den Grenzen des Lebens.
356 Seiten mit 270 Farbfotos.
Format 20,5×28 cm.
Leinen..
ISBN
3-570-01665-X

Ausgezeichnet mit dem Kodak-Fotobuchpreis

Joachim W. Ekrutt
Die Sonne

Die Erforschung des kosmischen Feuers.
368 Seiten mit 274 Farbfotos.
Format 20,5×28 cm.
Leinen.
ISBN 3-570-01720-6

Peter-Hannes Lehmann/
Jay Ullal
Tibet

Das stille Drama auf dem Dach der Erde.
374 Seiten mit 357 Farbfotos.
Format 20,5×28 cm.
Leinen.
ISBN 3-570-01721-4

Peter Schille/
Hans W. Silvester
Bedrohte
Paradiese

Erkundungen in Europas schönsten Naturreservaten.
350 Seiten mit 287 Farbfotos.
Format 20,5×28 cm.
Leinen.
ISBN 3-570-04955-8

Ausgezeichnet mit dem Kodak-Fotobuchpreis

Uwe George
Geburt eines
Ozeans

362 Seiten mit 278 Farbfotos.
Format 20,5×28 cm.
Leinen.
ISBN 3-570-07030-1

Ausgezeichnet mit dem Kodak-Fotobuchpreis

Loren A. McIntyre
Die amerikanische
Reise

Auf den Spuren Alexander von Humboldts.
368 Seiten mit 378 farbigen Abbildungen.
Format 20,5×28 cm.
Leinen.
ISBN 3-570-07029-8

Erwin Lausch
Der Planet der
Meere

Forscher entschlüsseln die Geheimnisse der Tiefe.
382 Seiten mit ca. 320 farbigen Abbildungen.
Format 20,5×28 cm.
Leinen.
ISBN 3-570-02058-4

Eine neue Reihe

Paperback in Farbe

Egmont R. Koch/
Fritz Vahrenholt
Die Lage der
Nation

Umwelt-Atlas der Bundesrepublik.
Daten. Analysen. Konsequenzen.
464 Seiten mit mehr als 180 farbigen Karten, Diagrammen, Tabellen sowie zahlreichen Farbfotos.
Format 14×21 cm.
ISBN
3-570-03870-X